창계집

한국고전번역원 한국문집번역총서

창계집 1

滄溪集

임영 지음
林泳

전백찬 옮김
변구일

일러두기

1. 이 책의 번역 대본은 한국고전번역원에서 간행한 한국문집총간 159집 소재《창계집(滄溪集)》으로 하였다. 번역 대본의 원문 텍스트와 원문 이미지는 한국고전종합DB(http://db.itkc.or.kr)에서 확인할 수 있다. 단, 문집총간본에 없는 습유와 부록보는 성균관대학교 대동문화연구원에서 영인한《창계집》해당 부분을, 퇴계어록은《퇴계학보》제119집 영인수록본을 대본으로 번역하였다.
2. 내용이 간단한 역주는 간주(間註)로, 긴 역주는 각주(脚註)로 처리하였다.
3. 한자는 필요한 경우 이해를 돕기 위하여 넣었으며, 운문(韻文)은 원문을 병기하였다.
4. 맞춤법과 띄어쓰기는 한글 맞춤법과 표준어 규정을 따랐다.
5. 이 책에서 사용한 부호는 다음과 같다.

   ( ) : 번역문과 음이 같은 한자를 묶는다.

   〔 〕: 번역문과 뜻은 같으나 음이 다른 한자를 묶는다.

   " " : 대화 등의 인용문을 묶는다.

   ' ' : " " 안의 재인용 또는 강조 부분을 묶는다.

   「 」: ' ' 안의 재인용을 묶는다.

   『 』: 「 」 안의 재인용을 묶는다.

   《 》: 책명 및 각주의 전거(典據)를 묶는다.

   〈 〉: 책의 편명 및 운문·산문의 제목을 묶는다.

차례

창계집 제1권

시 詩

창계집 제2권

시 詩

사 辭

해제

구도자(求道者)의 사색과 철학

이우성 | 성균관대학교 명예교수 · 학술원 회원

1. 머리말

이 책은 창계(滄溪) 임영(林泳)의 시문집이다. 임영은 자가 덕함(德涵)이고 호가 창계이며 본관은 나주(羅州)이다. 창계는 17세기 후반 우리나라 명현의 한 사람으로 당시 조야(朝野)의 청의(淸議)를 대표하였고, 그 사상(思想)과 이론(理論)은 성리학사상(性理學史上) 독특한 위치를 차지한 인물이다. 그는 27권 14책의 많은 논저를 남겼다. 이 시기 일반 학자들의 문집에 비하여 양적으로 많은 편이기도 하지만 더욱 중요한 것은 문집의 내용이다. 이 책은 한 구도자로서 경전(經典)의 연색(硏索)과 심신 수양에 관해서 진지한 본의탐구(本義探究)와 엄숙한 자기성찰(自己省察)로 일관하였고 나아가 우국(憂國)의 충정(衷情)에서 탁월하고도 간독(懇篤)한 경세적(經世的) 의견을 피력한 것으로 꽉 차 있으며, 한만(閒漫)한 글이라고는 거의 찾아볼 수 없다.

이러한 우리 선철(先哲)의 정신 유산이 오늘날 세상에 보급되지 못하고 오직 소수 인사들의 보장(寶藏)으로 연면(連綿)히 전해 오고 있는 것은 유감스러운 일이다. 이번에 한국고전번역원에서 《창계집(滄溪集)》을 고전번역총서(古典飜譯叢書)의 하나로 출판하게 된 것을 우리는 학계를 위하여 동경(同慶)해 마지않는다.

이 번역의 대본은 한국문집총간(韓國文集叢刊) 소수본(所收本)으로, 원본은 1708년(숙종34) 경상도 청도군(淸道郡)에서 간행한 목판본이다. 그리고 문집총간본에는 없는 자료 몇 가지를 그 후손 임형택(林熒澤) 교수의 소장본에서 취하여 함께 번역하며, 또 간행본에 수록되지 않은 필사본 저작도 함께 번역한다. 책머리에 약천(藥泉) 남구만(南九萬, 1629~1711)과 농암(農巖) 김창협(金昌協, 1651~1708)의 서문이 있어,[1] 이 책의 가치를 잘 알려 주고 있다.

2. 창계(滄溪)의 시대와 생애

창계는 1649년(인조27) 서울 장의동(壯義洞) 외가에서 탄생하여 1696년(숙종22) 태묘방(太廟坊) 여사(閭舍)에서 겨우 48세로 생애를 마감하였다. 그가 생몰한 곳이 모두 서울이지만 생활의 본거지는 관향(貫鄕)인 전라도 나주(羅州)의 회진(會津)이라는 고장이었다. 나주에서 영산강(榮山江) 줄기를 따라 내려가면 영산포(榮山浦) 아래로 강의 서편 기슭에 오래된 마을이 하나 있으니 곧 회진이라는 곳이다. 회진은 고려 시대에 나주의 속현(屬縣)으로 지방 행정의 한 단위가 되었고 성씨의 소본지지(所本之地)로서 독자적 지방 전통을 가지고 있었는데, 임씨(林氏)는 그중에서 진작 발천(發闡)을 하여 조정에 등용된 인물들

1 책머리에……있어 : 한국문집총간 소수본 《창계집》의 저본은 서울대학교 규장각장본(奎4121)으로, 1708년(숙종34) 목판으로 간행된 초간본이다. 다만 규장각장본에는 김창협(金昌協)과 남구만(南九萬)의 서문이 모두 누락되었으므로 동일본인 연세대학교 중앙도서관장본(811.98-임영-창)으로 보완하여 권말에 추가하였다.

이 나왔고 조선 왕조에 들어와서 더욱 달관(達官), 석학(碩學) 등 인재가 배출되어 '회진 임씨(會津林氏)'의 명성이 경향(京鄕)에 떨쳐졌다. 그러나 임씨는 어디까지나 지방에 기반을 둔 사대부 가문으로서 환로(宦路)에 나아갔을 뿐, 중앙의 '벌열(閥閱)' 층에 들지는 않았다. 이것이 창계 일생의 입지에 중요하게 작용하였다.

총명(聰明)하고 영수(穎秀)한 천재적 자질을 타고난 창계는 유년 시절 부친의 고을살이를 따라 은진(恩津)에서, 또는 회진에 있는 계부(季父) 상사공(上舍公) 임장유(林長儒)의 자효당(慈孝堂)에서 글을 배우면서 경구(警句)와 이행(異行)으로 원근에 신동(神童)이라는 소문이 나게 되었고, 15, 6세에 이미 문사(文辭)가 성취되어 유창한 한문 문장을 자유로이 쓸 수가 있었다. 그러나 성격이 침중(沈重)하고 화후(和厚)하며 희로(喜怒)를 잘 나타내지 않는 창계는 사장지학(詞章之學)에 만족하지 않고 경학(經學)을 바탕으로 철리(哲理)를 체인(體認)하고 체득(體得)하는 데에 관심을 기울였다. 17세에 부친의 친구인 정관재(靜觀齋) 이단상(李端相)을 서울로 찾아가 가르침을 받음으로써 학문의 방향을 확립하게 되었다. 다시 정관재의 권유로 현석(玄石) 박세채(朴世采)를 뵈었던바, 현석은 며칠 동안 대화한 끝에 크게 기이히 여겨 정관재에게 편지를 보내 "임 군의 박문강기(博聞强記)는 내가 스승으로 삼아야 하겠다."라고 말했다고 한다. 21세에 부친을 따라 함흥(咸興) 관아에 가 있으면서 공부에 계속 정진하여 성기(聲妓)를 일절 가까이하지 않고 자가(自家)의 조리(操履)를 지켰는데, 당시 감사로 있던 약천(藥泉) 남구만(南九萬)이 매양 사석에서 서로 대좌(對坐)하여 경사를 토론하면서 밤새는 줄 몰랐다고 한다. 이로부터 창계는 학문 면에서나 정사 면에서 현석과 약천과 평생 남다른 사이로 지내게 되었다.

창계는 이미 18세 때인 1666년(현종7)에 생원시(生員試)에서 장원(壯元)하였고, 23세인 1671년에 문과(文科)에 합격하여 청운(靑雲)의 길에 오르게 되었지만, 그의 소지(素志)는 부귀영달에 있지 않고 오로지 학문의 세계에 침잠(沈潛)하는 것이었다. 그의 신변에는 언제나 사서(四書)와《근사록(近思錄)》·《소학(小學)》 등의 책이 있었고 이 때부터 차록(箚錄)을 시작하였다. 26세에 퇴계(退溪)와 율곡(栗谷)의 문집을 읽고 사단칠정이기설(四端七情理氣說)에 깊이 느낀 바가 있어 이에 대해서도 차록으로 자기 견해를 표명하였다.

이 시기에 남인(南人)과 서인(西人)이 대립하는 알력으로 중앙 정계가 심히 불안정하였는데, 예송문제(禮訟問題)로 서인이 궁지에 몰려 있었기 때문이다. 현종(顯宗)이 승하하고 숙종(肅宗)이 즉위하자 곧 서인의 영수인 우암(尤庵) 송시열(宋時烈)이 관직을 삭탈당하고 멀리 찬배(竄配)되어 떠나는 한편 남인인 미수(眉叟) 허목(許穆), 묵재(默齋) 허적(許積), 백호(白湖) 윤휴(尹鑴)가 조론(朝論)을 주도하였다. 서인의 가계에 속한 창계는 자연 출사할 여건이 좋지 못하였다. 27세에서 31세까지의 5년간, 한때 강원도(江原道) 통천(通川)에서, 그리고 부여(扶餘) 백마강(白馬江) 가에서 우거하면서 노부모 곁에서 경(經)을 연마하고 도(道)를 체득하며 세월을 보냈다.

그러다가 32세인 1680년(숙종6)에 이른바 '경신대출척(庚申大黜陟)'으로 남인이 한꺼번에 삼제(芟除)를 당하고 서인이 정권을 잡게 되자 창계에게 새로운 기회가 왔다. 대신 및 여러 경재(卿宰)들이 추천하여 병조·간원·홍문관 등 청요(淸要)의 자리에 계속 발령이 난 것이다. 창계는 처음에는 사양하다가 왕의 패초(牌招)와 소대(召對)로 경연(經筵)에 나아가 여러 차례 학문(學問)의 도(道)와 시정(時政)의 득실(得

失)을 논열(論列)하였다. 숙종은 창계의 학식과 인품에 매우 탄복하면서 〈태극도설(太極圖說)〉과 〈서명(西銘)〉을 읽게 하고 우암에게 해석하게 하였다. 그러나 35세에서 38세에 이르는 동안 연이어 부모상을 당한 후에 영진(榮進)에 더욱 뜻이 없어, 의정부 검상사인(議政府檢詳舍人)·승정원 동부승지·홍문관 부제학·성균관 대사성 등의 교지가 내렸으나 모두 사소(辭疏)를 올리고 취임하지 않았다.

40세에 호연(浩然)히 남귀(南歸)하여 고향 회진(會津)에 정착하였다. 피두(避痘) 차 잠시 무안(務安) 사교촌(沙橋村)의 중씨(仲氏) 집에 우거(寓居)했다가 44세에 회진에서 창랑대(滄浪臺)를 축조하여 초당(草堂) 좌우 벽에 도서를 가득 쌓아 두고 그 속에서 고요히 지냈다. 서인 당국자들은 창계를 계속 조정에 머물러 있게 하기 위하여 이조와 호조의 참의 내지 전라도 관찰사로 제수하였으나 그는 말을 듣지 않았다.

1689년(숙종15) '기사환국(己巳換局)'으로 서인이 일시 물러나자 창계는 전리 생활(田里生活)이 굳어지는 듯하더니 1694년 소위 '갑술경화(甲戌更化)'로 조국(朝局)이 재차 번복되어, 창계에게 다시 대사간·대사헌 등의 교지가 내려오고 조금 뒤에 개성 유수로 임명되기도 하였다. 이는 영의정 남구만과 좌의정 박세채가 창계를 서울 근지에 두어, 병을 조섭하게 하는 한편 국사를 함께 의논할 심산에서였다. 하지만 이때 이미 창계는 오랜 지병으로 응명(應命)할 형편이 못 되었다. 당시에 노·소론(老少論)이 분열되어 화합의 가망이 없었는데 창계는 이를 크게 개탄하여 "노·소(老少)의 화가 남·노(南老)의 해보다 더 크다." 라고 말했으나 약천과 현석 두 사람에게 기대를 걸었으므로 병중에 억지로 상경하게 되었다. 그러나 도중에서 현석이 조정을 떠났다는 소식을 들었고 겨우 만리현(萬里峴)에 도착하자 현석의 부고를 받게 되어, 드디어 세상일을 단념하기에 이르렀다.

이리하여 창계는 숙종의 각별한 은권(恩眷)과 조정의 요우(僚友)들의 융숭한 대우를 받으면서도 결국 자기의 힘으로 국사를 바로잡아 볼 수 없었고, 병은 날로 깊어져 마침내 48세의 나이로 연관(捐館)하고 말았다.

창계의 일생을 논평한 사관의 기록을 요약하면 다음과 같다.

> 사화(詞華)를 싫어하고 정학(正學)에 뜻을 두어, 경적(經籍)을 크게 궁구하였고, 경연에서 강설(講說)이 정박(精博)하여 왕의 학문 향상에 많은 기여를 하였다. 그가 청화(淸華)한 관직에 들어간 것은 김수항(金壽恒) 형제의 추만(推挽)을 입은 경우가 많았지만 능히 정연자지(挺然自持)하여 '훈귀(勳貴)'를 비판하고 청의(淸議)를 주장하여 사류에게 더욱 존경을 받았다.……우리 국조의 전배명류(前輩名流)들이 대체로 문으로 좇아 도에 들어갔는데〔因文入道〕, 그 자성(資性)의 순후(醇厚)함이나 지취(志趣)의 심원(深遠)함이나 학식의 평실(平實)함이나 언의(言議)의 공정(公正)함에 있어서 임영(林泳)은 실로 그 일인자가 된다. 그의 단명(短命)이 참으로 통석(痛惜)할 일이다.[2]

여기에서 우리가 주목할 점은 '훈귀를 비판하고 청의를 주장하였다.'라는 점이다. 당시 중앙 '벌열'층 가운데서도 청풍 김씨(淸風金氏), 광산 김씨(光山金氏), 여흥 민씨(驪興閔氏), 안동 김씨(安東金氏) 등은

2 사화(詞華)를……일이다 : 《숙종실록(肅宗實錄)》 22년 2월 6일 기사에 나왔다.

그 대표적인 존재로 위의 사관이 말한 '훈귀'는 곧 이들을 가리킨다. 이들은 서인의 고가세족(故家世族)으로 문학 성망(文學聲望)이 뛰어나고 왕실과의 인척 관계로 세위(勢威)가 훈혁(薰赫)한 집안들이었다. 창계는 이들 집안과는 세의(世誼)와 학연(學緣)으로 서로 가까운 처지에 있었지만 기본적으로 입장의 차가 있었다. 앞에서 언급한 바와 같이 창계는 어디까지나 지방 사대부 출신으로 선비의 본령을 굳게 지키고 있었기 때문이다. 창계는 농암(農巖)에게 보낸 편지에 '형모지천(衡茅之賤)'과 '교목세가(喬木世家)'는 처지가 다르므로 자기는 농암과 반드시 거취를 같이할 수 없다고 하였다. 사관이 '정연자지'라고 칭찬한 것이 바로 이러한 점이다.

3. 《창계집(滄溪集)》의 내용

《창계집》의 내용을 그 편차에 따라 살펴본다. 27권 14책 중에서

시(詩) : 제1권~제2권

소차(疏箚) : 제3권~제5권

서(書) : 제6권~제15권

교서(敎書)·전(箋)·제문(祭文)·기(記)·서(序)·발(跋) 등 : 제16권

묘문(墓文)·행장(行狀) : 제17권

경연록(經筵錄) : 제18권

독서차록(讀書箚錄) : 제19권~제24권

일록(日錄) : 제25권~제26권, 산록(散錄) 부(附)

등의 순으로 되어 있다. 분량으로 따져 보면 서가 무려 10권으로 제일 많고, 독서차록이 6권으로 그다음이고, 소차가 3권으로 또 그다음이다. 시와 일록이 각 2권씩이고 기타는 모두 1권씩이다.

시

시집은 불과 두 권이고, 시의 경향도 성정(性情)의 도사(陶瀉)에 치중한 사율(四律)과 절구(絶句) 등 짧은 시가 대부분을 이루고 있어 장편대작(長篇大作)으로 피정 노사(疲精勞思)한 것은 거의 없다. 사율과 절구도 작의적(作意的)으로 다듬어 만든 것은 드물지만 다른 도학자들의 칠자어록(七字語錄)과 같은 시가 아니며 서사 사경(敍事寫景)에 자연스럽게 도달한 경지가 보통 시인의 수준을 상회하고 있다. 그의 천재적 영혜(靈慧)가 여기서도 번득이고 있음을 볼 수 있다. 농암(農巖)은 창계(滄溪)를 '문예절인(文藝絶人)'이라고 했는데 산문과 아울러 시에서 특히 그것을 느낄 수 있다. 그중에서 〈한중음(閑中吟)〉이라는 칠언절구 5수는 시인의 수법으로 철리(哲理)를 다룬 격조 높은 작품으로서 우리나라의 시사(詩史) 내지 사상사(思想史)에 특기할 만한 것이다.

소차

입조(立朝)한 기간이 겨우 4년에 불과한 창계가 두 권에 달하는 소차를 남긴 것은 놀라운 일이다. 강호에 물러나 있으면서도 항상 나랏일을 걱정하고 있던 그는 조강(朝綱)을 바로 세우는 법과 민막(民瘼)을 구제하는 방책을 매양 미리 강구규획(講究規劃)하고 있었는데 기회가 있을 적마다 소차로 그것을 개진한 것이다. 그중의 몇 종을 골라 소개해 둔다.

〈옥당응지진언소(玉堂應旨進言疏)〉: 재이(災異)로 인해 올린 소로, 재이를 해소하려면 인정(仁政)을 시행하여야 하고, 인정은 형벌을 줄이고 부세(賦稅)를 박하게 하는 것이 첫째인즉 경신대출척(庚申大黜陟)에 연이어 일어난 대옥(大獄)으로 주살(誅殺)이 무수하였고 현재 옥중에 죄수가 차 있으며 먼 변방에 유배자도 많이 있으니 특별히 관대한 은전을 베풀어 가능한 죄적(罪籍)을 탕척(蕩滌)해 주어야 한다. 우리나라 전세(田稅)는 크게 무거운 편은 아니지만 백성들의 고통이 주로 신역(身役)의 부담에 있으니 국가재정 형편에 비추어 모두 경감할 수는 없겠지만 도망물고(逃亡物故)한 자에 따른 족징(族徵)·인징(隣徵)의 폐단은 반드시 시정해야 하는데, 정부에서 명령이 하달되었는데도 일선의 지방 관리들이 인순(因循)하여 실행하지 않는다. 이러한 관리들은 추고(推考)하고 파면(罷免)해서라도 그 실현을 촉구해야 한다는 것이다.

〈인질걸면겸청물령국구겸대병판소(引疾乞免兼請勿令國舅兼帶兵判疏)〉: 여양부원군(驪陽府院君) 민유중(閔維重)이 국구(國舅)로서 병조 판서의 자리를 겸직하고 있는 것을 반대한 상소이다. 국구의 병판 겸직을 대신과 대관(臺官)들이 반대하는데도 숙종이 고집을 버리지 않았다. 창계는 이를 국가의 중대사라고 생각하고 조종(朝宗)의 성헌(成憲)과 만세의 통의(通義)를 들어 강력히 철회를 요구하였다. 이것은 '훈귀(勳貴)'를 억제하려는 창계의 평소의 주의에서 나온 것으로 주의 깊게 봐야 한다.

〈논호포소(論戶布疏)〉: 호포법(戶布法)을 시행하려는 조론(朝論)

에 대하여 반대한 상소이다. 호포법은 '편민균역(便民均役)'의 취지에서 나온 것이지만 현실적으로 효과는 적고 원대(怨懟)만 일어날 것이라고 하였다. 국가 재정에 보탬이 되고 민역(民役)을 다소 풀어 주는 다른 방법을 대안으로 제시하였다. 첫째, 여러 군문(軍門)의 재용을 한곳에 모아 각자 마음대로 쓰지 못하게 한다. 둘째, 훈련도감과 별대(別隊)의 군정(軍丁)을 간태(揀汰)시켜 번상(番上)을 없애고 대신 포를 바치게 한다. 셋째, 경중의 각 관사와 외방의 각종 역명(役名)을 제거하고 그것으로 군액(軍額)을 보충한다. 넷째, 무업(無業)한 유생(儒生)과 교생(校生) 등에게 포를 부과하여 민역에 도움이 되게 할 것 등이다. 이렇게 하면 호포법을 무리하게 시행하지 않더라도 민역의 문제를 일단 해결할 수 있다는 것이다.

서

서는 이 책에서 가장 큰 비중을 차지하고 있는 것으로, 사우(師友)간의 학문에 관한 문답과 시정(時政)에 관한 의견 교환, 그리고 개인의 출처(出處 진출과 은퇴)에 관한 논의가 주를 이루고 있다. 우암(尤庵)·정관재(靜觀齋 이단상(李端相))·현석(玄石)·약천(藥泉)과 명재(明齋) 윤증(尹拯)에 대해서는 스승 또는 대선배로 받들면서 오간 편지가 많았는데, 우암·정관재·명재에게는 각기 5통 내지 6통에 그치는 반면 현석에게는 38통이나 되므로 그 관계가 어떠했는지 알 수 있다. 동년배 가운데는 농암을 위시하여 졸수재(拙修齋) 조성기(趙聖期)와 지촌(芝村) 이희조(李喜朝), 회은(晦隱) 남학명(南鶴鳴) 등과 많은 편지를 주고받았다. 농암에게는 8통에 그치지만 졸수재에게는 50통, 지촌에게는

65통, 회은에게는 20통에 이른다. 졸수재와는 친척인 동시에 둘도 없는 지기로서 학술 사상상의 상호의 절차탁마와 미래에 대한 기대가 독자에게 감동을 줄 정도이다. 지촌은 정관재의 아들로서 일찍부터 사귀어 온 절친한 친구이므로 서로 격의 없이 있는 그대로 지폭(紙幅)에 정의(情誼)를 담아 놓았다. 특히 학문과 시국담(時局談) 가운데 대단히 중요한 것이 많다. 그중에 '도심유미(道心惟微)'에 관한 해석에서 율곡(栗谷)·우계(牛溪 성혼(成渾))·구봉(龜峯 송익필(宋翼弼))의 설을 모두 부정하고 자기의 새로운 견해를 말한 것과 '경이직내(敬以直內)'에 관한 해석에서 퇴계(退溪)의 설에 의문을 품고 자기는 견해를 달리한다고 한 것 등이 보인다. 그리고 당시 대륙의 정세에 큰 관심을 가지고 오삼계(吳三桂)와 정성공(鄭成功)의 동향에 대해 다각도로 추측(推測)과 기망(期望)을 표시한 것은 흥미로운 일이다. 이러한 관심은 회은에게 보낸 편지에도 나타난다. 해정(海鄭 대만(臺灣)의 정성공·정경(鄭經))의 귀순설과 그 실정에 대해 풍문을 확인하고자 하는 한편 만청정부(滿淸政府)하에 중국의 학술문장지사(學術文章之士)가 어떤 사람이 있는지를 탐지해 달라고 부탁하기도 하였다.

농암은 특히 창계의 서간문을 칭송하였다. 창계를 '문예절인'이라고 말했던 농암은 이 서간문들이 별로 수식 없는 문사이면서 논학논사(論學論事)에 자상하고 곡진하여 진의(眞意)가 양일(洋溢)함으로써 사람들이 감복하게 된다고 하면서 이러한 서간문은 퇴계 이후로는 드물게 보는 글이라고 하였다.

경연록

경신년(1680, 숙종6) 7월에 조정에 나아가 희정당(熙政堂)에서《자치통감강목(資治通鑑綱目)》을 강독한 것을 시작으로, 여러 차례 경연에 참여하여 왕에게 진언한 것을 적은 것이다. 여기에는 우암을 위시한 영사(領事) 김수항(金壽恒)·지사(知事) 민유중(閔維重)·시강관(侍講官) 최석정(崔錫鼎) 등 원로대신 및 쟁쟁한 명사들이 동석하기도 하였다. 창계는 이 자리에서 경사의 강설을 통해 시정을 거론하면서 특히 '절용애민(節用愛民)'을 역설하였다. 당시의 사치스러운 소비 경향과 민력의 피폐에 대한 간절한 진주(陳奏)로 그의 소차에 보이는 논조(論調) 그대로이다. 이 때문에 당시의 공론이 창계를 '진강관(眞講官)'이라고 하였다.

독서차록

《시전(詩傳)》·《서전(書傳)》·《주역(周易)》·《대학(大學)》·《맹자(孟子)》·《소학(小學)》과《율곡별집의해(栗谷別集疑解)》등에 대한 차록이다. 창계의 경학은 철리(哲理)의 체인체득(體認體得)에 중점을 두고 있지만 경학 그 자체의 업적만으로도 대단하다. 만회(晩晦) 권득기(權得己, 1570~1622)의《독서참의(讀書僭疑)》에 비하여 시대가 조금 뒤지지만 우리나라 경학사에서 특필(特筆)할 두 업적이라고 할 만하다. 주자(朱子)의 주해를 맹종하지 않고 자기의 관점을 따로 내놓은 것이 수처(隨處)에 보인다. '실학파의 경학'에 선행하는 경학으로 그 사적(史的) 의의를 부여해야 할 것이다. 다만 이 차록이 너무 호한(浩瀚)하여 여기서는 그 내용을 구체적으로 들어 말하지 못한다.

일록

18세인 병오년(1666, 현종7)에 시작하여 45세인 계유년(1693, 숙종19)에 끝낸 것으로, 일기체를 빌린 자성록(自省錄)이다. 1680년부터 1684년까지 잠깐 쉬었지만 별세하기 3년 전까지 지속하였고, 또 연조(年條)를 밝히지 않은 기록들을 한데 모아 '산록(散錄)'이란 이름으로 뒤에 첨부하였다. 이 가운데 성리설 특히 사칠이기설(四七理氣說)에 관한 중요한 견해가 나온다. 퇴계의 이기호발설(理氣互發說)에 대하여 표현상 석연치 못한 점이 있는 듯 유보적 태도를 보이는 한편 율곡의 기발이승일도설(氣發理乘一途說)에 대하여는 정면으로 반대하였다. "선과 악이 모두 기발이승(氣發理乘)이라고 한다면 이(理)라는 것은 선이 되든 악이 되든 아무 방향성이 없는 공허(空虛) 무주재(無主宰)한 것으로, 성현(聖賢)의 전수하는 순수지선지리(純粹至善之理)가 아니다. 선도 기발이승이고 처음부터 호발(互發)이 없다고 한다면 이(理)의 본체가 끝내 밝혀질 수 없다. 일체 패리자(悖理者)와 일체 순리자(循理者)를 어찌 기발이승으로 혼칭(渾稱)할 수 있단 말인가."라고 하였다. 서인학자(西人學者) 특히 율곡의 도통을 이었다고 자처하는 학자들은 창계를 신랄하게 비난하였는데 외암(巍巖) 이간(李柬)이 대표적이다. 그러나 농암은 이 일록을 높이 평가하고 후일 창계를 알고자 하는 사람은 이 일록에서 얻음이 많을 것이라고 하면서 창계의 이 이기설(理氣說)에 관하여 아무 반론이 없었다. 아마 농암의 평소의 견해가 창계와 상통한 바 있었기 때문이 아닌가 한다.

이상으로 이 책의 내용을 중점적으로 일별(一瞥)했거니와 이 밖의 산문으로 기(記)·서(序)·발(跋) 등의 제작(諸作)이 모두 뜻이 있는 글이다. 〈의승기(義勝記)〉와 같은 것은 사람의 마음을 천군(天君)으로 의인화한 작품으로, 얼핏 보아 희작(戲作) 같지만 존심양성(存心養性) 공부의 한 여적(餘滴)이다. 정태제(鄭泰齊)의 작으로 전해 오는 《천군연의(天君衍義)》에 비하여 차원이 다른 것 같다.

4. 맺는말

이 책의 마지막 권인 제27권은 〈부록〉으로 되어 있다. 국왕의 치제문(致祭文)과 친구들인 이희조(李喜朝)·김창협(金昌協)·오도일(吳道一)·최석정(崔錫鼎) 등의 제문 및 만시(輓詩)가 수록되어 있다. 그런데 이번에 이 번역본을 내면서 몇 가지 자료를 덧붙였다. 〈병제설(兵制說)〉 한 편과 전라도 시관(試官)으로서 쓴 시 기행문으로 친필초고인 〈신유일록(辛酉日錄)〉과 〈퇴계선생어록(退溪先生語錄)〉과 국문친필 간찰은 〈습유(拾遺)〉로 수록하였고, 아우 임정(林淨)의 수초본(手草本)인 〈연보(年譜)〉와 행장초(行狀草)와 신도비명(神道碑銘)과 명곡(明谷) 최석정의 〈변서(辨序)〉 등은 〈부록보(附錄補)〉로 수록하였다.

이 〈변서〉에 대하여 한마디 사족을 달아 두자면, 농암(農巖)이 《창계집(滄溪集)》의 서문에서 창계의 학(學)을 '소견자대 소존자실(所見者大 所存者實)'이라 하여 무척 찬양하면서도 끝에 가서는 창계가 조론(朝論)의 이동(異同)에 있어서 '조정(調停)'을 일삼았다고 하여 농암 자신과는 합치되지 않는 점이 있는 듯한 여운을 두었다. 농암의 이 말을 마땅치 않게 여긴 인사들이 많았는데 명곡도 그러한 입장에서 이 〈변서〉를 지은 것이다.

조론의 이동이란 경신대출척과 갑술경화 이후에 서인의 내부에서 이견이 생겨, 마침내 노・소론의 분열을 보게 된 것을 말한다. 여기에 우리가 중요시할 것은 양심적인 사대부들의 '훈귀(勳貴)'에 대한 반대이다. 창계는 처음부터 노・소의 대립을 걱정하면서도 그의 기본 입장을 견지하는 처지에서 훈귀에 동조할 수 없었다. 그러나 되도록 분열을 피하기 위해 노력하였다. 이것이 농암이 지적한 '조정'이다.

우리는 지금의 안목으로 보아 농암의 서문이나 명곡의 변서가 모두 '호문장(好文章)'으로 이 책의 무게를 더해 준다고 여겨, 두 글을 함께 싣기로 한다. 독자들이 양해해 주기 바란다.

창계집 발문 滄溪集跋

《창계집(滄溪集)》은 나의 중씨(仲氏)인 대사헌 임공(林公) 휘(諱) 영(泳, 1649~1696), 자(字) 덕함(德涵)의 유고(遺稿)이다.

공은 어려서부터 시문(詩文) 창작을 좋아하지 않았고, 비록 작품이 있어도 거두어 정리하는 일에 치중하지 않았다. 내가 한번은 거두어 정리하기를 권한 적이 있는데, 그때 "퇴계(退溪)는 나이 마흔 이후에야 지은 작품을 거두어 정리하기 시작하였다. 나도 학문이 진보하고 문장이 완성되기를 기다려 그 일을 하려 한다."라고 하였으니, 이 말에서 스스로 만족하지 못하는 공의 뜻을 볼 수 있다.

시편(詩篇)은 대부분 작은 종잇조각에다 수시로 적은 것이고 제목과 연월(年月)마저 없기 때문에 지금 편차한 작품은 창작 시기가 불분명한 것이 많다. 소차(疏箚) 역시 난고(亂稿)에서 가져온 데다가 세월도 이미 오래되어서 간혹 실제 올렸던 것인지 상고할 수 없었지만 모두 수록하였다. 서독(書牘)은 혹 안부와 질문을 받으면 억지로라도 애써 답장을 보냈기 때문에 편수(編數)가 가장 많은데, 비록 여러 장 이어지는 장편의 편지라도 대체로 인편이 오면 그 자리에서 작성하고 애당초 초안을 잡지 않은 것이 많았다. 따라서 가장(家藏)하고 있는 것은 매우 적고 모두 친구들이 보관하고 있던 글 상자에서 나온 것들이다. 독서차록(讀書箚錄)은 여러 책의 편목(篇目)이 갖추어져 있긴 하지만 한두 편(編)에 불과하고, 수미(首尾)가 완비된 것은 한 책도 없다. 그래서 공도 늘 그것을 병통으로 여겼지만 정작 다 정리하지는 못하였다. 수록한 글도 책을 볼 때 붓 가는 대로 생각을 적은 것이어서 고치거나 지운 흔적이 많으니, 지금 유편(遺編)을 찾아 정리하는 사이에 자획(字劃)을 잘못 판단한 착오가 반드시 없을 것이라고 또한 어찌 보장하겠는가. 일록(日錄)은 공이 18세 되던 해부터 시작되는데, 독송(讀誦)하는 과정과 일상의 온갖 일을 기록하지 않은 것이 없다. 간혹 읽은 글로 인하여 체득(體得)한 부분이 있으면 기록하고 의문점이 있으면 기록한 것이어서 분량이 생각보다 많았다. 그래서 그 가운데 10분의 1만을 추려내어 마침내 한 통(通)을 필사하였다. 그렇게 한 다음 이것들을 모두 명곡(明谷) 최 상국(崔相國) 석정(錫鼎)과 농암(農巖) 김 상서(金尙書) 창협(昌協)에게 보내어 교정(校正)을 청하였는데, 두 분이 반복하여 따져 보아 그 착오를 증명하고 편질(篇秩)을 바로잡은 이후에 초집(草集)이 비로소 완성되었다. 시문(詩文)은 모두 26편(編)이고 부록(附錄)과 만사(挽詞), 제문(祭文)이 1편이다.

당시 내가 마침 남원 부사(南原府使)로 나가게 되어 처음으로 판각(板刻)을 계획했지만 일을 마치기도 전에 체차되어 돌아왔고, 그해 병술년(1706, 숙종32) 가을에 다시 청도 군수(淸道郡守)로 부임하게 되었을 때 그 판본(板本)을 싣고 가서 1년이 지난 뒤에야 일을 비로소 마무리하였다. 보잘것없는 나의 처지로 연이어 외람되이 고을살이를 하면서 녹봉을 떼고 힘을 모아 이 일을 완성할 수 있었으니, 대개 이는 모두 나라의 은혜이다. 또 유실(遺失)되고 불완전한 글을 정리하여 완전한 책으로 이루었으니, 또한 어찌 두 분의 힘이 아니겠는가. 간행하는 일을 마친 후 바로 청도군의 남쪽에 있는 적천승사(磧川僧舍) 곁에 3칸의 장판각(藏板閣)을 지어 판목을 보관하고 '창계집장판지각

(滄溪集藏板之閣)'이라는 편액을 걸고 나서, 그 절의 중 가운데 성실하고 신중한 사람을 가려 주관하게 하였다.

아, 공의 문장(文章)과 도학(道學)은 이미 제공(諸公)의 서문[1]에 구비되어 실려 있으니 후세에 전해질 수 있을 것이다. 하지만 글을 찾아 편집하고 간인(刊印)하는 과정에서 완벽하게 하지 못한 한탄에 이르러서는 후인으로 하여금 알게 하고 싶었다. 드디어 그 대체적인 전말을 권말(卷末)에 대략 기록한다. 창계(滄溪)는 공의 자호(自號)가 아니고 후인들이 공의 거처인 창계초당(滄溪草堂)으로 인하여 부르는 호이다.

성상(聖上) 34년(1708, 숙종34) 무자년 중추(仲秋) 상순(上旬)에 사제(舍弟) 정(淨)은 눈물을 흘리며 삼가 적는다.

1 제공(諸公)의 서문 : 농암(農巖) 김창협(金昌協)과 약천(藥泉) 남구만(南九萬)이 지은 서문을 말한다.

창계집

제1권

詩 시

시 詩

그림을 노래하다

詠畫

11세인 기해년(1659, 효종10)에 지은 시이다.

푸르디푸른 장송 아래	蒼蒼長松下
흰 구름 그 사이서 피어나네	白雲生其間
냇가에 낚시하는 나그네 있으니	臨溪有釣客
이곳이 바로 부춘산[1]인가 보다	恐是富春山

1 부춘산(富春山) : 절강성(浙江省) 동려현(桐廬縣)에 있는 산 이름으로, 후한 광무제(後漢光武帝)의 고사(高士)인 엄광(嚴光)이 은거한 곳이다. 광무제와 동학(同學)한 인연으로 어려서부터 절친한 사이였던 엄광은 광무제가 제위에 오르자 변성명(變姓名)하고 자취를 감추었는데, 뒤에 간의대부(諫議大夫)로 불렀으나 나가지 않고 부춘산 칠리탄(七里灘)에서 낚시질하며 생을 마쳤다고 한다. 엄광의 자(字)가 자릉(子陵)이므로 엄릉뢰(嚴陵瀨) 또는 엄탄(嚴灘), 군자탄(君子灘)이라고도 부르며, 그가 낚시하던 대는 자릉대(子陵臺) 또는 엄광대(嚴光臺)라고 한다.《後漢書 卷83 逸民列傳 嚴光》

역사를 노래하다

詠史

장강의 천참[2]을 바야흐로 믿고 있다가 長江天塹方自恃
북군이 날아 건너자 괴이한 일이라며 놀랐지[3] 北軍飛渡怪底事
경양루[4] 아래에 원정[5]이 깊으니 景陽樓下眢井深

2 천참(天塹) : 천험(天險)의 요충지(要衝地)라는 뜻으로, 중국의 장강(長江), 즉 양자강을 가리키는 말이다. 남조(南朝) 진(陳)나라의 공범(孔範)이 "장강이라는 천연의 요새가 옛날부터 남과 북을 가로막고 있으니, 오랑캐 군사가 어떻게 날아 건너올 수 있겠는가.〔長江天塹, 古來限隔, 虜軍豈能飛渡?〕"라고 말한 고사가 전한다.《南史 卷77 恩倖列傳 孔範》

3 북군(北軍)이……놀랐지 : 남북조(南北朝) 시대에, 북위(北魏, 386~534)·동위(東魏, 534~550)와 서위(西魏, 535~557)·북제(北齊, 550~577)·북주(北周, 557~581) 등의 북조와 송(宋, 420~479)·제(齊, 479~502)·양(梁, 502~557)·진(陳, 557~589) 등의 남조는 양자강이라는 천험의 요새를 사이에 두고 서로 대치하였는데, 남조에서는 이 강을 믿고 방비를 소홀히 했다가 늘 북조의 침입을 받으면 "북군이 날아서 강을 건너왔다.〔北軍飛渡.〕"라고 하며 놀랐다고 한다. 수(隋)나라가 북주를 이어 건국하고 남조의 마지막 왕조인 진(陳)나라를 멸망시켜 남북조 시대는 끝이 났다.《群書考索 別集 卷23 邊防門 江》《御定子史精華 卷11 地部六 四瀆 北軍飛渡》

4 경양루(景陽樓) : 시의 내용으로 보면 진(陳)나라의 '경양궁(景陽宮)'을 가리키는 것으로 보인다. 진나라 후주(後主)가 장 귀비(張貴妃), 공 귀빈(孔貴嬪) 등 자신이 총애하는 미희들과 향락을 즐기다가 수(隋)나라의 침공을 받았을 때 경양궁의 우물에 몸을 숨겼다는 고사가 전한다. 경양루는 남제(南齊)의 무제(武帝)가 종을 만들어 걸어 놓았던 누각을 말한다. 무제의 거처가 궁궐 깊은 곳에 있어서 궁루(宮漏) 소리를 듣지 못했기 때문에 이 누각에 종을 걸어 두고 시간에 맞추어 치게 했는데, 이 종을 치면 궁녀(宮女)들이 일찍 잠에서 깨어 단장을 하곤 했다는 고사가 전한다.《南史 卷10 陳本紀下》《南齊書 卷20 皇后列傳》

군주가 몸을 숨기고 은신처 얻었다 기뻐하였네[6]　　國主藏身喜得地

5 원정(眢井) : 물이 말라붙은 폐정(廢井)을 의미한다. 원래는 춘추 시대 소(蕭)나라 선무사(還無社)가 몸을 숨겼다가 초(楚)나라 신숙전(申叔展)의 도움으로 위기를 넘겼던 우물을 말한다.《春秋左氏傳 宣公12年》 여기서는 남조(南朝) 진(陳)나라의 후주(後主)가 수(隋)나라의 침공을 피해 몸을 숨겼던 경양궁(景陽宮)의 우물을 가리킨다.《六朝事迹編類 卷上》《南史 卷10 陳本紀下》

6 군주가……기뻐하였네 : 수(隋)나라의 군사가 쳐들어왔을 때 진나라 후주(後主)는 "창칼 아래 지금은 감당할 수가 없으니, 나에게 묘책이 있다.〔鋒刃之下, 未可及當, 吾自有計.〕"라고 하면서 장 귀비(張貴妃)·공 귀빈(孔貴嬪)과 함께 우물에 몸을 숨겼다가, 수나라 군사에게 발각되어 사로잡힌 사실이 있다. 유우석(劉禹錫)의 〈삼각사(三閣詞)〉에 보이는 "세 사람이 완정에서 나왔네.〔三人出眢井.〕"나 이백(李白)의 〈금릉가(金陵歌)〉에 보이는 "천자가 경양궁 우물에 빠졌으니, 그 누가 〈옥수후정화〉를 부르랴.〔天子龍沈景陽井, 誰歌玉樹後庭花?〕"라는 구절은 바로 이 일을 두고 읊은 것이다.《南史 卷10 陳本紀下》《全唐詩 卷166》〈옥수후정화(玉樹後庭花)〉는 후주가 총애하던 장 귀비와 공 귀빈의 미색을 찬미하는 내용의 노래라고 한다.

정관 댁에서 연못을 보고 감회가 있어 을사년(1665, 현종6)

靜觀宅 觀池有感 乙巳

정관은 이단상(李端相)의 재호(齋號)이다.

연못 허정(虛靜)하여 만상을 품으니	池虛涵萬象
달빛 받아 그림자 유독 많이 비치네	得月影偏多
배우지 않았구나 앞 냇물이	不學前溪水
바람 없어도 절로 물결 이는 것은	無風也自波

정관재의 시에 차운하다[7]

次靜觀齋韻

반 이랑 네모난 연못[8]에 비는 내리고	半畝方塘雨
치유[9]에선 가르침이 상세하였지	緇帷講誨詳
조충[10]은 참으로 작은 기예이니	雕蟲眞小技
이제부터 문구 찾기는 사양하리라	從此謝尋章

7 정관재의 시에 차운하다 : 1666년(현종7) 봄에 창계(滄溪)가 18세의 나이로 사마시(司馬試)에서 장원을 차지하자, 이단상(李端相)이 "일찍 급제한 것 진실로 다행이 아니니, 용문의 가르침 이미 소상하였네. 살면서 사람이 해야 할 공부는, 또한 문장에만 있는 것 아니라네.〔早第誠非幸, 龍門訓已詳. 世間人事業, 亦不在文章.〕"라는 시를 주었는데, 이 시는 여기에 차운한 것이다.《靜觀齋集 卷3 贈林生德涵泳, 韓國文集叢刊 130輯》

8 반……연못 : 원문은 '반묘방당(半畝方塘)'으로, 사람의 마음을 비유한 말이다. 주희(朱熹)가 〈관서유감(觀書有感)〉에서 "반 이랑의 네모난 연못 한 거울처럼 열렸는데, 하늘빛과 구름 그림자 함께 배회하네. 묻노니 어이하여 그처럼 해맑은 것인가, 근원에 활수가 솟아 나오기 때문이라네.〔半畝方塘一鑑開, 天光雲影共徘徊. 問渠那得淸如許? 爲有源頭活水來.〕"라고 읊은 데에서 유래하였다.《朱子大全 卷2》 이후로 우리나라의 문인 학자들은 집안에 네모난 연못을 만들어 두고 평소 이것을 보면서 마음의 실체를 살피는 사람이 많았다.

9 치유(緇帷) : 고인(高人)과 현사(賢士)가 강학하는 곳에 둘러친 검은 장막을 말하는데,《장자(莊子)》〈어부(漁父)〉의 "공자가 치유의 숲에서 노닐고 행단의 위에서 휴식을 취하였는데, 제자들은 글을 읽고 공자는 거문고를 퉁기며 노래를 불렀다.〔孔子遊於緇帷之林, 休坐乎杏壇之上, 弟子讀書, 孔子絃歌鼓琴.〕"라는 내용에서 유래하였다.

10 조충(雕蟲) : 조충전각(雕蟲篆刻)의 준말로, 벌레 모양이나 새기고 전서(篆書)를 조각하듯이 미사여구(美辭麗句)로 문장을 꾸미는 작은 기예(技藝)를 말한다.

달을 읊어 최여화 석정 에게 주다 병오년(1666, 현종7)

詠月寄崔汝和 錫鼎 丙午

초승달 아스라이 보이더니 初月迢迢見
맑은 빛 밤마다 더해지네 淸光夜夜增

'증(增)'이 어떤 본(本)에는 '생(生)'으로 되어 있다.

그 언제나 두둥실 보름달 되어 何當一輪滿
좋이 온 세상 비추는 등불 되려나 好作九州燈

어떤 본에는 '두루 비추어 온 세상을 밝힐까.〔遍照萬方明〕'로 되어 있다.

앞의 의리를 부연해 보내온 시에 차운하여 드리다

演前義步來韻以呈

차고 나면 도로 이지러지고　既博還應闕
사라졌나 하면 다시 또 가득 차네　才消却又盈
하늘의 조화가 재촉하는 건 아니지만　天機非有促
자연의 이치는 머문 적이 없어라　實理自無停
사방으로 발산하면 광채를 드리우고　放拓垂光色
거두어 갈무리하면 형체가 사라지네　收藏滅影形
세상 사람 달 보고도 그 이치 못 보니　世人看不見
이런 원리를 뉘와 함께 평론할까　持此向誰評

대개 소장(消長)의 원리와 명암의 본체에 뜻을 붙여 말한 것이다.

평소엔 스스로 꽉 차지 않다가　常時不自滿
기일이 되면 곧 가득 채우누나　期至即能盈
모든 강물에 넉넉히 그림자 드리워　影落千江足
잠시도 운행을 멈춘 적이 없었네　行無一刻停
둥글 때가 본체 충만한 시기이건만　圓方充本體
이지러져도 어찌 참모습 줄어들까　虧豈減眞形
이 뜻을 지금 누가 이해할거나　此意今誰會
그대 기다려 세세히 강론하리라　遲君更細評

대체로 이 이치가 없는 곳이 없고 운행하지 않는 때가 없어서, 선함도 이를 더할 수 없고 악함도 이를 덜어 낼 수 없다는 뜻을 비유한 것이다.

스스로를 경계하다

自警

남들 모르는 그윽한 곳 침실에 있어도	幽暗之中衽席上
고인들은 여기서부터 공부를 해 갔지[11]	古人從此做工夫
이러한 사이라도 부끄러움이 있다면	這間若不能無愧
어찌 감히 유자(儒者)로 자처할 수 있을까	何敢冠儒而服儒

11 남들……갔지 : 군자의 '신독(愼獨)' 공부를 말한다. 《대학장구(大學章句)》 전 6장에서 "열 눈이 보는 바이며 열 손이 가리키는 바이니, 매우 두려워 할 만하구나.〔十目所視, 十手所指, 其嚴乎!〕"라는 증자(曾子)의 말을 인용하였는데, 그 주(註)에서 "비록 그윽하게 홀로 거처하는 곳이라도 그 선악을 가릴 수 없음이 이와 같으니, 매우 두려워 할 만한 것이다.〔雖幽獨之中, 而其善惡之不可揜, 如此, 可畏之甚也.〕"라고 하였다.

해남 이씨의 산루에서 짓다

海南李氏山樓作

두륜봉 바깥은 바로 남쪽 바다　頭崙峯外卽南溟
누각은 두륜봉으로 병풍을 둘렀구나　樓以頭崙峯作屛
뜰 앞 나무 싹트기도 전에 푸른빛 울창하고　庭樹未春青鬱鬱
바다 기운 비처럼 내려 흰빛이 자욱하네　海氛如雨白冥冥
천리에 뻗친 산하는 지형이 멀고　山河千里地形遠
송죽 자란 마을엔 냇물 소리 맑아라　松竹一村溪響泠
밤에 일어나 주렴 여니 구름 다 걷혔는데　夜起開簾雲盡卷
옆에 있던 사람 노인성이 보인다 하누나[12]　傍人道有老人星

12 노인성(老人星)이 보인다 하누나 : 산루(山樓)의 주인인 이씨(李氏)가 장수할 것이란 의미이다. 노인성은 남극성(南極星)의 이칭(異稱)으로, 이 별이 나타나면 그 고장의 군주가 장수하고 그 나라가 잘 다스려진다는 전설이 있기 때문에 '수성(壽星)'이라고도 한다.《史記 卷27 天官書》중국에서는 추분 새벽에 병방(丙方)에서 나타나 춘분 저녁에 정방(丁方)으로 지고, 우리나라에서는 남부 지방의 산 위나 제주도 등지에서 남쪽 수평선 위에 나타난다고 한다.

외숙 조성경[13] 성기 과 함께 불암에 기숙하며 짓다 기유년 (1669, 현종10)

與趙叔成卿 聖期 同棲佛巖作 己酉

사람은 고송 아래 앉아 있고　　人坐古松下
물은 암석 사이로 흐른다　　水流巖石間
느긋하게 밤이 깊어 감을 잊고서　　悠然忘夜久
달이 떨어져도 돌아갈 줄 모르네　　月落不知還

13 조성경(趙成卿) : 성경은 조성기(趙聖期, 1638~1689)의 자이다. 본관은 임천(林川), 호는 졸수재(拙修齋)이고, 군수를 지낸 조시형(趙時馨)의 아들이다. 평생을 벼슬길에 나가지 않고 학문에 전념하여 성리학을 깊이 연구하였다. 이이(李珥)의 기발이승일도설(氣發理乘一途說)에 이황(李滉)의 주리(主理), 주기(主氣)의 사상을 가미한 절충적인 입장을 견지하였다. 저서로는 한문 소설인 《창선감의록(彰善感義錄)》과 《졸수재집(拙修齋集)》이 있다.

《소학》을 읽다

讀小學

《소학》 책 속에 지극한 맛이 있나니	小學書中至味存
새벽 창가서 독송하다 황혼에 이르네	曉窓徐誦到黃昏
고상한 일도 요원한 도리도 아닌 모두가 나의 일	非高非遠皆吾事
자신 있다[14]거나 실행할 만하다고 말할 필요 없어라	能信能行不必言
또 구슬 버리고 빈 상자만 사는 일[15] 없어야 하니	且莫抛珠空買櫝
열매 먹으려면 뿌리 배양해야 한다는 걸 알아야지	須知食實在培根
누가 그릇되게도 심하게 쇠퇴함을 두려워하는가	何人錯怕摧頹甚
경 한번 행하면 충분히 백병의 근원 없앨 것을	一敬優除百病源

14 자신 있다 : 어떤 일을 감당할 자신이 있다는 말이다. 공자가 칠조개(漆雕開)에게 벼슬을 권했을 때 "저는 아직 벼슬을 감당할 자신이 없습니다.〔吾斯之未能信.〕"라고 대답하자, 공자가 기뻐했다는 말이 《논어》 〈공야장(公冶長)〉에 보인다.

15 구슬……일 : 근본은 모르고 지말(枝末)만 좇는 행위를 가리키는 것으로, '매독환주(買櫝還珠)'의 고사를 말한다. 춘추 시대 초(楚)나라 사람이 향기를 쐰 목란(木蘭)으로 상자를 만들고 옥으로 장식을 한 다음 그 안에 구슬을 담아 정(鄭)나라에 가서 팔았는데, 어떤 사람이 상자만 사고 구슬은 돌려주었다고 한다. 《韓非子 外儲》

어떤 이에게 주다

贈人

구름 모양과 바다색이 현란키도 하여라	雲容海色爛紛繽
말 머리 향한 동쪽 보니 목욕한 해가 새롭구나[16]	馬首東看浴日新
만 리 길 먼 부상[17]에 갈 수만 있다면	萬里扶桑若可到
그대 위해 두 손 들어 둥근 해를 받들리라	爲君雙手捧金輪

16 말……새롭구나 : 동쪽 바다의 일출을 형용한 말로, 전설상의 연못인 함지(咸池)에서 목욕한 해가 새롭게 단장하고 동쪽에서 솟아오른다는 의미이다. 《회남자(淮南子)》 권3 〈천문훈(天文訓)〉에 "해는 양곡에서 떠올라 함지에서 목욕한다.〔日出於暘谷, 浴於咸池.〕"라고 하였다.

17 부상(扶桑) : 동쪽 바다에 있다는 전설상의 신목(神木)으로, 해가 뜰 때 이 나무의 가지를 떨치고서 솟구쳐 오른다고 한다.

함흥 성루에서 우연히 읊다

咸興城樓偶吟

단정히 앉으니 시름겨운 생각에 괴로워라　端坐苦愁思
회포 있은들 누구에게 터놓을까　有懷誰與開
꽃다운 시절은 저물어만 가고　但看芳歲晏
반가운 손님은 찾아오지 않네　不見可人來
해 지자 까마귀 소리 요란하고　日落喧鴉亂
숲 깊어 보금자리 찾는 새 돌아온다　林深宿鳥回
정처 없이 소요하며 만물의 변화 살피다가　逍遙觀物變
우두커니 홀로 서서 오래도록 배회하네　獨立久徘徊

백씨 환 가 경사로 돌아간다기에 삼가 증별하다 경술년(1670, 현종11)

伯氏 渙 將還京師 奉贈 庚戌

하늘 뚫린 듯 펑펑 눈이 내리건만 雪落如天漏
돌아가는 임 가는 길은 만류할 수 없어라 君歸不可留
관외의 노정은 길이 험난하고 崎嶇關外路
바다 동쪽 머리엔 풍랑만 이누나 風浪海東頭
부디 나그네 길 더욱 조심하고 行李應加愼
조속히 공명을 거두기 바랍니다 功名合早收
이 동생은 참으로 녹록하여[18] 阿奴眞碌碌
집에 있어도 부모님 걱정만 끼친답니다 雖在亦親憂

18 이……녹록하여 : 원문의 '아노(阿奴)'는 동생을 의미한다. 《진서(晉書)》 권96 〈열녀열전(列女列傳) 주의모이씨(周顗母李氏)〉에 "진(晉)나라 주의(周顗)의 어머니 이씨(李氏)가 주의·주숭(周崇)·주모(周謨) 등 세 아들을 불러 놓고 '나는 원래 강을 건너와 몸을 의탁할 곳이 없었는데, 뜻하지 않게 너희들이 모두 귀하게 되어 내 앞에 앉아 있으니 내가 다시 무슨 걱정을 하겠느냐.'라고 하자, 둘째 아들 주숭이 일어나 말하기를 '어머니 말씀은 그렇지 않은 듯합니다. 백인(伯仁)은 뜻이 크고 재주가 모자라며 명분을 중히 여기고 식견이 부족하여 남의 잘못을 누르기 좋아하니 이는 스스로를 보전하는 도리가 아니고, 저는 성질이 뻣뻣해서 역시 세상의 용납을 받지 못할 것입니다. 오직 아노만은 녹록하여 어머니의 눈앞에 남아 있을 것입니다.'라고 하였는데, 뒤에 과연 그 말과 같이 되었다."라는 내용이 보인다. 백인은 주의의 자이고, 아노는 주모의 어릴 적 자(字)이다.

백씨와 헤어지다
別伯氏

저문 강가에서 같이 이별 술잔을 잡으니 離杯同把暮江頭
관아의 버들과 변경의 구름이 객의 시름 자극하네 官柳邊雲動客愁
이제부터 봄이 온 성의 달 밝은 밤이면 從此春城明月夜
무심하게 다시 낙민루[19]에 오르겠지 無心更上樂民樓

19 낙민루(樂民樓) : 함흥부(咸興府) 서쪽 2리 지점의 성천강(城川江) 가에 있다. 옛날에 낙민정(樂民亭)이 있었는데 1592년(선조25)에 불에 탄 뒤 1607년에 감사 장만(張晩)이 누각을 새로 지었으며, 숙종의 어제인 칠언율시 한 수가 걸려 있다. 임정(林淨)이 찬(撰)한 성균관대학교 대동문화연구원 영인본 《창계집》 〈연보(年譜)〉에 의하면, 창계는 21세 때인 1669년(현종10)에 북관(北關), 즉 함경도로 부임하는 부친을 따라가서 《논어》와 《맹자》를 읽었다고 한다. 이 〈연보〉는 이하 〈연보〉로 약칭한다.

이별한 후 나중에 부치다

別後追寄

버드나무 푸릇푸릇하고 물은 다리를 쳐 대니	楊柳青青水拍橋
금년 이월엔 얼음이 다 녹아 버렸네[20]	今年二月凍全消
강가에 꽃피면 누가 너를 눈여겨볼까	江頭花發誰看汝
애절하게 사람 그리며 버들 한 가지 꺾어 드네[21]	惆悵懷人折一條

20 금년……버렸네 : 추위가 빨리 물러갔다는 말이다. 두보의 〈납일(臘日)〉에 "예년 납일엔 따스함이 아직 멀었더니, 금년 납일엔 얼음이 다 녹아 버렸네.〔臘日常年暖尙遙, 今年臘日凍全消.〕"라고 하였다. 《杜詩詳註 卷5》

21 애절하게……드네 : 이별을 뜻한다. 옛날 한(漢)나라 사람들이 손님을 송별할 때 장안(長安) 동쪽의 패교(灞橋)에 이르러 버들가지를 꺾어 주며 재회(再會)를 축원했던 고사(故事)에서 유래한 말이다. 또 한나라 악부(樂府) 가운데 〈절양류곡(折楊柳曲)〉이 있는데, 고향을 떠날 때에 버들가지를 꺾어 주며 이별의 정을 노래한 것이다. 〈양류사(楊柳詞)〉 혹은 〈양류지(楊柳枝)〉라고도 한다. 《三輔黃圖 卷6 橋》

삼가 비망기를 읽고 느낌이 있어서

伏讀備忘記有感

임금의 교서 구름 끝에서 내려와	十行天札下雲端
하토의 천한 신하 눈물 훔치며 보았지	下土微臣拭淚看
나이 어린 탓에 경제의 학술 없음이 한스러워	年少恨無經濟術
숲 사이 팔짱 낀 채 홀로 서성인다	林間袖手獨盤桓

성루에서 즉흥으로 읊다

城樓卽事

일천 집의 버들 색 동서에 비치고 千家柳色映西東
수곽 산촌엔 곳곳마다 바람이 분다 水郭山村處處風
태평 시절 좋은 기상을 한번 보소 看取太平佳氣象
흐드러진 안개꽃 패궁[22]을 둘러 피었네 煙花正繞沛中宮

두 번째 其二

북과 도투마리는 대동 소동에 먼저 비고[23] 杼柚先空大小東
봄 농사는 또 살구꽃 바람 뒤로 밀렸구나[24] 春耕又後杏花風

22 패궁(沛宮) : 한 고조(漢高祖)의 고향에 있는 별궁(別宮) 이름이다. 한 고조가 천하를 통일하고 나서 고향인 패군(沛郡)에 들러 고인(故人)과 부로(父老), 자제(子弟)들을 이 궁으로 초대하여 주연(酒宴)을 크게 베풀고, 술이 거나해지자 스스로 〈대풍가(大風歌)〉를 지은 뒤 축(筑)을 치면서 "큰 바람 일어나니 구름이 날아오르도다. 위엄이 천하에 더해져 고향으로 돌아왔노라. 어떻게 하면 용사를 얻어 사방을 지킬꼬.〔大風起兮雲飛揚. 威加海內兮歸故鄕. 安得猛士兮守四方?〕"라고 노래하였다고 한다.《漢書 卷1上 高帝紀》

23 북과……비고 : 백성들의 살림이 가난하여 베를 짤 재료마저 없다는 의미이다.《시경》〈소아(小雅) 대동(大東)〉에 "대동이나 소동이나 북과 도투마리 다 비었네.〔大東小東, 杼軸其空.〕"라고 하여, 동쪽에 있는 크고 작은 제후국(諸侯國)들이 주(周)나라 왕실을 위한 부역에 시달리는 상황을 풍자한 데서 유래한 말이다.

24 봄……밀렸구나 : '살구꽃 바람〔杏花風〕'이란 청명절(淸明節) 전후 살구꽃이 활짝 필 무렵에 부는 바람으로, 봄바람을 뜻한다. 농가에서는 보통 이 무렵에 봄 일을 시작하

서생의 소매 안에 〈유민화〉 있건만[25]	書生袖裏流民畫
언제나 구름 밀치고 자궁[26]에 바쳐 볼까[27]	何日排雲獻紫宮

여 논과 밭의 둑을 손질하고 다음 절기인 곡우 무렵에 모를 심는데, 봄 농사가 이 시기를 넘겼다는 것은 국가의 부역에 동원되어 농사 시기를 놓쳤다는 의미이다.

25 서생의……있건만 : 창계가 유랑민의 처절한 상황을 직접 목격하여 그 실상을 잘 알고 있다는 의미이다. 〈유민화(流民畫)〉는 송(宋)나라 정협(鄭俠)이 신종(神宗)에게 올린 〈유민도(流民圖)〉를 가리킨다. 왕안석(王安石)의 신법(新法)으로 인해 백성들이 고통 받을 때 정협이 여러 차례 그에게 서찰을 보내어 폐단을 논하였으나 끝내 받아들여지지 않았다. 그러다가 안상문(安上門)의 감문관(監門官)으로 있을 때 조세와 큰 가뭄으로 생활 터전을 잃은 유민들이 길을 가득 메운 모습을 보고는 그 상황을 그림으로 그리게 하여 소장(疏章)과 함께 역마(驛馬)를 띄워 직접 올렸는데, 신종이 몹시 탄식하며 자책하다가 이튿날 조칙을 내려 방전(方田)·보갑(保甲)·청묘(青苗)·면역(免役) 등의 신법을 혁파하였다. 그러자 오랜 가뭄 끝에 흡족한 비가 내리고 백성이 기뻐하였다고 한다. 정협은 송나라 복청(福淸) 사람으로 자(字)는 개부(介夫)이다. 《宋史 卷321 鄭俠列傳》

26 자궁(紫宮) : 임금이 거처하는 궁궐을 말한다. 천제(天帝)는 자색(紫色)의 궁궐에 거처하기 때문에 흔히 임금의 궁궐을 자미궁(紫微宮), 자극(紫極), 자달(紫闥) 등으로 표현한다.

27 언제나……볼까 : 소장을 작성하여 그림과 함께 임금에게 바치고 싶다는 말이다. 한유(韓愈)의 시 〈악착(齷齪)〉의 "구름 밀치고서 창합에 부르짖고, 배 속을 열어 낭간을 바치련다.〔排雲叫閶闔, 披腹呈琅玕.〕"라는 구절에서 유래한 말이다. 《古文眞寶前集 卷3》 창합(閶闔)은 대궐문을 가리키고, 낭간(琅玕)은 옥(玉)의 일종인 아름다운 돌인데 훌륭한 문사(文詞)를 뜻한다.

한생 구박 을 증별하다

贈別韓生 九搏

누각에서 취한 술이 깨지 않아 不省樓頭醉
도리어 꿈속의 놀이라 의심하였네 還疑夢裏遊
그 누가 옥산(玉山)처럼 쓰러졌던가[28] 人誰頹似玉
술은 추억건대 기름처럼 진하였지 酒憶厚如油
뛰어난 선비 애당초 만남이 늦었는데 勝士元逢晚
덧없는 인생은 또다시 이별을 근심하네 浮生又別憂
번거롭더라도 그대여 차조 술 많이 빚어[29] 煩君多釀秫
국화 피는 가을[30]까지 날 기다려 주시게 待我菊花秋

28 그……쓰러졌던가 : 서로 어울려 거나하게 술 마시는 장면을 표현한 말로, 용모가 아름다운 사람이 술에 취해 몸을 가누지 못하는 것을 '옥산퇴(玉山頹)'라고 한다. 진(晉)나라 때 죽림칠현(竹林七賢) 중 혜강(嵇康)은 체격 좋고 풍채가 뛰어나 보는 사람들이 모두 찬탄하였는데, 그가 술에 취하면 마치 옥으로 된 산이 무너지는 것처럼 비틀거렸다고 한다. 이에 대해 산도(山濤)는 "평소에는 오연(傲然)한 모습이 마치 외로운 소나무가 홀로 서 있는 것 같은데, 술에 취하면 한쪽으로 기울어지는 것이 마치 옥산이 무너지려는 것 같았다.〔巖巖若孤松之獨立, 其醉也, 傀俄若玉山之將崩.〕"라고 하였다. 《世說新語 容止》

29 차조……빚어 : 도잠(陶潛)이 일찍이 팽택 영(彭澤令)이 되었을 때, 현(縣)의 공전(公田)에 몽땅 술을 빚기 좋은 차조만 심게 하면서 말하기를 "나를 항상 술에 취하게만 하면 만족하겠다.〔吾令常醉於酒足矣.〕"라고 하였다. 《晉書 卷94 隱逸列傳 陶潛》

30 국화 피는 가을 : 도잠이 어느 해 9월 9일 중양절(重陽節)에 술이 없어서 집 주변의 동쪽 울밑에 있는 국화밭에서 국화를 따며 놀고 있는데, 그때 강주 자사(江州刺史) 왕홍(王弘)이 보낸 흰옷 차림의 심부름꾼이 술병을 가져왔기에 그 자리에서 따라 마시고는 흥건히 취한 뒤 집으로 돌아왔다고 한다. 《續晉陽秋》

달밤에 썰매 타고 성천강[31]에서 노닐다가 남자문[32] 학명 의 시에 차운하다

月夜雪馬遊成川江 次南子聞 鶴鳴 韻

맑은 밤 실로 좋아 다리에서 썰매를 지쳐 보니	淸宵正好試氷轎
성하의 봄 강에 아직 얼음이 풀리지 않았구려	城下春江凍未消
들 밖 술잔과 술솥[33]은 이슬에 젖어 씻기우고	野外杯鐺和露洗
달빛 아래 노래와 피리 소리 구름에 들어 나부낀다	月中歌吹入雲飄
그 누가 취하지 않고 좋은 시절 버려둘 수 있으랴	誰能不醉抛佳節
홀연 다시 시 읊조리며 채색 다리에 오른다	忽復哦詩上彩橋
가는 곳마다 음풍농월의 뜻 절로 간직하거니	隨處自存吟弄意
다투어 아양 떠는 기녀들의 교태 등한히 여기노라	等閑紅粉競嬌妖

31 성천강(成川江) : 함흥에 있는 강으로, 군자하(君子河)라고도 한다. 그 근원이 둘이 있는데, 하나는 갑산(甲山) 경계의 태백산 남쪽 화기령(樺岐嶺)에서 나오고 하나는 황초령(黃草嶺) 동남쪽 희천(熙川) 경계에서 나온다. 이 두 물줄기가 합류하여 함흥부 서북쪽 탑란동(塔蘭洞)을 지나 성 남쪽 만세교(萬歲橋)에 이르고, 함흥부 남쪽 35리 도련포(都連浦)에서 바다로 들어간다. 《燃藜室記述 別集 卷16 地理典故 摠地理》

32 남자문(南子聞) : 자문은 남학명(南鶴鳴, 1654~1722)의 자이다. 본관은 의령(宜寧), 호는 회은(晦隱)이고, 영의정을 지낸 남구만(南九萬)의 아들이다. 천거로 주부(主簿)에 임명되었으나 나가지 않고 은거하며 학문 연구에 전념하였다. 저서에 《회은집(晦隱集)》·《회은잡지(晦隱雜識)》, 편저에 《와유록(臥游錄)》·《남판윤유사(南判尹遺事)》 등이 있다.

33 술솥 : 원문은 '당(鐺)'으로, 솥의 일종이다. 솥귀와 세 개의 다리가 있는데, 옛날 술을 데우는 용도로 사용하였다.

우연히 읊다 임자년(1672, 현종13)

偶吟 壬子

이 도는 어둔 데나 밝은 데나 마찬가지	是道無幽顯
언제든 때에 따라 살피고 공경해야 한다네	隨時可察欽
항상 진실되게 공부해 갈 것 생각하고	常思眞實做
이익과 명예가 침범하지 못하도록 해야지	莫遣利名侵
혹 당세를 속일 수야 있겠지만	縱得欺當世
이 마음에 부끄러움은 어이할까	其如愧此心
이제야 고인의 뜻 알겠나니	方知古人意
아무리 다급해도[34] 매사에 조심해야 하리[35]	造次若臨深

두 번째 其二

귀가 있어도 도를 듣지 못하고	有耳不聞道

34 아무리 다급해도 : 매우 다급하고 위태한 상황을 의미한다. 공자(孔子)가 "군자가 인을 떠나면 어찌 이름을 이룰 수 있겠는가. 군자는 밥 한 끼를 먹는 사이에도 인을 떠나서는 안 되니, 아무리 다급해도 반드시 이 인에 의거하고 아무리 위태해도 반드시 이 인에 의거해야 한다.〔君子去仁, 惡乎成名? 君子無終食之間違仁, 造次必於是, 顚沛必於是.〕"라고 한 데서 유래한 말이다. 《論語 里仁》

35 매사에 조심해야 하리 : 깊은 연못에 임하거나 얇은 얼음을 밟는 것처럼 늘 마음가짐을 신중하게 하라는 경계이다. 《시경》 〈소아 소민(小旻)〉에 "매우 두려워하고 조심하여 깊은 연못에 임한 듯이 얇은 얼음을 밟듯이 하라.〔戰戰兢兢, 如臨深淵, 如履薄氷.〕"라고 한 데서 유래한 말이다.

눈이 있어도 이치를 보지 못하며	有眼不見理
발이 있어도 예를 실천하지 못하고	有足不踐禮
가슴 있어도 의리를 받아들이지 못하였네	有膺不服義
천지간에 태어나 헛된 삶 살았으니	虛生天地間
배부르고 따뜻하게 지낸 세월 참으로 부끄러워라[36]	飽煖眞可恥
시간은 두 번 다시 오지 않는 것	時乎不再來
부지런히 힘쓰자꾸나 스스로 포기하지 말고[37]	勉哉無自棄

36 배부르고……부끄러워라 : 마음 쓰는 곳 없이 편하게만 살아온 과거의 삶이 부끄럽다는 말이다. 《논어》 〈양화(陽貨)〉에서 공자가 "배부르게 먹고 하루해를 마치면서 마음을 쓰는 곳이 없다면 참다운 사람 되기가 어렵다. 장기나 바둑이라도 있지 않은가. 이것이라도 하는 것이 아무것도 안 하고 그만두는 것보다는 나을 것이다.〔飽食終日, 無所用心, 難矣哉! 不有博奕者乎? 爲之猶賢乎已.〕"라고 하였는데, 이는 장기나 바둑을 두라고 한 말이 아니고, 배불리 먹고 따뜻이 입고서 놀고만 지내는 자의 피해가 장기나 바둑보다 더욱 심하다는 의미이다. 또 〈학이(學而)〉에서는 "군자는 먹을 때 배부름을 구하지 않고 거처할 때에 편안함을 구하지 않으며, 일을 민첩히 하고 말을 삼가며, 도 있는 이에게 찾아가서 질정(質正)한다면 학문을 좋아한다고 이를 만하다.〔君子, 食無求飽, 居無求安, 敏於事而愼於言, 就有道而正焉, 可謂好學也已.〕"라고 하였는데, 그 주(註)에서 "편안함과 배부름을 구하지 않는 것은 뜻이 다른 데 있어서 여기에 마음 미칠 겨를이 없기 때문이다.〔不求安飽者, 志有在而不暇及也.〕"라고 하였다.

37 시간은……말고 : 도잠(陶潛)이 지은 〈잡시(雜詩)〉 12수(首) 가운데 첫 번째 시 말구(末句)의 "젊은 시절은 다시 오지 않고, 하루에 새벽이 두 번 있기는 어려워라. 제때에 미쳐 마땅히 힘써야 하나니, 세월은 사람 기다려 주지 않는다.〔盛年不重來, 一日難再晨. 及時當勉勵, 歲月不待人.〕"라는 구절에서 유래한 말이다. 《古文眞寶前集 卷2》 이 〈잡시〉 12수는 도잠이 50세 때 지은 작품으로 인생 역정의 끝에서 터득한 자신의 인생관이 드러나 있는데, 특히 이 구절은 후인들이 격언으로 삼을 만큼 유명하다.

저물녘에 돌아와 회포를 기록하다

晩歸紀懷

산 기운 날로 맑고 그윽한데	山氣日淸幽
흰 구름 아침저녁으로 피어나네	白雲生朝暮
헌함을 여니 고요히 감상할 만하여라	開軒愜靜賞
지팡이 가는 대로 한가로이 산보한다네	放杖作閑步
가파른 비탈길은 풀숲에 숨어 있고	危磴隱豐草
옛 산골 물은 수려한 나무에 덮여 있네	古澗蔭嘉樹
여기서 진세의 갓끈을 씻으리니[38]	於焉濯塵纓
구속을 벗어나 마음에 거리낌이 없구나	脫略意無忤
이 유람 어찌 즐겁지 아니한가	玆遊豈不樂
고단한 삶[39]이 스스로를 망치고 있었구려	勞生坐自誤
날 저물어 혼자 천천히 돌아오나니	日晩獨徐歸
이러한 정취를 아는 사람 없으리	無人識此趣

38 진세의 갓끈을 씻으리니 : 어지러운 세상을 피해 은둔 생활을 즐기겠다는 의미이다. 굴원(屈原)의 〈어부사(漁父辭)〉의 "창랑의 물이 맑으면 내 갓끈을 씻으면 되고, 창랑의 물이 흐리면 나의 발을 씻으면 될 것이다.〔滄浪之水淸兮, 可以濯我纓; 滄浪之水濁兮, 可以濯我足.〕"라는 구절에서 유래한 말이다. 《古文眞寶後集》

39 고단한 삶 : 원문은 '노생(勞生)'으로, 원래 '조물주가 나에게 삶을 주어 대자연(大自然)에서 일하며 살게 하였다.'라는 의미이다. 《장자(莊子)》〈대종사(大宗師)〉의 "대자연은 육체를 주어 나를 이 세상에 살게 하며, 삶을 주어 나를 수고롭게 한다.〔夫大塊載我以形, 勞我以生.〕"라는 말에서 유래하였는데, 이후로 전용(轉用)되어 '고단함으로 점철된 생활'이란 의미로 쓰인다.

도솔대[40]에 올라

登兜率臺

새벽에 길 나서 절정을 찾다가	晨步尋絶頂
한낮이 되어 옛 대에 올랐어라	亭午上古臺
옛 대는 몇천 길이런가	古臺幾千仞
흰 구름 그 굽이서 피어나네	白雲生其隈
하늘 바람 나그네 소매를 날리니	天風擧客袂
홀연 구해를 초월한 듯[41]하구려	忽若超九垓
선성들이 모였을 적 상상하거니	想像仙聖集
생학[42]이 날로 와서 노닐었겠지	笙鶴日來回

40 도솔대(兜率臺) : 함흥부(咸興府) 서쪽 수십 리 지점에 있다. 남구만(南九萬)의 기록에 의하면 "함흥부의 서쪽 50리 지점에 백운산사(白雲山寺)가 있고 절에서 10리쯤 되는 곳에 불지암(佛地菴)이 있으며, 불지암에서 수십 리 되는 곳에 도솔대가 있고 도솔대 위에는 난야(蘭若)가 있다. 도솔대에서 또다시 석벽을 따라 수백 보를 가면 기이한 봉우리가 우뚝 서 있으며, 봉우리 밑에 작은 초제(招提)가 있는데 높은 곳에 있어 앞이 확 트여 있다."라고 하였다.《藥泉集 卷28 咸興十景圖記, 韓國文集叢刊 132輯》

41 구해(九垓)를 초월한 듯 : 속세를 초월한 신선의 세계에서 노니는 고상한 풍격을 의미한다. 진 시황(秦始皇) 때 연(燕)의 방사(方士)인 노오(盧敖)가 북해(北海)에서 노닐다가 몽곡산(蒙轂山) 꼭대기에서 선인(仙人)인 약사(若士)를 만났는데, 노오가 벗하려 하자 그가 웃으며 "나는 남쪽으로 망량(罔兩)의 들판에서 노닐고 북쪽으로 침묵(沈默)의 고을에서 쉬며 서쪽으로 요명(窅冥)의 마을을 다 다니고 동쪽으로 홍몽(鴻濛)의 앞을 꿰뚫은 다음 구해의 위에서 한만(汗漫)과 노닐려 하오."라고 하고는 팔을 들고 몸을 솟구쳐 구름 속으로 들어갔다고 한다.《淮南子 道應訓》'구해'는 구천(九天)을 말한다.

42 생학(笙鶴) : 신선이 타는 학〔仙鶴〕을 의미한다. 원래 '생학'은 생소(笙簫)와 학을

길게 휘파람 불며 푸른 솔에 기대고 長嘯倚蒼松
정을 머금은 채 홀로 배회하네 含情獨徘徊
산 아래 굽어보고 한번 서글퍼하나니 俯視一悄然
인간 세상 어쩌면 그리도 소란탄 말인가 人間何擾哉

두 번째 其二

강 흐름은 굼실굼실하기 짝이 없어라 江流極逶迤
산세는 어쩌면 이리도 구불구불한가 山走何屈曲
아스라이 들판은 광활하고 蒼茫野勢闊
넓고 아득한 파도는 푸르구나 浩渺海波碧
높은 데 올라 멀리 바라보니 高處一以眺
만상이 다 두 눈에 들어오네 萬象輸雙目
인생살이 미련을 접는 게 제일인데 人生貴放懷
무엇하러 허겁지겁 매여 살까 보냐 胡乃坐局促
고달프게 명리를 구해 봐야 役役求名利

합칭한 말로, 생소 불기를 좋아하던 왕자교(王子喬)가 학을 타고 승천했다는 전설에서 유래하였다. 한(漢)나라 유향(劉向)의 《열선전(列仙傳)》에 의하면, 주(周)나라 영왕(靈王)의 태자 진(晉), 즉 왕자교는 생소를 불어 봉황(鳳凰) 울음소리를 잘 냈는데, 한번은 도사(道士) 부구공(浮丘公)의 초대로 숭고산(嵩高山)에 갔다가 선술(仙術)을 배운 지 30여 년 만에 구지산(緱氏山) 꼭대기에서 백학을 타고 젓대 불며 하늘로 올라가 신선이 되었다고 한다. 또 주자의 〈자주 여산에서 노닐며……〔屢游廬阜……〕〉 시에 "선성들이 모였을 적 상상하니, 날갯짓하는 생학 소리 들리는 듯하네.〔想象仙聖集, 似聞笙鶴翔.〕"라는 구절이 보인다. 《朱子大全 卷7》

백년 인생 순간에 지나가는 것	百年如頃刻
떠나자 한 쌍의 나막신 손보아[43]	行矣理雙屐
가고 가서 풍악을 찾으리라	去去尋楓岳

43 한……손보아 : 산수 유람을 준비한다는 의미이다. 남조(南朝) 송(宋)나라의 시인 사영운(謝靈運)은 명산을 빠짐없이 돌아다니면서 산수 유람을 즐겼는데, 그가 산에 오를 때는 나막신의 앞굽을 떼어 내고 내려올 때에는 반대로 뒷굽을 떼어 내어 오르내리기에 편하도록 했다는 고사가 있다. 《宋書 卷67 謝靈運列傳》

박동천 정 의 시에 화운하다
和朴東川 靖 韻

세도와 인정은 날로 비탄스럽기만 한데	世道人情日可悲
어여뻐라 그대 의상과 패옥 유독 청초 고결함이여	憐君裳佩獨離離
부질없이 원대한 사업으로 천년을 기약하건만	虛將遠業期千載
누가 염두에 두랴 어려운 시절 온갖 고난 떠안음을	誰念窮途任百罹
강나루 묵은 구름은 새벽에 뭉게뭉게 피어나고	江浦宿雲晨冉冉
변방 하늘 찬비는 밤에 주룩주룩 내리누나	塞天涼雨夜垂垂
양양의 기구 이제는 다 떠났으니[44]	襄陽耆舊今蕭索
습지[45]에 놀던 풍류 되돌리기 어렵구려	難復風流到習池

44 양양(襄陽)의……떠났으니 : 함께 풍류를 즐기던 고을의 부로(父老)들이 모두 세상을 떠났다는 의미이다. '기구(耆舊)'란 나이가 많고 덕망이 높아 사람들의 존경을 받을 만한 사람을 가리키는 말로, 진(晉)나라 습착치(習鑿齒)가 방덕공(龐德公)을 위시하여 양양에 살았던 여러 고사(高士)의 전기를 모아 《양양기구전(襄陽耆舊傳)》을 지은 예가 있다. 방덕공은 후한 사람으로 벼슬하지 않고 현산(峴山) 남쪽에서 처자와 농사를 지으며 은거(隱居)하였는데, 유표(劉表)가 자손들에게 무엇을 남겨 줄 수 있을지를 묻자 "세상 사람들은 모두 위태함을 남겨 주지만 지금 나는 홀로 편안함을 남겨 준다.〔世人皆遺之以危, 今獨遺之以安.〕"라고 대답한 고사가 있다. 《小學 善行》

45 습지(習池) : 습씨(習氏) 집의 연못이란 말로, 술과 음식에 마음껏 취하고 노닐다 돌아오는 풍류를 뜻한다. 진(晉)나라 죽림칠현(竹林七賢)의 한 사람인 산간(山簡)이 정남 장군(征南將軍)으로 양양(襄陽)에 있을 당시는 천하가 매우 혼란스러운 때였지만 그는 여유롭게 지내며 오직 술에 탐닉하였는데, 당시 형주의 호족인 습씨의 연못을 고양지(高陽池)라 이름하고는 날마다 그곳으로 가서 노닐며 흠뻑 취해 돌아오곤 하였다. 《晉書 卷43 山簡列傳》

구경대[46]에서 노닐다

遊龜景臺

바다 위에 높은 구름 점점이 떠 있고　　海上高雲點點浮
중천엔 밝은 해 외로운 배를 비추네　　中天白日照孤舟
만리에 부는 긴 바람[47] 돛대에 가득하니　　長風萬里吹帆腹
삼산[48]을 보지 않으면 결코 그만두지 않으리라　　不見三山定不休

46 구경대(龜景臺) : 함흥부(咸興府) 동쪽 40리 지점에 있다. 남구만(南九萬)의 기록에 의하면 "함흥부 동쪽의 40리 되는 바닷가에 큰 바위 하나가 10여 길이나 우뚝 솟아 있으니, 그 위에 4, 5십 명이 앉을 수 있다. 사면이 파도에 침식되어 깎여서 봉우리가 되기도 하고 뚫려서 굴이 되기도 하였으며, 옹기종기 붙어 있는 것이 마치 벌집과 물웅덩이와 같아서 기기묘묘한 온갖 형상을 말로 형용할 수가 없다."라고 하였다.《藥泉集 卷28 咸興十景圖記, 韓國文集叢刊 132輯》

47 만리에……바람 : 원대한 뜻과 기걸한 기백을 표현할 때 쓰는 말이다. 남조(南朝) 송(宋)의 좌위 장군(左衛將軍) 종각(宗愨)이 소년 시절에 자신의 뜻을 토로하면서 "긴 바람을 타고 만리의 물결을 헤쳐 보고 싶다.〔願乘長風破萬里浪〕"라고 포부를 밝힌 고사가 있다.《宋書 卷76 宗愨列傳》 또 이백(李白)의 시에 "긴 바람 타고 파도를 쳐부술 때가 언젠가 오면, 곧장 구름 돛 달고서 푸른 바다를 건너리라.〔長風破浪會有時, 直挂雲帆濟滄海.〕"라는 구절이 있다.《李太白集 卷2 行路難》

48 삼산(三山) : 동쪽 바다에 봉래(蓬萊), 방장(方丈), 영주(瀛州) 등 삼신산(三神山)이 자라 등 위에 얹혀서 바다에 떠 있다고 하는데, 이 삼신산에 선인(仙人)이 산다는 말이 있어 진 시황(秦始皇)이 서불(徐市)을 시켜 찾도록 했던 고사가 전한다.《史記 卷6 秦始皇本紀》

두 번째 其二

뾰족뾰족 늘어선 일련의 산세가 다하려는 곳	簇簇群山勢欲休
물가 평평하고 모래 드넓은 동쪽 바다 끝이어라	渚平沙闊海東頭
서풍 불 제 높은 대에 한번 올라 바라보니	西風一上高臺望
끝도 없는 연파에 절로 흰 갈매기 나는구나	無限煙波自白鷗

남자문의 〈억해상구유〉[49] 시에 차운하다

次南子聞憶海上舊遊韻

수려한 경관과 좋은 시절 예부터 어렵게 여기는데	美景良辰自古難
예로부터 이곳에선 빼어난 경치 쉬 만난다오	向來容易得奇觀
구경대 머리의 해와 달은 진면목을 보는 듯하고	臺頭日月眞看面
하늘가 구름 물결은 끝도 없이 아득하여라	天際雲濤不見端
모랫길의 소리는 격구장[50] 치달리는 말발굽일 테고	沙路有聲宜躍馬

49 억해상구유(憶海上舊遊) : 남학명(南鶴鳴)의 원래 시는 한국문집총간 51집에 수록된 《회은집(晦隱集)》 권1에 〈임 덕함과 함께……〔與林德涵……〕〉라는 제목으로 실려 있는데, 전문(全文)을 소개하면 다음과 같다. "티끌 세상에 여가 있는 날 오히려 어렵다는데, 바닷가 맑은 놀이는 또한 장관이었소. 밤에는 요대에 앉아 월출을 보고, 아침엔 옥 술잔 날리며 구름에 인사하였네. 한 척의 배 정박한 곳 모래는 바닥까지 훤하고, 말고삐 나란히 돌아올 땐 버들이 관을 흔들었지. 높은 누각에서 다시 비바람 부는 저녁 만나니, 흰 바위 우는 폭포 꿈결에 보일 테지.〔塵寰暇日尙云難, 海上淸遊亦壯觀. 夜坐瑤臺看月出, 朝飛玉盞謝雲端. 扁舟泊處沙明底, 竝轡歸時柳拂冠. 高閣更逢風雨夕, 白巖鳴瀑夢魂間.〕"

50 격구장(擊毬場) : 태조가 격구를 즐기던 곳으로, 함흥(咸興) 본궁(本宮)의 남쪽 10여 리 지점에 있다. 남구만(南九萬)의 기록에 의하면 "본궁에서 남쪽으로 10여 리를 가면 성천강(城川江)이 바다로 흘러들고, 삼택(三澤)의 물이 또 돌아 흘러 석담(石潭)이 되었다. 산기슭이 움푹 들어가고 높이 솟았으며 그 정상은 깎여서 평지가 되었는데, 전해 오기를 태조대왕이 미천했을 때 격구(擊毬)하던 곳이라고 한다.……내가 갑인년(1674, 현종15) 여름에 처음으로 네 기둥이 있는 정자를 지으니, 함흥평야가 넓고 아득히 멀어서 이미 견줄 만한 곳이 없으며, 이 정자는 바로 왼쪽으로는 큰 들에 임하였고 오른쪽으로는 푸른 바다를 바라보고 있어서 탁 트이고 광대함이 천하에 으뜸이다."라고 하였다. 《藥泉集 卷28 咸興十景圖記, 韓國文集叢刊 132輯》

버들 바람은 객을 맞아 좋이 관을 흔드누나	柳風迎客好吹冠
이젠 객지의 베갯머리서 부질없이 추억하노니	如今旅枕虛相憶
밤마다 맑은 놀이만이 꿈속에 들어오네	夜夜淸遊入夢間

비 내린 뒤 성루에 올라 회포가 있어서

雨後登城樓有懷

밤사이 좋은 비가 지나더니 佳雨夜來過
동산 숲이 씻은 듯 깨끗하네 林園淨如洗
새들은 재잘재잘 새롭게 지저귀고 鳥弄有新音
개울은 불어나 옛 물가가 잠겼어라 溪漲失舊際
높은 누각에 올라 멀리 바라보니 高樓一以眺
만리의 시야 조금도 가림이 없구려 萬里無纖翳
신선의 산 다시 눈에 들어오는데 仙山更在望
흰 구름이 때로 걷혔다 가렸다 하누나 白雲時卷蔽
도인이 그 사이에 살기에 道人住其間
돌길에 목을 빼고 발돋움해 바라보네 石路相延跂
내 그를 따라 노닐어서 我願從之遊
아침저녁 답답한 속을 흩어 버리려 하노라 日夕散幽滯

외숙 조성경의 시에 차운하다

次趙叔成卿韻

눈 내린 뒤의 종남산[51] 술잔에 비치니 雪後終南入酒杯
허물없이 어울려 한바탕 취하였네 相携一醉兩無猜
돌아올 땐 소매 가득 맑은 풍도 있어 歸來滿袖淸風在
내 맘에 쌓인 천 곡의 티끌 털어 버리노라 掃我胸中千斛埃

두 번째 其二

청산이 아직 집이라 여기긴 거북하건만[52] 靑山未便爲家境
책 속에선 오직 성현을 대할 만하여라 黃卷唯堪對聖賢

51 종남산(終南山) : 남산을 가리킨다. 종남산과 위수(渭水)는 장안(長安)의 남쪽과 북쪽에 있는 산과 강의 이름이기 때문에, 우리나라에서 서울의 남산과 한강의 별칭으로 흔히 써 왔다. 두보(杜甫)의 〈봉증위좌승장22운(奉贈韋左丞丈二十二韻)〉에 "아직도 어여삐라 종남산이요, 머리를 돌리나니 맑은 위수 물가로세.〔尙憐終南山, 回首淸渭濱.〕"라는 표현이 보인다. 《杜少陵詩集 卷1》

52 청산(靑山)이……거북하건만 : 객지에서의 생활이 고향 집만큼 편치는 못하다는 표현이다. 청산은 안휘성(安徽省) 당도현(當塗縣) 동남쪽 30리 지점에 있는 산으로, 육조(六朝) 시대 제(齊)나라의 시인 사조(謝朓)가 선성 태수(宣城太守)로 있을 때 이 산 남쪽에 높은 누대(樓臺)를 짓고 앞산의 경치를 감상하였기 때문에 후대에 이 누대를 사공루(謝公樓), 사루(謝樓) 혹은 북루(北樓)라 하고 산 이름을 사공산(謝公山)이라고 부르게 되었다는 고사가 있다. 이백(李白)의 시에 "집은 청산에 가까우니 옛날 사조와 같고, 문엔 푸른 버들 드리웠으니 도잠과 흡사하네.〔宅近靑山同謝朓, 門垂碧柳似陶潛.〕"라는 구절이 있다. 《李太白集 卷24 題東溪公幽居》

우습다 아직 행장[53]을 정하지 못하고	自笑行藏猶未定
해진 적삼에 병든 말 타고 석양 하늘 헤매는 몸이	破衫羸馬夕陽天

53 행장(行藏) : 용행사장(用行舍藏)의 준말로, 자신의 도를 펼 수 있느냐 없느냐에 따라 거취를 결정하여 조정에 나아가기도 하고 은거하기도 하는 것을 말한다. 공자(孔子)가 안연(顔淵)에게 "써 주면 도(道)를 행하고 써 주지 않으면 은둔하는 것을 오직 나와 너만이 이것을 지니고 있을 뿐이다.〔用之則行, 舍之則藏, 惟我與爾有是夫.〕"라고 말한 구절에서 유래하였다. 《論語 述而》

백악폭포[54]에 대해 운자를 불러 읊다

白嶽瀑布呼韻

봄밤 꿈결에 흰 구름 사이로 들어가	春宵夢入白雲間
손으로 폭포수 희롱하며 푸른 산에 앉았어라	手弄飛泉坐碧山
여긴 지난해에 놀며 구경하던 곳이니	曾是去年遊賞處
바위틈 핀 꽃이 다시 돌아오지 않는 날 비웃누나	巖花笑我不重還

54 백악폭포(白嶽瀑布) : 함경남도 신흥군 원평면, 즉 지금의 영광군 천불산리(千佛山里)에 있는 폭포로, 천불산 역에서부터 천불산 천을 따라 약 13㎞되는 지점에 있다. 높이 34m, 너비 5m이고 폭포 구역은 화강암으로 되어 있다. 주변에는 참나무·소나무·잎갈나무 등이 울창한 숲을 이루는데, 계절에 따라 변화하는 경관과 폭포수가 어울려 풍치를 더해 준다. 폭포에서 약간 떨어진 곳에는 648년(진덕여왕2)에 원효(元曉)가 창건한 개심사(開心寺)가 있다. 1980년 1월 북한의 천연기념물 제259호로 지정되었다. 《한국민족문화대백과사전》

신 군의 산정에서 남자문과 함께 짓다 계축년(1673, 현종14)

申君山亭 同南子聞作 癸丑

어슴푸레 단풍 지려 하는 건 바위틈의 수목이고	微微欲赤石間樹
야트막하여 텅 빈 듯한 건 대 아래 흐르는 물이로세	淺淺若空臺下流
시 짓고 술 마시며 우연히 천리 길 나그네 만나니	詩酒偶逢千里客
풍광은 아직 한 해의 가을빛 저버리지 않았구려	風光未負一年秋

용문산 백운봉에 올라[55]

登龍門山白雲峯

한 봉우리 우뚝이 가을 반공중에 솟았는데	一峯高揷半空秋
석양 질 무렵 상상봉을 올랐어라	落日登臨上上頭
눈에 가득 구름 산이 이다지도 광활하니	極目雲山如許闊
썩은 선비 외려 청구가 작다는 것을 알았네	腐儒還解小靑丘

55 용문산(龍門山) 백운봉(白雲峯)에 올라 : 《한국문집총간해제(韓國文集叢刊解題)》 4집에 수록된 《창계집(滄溪集)》 해제에 의하면, 창계는 25세 되던 1673년(현종14)에 아우 임정(林淨)과 함께 용문산 백운봉을 유람하였다고 한다.

차운하여 지일 상인에게 주다

次贈智日上人

산을 나온 것 무슨 생각이었던가	出山是何意
물을 마셔 보았으면 잘 알고 있을 터[56]	飮水應自知
본래 번잡함과 적료함은 같은 것[57]	由來等喧寂
이 땅에서도 그윽한 기약은 있으리	此地亦幽期

상인은 영남의 교사이다. 뜻하지 않게 사람들의 권유를 받아 총섭이 되었는데, 그는 마음속으로 매우 못마땅하게 여기고 있었다. 그래서 내가 이렇게 말하여 그 마음을 풀어 준 것이다.

56 산을……터 : 샘물이 근원에 있을 때는 지극히 맑다가 아래로 흘러가면 맑은 곳도 있고 흐린 곳도 있는 것처럼 사람 역시 부여받은 하늘의 기운은 지극히 맑지만 오직 움직이는 곳의 환경에 따라 청탁의 구분이 생기기 때문에, 주어진 환경에 따라 마음을 수양하면 된다는 의미이다. 두보(杜甫)의 〈가인(佳人)〉에 "산에 있을 때는 샘물이 맑더니, 산을 나가서는 샘물이 흐리도다.〔在山泉水淸, 出山泉水濁.〕"라는 구절에서 유래한 말이다. 《杜少陵詩集 卷7》

57 본래……것 : 시끄러움과 고요함이 원래 둘이 아니라는 사실을 안다면, 굳이 한쪽만을 좋아해서 추구할 필요가 없을 것이라는 말이다. 원문의 '훤(喧)'은 "물을 움직이는 것이 파도이기 때문에 물과 파도는 둘이 아니다."라는 선종(禪宗)에서 이른 바 '수파불리(水波不離)'의 '수'와 '파'에 해당하고, '적(寂)'은 "본(本)과 적(迹)은 두 가지가 아니라 하나의 마음〔心〕으로 귀결된다."라는 천태종(天台宗)에서 이른 바 '본적상섭(本迹相攝)'의 '본'과 '적'에 해당하는 것이다. 예컨대 정지해 있는 물과 움직이는 물결이 현상의 측면에서는 다르지만 본체의 측면에서는 같아서 '불일불이(不一不異)'라고 할 수 있는 것과 같다는 식의 불교 이론이다.

용진을 지날 때 두보의 시 "무릉도원을 아스라이 생각하고, 이내 신세 소졸함을 더욱 탄식하노라."라는 구절[58]을 세 번 반복해 외우다가 운자를 나누어 절구 10수를 짓다

行過龍津 三復杜詩緬思桃源內益歎身世拙之句 分韻成十絶

길이 험난하다[59]고만 노래하였지 但歌行路難

구름 산이 아득하단 말은 하지 않았네 莫說雲山緬

산은 영지와 백출의 인연 있고 山有芝朮緣

길에는 가시덤불만 널려 있구나 路有荊棘遍

두 번째 其二

이 물이 어디서 온 물인가 此水來何自

58 두보(杜甫)의……구절 : 두보의 시 〈북정(北征)〉 가운데 한 구절로, 진(秦)나라 때 사람들은 난리를 피해 무릉도원으로 들어가 숨어 살았는데 자신은 그렇게 하지 못했기 때문에 세상살이가 서툰 셈이라는 의미이다. 이 시는 안녹산(安祿山)의 난이 일어났을 때 양태진(楊太眞)과 양국충(楊國忠)을 죽이자는 논의를 맨 먼저 제기했던 진원례(陳元禮)를 찬양한 내용으로, 행재소(行在所)가 있던 봉상(鳳翔)을 출발하여 부주(鄜州)의 집에 도착하기까지의 감상을 적은 기행시(紀行詩)이다. 부주가 봉상의 동북쪽에 있기 때문에 편명(篇名)을 〈북정〉이라 했다고 한다. 《杜少陵詩集 卷5》

59 길이 험난하다 : 〈행로난(行路難)〉은 악부(樂府)의 잡곡 가사(雜曲歌辭) 이름으로, 대부분 세상살이의 어려움과 이별의 정을 담고 있다. 원래는 민간의 가요였는데, 문인들이 이 곡에 비겨 시를 지었으므로 악부에 수록되었다. 그중에서도 남송 때 포조(鮑照)의 〈의행로난(擬行路難)〉 19수와 이백(李白)의 〈행로난〉 3수(首)가 유명하다.

행인은 사색에 잠기네	行人有所思
구름 낀 숲 속 학사의 집은	雲林學士宅
만고에 빈터만 남았구나	萬古只空基

세 번째 其三

내가 심은 한 줄기 대나무	我種一竿竹
천 그루 가꾼 복사나무보다 나으니	勝栽千樹桃
위수에서 낚시하던 늙은이[60] 따를망정	寧隨釣渭叟
꽃놀이하는 행락객은 되지 않으련다	不作看花曹

네 번째 其四

어부의 배가 한 번 길 잃은 뒤로	漁舟一迷路
천년토록 도원을 찾지 못하였네	千載失桃源
단지 산속 깊은 곳만 찾았던들	但得山深處
진나라 사람을 어찌 또 언급하였을까	秦人寧復論

60 위수(渭水)에서 낚시하던 늙은이 : 강태공(姜太公)을 가리킨다. 그는 위수 가의 반계(磻溪)에서 낚시질하며 때를 기다리다가 사냥 나온 문왕(文王)을 만나 사부(師傅)로 추대되고, 뒤에 무왕(武王)을 도와 은(殷)나라를 멸망시키고 천하를 평정하였다.

다섯 번째 其五

사자가 관중[61]으로 나간 뒤　使者出關中
병화가 천하를 뒤흔들었네　兵戈動海內
장부로 태어나 난세를 구하지 못하면　丈夫不救時
그다음엔 얼른 물러나야 하는 것을　其次當早退

여섯 번째 其六

천문 살펴 비태[62]를 깨닫고　觀象悟否泰
괘를 그어 손익을 알았는데[63]　畫卦知損益

61 관중(關中) : 중국 섬서(陝西)에 있던 험준한 요새인 동관(潼關)을 가리키는 말로, 당나라 수도인 장안(長安)과 가까운 곳이다. 안녹산(安祿山)의 난이 일어났을 때 현종(玄宗)이 안서 절도사(安西節度使) 가서한(哥舒翰)을 파견하여 30만 명의 군사로 이곳을 지키게 했는데, 가서한이 안녹산의 군대와 싸워 대패하자 수하들이 그를 사로잡아 적에게 항복하였다. 이에 현종은 장안을 버리고 피란길에 오르게 되었으며, 천하는 큰 혼란에 빠지고 말았다. 두보(杜甫)의 시 〈북정(北征)〉에 "동관의 백만 군사는, 지난번 패퇴하여 흩어짐이 어찌 그리도 빨랐던가.〔潼關百萬師, 往者散何卒?〕"라는 구절이 있다. 《十八史略 唐玄宗》《杜少陵詩集 卷5》

62 비태(否泰) : 원래 《주역》의 두 괘 이름인데, 시운(時運)의 길흉화복을 의미한다. 비(否 ䷋)는 건과 곤이 겹친 것으로 하늘과 땅이 사귀지 못하여 음양이 조화롭지 못한 괘요, 태(泰 ䷊)는 곤과 건이 겹친 것으로 하늘과 땅이 서로 사귀어 음양이 조화로운 괘이다.

63 괘를……알았는데 : 《주역》〈계사전 하(繫辭傳下)〉에서 "상고 시대에 복희씨(伏羲氏)가 처음으로 팔괘(八卦)를 긋고 문자의 부호인 서계(書契)를 만들어 결승(結繩)의 정사를 바꾸었다."라고 하였는데, 여기서 '팔괘'란 음양(陰陽)이 변화하는 원리를

〈북산이문〉 때문에	恐移北山文
용문의 계책 올리지 못할까 걱정일세[64]	未獻龍門策

일곱 번째 其七

산새는 나더러 돌아가라 권하고	山鳥勸我歸
강바람은 내 탄식을 거드누나	江風助余歎
자고로 명리의 마당에서	古來名利場
그 누가 늘그막에 몸 보중하였던가	誰人保歲晩

바탕으로 우주(宇宙)의 자연 현상을 여덟 개의 괘(卦)로 형상화하여 《주역》의 근간으로 삼은 것을 말한다. 신농씨(神農氏)는 이 팔괘를 다시 중복시켜 육십사괘(六十四卦)로 만들었다. '손익(損益)' 역시 《주역》의 두 괘 이름으로, 세도(世道)의 흥망성쇠를 의미한다.

64 북산이문(北山移文)……걱정일세 : 개결한 지조를 지키려는 생각이 경국(經國)의 계책을 올리는 데 방해가 될까 걱정이라는 말이다. 〈북산이문〉은 남제(南齊) 때의 회계(會稽) 사람 공치규(孔稚圭)가 지은 글이다. 제(齊)나라의 고사(高士)인 주옹(周顒)은 북산에 은거하며 덕행이 있었는데, 지조를 바꾸어 벼슬길에 나아갔다가 다시 북산으로 돌아가려 하자 예전의 동지인 공치규가 산신(山神)의 뜻을 가탁(假托)하여 이 글을 짓고는 그의 입산을 거부했던 고사가 있다. 《文選 卷43 北山移文》 '용문(龍門)'은 수(隋)나라 용문 출신의 경학가 왕통(王通)을 가리킨다. 자는 중엄(仲淹)이다. 유년 시절부터 학문에 뜻을 두어 독실하게 공부하였고, 천성이 호방하여 사방을 유람하였다. 장안에 가서 태평십이책(太平十二策)을 올렸으나 쓰이지 않자 물러나 하수(河水)와 분수(汾水) 사이에서 후진 양성에 힘을 쏟았다. 문하에서 수업을 받는 자가 수천 명이나 되었는데, 방현령(房玄齡)·두여회(杜如晦)·위징(魏徵)·이정(李靖) 등 쟁쟁한 학자가 모두 그의 문하에서 나왔으므로 당시 사람들이 '하분문하(河汾門下)'라고 칭송하였다. 죽은 뒤에 문인들이 '문중자(文中子)'라고 사시(私諡)를 올렸다. 《資治通鑑 卷179 隋紀》

여덟 번째 其八

도서는 천고의 생각이요　　圖書千古意
우주는 백년의 몸이로다　　宇宙百年身
진리를 수양하는 선비 되지 못하면　　不作修眞士
부질없이 머무는 사람 되고 말리라　　終成虛住人

아홉 번째 其九

물결 위에 배 띄워 배회하다　　徘徊波上舟
인간 세상 굽어보고 우러러보노라　　俯仰人間世
나그네 회포를 함께 논할 이 없는데　　客懷無與論
현학[65]이 구름 저편에서 내려오누나　　玄鶴下雲際

65 현학(玄鶴) : 검은 학으로, 도인(道人)을 의미한다. 소식(蘇軾)이 일찍이 7월과 10월 두 차례에 걸쳐 적벽 아래 강에서 손들과 함께 뱃놀이하며 풍류를 만끽하고는 〈전적벽부(前赤壁賦)〉와 〈후적벽부(後赤壁賦)〉를 지었는데, 〈후적벽부〉에 "이날 때는 장차 한밤중이 되려고 할 적에 사방을 돌아보아도 고요하기만 하였는데, 마침 외로운 학 한 마리가 강을 가로질러 동쪽에서 날아왔다. 날개는 수레바퀴만 하고 검정 치마에 흰 저고리를 입고는 끼룩끼룩 길게 소리 내어 울면서 내 배를 스쳐 서쪽으로 날아갔다.〔時夜將半, 四顧寂寥, 適有孤鶴, 橫江東來. 翅如車輪, 玄裳縞衣, 戛然長鳴, 掠予舟而西也.〕"라는 내용이 있는데, 나중에 꿈에서 이 학이 도사(道士)의 모습을 하고 찾아왔다고 하였다.

열 번째 其十

천지가 사문(斯文)을 없애지 않았으니[66]	天地未喪文
산림에서 졸렬한 분수 지킬 만하여라[67]	山林可守拙
내 돌아와 고서를 껴안고	歸來抱古書
한가로이 소요하며 세월을 마치련다	優遊畢歲月

66 천지가……않았으니 : 하늘이 아직 세도(世道)를 외면하지 않았다는 말이다. 공자(孔子)가 광(匡) 땅에서 양호(陽虎)로 오인받아 포위되었을 때 "문왕이 이미 돌아가셨으니 도가 나에게 있지 않겠는가. 하늘이 사문을 망칠 작정이면 문왕 뒤에 죽을 내가 사문에 참여하지 못했을 것이다. 그러나 하늘이 사문을 망치려 하지 않으셨으니, 광 사람이 나에게 어찌하겠는가.〔文王旣沒, 文不在玆乎? 天之將喪斯文也, 後死者不得與於斯文也, 天之未喪斯文也, 匡人其如予何?〕"라고 하였다. 《論語 子罕》

67 산림에서……만하여라 : 원문의 '수졸(守拙)'은 자신의 소박한 본성을 지키며 전원(田園)에서 살아가는 것을 말한다. 도잠(陶潛)의 시에 "남쪽 들판의 끝 황량한 밭을 일구고서, 졸렬한 본성 지키며 전원에 돌아와 사노라.〔開荒南野際, 守拙歸田園.〕"라는 구절이 있다. 《陶淵明集 卷2 歸田園居》

양근 도중에서

楊根道中

한 지아비와 한 지어미가	匹夫與匹婦
세간살이를 한 마리 말에 부쳤는데	生事寄一馬
오순도순 가면서 얘기하는 모습	怡怡行且語
틀림없이 집 옮겨 가는 이들 같아라	似是移家者
가난 추위가 어찌 괴롭지 않으랴만	貧寒豈不苦
몸은 또한 누에 치고 농사짓는 데 있구려	身在且蠶稼
헌데 나는 홀로 무엇하는 것인가	而我獨何爲
우두커니 서서 부질없이 눈물 흘리네	佇立空涕下

두 번째 其二

집 떠난 지 사흘에 소식은 드물고	別家三日消息稀
객창에 홀로 앉으니 석양이 희미하다	旅窓孤坐夕陽微
만사를 생각하니 다 허무한 환상	思量萬事皆虛幻
그래도 난 구차히 옷에 가득 눈물 적시네	猶自區區淚滿衣

석실서원[68]에서 먼저 돌아가는 아우 도충 정 을 전송하다
石室書院送舍弟道冲 淨 先歸

집으로 돌아가는 너 전송하노니	送爾還家去
집에 가거든 내 말 생각하려무나	還家念我言
일신에는 공손함이 규범 되고	一身恭作則
백행엔 효성이 근본 되는 것이라	百行孝爲源
위육[69]의 공이 어디 멀리 있을까 보냐	位育功何遠
집안이 다스려지면 그 공 있나니	門庭道卽存

68 석실서원(石室書院) : 경기도 남양주시 지금동(芝錦洞)에 있던 서원으로, 1656년(효종7) 지방 유림의 공의(公議)로 병자호란 때 순절(殉節)한 김상용(金尙容)과 김상헌(金尙憲) 형제의 충절과 학덕을 추모하기 위해 건립되었다. 1663년(현종4) 석실사(石室祠)라는 편액을 하사받고 사액서원으로 승격되었다. 1697년(숙종23) 김수항(金壽恒)·민정중(閔鼎重)·이단상(李端相)을 배향하고, 1710년에 김창협(金昌協)을 추가 배향하여 선현 배향과 지방 교육의 일익을 담당하였다. 대원군의 서원철폐령으로 1868년(고종5)에 훼철되었다.

69 위육(位育) : 하늘과 땅이 자리를 편안히 하고 만물이 길러지는 것으로, 천지의 큰 공용(功用)을 돕는다는 뜻이다. 《중용장구》 제1장에 "중(中)과 화(和)를 지극히 하면 천지가 제자리를 편안히 하고 만물이 길러진다.〔致中和, 天地位焉, 萬物育焉.〕"라고 하였으며, 또 제22장에 "오직 천하에 지극히 성실한 사람이어야 본성을 다할 수 있으니, 본성을 다하면 사람의 본성을 다하게 할 수 있고 사람의 본성을 다하면 물건의 본성을 다하게 할 수 있고 물건의 본성을 다하면 천지의 화육(化育)을 도울 수 있고 천지의 화육을 도우면 천지에 참여할 수 있다.〔惟天下至誠, 爲能盡其性, 能盡其性, 則能盡人之性, 能盡人之性, 則能盡物之性, 能盡物之性, 則可以贊天地之化育, 可以贊天地之化育, 則可以與天地參矣.〕"라고 하였다.

너의 형은 참덕[70]이 적으면서　　乃兄慙德薄
권면하는 정만은 속절없이 돈독하구나　　相勉謾情敦

70 참덕(慙德) : 덕이 옛사람에게 미치지 못하는 데 대한 부끄러운 마음을 말한다. 《서경》 〈상서(商書) 중훼지고(仲虺之誥)〉에 "성탕(成湯)이 걸(桀)을 남소(南巢)로 유폐시키고 나서 참덕을 느끼면서 말하기를 '나는 후세에 나를 구실로 삼아서 신하가 제멋대로 임금을 정벌할까 두렵다.'라고 하였다."라는 말이 있다.

문곡이 서원에 적은 시에 차운하다

次文谷 題書院韻

문곡은 김수항(金壽恒)의 호이다.

백이숙제 높은 기풍 누가 다시 따라갈까	夷叔高風誰更追
둘이서 대의를 부지한 공 천년에 밝아라	雙扶大義炳千期
세상 사람 단지 서산[71]의 충절만 아는데	人間但識西山節
바다 밖에선 새로이 석실사를 열었지	海外新開石室祠
도리는 강상[72]에 있어 삶과 죽음 이로 말미암고	道在綱常生死以
제질(祭秩)은 사전에 높아 형제가 서로 따랐네[73]	秩尊祀典弟兄隨
충분이 이제야 조금 풀렸음을 알겠나니	却知忠憤今差洩
관군이 오랑캐 살육했단 말 들었기 때문일세	聞道官軍殺虜兒

71 서산(西山) : 수양산(首陽山)의 다른 이름이다. 주(周)나라 무왕(武王)이 은나라를 정벌할 때 백이와 숙제가 무왕의 말고삐를 잡고 만류하였으나 듣지 않자, 무도한 주나라의 곡식은 먹지 않겠다며 서산에 들어가 고사리를 캐 먹으며 숨어 살다가 굶어 죽었다. 《史記 卷61 伯夷列傳》《맹자》〈만장 하(萬章下)〉에 "백이는 성인 가운데 맑은 분이다.〔伯夷聖之淸者也.〕"라는 말이 있다.

72 강상(綱常) : 유교 이념에서 반드시 지켜야 할 기본적인 도리인 삼강(三綱)과 오상(五常)을 말한다. 삼강은 임금과 신하, 부모와 자식, 남편과 아내 사이에 마땅히 지켜야 할 도리인 군위신강(君爲臣綱)·부위자강(父爲子綱)·부위부강(夫爲婦綱)이고, 오상은 인(仁)·의(義)·예(禮)·지(智)·신(信)의 다섯 가지 덕목이다.

73 제질(祭秩)은……따랐네 : 김상용(金尙容)과 김상헌(金尙憲) 형제가 나란히 석실서원(石室書院)에 배향된 것을 말한다.

포은 선생의 시에 차운하다

次圃隱先生韻

은하수 아스라하고 푸른 하늘은 너른데 星漢迢迢碧落寬
가을 강 밤빛에 가벼운 한기가 움직인다 秋江夜色動微寒
이 한 몸은 천지간에 붙어사는 존재[74]요 一身天地看如寄
마음은 허령[75]하여 주재함이 있도다 方寸虛靈覺有官
경치 모두 볼만한 데 이어 달이 물에 비치고 物物可觀仍水月
소리마다 좋은데 바람 부는 여울이야 말할 것 있나 聲聲悅耳況風湍
그대 지금 내 마음의 즐거움 알려거든 君今欲識余心樂
명리의 마당에서 얼른 안장을 내리시게 名利場中早解鞍

74 천지간에 붙어사는 존재 : 천명에 따라 살 뿐이지 명리를 얻으려 하지 않겠다는 뜻이다. 도잠(陶潛)의 〈귀거래사(歸去來辭)〉에 "그만두어라, 형체를 우주 안에 붙이고 다시 얼마나 살리오. 어이해 가고 머묾을 마음대로 하지 않고, 어찌하여 황급히 어디를 가려고 하는가. 부귀는 내가 바라는 바 아니요, 제향도 기약할 수 없는 일인 것을.〔已矣乎! 寓形宇內復幾時? 曷不委心任去留, 胡爲乎遑遑欲何之? 富貴非吾願, 帝鄕不可期.〕"이라는 구절에서 온 말이다.

75 허령(虛靈) : 우리 마음이 텅 빈 가운데 신령스럽기 그지없어서 모든 일을 환히 알고 감응하지 않는 것이 없다는 뜻이다. 《대학장구(大學章句)》 명덕장(明德章)의 주에서 "밝은 덕은 사람이 하늘로부터 얻은 것으로, 허령하고 어둡지 않아서 온갖 이치를 구비하고 만사에 수응하는 것이다.〔明德者, 人之所得乎天而虛靈不昧, 以具衆理而應萬事者也.〕"라고 하였다.

두 번째 其二

외로운 신하의 회포를 어떡하면 위로할까	孤臣懷抱若爲寬
어려운 시국 말하자니 간담이 서늘해지네	說着時艱膽欲寒
초야에선 실로 짧은 눈물 뿌릴 만하거니와	草野眞堪揮短淚
조정에 누가 고관대작 있다고 말하겠는가	朝廷誰道有高官
원래 양기는 극한의 추위 속에서 생기나니	由來陽氣生窮冱
깊은 못에 격한 여울 요동치는 건 보지 못했다오	不見深潭蕩激湍
느껍기 그지없어라 홀연 동으로 서울 가려는 생각에	感極忽思東入洛
저는 나귀 끌어내어 안장을 얹었구려	蹇驢牽出掛征鞍

아우가 보내온 시에 차운하다

次舍弟寄示韻

가을 기운 빈집에 모여드니	秋氣集虛院
쓸쓸히 강 비 내리는 때로세	蕭條江雨時
눈앞의 정경에 한번 길이 탄식하나니	即事一長歎
그리운 정에 눈물 흘러내리려 하누나	懷人淚欲垂
홍안은 어디서 날아왔나	鴻鴈從何來
편지가 홀연 따라왔는데	素書忽相隨
위에선 끼니 걱정 얘기하고	上言加餐飯
아래에선 이별의 상심 말하였네	下言傷別離
편지로는 끝내 속내를 다하지 못해	書竟意不窮
뜻 읊어 다시 시를 지었구려	言志復有詩
헤어지고 만남은 예부터 있었으니	離合自古有
탄식한들 또 무엇하리	嗟歎亦奚爲
오직 아름다운 덕 더욱더 쌓고	但願崇令德
여사는 잠시 놓아두기 바라노라	餘事且置之

원재에서 우연히 읊다

院齋偶吟

해 지는 빈 물가에 흰 파도가 일고	日落空洲生白波
객선은 가물가물 안개 낀 모래톱에 기대었구나	客帆迢遞倚煙沙
작년엔 강 언덕에 배 대었던 나그네가	去年江岸維舟客
올해는 높은 누대에서 지나는 객을 바라보네	今在高樓看客過

대궐 문에서 이 군을 이별하다

金門別李君

서풍이 윙윙 부니 물에는 파도 일고	西風淅淅水生波
가랑비는 갈대꽃에 소슬히 내리누나	細雨蕭蕭蘆荻花
다리 곁에 말 세워 두고 문득 돌아보니	立馬橋邊却回望
저녁연기 피어나는 곳 바로 그대 집일세	暝煙生處是君家

도성암[76]에 가려고 먼저 동문을 나왔다가 길옆의 반석에 앉아 동행하는 사람들을 기다리다

將往道成菴 先出東門 坐道傍盤石 待同行諸人

세상사 분분함은 갈수록 험난하고	世紛轉崢嶸
가을 든 산은 나날이 적막한데	秋山日蕭索
흰 구름에 높은 회포가 동하여	白雲動高懷
말 몰고 동쪽 교외로 나왔어라	驅馬出東郭
동곽으로 나와 겨우 몇 리를 지나니	出郭幾許里
벌써 세속 정경과는 많이 다르구려	已與塵境隔
산골 물방울 어쩌면 이리도 서늘한지	山溜何泠泠
산비탈은 다시 고요하기도 하구먼	山崖復寂寂
여기서 가던 길 잠시 쉬고	於焉息吾駕
짐짓 오는 길손을 기다리다	且用遲來客
좋은 유람 너무 늦어 버렸나 하여	佳遊恐晼晩
길게 휘파람 불며 푸른 절벽을 바라보네	長嘯望蒼壁

76 도성암(道成菴) : 《신증동국여지승람(新增東國輿地勝覽)》 권3 〈한성부〉에는 "삼각산 동쪽에 있는데, 정의공주(貞懿公主)의 원찰(願刹)이다."라고 하였다. 삼각산 도선사(道詵寺)의 옛 이름이라는 설도 있다.

조계[77]에서 운자를 불러 읊다

曹溪呼韻

낙엽 쌓여 오솔길도 못 찾겠는데	落葉迷行徑
찬 여울 소리만 저문 산을 울리누나	寒流響晚山
가을 되고서야 시 읊으며 찾아오니	吟節九秋後
십 년 사이에 지난 자취 되었구려	往跡十年間
술 취하자 수풀이 막 어두워지고	中酒林初暝
승려 만나니 경계 문득 한적하구나	逢僧境更閑
시절 걱정에 온갖 근심 하다가	憂時萬端慮
여기 와서 한번 얼굴을 펴노라	到此一開顔

77 조계(曹溪) : 북한산성(北漢山城) 동문 밖에 있는 조계동(曹溪洞)을 말한다. 7층 폭포가 있다고 한다. 《東國輿地備巧 卷2 漢城府》

도성암에서 승축의 시에 차운하다

道成菴次僧軸韻

오래된 절 문 앞에 소나무 길은 길고	古寺門前松逕長
들꽃 산중 나뭇잎엔 가을빛 물들었구나	野花山葉作秋光
전에 놀던 곳 아련하게 떠올리니	依然記得曾遊處
첨복화[78] 몇 떨기 아직도 향기를 풍기네	簷蔔數叢猶自香

78 첨복화(簷蔔花) : 불경(佛經)에 나오는 꽃 이름으로 금바라화라고도 하며, 인도가 원산지라고 한다. 숲 속에 첨복화가 있으면 온 숲이 그 향기만으로 가득 찬다는 말이 있는데, 영산회상(靈山會上)의 설법에서 부처가 들어 보인 꽃이 이 꽃이라는 설도 있다.

산골에서 감회를 적다

峽中書感

산중에서 한 해가 홀연 저무는데　山間歲忽暮
나그네 생각은 날로 서러워라　客意日惆悵
서늘한 바람이 숲 속 나무를 흔드니　涼風振林木
산골 물에 파랑이 더해지네　峽水增波浪
그윽한 난초가 어찌 향기를 뿜지 않으랴만　幽蘭豈不芳
잡초들 속에서 같이 시들어 가겠지　萎絶同草莽
채찍을 거두고 갈림길에 서니[79]　斂策臨岐路
승냥이와 범이 더욱 기세를 떨치네　豺虎氣益張
꽁꽁 언 얼음이 사람을 근심스럽게 하나니　堅氷更愁人
날리는 서리는 한기가 실로 맹렬하구려[80]　飛霜正浩蕩

79 채찍을……서니 : 은거와 출사의 기로에 서 있다는 의미이다. 원문의 '염책(斂策)'은 말채찍을 거두어들인다는 말로, 돌아가 은거한다는 의미이다. 도잠(陶潛)의 〈제종제경원문(祭從弟敬遠文)〉에 "채찍 거두고 돌아가려 하니, 너는 내 마음 알리라.〔斂策歸來, 爾知我意.〕"라는 구절이 있다.《陶淵明集 卷8》 원문의 '기로(岐路)'는 갈림길로, 인생의 전환점에 비유된다.《회남자(淮南子)》〈설림훈(說林訓)〉에 전국 시대 양주(楊朱)가 남북으로 통하는 기로에 서서 울었던 고사가 있는데, 이는 남쪽 길을 선택할 수도 없고 북쪽 길을 선택할 수도 없어서 슬퍼하였던 것이다.

80 꽁꽁……맹렬하구려 : 차가운 서리가 내리면 얼음이 어는 매서운 추위가 이른다는 뜻으로, 미세한 조짐을 보고서도 앞으로 닥칠 일을 미리 알아야 한다는 말이다.《주역(周易)》〈곤괘(坤卦) 초육(初六)〉에 "서리를 밟게 되면 두꺼운 얼음이 곧 얼게 된다.〔履霜堅氷至.〕"라는 말에서 유래하였다.

문을 나서면 수많은 고난의 길	出門多苦辛
돌아가자꾸나 짐짓 한가로이 지내려네	歸哉且偃仰
훨훨 나는 구름 사이의 학은	飄飄雲間鶴
한 번 날갯짓으로 만리를 가는데	一擧萬里往
가련하다 수풀 속의 새는	可憐林中鳥
정처 없이 배회하다 그물에 걸리누나	徘徊遭羅網

삼가 왕고께서 내려 주신 시에 차운하여 차소[81] 호 종형에게 드리다 병서

敬次王考下示韻 呈次韶 濩 從兄 幷序

예전 임인년(1662, 현종3)에 왕고(王考)께서 회산(回山)의 별장에 계셨으니, 실제로는 손자 호(濩)와 영(泳)을 불러 모시게 하면서 그대로 한 겨울 동안 책을 읽게 하신 것이었다. 임인년은 지금부터 겨우 10여 년 전인데 그사이 세월이 흘러 왕고께서도 세상을 떠나고 말았으니 피눈물이 흘러 견디지 못하겠다. 당시 독서할 때 왕고께서 한번은 절구(絶句) 한 수(首)를 보여 주면서 궁리(窮理)와 수심(修心)의 학문을 깊이 우리 둘에게 기대하셨는데, 우리는 어리고 어리석은 데다 식견마저 없었으므로 가르치는 뜻을 감당할 수가 없었다. 돌이켜 생각해 보면 당시 하신 말씀과 함께 그 일마저도 까맣게 잊고 있었으니, 이것은 불초하고 보잘것없는 내가 선조의 가르침을 실추한 죄이다. 옛날 죽간(竹簡)을 잃어버렸던 패자(敗子)[82]와 무엇이

81 차소(次韶) : 임호(林濩, 1645~1709)의 자이다. 호는 눌헌(訥軒), 본관은 나주(羅州)이고, 할아버지는 임숙(林埱), 아버지는 임장유(林長儒)이다. 1683년(숙종9) 증광시 문과에 병과로 급제하고, 1694년 홍문록(弘文錄)과 도당록(都堂錄)에 선발되어 부수찬·부교리 등을 지냈다. 이후 사간·부교리·집의·수찬·대사간 등 주로 언관으로 활동하였다.

82 죽간(竹簡)을 잃어버렸던 패자(敗子) : 전국 시대 조 간자(趙簡子)의 맏아들인 조백로(趙伯魯)를 가리킨다. 조 간자가 한번은 장남 조백로와 차남 조무휼(趙無恤)에게 각각 훈계의 말을 적은 죽간을 주면서 잘 기억하라고 명하였는데, 3년이 지난 후에 조백로는 훈계의 말을 잊어버리고 죽간도 잃어버렸지만 조무휼은 그 말을 잘 기억하였

다르겠는가. 그러나 수년 이래로 나는 우연한 기회에 삼가 궁리 수심의 학설에 관심을 가지게 되었으니, 비록 실행에 애쓰지 못해 실제 몸으로 체득하지는 못했지만 또한 전혀 뜻이 없다고 할 수는 없는 것이다. 종씨(從氏)도 지금 과거 공부를 제쳐 두고 문학(問學)에 전력을 기울이려 하고 있으니, 이는 왕고께서 하교하신 취지에 대해 또한 기약하지 않아도 부합하는 부분인 듯하다. 아, 아마도 우리 할아버지께서 묵묵한 가운데 이끌어 주셔서일 것이다. 오늘 마침 집안의 오래된 서적을 살피다가 뜻밖에 왕고의 유묵(遺墨)을 삼가 발견했는데, 어루만지며 비통해하다가 멍하니 나도 모르게 눈물이 흘러내렸다. 가만히 생각건대 인가(人家)의 부조(父祖)가 자손을 가르칠 때 엄중하게 호령하는 것은 그 요점이 또한 문예와 행정의 사이에서 벗어나지 않으니, 곧장 궁리와 수심의 교법(教法)으로 어린 자손들을 일깨우는 경우는 예로부터 매우 드물었다. 따라서 우리가 이렇게까지 가르침을 받은 것은 지극한 행운이라고 할 만하다. 그럼에도 10년 동안이나 그 죄를 알아차리지 못하고 있었으니 실로 아무리 속죄하려 해도 용서받을 수 없는 점이다. 만일 이미 깨달은 뒤에도 다시 그럭저럭 세월만 보내면서 끝내 우리 할아버지께서 지난날 기대했던 마음을 위로하지 못한다면 이는 그 죄가 더욱 어떠하겠는가. 마침내 느낀 점을 기록하여 서로 경계하고, 이어 삼가 다음과 같이 그 시에 차운한다. 원운(原韻)은 "섣달 가고 봄이 와도 홀로

고 쪽지도 소중히 간직하고 있었다. 이에 조 간자는 조무휼이 어질다고 여겨 태자(太子)인 조백로를 폐하고 조무휼을 태자로 삼아 왕위를 물려주었으니, 이 사람이 바로 조양자(趙襄子)이다. 《史略 卷1 趙》

사립문 닫아 두니, 눈 깊은 강 길에 나그네 발길 뜸하구나. 설사 너희들 역사서에 탐닉했더라도, 궁리하고 수심하는 것이 내 바라는 일이다.〔臘盡春還獨掩扉, 雪深江路客來稀. 縱然汝輩耽書史, 窮理修心我所希.〕"이다.

찬 사립 닫아 둔 채 그윽이 읊조리며 잠들지 못하니	幽吟不寐掩寒扉
이러한 정취를 요즘엔 아는 사람이 적어라	此事如今識者稀
궁리 수심의 한마디 집안의 교법이 그 속에 있나니	心理一言家法在
옛날 내 할아버지 유독 깊이 소망하셨지	舊時吾祖獨深希

통천[83]으로 들어가 동행한 이 군의 시에 차운하다 을묘년 (1675, 숙종1)

入通川次同行李君韻 乙卯

꽃이 피어 산행 나서기는 정말 좋은데	花開正好作山行
늙으신 어버이 석별의 정을 어이하나	親老其如惜別情
세상이 어지러워 돌아가 지낼 곳 모르겠나니	世亂未知歸定處
가난한 살림 그대로 농사일이나 배우려네	家貧仍欲學躬耕

83 통천(通川) : 〈연보(年譜)〉에 의하면, 창계는 27세 때인 1675년(숙종1) 2월에 동지(同志)들과 함께 영동(嶺東)의 통천으로 가서 머물 곳과 농사지을 땅을 알아보고, 그해 10월 양친을 모시고 그곳으로 들어가 우거했다고 하였다. 통천군(通川郡)은 동쪽으로 바닷가까지 9리, 남쪽으로 고성군 경계까지 87리, 서쪽으로 회양부(淮陽府) 경계까지 41리, 북쪽으로 흡곡현(歙谷縣) 경계까지 14리이며, 서울과의 거리는 344리이다. 《新增東國輿地勝覽 卷45 江原道 通川郡》

정관재의 옛 거처를 지나며 느낌이 있어서

過靜觀齋舊寓有感

십 년 만에 다시 오니 만사가 잘못되었어라	十載重來萬事非
구름 산 의구한데 나그네 눈물이 옷을 적시네	雲山依舊客沾衣
앞 시내에 꽃 피어도 누가 너를 눈여겨볼까	前川花發誰看汝
달빛은 빈 못에 비치는데 사람은 돌아오지 않누나	月照虛池人未歸

저녁 무렵 총석[84]에서 돌아와 아침에 입산하는 승려를 이별하다

暮歸自叢石朝別入山僧

총석에서 돌아오니 달빛이 하늘에 가득	叢石歸來月滿天
꿈속의 개골산은 옥처럼 아름다워라	夢中皆骨玉嬋娟
아침 되어 똑바로 서산 기운 마주하다	朝來正望西山氣
홀연 산승 보내고는 아련히 생각에 잠긴다	忽送歸僧意渺然

84 총석(叢石) : 강원도 통천군 고저읍 총석리 바닷가의 총석정(叢石亭)을 가리킨다. 《신증동국여지승람》에 의하면 "통천군 북쪽 18리에 있다. 수십 개의 돌기둥이 바다 가운데 모여 섰는데 모두가 육면(六面)이며 형상이 옥을 깎은 듯한 것이 네 곳이다. 정자가 바닷가에 있는데 총석에 임하였기 때문에 '총석정'이라 한다."라고 하였다. 그중 바다 가운데 있는 사석주(四石柱)를 특히 '사선봉(四仙峯)'이라 하는데, 신라의 술랑(述郎)·영랑(永郎)·안상랑(安詳郎)·남랑(南郎) 등 네 명의 화랑이 이곳에 놀며 경관을 감상하였기 때문에 그렇게 이름 붙였다고 한다. 《新增東國輿地勝覽 卷45 江原道 通川郡》 관동팔경(關東八景)의 하나로, 절벽과 바위가 신기하고 아름다워 '통천금강(通川金剛)'이라고도 하는데, 이곳에서의 해돋이가 절경이라고 한다.

용연촌

龍淵村

금란[85]과 총석이 양쪽을 감싸니	金幱叢石兩邊回
십 리 평원에 큰 들이 펼쳐지네	十里平蕪大野開
저물녘 푸른 바다에는 물결이 호탕하고	日暮滄溟波浩蕩
달빛 속 외로운 섬엔 그림자만 배회하네	月生孤島影徘徊
고을의 부로는 예전부터 알던 양 친근한데	鄕村父老如曾識
서울 친구들은 이미 알아서 찾아왔구려	京洛親朋已自來
머물 곳 농사지을 땅 다른 데 있는 것 아니어라	問舍求田非別處
높은 산에 올라 물 굽어보며 돌아갈 줄 몰라 하네	登山臨水不知廻

85 금란(金幱) : 강원도 통천군 통천면 금란리에 있는 해식동굴인 금란굴(金幱窟)을 가리킨다. 《신증동국여지승람》에 의하면 "통천군 동쪽 12리에 있다. 안축(安軸)의 서문에 '통주 남쪽 교외에 꼭대기 벗겨진 둥그스름한 봉우리가 동쪽으로 큰 바다에 임했는데, 그 봉우리의 깎아지른 벼랑에 굴이 있으니 넓이가 7, 8척은 되고 깊이 10여 보(步)는 된다.……전하는 말에, 이 굴은 원래 관음보살의 진신(眞身)이 항상 거처하는 곳이므로 사람이 지성으로 귀의(歸依)하면 보살이 바윗돌에 나타나고 푸른 새가 날아오니, 이래서 신령하게 여긴다고 한다.……' 하였다."라고 하였다. 또 "총석정에서 바다로 나가 남쪽으로 가면 금란굴에 갈 수 있는데 그 사이가 역시 10여 리이다."라고 하였다. 《新增東國輿地勝覽 卷45 江原道 通川郡, 歙谷縣》 현무암이 해식 작용을 받아 형성된 이 동굴은 기묘하고 신비스러운 풍경을 자아내기 때문에, 예로부터 많은 사람들이 찾아들어 시와 노래를 남겼다. 북한에서 천연기념물 제215호로 지정하였다.

동행한 사람의 시에 차운하여 일을 기록하다

次同行韻紀事

진정 일 없는 가운데 일을 만들어 놓고	眞成無事中生事
집에도 가지 못한 채 집 생각만 할 뿐일세	未得歸家但憶家
남쪽 들판 끝에 황무지 개간하게 하고는	已遣開荒南野際
도리어 북산 비탈에 집 지으려 계획하네	還謀結屋北山涯

산인 지형에게 주다

贈山人志炯

분분한 세상사 해는 저물어 가는데	世事紛紛日欲昏
비바람 부는 바닷가에 홀로 문을 닫았네	海天風雨獨關門
승려를 만나 서래의[86]는 묻지 않고	逢僧不問西來意
명산에 대해서만 차례차례 논하누나	但把名山次第論

86 서래의(西來意) : '조사서래의(祖師西來意)'의 준말로, 선종(禪宗)의 초조(初祖)인 달마(達磨)가 서쪽 인도에서 중국으로 건너와 불법(佛法)을 전한 진의(眞意), 즉 근본 대의가 무엇인지를 묻는 선종의 화두(話頭)이다. 당(唐)나라의 조주 종심 선사(趙州從諗禪師)에게 어떤 승려가 이 화두를 거론하여 문자 '뜰 앞의 잣나무〔庭前柏樹子〕'라고 대답했던 유명한 일화가 전한다.《聯燈會要 卷6 趙州從諗條》

덕원에서 우재에게 받들어 올리다[87]

德源奉贈尤齋

우재(尤齋)는 송시열(宋時烈)의 호이다.

지난해 화양동[88]에 낙엽이 질 때	去歲華陽木落時
산중에서 하루 저녁 마음을 열고 얘기 나누었지	雲窓一宿話心期
풍파가 순식간에 평지를 덮쳤지만	風波轉眄埋平陸
송백은 추위 견디고 옛 모습 그대로일세[89]	松柏經寒尙舊姿
출처는 네 조정[90]에서 세도를 보았고	出處四朝觀世道
문장은 천고에 스승이 되리로다	文章千古作人師
부주의 정력에 오히려 나아갈 수 있으리니[91]	涪州精力猶堪進

87 덕원(德源)에서……올리다 : 1674년(숙종 즉위년) 효종의 비인 인선왕후(仁宣王后) 장씨(張氏)가 훙(薨)하자, 인조의 계비인 자의대비(慈懿大妃) 조씨(趙氏)가 상복을 얼마 동안 입어야 하는지의 문제로 발생한 예송(禮訟)에서 우암(尤庵) 송시열(宋時烈, 1607~1689)이 패배하여 1675년 덕원에 유배되었을 때 지은 시로 보인다.

88 화양동(華陽洞) : 송시열의 은거지인 충청북도 괴산군 청천면 화양리를 말한다.

89 풍파가……그대로일세 : 송시열이 예송의 책임을 지고 귀양을 가게 되었지만 변함없이 자신의 지조와 소신을 지키고 있다는 의미이다.

90 네 조정 : 송시열이 활동했던 인조·효종·현종·숙종의 네 조정을 말한다.

91 부주(涪州)의……있으리니 : 학문 수양에 힘을 기울여 신수가 더욱 좋아질 것이라는 의미이다. '부주의 정력(精力)'이란 이천(伊川) 정이(程頤)가 수양한 학문의 힘을 말한다. 정이가 부주로 귀양 가서 온갖 고초를 겪었지만, 돌아왔을 때는 70의 나이에도 불구하고 기색과 용모가 예전보다 나았으며 수염과 머리털이 전보다 더 검었다. 그래서

응당 새로 공을 세워 먼 그리움을 위로하리 應有新功慰遠思

문인(門人)이 "어떻게 하여 이럴 수 있었습니까?" 하자, 이천이 "학문의 힘이다. 무릇 학문이란 환난(患難)과 빈천(貧賤)에 처하는 것을 배워야 하는 법이니, 부귀영달에 처하는 것은 배울 필요가 없다."라고 대답하였다. 《心經 卷2》

포천에서 동행한 이 군과 이별하고 말 위에서 즉흥으로 읊다

抱川別同行李君 馬上口號

바다 위 봉래산을 두루 유람하고는 踏盡蓬萊海上山

'답진(踏盡)'은 어떤 본(本)에는 '의편(倚遍)'으로 되어 있다.

산 내려와 물 맑고 구름 낀 곳에 밭 갈고 우물 파네 下山耕鑿水雲間

도성에 드나든들 끝내 무엇할거나 朅來城郭終何事

가을바람 불기 전에 그대와 같이 돌아오리라 不待秋風與子還

역사를 노래하다
詠史

사람들은 자방[92]의 지혜 칭송하지만 人稱子房智
나는 자방의 절개를 사랑한다네 我愛子房節
포악한 진나라가 육국[93]을 물어뜯어 暴秦嚙六國
여섯 나라는 전부 괴멸되었으니 六國盡夷滅
당시에 얼마나 많은 경상들이 當時幾卿相
일 지난 후 다투어 무릎 꿇었던가 事去爭屈膝
초나라는 부질없이 삼호 노래 불렀고[94] 楚謠謾三戶

92 자방(子房) : 한(漢)나라의 모사(謀士)인 장량(張良)의 자이다. 그는 지모가 뛰어나고 병법에 통달하였는데, 유방(劉邦)을 도와 항우(項羽)를 패망시키고 천하를 통일한 개국삼걸(開國三傑)의 한 사람으로 유명하다.

93 육국(六國) : 전국 시대 진(秦)나라와 대치하던 제(齊)·초(楚)·연(燕)·한(韓)·위(魏)·조(趙)의 여섯 나라를 가리킨다.

94 초(楚)나라는……불렀고 : 진(秦)나라를 멸망하게 만든 초나라도 결국은 장량의 계책 아래 한(漢)나라에 병합되었다는 의미이다. '삼호(三戶) 노래'란 세 집만 남아 있어도 적국을 멸망시킬 수 있다는 복수심을 표현한 노래로, 초나라의 음양가(陰陽家)인 남공(南公)이 지은 것이다. 전국 시대 말기에 초 회왕(楚懷王)이 진나라로 들어간 뒤 끝내 본국으로 돌아오지 못하고 그곳에서 죽자, 초나라 사람들은 진나라에 대해 강한 적개심을 품고 있었다. 당시에 남공이 "초나라에 비록 세 집만 남아 있어도, 진나라를 멸망시키는 것은 반드시 초나라일 것이다.〔楚雖三戶, 亡秦必楚也.〕"라는 내용의 노래를 만들어 진나라에 대한 복수를 예언한 적이 있는데, 뒤에 과연 초나라의 항우(項羽)가 군사를 이끌고 삼호진(三戶津)을 건너와서 진나라를 멸망시켰다.《史記 卷7 項羽本紀》

진나라 궁전엔 쇠붙이 하나 남지 않았지[95]　　秦殿無寸鐵
천균의 박랑사 철퇴에　　千鈞博浪椎
만승의 천자가 혼비백산이 되었다네[96]　　萬乘魂爲奪
먼저 한 일은 한 번의 선제공격에 있었고　　首事在一擊
나머지 용력은 여러 호걸 불러온 것일세[97]　　餘勇賈群傑
어수선하던 초한 시대엔　　紛紛楚漢際
공명을 구하는 무리로 분잡하였건만　　擾擾功名客
그대여 유독 초연하게　　知君獨超然
한마음으로 종국을 위하였네　　一心爲宗國
한나라 일으킨 건 애오라지 우연이니　　興漢聊偶爾
평소 뜻은 벽곡[98]에 붙이고 있었다네　　素志著辟穀

95 진(秦)나라……않았지 : 항우(項羽)가 진나라를 멸망시킨 뒤 함양(咸陽)의 궁전을 불태우고 그 재물을 모두 약탈했던 일을 가리킨다.

96 천균(千鈞)의……되었다네 : 장량(長良)의 복수심에 진 시황(秦始皇)이 곤경을 당했다는 말이다. 장량은 5세(世) 동안 한(韓)나라에서 상신(相臣)을 지낸 가문의 후예로, 한나타가 진 시황에 의해 멸망당하자 그 원수를 갚기 위해 창해역사(滄海力士)로 하여금 철퇴를 들고 박랑사(博浪沙)에서 진 시황을 저격(狙擊)하게 했는데, 불행히도 철퇴가 빗나가는 바람에 진 시황이 탄 마차를 맞히지 못하고 다음 수레를 치고 말았다. 《史記 卷55 留侯世家》

97 먼저……것일세 : 장량이 한나라의 원수를 갚기 위해 진 시황을 공격했다가, 그 계획이 실패하자 하비(下邳) 고을에 잠복해 있으면서 나라의 치욕을 씻을 것을 맹세했고, 그러다가 한 고조(漢高祖)를 보좌하여 진나라를 섬멸한 것을 말한다.

98 벽곡(辟穀) : 오곡(五穀)을 먹지 않고 솔잎·대추·밤 등 약물을 조금씩 먹으며 양생(養生)하는 도가(道家)의 수련법을 말한다. 장량이 한 고조를 도와 천하를 통일하고 유후(留侯)에 봉해진 뒤에 "나는 지금 세 치의 혀로 제왕의 스승이 되어 만호에 봉해지고 열후의 지위를 얻었으니, 이는 포의에게 극도의 영광이고 나로서는 참으로

고상한 풍모 만 대에 널리 전해져 高風播萬代
영원히 신하의 본보기 되리로다 永爲人臣則

두 번째 其二

동생[99]은 한나라 대유이니 董生漢大儒
학업이 가장 깊고 순후하였지 學業最深醇
몸단속은 예법을 따르고 勑躬蹈禮法
대책은 천도와 인사를 꿰었네 對策貫天人
개혁이 시의에 부합하였으니 更張實時宜
바른 마음이 교화의 근원일세 正心爲化源
이에 문왕 무왕의 도리를 알아 乃知文武道
진황의 분서갱유 따르지 않았다네 未隨秦火焚

만족스럽다. 이제는 인간의 일을 다 버리고 선인 적송자를 따라서 노닐고 싶을 뿐이다.〔今以三寸舌, 爲帝子師, 封萬戶位列侯, 此布衣之極, 於良足矣. 願棄人間事, 欲從赤松子游耳.〕"라고 말하고는 즉시 은퇴하여 벽곡과 도인(導引)을 행하면서 신선의 술법을 닦았다고 한다. 《史記 卷55 留侯世家》

99 동생(董生) : 한나라 광천(廣川) 출신의 경학자(經學者) 동중서(董仲舒)를 말한다. 소시에 《춘추》를 전공하여 경제(景帝) 때에 박사(博士)가 되었는데 휘장을 드리우고 강송(講誦)하매 그 얼굴을 볼 수 없었고 3년 동안 정원을 내다보지 않고 학문에만 독실하니 학사(學士)들이 모두 존중했다고 한다. 무제(武帝) 때에는 왕명에 의해 현량과(賢良科)의 대책(對策)을 연거푸 세 번 올리고 바로 강도상(江都相)에 임명되었는데, 뒤에 공손홍(公孫弘)에게 미움을 받아 교서왕(膠西王)의 승(丞)으로 좌천되고, 나중에 벼슬을 그만두고 저술에 힘쓰다 생을 마쳤다. 《史記 卷121 儒林列傳》 그의 〈현량대책(賢良對策)〉은 유학을 존중하고 백가 사상을 배척할 것을 주장하여 경학의 지위를 높이는 데 큰 영향을 끼쳤다. 저서에 《춘추번로(春秋繁露)》 등이 있다.

애석하다 때를 만나지 못해　　惜哉時不遇
귀한 보배 가시덤불에 버려짐이여　　奇寶委荊榛
곡학아세하는 저 사람 누구인가　　曲學彼何人
바로 승상 평진후[100]로구나　　相國侯平津

100 평진후(平津侯) : 한(漢)나라 공손홍(公孫弘)을 말한다. 집이 가난하여 해변에서 돼지를 먹이다가 나이 40이 넘은 뒤에 벼슬에 올랐는데, 승상이 되어 평진후에 책봉될 정도로 무제(武帝)의 총애를 받았다. 표면적으로는 관대하면서도 내면으로 시기심이 많아, 주보언(主父偃)을 죽이고 동중서(董仲舒)를 축출하는 등 개인적인 원한을 앞세워 폐정(弊政)을 많이 저질렀다. 《史記 卷112 平津侯主父列傳》

우재가 철령에 들러 지은 시[101]를 듣고 뒤미처 차운하다
聞尤齋過鐵嶺韻追次

소인의 입은 쇠를 녹이고	小人口消金
군자의 간장은 철석같아라	君子腸如鐵
철석간장 어찌 단단하지 않으랴만	鐵腸豈不剛
원한 품고 피눈물을 흘린다네	含冤滴淸血

101 우재(尤齋)가……시 : 우암(尤庵) 송시열(宋時烈)이 1675년(숙종1) 1월 24일 철령(鐵嶺)에 올라 시를 읊은 적이 있는데 "환란 속의 종유(從遊)는 성인도 잊지 못했는데, 더구나 생사가 목전에 걸린 때에 난관을 헤치고 천리 밖에서 상종한 사람이야 더 말할 것이 있겠는가. 제군들이 각각 내 시에 차운하여 종이 위에 시를 적었는데 나의 아우와 손자의 시도 그 가운데 있다. 훗날 읽어 보면 또한 이때의 일에 느끼는 점이 있을 것이다. 그러나 사람들에게 보이지는 말아야 할 것이니, 이것이 빌미가 되어 진소양처럼 화를 입을까 두렵다. 을묘년 봄에 누인이 기록한다.〔患難相從, 聖人亦不能忘, 況此死生在前之時, 艱關跋涉, 千里外相從者哉? 諸君各步鄙韻, 書在紙上, 而家弟小孫之作, 亦在其間. 他日撫覽, 亦必有感於斯時矣. 然勿以示人, 恐作陳少陽也. 乙卯春日, 纍人書.〕"라는 자주(自註)가 달려 있다. 원운(原韻)은 "철령 마루 걸어서 오르니, 내 마음 오히려 철석같아지네. 설사 기지의 정성은 모자라더라도, 외려 서산의 피는 감내할 수 있으리. 머리 돌려 서쪽을 바라보니, 음산한 구름 걷히지 않았네. 원컨대 우리 임금님은, 붉은 노을에 밝은 달 지니소서.〔行登鐵嶺顚, 我心還如鐵. 縱乏器之誠, 却耐西山血. 回首望西方, 陰雲壅不決. 願言西方人, 丹霞佩明月.〕"이다. 《宋子大全 卷1 登鐵嶺吟》 '소양(少陽)'은 송(宋)나라 진동(陳東)의 자(字)로, 고종(高宗) 1년(1127)에 채경(蔡京) 등을 베라고 청하다가 구양철(歐陽澈)과 함께 처형되었다. '기지(器之)'는 강직하기로 이름난 송나라의 간의태부(諫議太夫) 유안세(劉安世)의 자(字)이고, '서산(西山)'은 주희(朱熹)의 제자인 채원정(蔡元定)의 호이다. 그가 한탁주(韓侂胄)에게 위학당(僞學黨)으로 몰려 귀양 갈 때 걸어가다가 발에서 피가 흘렀다고 한다.

뜬구름은 걷으려 해도 걷히지 않지만	浮雲抉不開
밝은 횃불은 꺼도 꺼지지 않았다네	燎火撲難滅
어두침침한 동방 땅에	沈沈東方土
흐릿한 달만 중천에 떠 있네	曖曖中天月

양친을 모시고 영동으로 들어가다

奉親入嶺東

을묘년(1675, 숙종1) 10월 24일에 서울을 출발하였다.

초겨울에 내린 서리 눈처럼 희고	孟冬霜似雪
몰아치는 북풍은 참으로 구슬픈데	北風鳴正悲
늙은이 젊은이가 함께 손을 이끌고	老幼共提挈
길을 떠나 바닷가로 향하누나	行役指海涯
어찌 이 길 고향 떠나는 감개에 젖을까	豈玆去鄕感
오히려 서울 나서게 되어 탄식하겠지	還爲出京噫
친구들은 들에서 손을 맞잡고	親友野執手
돌아올 때가 언제냐고 내게 묻는구나	問我歸何時
길 떠나는 기러기 파란 하늘을 날고	征鴻在靑天
정처 없는 부평은 푸른 못에 떠다니네	浮萍在綠池
예로부터 묶여 있는 신세 한탄하였거니	自古歎羈蹤
우리의 도란 정녕 이러한 것일세	吾道正如玆

송산촌[102]에서 묵다

宿松山村

해 떨어지고 냇가의 정경 어둑해지자	日落川景晦
여로에 지친 이 내 몸 발길 쉬고 싶어라	我行行欲息
가고 가다 미련이 남아 고개 돌려보니	行行尙回首
애틋하게 다가오는 삼봉[103]의 빛깔	戀戀三峯色
둘레 감싸 도는 소나무 골짝은 깊고	繚繞松壑深
맑은 샘물 소리는 어둠 속에 들린다	淸泉聞暗激
울타리 너머 피어나는 밥 짓는 연기	籬落隔煙火
호젓한 마을이 수풀 속에 숨어 있구나	孤村隱林薄
좋은 벗 멀리서 찾아 안부를 묻기에	佳友遠見候
반가이 맞아들여 밤참을 차리노라	延坐設夜食
세상사 온갖 일들 거리낌 없이 얘기하는데	萬變入縱談
외로운 등잔만이 정다운 자리를 비추네	孤燈照款曲
헤어질 생각에 잠도 이루지 못하고	念離不能寐
아쉬운 마음에 밤을 하얗게 지새운다네	依依至天旭

102 송산촌(松山村) : 경기도 의정부시 동북쪽의 송산동(松山洞)을 말한다. 동쪽과 남쪽으로 남양주시 별내면(別內面), 북쪽으로 포천시 소흘읍(蘇屹邑)에 닿아 있다. 송산(松山) 조견(趙狷, 1351~1425)이 "충신은 두 임금을 섬기지 아니한다."라고 한 뒤 새 왕조의 부름을 거절하고 이곳에 한거(閑居)했던 일로 인해 '송산동'이라 불렀다고 한다. 《海東地圖》《한국지명유래집》

103 삼봉(三峯) : 삼각산(三角山)을 이루고 있는 백운대(白雲臺), 국망봉(國望峯), 인수봉(仁壽峯)의 세 봉우리를 말한다.

축석령[104]

祝石嶺

이른 아침 축석령에 올라	晨登祝石嶺
머리 돌려 삼각산을 바라본다	還顧望三山
빼어난 자태 잡힐 듯 잡히질 않고	秀色不可攬
뜬구름은 음산하고도 차갑구나	浮雲陰且寒
아래엔 맑은 한강이 흐르는데	下有淸漢流
회오리바람이 너울을 일으키네	回飆起波瀾
멀어지는 저 대궐을 서러워하고	悲彼天闕遠
가는 이 길 험난함을 탄식하노라	歎此行路難
평소 세상일 잊은 선비 아니기에	素非忘世士
숨어 사는 신세 어찌 편할까마는	棲遁豈所安
신하 되기 어려움을 알아 홀로 목메어 우나니[105]	知難獨呑聲

104 축석령(祝石嶺) : 경기도 의정부시 천보산(天寶山) 기슭에 위치한 고개이다. 포천시 소흘읍(蘇屹邑)과 경계를 이루며 의정부시의 북쪽 관문이 된다. 일명 '이백리고개'라고도 하는데, 이 고개를 분수령으로 북쪽으로 흐르는 물은 포천천을 거쳐 한탄강에 이르고, 남쪽으로는 중랑천을 거쳐 한강에 이르므로 철원과 서울까지의 거리가 2백리가 된다고 하여 붙여진 이름이다. 《대동지지》에서는 "옛날 이름은 벽석령(碧石嶺)으로 양주 동쪽 25리에 있는데 포천으로 가는 길이다."라고 하였다.

105 신하……우나니 : 신하 노릇을 제대로 하기가 매우 어려운 일이라는 말이다. 정공(定公)이 '한마디 말로 나라를 흥하게 할 수 있는 방법〔一言而可以興邦〕'을 물었을 때 공자(孔子)가 "말은 이와 같이 그 효과를 기약할 수 없거니와, 사람들 말에 '임금 노릇하기가 어려우며 신하 노릇하기가 쉽지 않다.'라고 하였으니, 만일 임금 노릇하기가 어려

신하 된 몸이 참으로 부끄럽구려 爲臣良厚顔

움을 안다면 한마디 말로 나라를 흥하게 함을 기약할 수 없겠습니까.〔言不可以若是其幾也, 人之言曰, 爲君難, 爲臣不易. 如知爲君之難也, 不幾乎一言而興邦乎?〕"라고 대답한 적이 있다.《論語 子路》

포천에서 묵다

宿抱川

너른 들엔 구슬픈 바람이 일고	曠野生悲風
외로운 성은 낙조에 물들었네	孤城帶落照
개울 너머 인가를 바라보니	隔溪望人家
고목 끝에 까마귀가 우는구나	鴉啼古樹杪
긴 여정 가물가물 끝이 안 보이니	長途方冉冉
나그네 생각 날로 근심스러워라	客意日悄悄
그래도 좋은 건 가족 다 데리고 떠나	所貴盡室去
여관에서 노소가 화목한 모습일세	逆旅歡老少
산북 사는 친구가 찾아왔는데	山北故人來
술을 실어 와 맑은 새벽까지 즐기누나	載酒凌淸曉
고맙네 그대 다정한 마음이	感子多素意
새로 지은 시는 더욱 고묘하구려	新詩況高妙

풍전[106] 길에서

豐田道中

골짜기 물은 날마다 세차게 흐르고　峽水日以駃
골짜기 구름은 갈수록 깊어지누나　峽雲行轉深
십 리의 한 산촌 마을은　十里一崦村
사방 돌아보니 왜 이리도 스산한지　四顧何蕭森
어찌 갈 길 생각지 않으리오마는　豈不懷往路
머뭇머뭇 내 마음은 시름에 겨워라　躕躇愁我心
놀라운 바람이 해거름에 몰아치더니　驚風生薄暮
마른 나무가 벼랑 그늘에서 울부짖네　枯木鳴崖陰
마부는 대부분 눈을 흘기며 원망하고　僕夫多慍見
가는 말 또한 슬피 우는구나　征馬亦悲吟
〈고한행(苦寒行)〉[107] 곡조 연주하려 해도　欲爲苦寒奏
지음[108]이 없어 애석하구려　惜哉無知音

106 풍전(豐田) : 《신증동국여지승람》에 "강원도(江原道) 철원도호부(鐵原都護府) 남쪽 30리에 풍전역(豐田驛)이 있다."라고 하였으니, 이 역 인근을 가리키는 듯하다. 《新增東國輿地勝覽 卷47 江原道 鐵原都護府》

107 고한행(苦寒行) : 고악부(古樂府)의 가사(歌辭) 이름으로, 길을 가다가 혹한을 만나 그 괴로움을 읊은 청상곡(淸商曲)이다. '청상곡'이란 악부(樂府)의 가곡(歌曲) 이름으로, 가을에 속하는 상성(商聲)의 맑고도 슬픈 노래를 말한다.

108 지음(知音) : 서로 마음을 알아주는 절친한 벗을 뜻한다. 춘추 시대에 백아(伯牙)가 거문고를 잘 탔는데, 그의 벗 종자기(鍾子期)가 그 소리를 들으면 그의 마음을 알았

김화의 역 마을[109]에서 묵다

宿金化驛村

옛 고을에서 날이 저물어	古縣日云暮
길 가는 사람 수역에 투숙하니	行人投水驛
역참에 있던 늙은 아전이	驛中有老吏
와서 내 가는 길 물어보네	來問我行役
관동의 산세 비록 좋지만	關東山雖好
길 험하고 자리마저 궁벽하다 하고는	道險境復僻
어제 경성엘 갔더니	昨日到京城
관원들 모습 거의 다 눈부시던데	冠蓋多輝赫
어째서 벼슬살이 배우지 않고	何不學仕宦
홀로 떠나 적막한 생활 택했나 하였네	自去取窮寂
그대 말도 옳기는 하지만	爾言亦復是
나의 생각 그대는 알지 못할걸세	我意非爾識

던 것에서 유래하였다. 백아가 거문고를 타면서 고산(高山)에 뜻을 두면 종자기가 "높디 높기가 마치 태산과 같도다.〔峨峨兮若泰山!〕"라고 하고, 또 유수(流水)에 뜻을 두면 "넓고 넓기가 마치 강하와 같도다.〔洋洋兮若江河!〕"라고 하였는데, 종자기가 죽자 백아는 자신의 거문고 소리를 들을 사람이 없다고 하면서 줄을 모두 끊고 다시는 거문고를 타지 않았다고 한다. 《列子 湯問》

109 김화(金化)의 역 마을 : 《신증동국여지승람》에 "강원도(江原道) 김화현(金化縣) 남쪽 4리에 생창역(生昌驛)이 있다."라고 하였으니, 여기서 '김화의 역 마을'이란 '생창역' 인근을 가리키는 듯하다. 《新增東國輿地勝覽 卷47 江原道 金化縣》

중치[110]

中峙

중치가 비록 중시되진 못하지만 中峙雖不尊
이곳이 바로 여러 산의 요해처로세 乃是群山紀
용호[111]의 산세가 솟구쳐 올라 龍虎相騰躍
좋은 기운이 수천 리나 뻗쳐 있네 佳氣幾千里
그 기세 모여 우리 왕도를 이루니 結爲我王都
천추의 문물이 번성한 발상지라네 千秋文物地
어질고 성스러운 임금 많이 있었고 多有賢聖君
도운 이들은 충성스럽고 선량한 신하였지 助之忠良士
기자 왕이 떠난 지 이미 오래지만 箕王去已久
예와 악은 이 땅에 갖추어져 있네 禮樂於斯備
청컨대 구방신[112]의 시를 외워 보소 請賦舊邦新

110 중치(中峙) : 《백호전서(白湖全書)》 권34 〈풍악록(楓岳錄)〉의 "아침에 출발하여 직목역리(直木驛里)에서 말에게 꼴을 주고 외삼촌을 대신해서 회양 군수에게 편지를 써 역졸에게 주면서 전하라고 했다. 중치를 지나니 김화(金化)와 금성(金城)의 분계점이라는 돈대가 있었다."라는 내용에 근거하면, 중치는 금성현(金城縣)과 김화현(金化縣)의 사이에 있는 고개 이름으로 보인다.

111 용호(龍虎) : 풍수지리설(風水地理說)에서 좌우 양쪽 산세를 가리키는 말인데, 용(龍)은 왼쪽 산맥인 청룡(靑龍)을, 호(虎)는 오른쪽 산맥인 백호(白虎)를 의미한다.

112 구방신(舊邦新) : 역사가 오래된 나라일지라도 성군(聖君)이 나타나 예악(禮樂)과 문물(文物) 등 제도를 정비한 뒤에야 천명(天命)을 받아 나라의 면모가 쇄신된다는 의미이다. 《시경》 〈대아(大雅) 문왕(文王)〉에 "주나라는 비록 오래된 나라지만, 그

저 미인[113]에게 고해 준 사람 그 누구런가 　　　　誰哉告彼美

명이 오직 새로웠도다.〔周雖舊邦, 其命維新.〕"라는 구절이 있는데, 이는 주나라가 비록 오래전부터 생긴 나라이지만, 문왕에 이르러서야 덕이 천하에 입혀짐으로써 비로소 천명(天命)을 받게 되었음을 말한 것이다.

113 저 미인 : 성군(聖君)을 뜻하는 말이다. 《시경》 〈패풍(邶風) 간혜(簡兮)〉에 "누구를 생각하는가, 서방의 미인이라네. 저 미인이시여, 서방에 계신 분이라네.〔云誰之思? 西方美人. 彼美人兮! 西方之人兮.〕"라는 구절이 있는데, 여기서 미인은 서주(西周)의 성군을 비유한 말이라고 하였다.

직목역[114]

直木驛

역 이름이 어째서 직목인가	驛名何直木
역 주변에 곧은 나무도 없는데	驛邊無直木
어쩌면 그런 나무 먼저 베어져 버려	豈是被先伐
뜻있는 선비들이 감개의 마음 많아서이런가	志士多感激
그대는 보았는가 깊은 산중에	君見深山中
고목이 구름을 뚫고 바르게 자라	高木入雲直
윗가지는 해와 달을 곁하고	上枝傍日月
아래 가지엔 봉황이 깃든 채로	下枝棲鸑鷟
천년 동안 눈서리 속에 서 있어도	千載立霜雪
목장은 알아차리지 못하는 것을	匠氏不能識
나무가 나서 어찌 곧게 자라려 않으랴만	木生豈厭直
길옆은 의탁할 곳이 아니라네	道傍非所托

114 직목역(直木驛) : 강원도(江原道) 금성현(金城縣) 북쪽 8리에 있던 역(驛) 이름이다.《新增東國輿地勝覽 卷47 江原道 金城縣》

창도역[115]에서 묵다

宿昌道驛

골짜기 들어온 지 얼마나 되었나 入峽幾何旹
점점 얼음과 눈이 많아지는구려 漸多氷與雪
나의 종은 발에서 피가 흐르고 我僕足流血
내 탄 말은 뼈가 정히 부러졌네 我馬骨正折
길은 가파른데 진창이 얼어붙고 徑危泥濘凍
골은 깊은데 다리마저 끊어졌으니 谷深橋梁絶
걸어가는 고생이야 비록 면했지만 雖免徒行苦
고삐 잡아도 깊은 시름만 더해진다오 攬轡益愁絶
하늘이 흐려 수역은 어둡고 天陰水驛昏
해 떨어지니 찬 서리가 맺히누나 日落寒霜結
앞길이 또한 너무도 험난하니 前途更險絶
새벽에 일어나도 나갈 수 없겠네 曉起不能出

115 창도역(昌道驛) : 강원도(江原道) 금성현(金城縣) 북쪽 31리에 있던 역(驛) 이름이다. 이전에는 웅양역(熊壤驛)이라고 불렀다. 《新增東國輿地勝覽 卷47 江原道 金城縣》

맥진[116]

麥津

구절양장 황량한 산속에 　　透迤荒山裏
평원이 홀연 그 가운데 열렸는데 　　平原忽中坼
아래를 보니 한결같이 처량하고 아득하여라 　　下窺一凄迷
거센 물결 소리가 깊은 골짝을 울리네 　　洪流動絶壑
하늘이 남과 북으로 갈라놓은 곳에 　　惟天限南北
이 길을 누가 뚫어 열었단 말인가 　　此路孰開鑿
구름 헤치고 나무 끝쯤에 내려오니 　　排雲下木末
이어진 잔도가 바위 모퉁이를 지나간다 　　連棧過石角
더구나 나는 어버이를 모시는 몸 　　况我奉尊老
걱정되고 위태롭기가 얇은 얼음 밟기보다 심하구려[117] 　　憂危甚履薄
한 번 넘어지고 다시 한 걸음 오르느라 　　一頓復一登
내 머리털은 어느덧 하얗게 세어 버렸네 　　我髮忽已白

116 맥진(麥津) : 《선조실록(宣祖實錄)》 39년 12월 14일 기사의 "회양 부사(淮陽府使) 장언침(張彦忱)의 첩정(牒呈)에 '지난 11월 19일 해시부터 20일 유시까지 큰비가 퍼붓듯이 쏟아져서 냇물이 넘쳐흘러 맥진 교량(麥津橋梁) 9칸이 떠내려갔는데 지금 서둘러 설치하고 있다.'라고 하였습니다. 이러한 겨울철에 여름 장마와 마찬가지였으니 비상한 변괴입니다."라는 내용에 근거하면, 강원도(江原道) 회양부(淮陽府) 소속의 나루로 보인다.

117 걱정되고……심하구려 : 매사에 지극히 조심스럽고 삼가는 마음으로 대처한다는 말이다. 《시경》 〈소아 소민(小旻)〉에 "전전긍긍하여 깊은 못에 임한 듯이 얇은 얼음을 밟듯이 하라.〔戰戰兢兢, 如臨深淵, 如履薄氷.〕"라는 구절이 있는데, 여기서 유래한 말이다.

신안역[118]에서 묵다

宿新安驛

이 신안이란 지명으로 인해	以此新安地
신안 사람[119]이 더욱 생각나니	益思新安人
사람은 갔어도 마음은 아직 남아 있고	人往心尙在
땅은 다르지만 이름이 같기 때문이지	地異名則均
더없이 그리워하면 같은 자리에 앉은 듯하고	想極似同堂
생각이 닿으면 천년 세월도 거리낄 게 없어라	念到無千春
당대에선 태산북두처럼 우러렀고	一時山斗仰
후대엔 책을 통해 가르침 받는다네	異代簡編親
오직 정신이 안에서 윤택해져야	惟應神內腴
덕을 오래 쌓아 날로 새로워지는 것	德久日以新
바다 밖에 사는 효효[120]한 사람	嘐嘐海外者

118 신안역(新安驛) : 강원도(江原道) 회양도호부(淮陽都護府) 남쪽 30리에 있던 역 이름이다.《新增東國輿地勝覽 卷47 江原道 淮陽都護府》

119 신안(新安) 사람 : 주희(朱熹)를 말한다. 주희의 본관은 무원(婺源)으로 지금의 안휘성(安徽省)의 한 현인데, 남북조(南北朝) 시대에는 신안군(新安郡)에 속했기 때문에 자신의 지망(地望)으로 신안을 사용하여 늘 '신안 주희(新安朱熹)'라고 자서(自署)하였다.

120 효효(嘐嘐) : 이상만 턱없이 높아서 언행일치가 되지 못하는 경우를 비유하는 말이다. 만장(萬章)이 금장(琴張)·증석(曾晳)·목피(牧皮)와 같은 이들을 어찌하여 광자(狂者)라 하는지에 대해 묻자, 맹자가 "그 뜻이 높고 커서 말하기를 '옛사람이여, 옛사람이여.'라고 하지만, 평소에 그 행실을 살펴보면 행실이 말을 덮지 못하는 자이기

원하는 바는 남긴 자취 따르는 것이로세 所願躡遺塵

때문이다.〔其志嘐嘐然曰, 古之人古之人! 夷考其行而不掩焉者也.〕"라고 한 사실이 있다.《孟子 盡心下》

화천[121]
和川

새벽에 일어나 눈얼음 건너와서	晨起涉氷雪
저물녘에 산골짝 안으로 들어왔어라	日晩山谷裏
산골짝이 어쩌면 이리도 깊은가	山谷一何深
곳곳에서 흐르는 물소리 들리네	處處聞流水
숲 봉우리는 또 몇 겹이나 되는지	林巒亦幾重
그 속에 초가집이 다시 서너 채로세	草屋復三四
사람들 너무 황량하고 외진 곳이라지만	人言過荒僻
나는 더없이 그윽한 정취를 사랑하노라	我愛甚幽邃
더구나 시내 남쪽에는 길이 나 있어	況有溪南道
봉래산과의 거리 백 리도 안 됨에랴	蓬萊無百里
호방하게 노래하고 신선 산을 바라보니	浩歌望仙嶽
기이한 흥취가 정히 여기에 있구려	奇興正在此

121 화천(和川) : 강원도(江原道) 회양도호부(淮陽都護府) 동쪽 30리에 있는 화천현(和川縣)을 말한다. 본래는 고구려의 수성천현(藪狌川縣)인데, 신라 때에 수천(藪川)으로 고쳐 대양군(大楊郡)의 영현(領縣)으로 하였다가 고려 초에 지금의 이름으로 고쳤다. 《新增東國輿地勝覽 卷47 江原道 淮陽都護府》

추지령[122]

楸池嶺

바닷가 추지령은	海上楸池嶺
험난하단 걸 누가 모를까	險艱誰不識
한 굽이에 다시 한 굽이	一曲復一曲
대략 잡아도 구십 굽이일세	略數九十曲
겨울이라 시월 그믐에	玄冬十月晦
빙설이 하늘에 닿아 하얀데	氷雪連天白
일만 골에 북풍 소리 들릴 땐	萬壑北風聲
굽어보다 순간 머리끝이 쭈뼛 선다네	俯視忽動魄
높은 산 오르는 게 어찌 하고픈 일일까만	登危豈所欲
깊이 들어오니 즐거움은 있는 듯하구려	入深如有樂
노소가 위태한 곤경은 면했거니	老稚免顚沛
탄식하며 신선의 산을 하직하노라	咨嗟謝神岳

두 번째 其二

고개에 올라 바닷물 굽어보니	登嶺俯海水
바닷물이 하늘에 닿아 푸르구나	海水連天碧

122 추지령(楸池嶺) : 강원도(江原道) 통천군(通川郡) 서쪽 41리에 있다. 회양부(淮陽府)와의 경계이다.《新增東國輿地勝覽 卷45 江原道 通川郡》

부상은 어디에 있단 말인가	扶桑底處所
만리의 물결만 푸른빛 일색이로세	萬里波一色
해와 달이 나오는 곳엔	日月之所出
바람 구름 잔뜩 끼어 걷히지 않네	風雲鬱未釋
금대와 은궐[123]은 선경이라	金臺與銀闕
실체가 황홀한데 그 누가 알았단 말인가	恍惚誰曾識
가장 좋은 건 뗏목 타고 떠나려던 그분[124]이고	太上乘桴人
다음은 바다에 뛰어들어 죽으려던 나그네[125]로세	其次蹈海客
탄식한 소리야 참으로 비장했지만	歎音諒所悲
고상한 뜻만은 또한 본받아야 하리	高志亦可則

123 금대(金臺)와 은궐(銀闕) : 선계(仙界)를 의미하는 말이다. '금대'는 곤륜산(崑崙山) 정상에 있다는 현포(玄圃)의 열두 옥루(玉樓)와 다섯 금대를 가리키는 말인데, 황제(黃帝) 때 이곳에서 선인(仙人)을 기다렸다고 한다. '은궐'은 천상에 있다는 백옥경(白玉京)을 가리킨다.

124 뗏목……그분 : 공자(孔子)를 의미한다. 공자가 일찍이 어지러운 천하를 보고 "도가 행해지지 않는구나. 내 뗏목을 타고 바다를 항해하리니, 나를 따라올 사람은 아마 자로일 것이다.〔道不行! 乘桴浮于海, 從我者, 其由與!〕"라고 탄식한 사실이 있다. 《論語 公冶長》

125 바다에……나그네 : 전국 시대 제(齊)나라의 고사(高士) 노중련(魯仲連)을 가리킨다. 그가 조(趙)나라에 가 있을 때 조나라는 진(秦)나라의 공격을 받아 사태가 위급하게 되었다. 이때 위(魏)나라에서 신원연(新垣衍)이란 변사(辯士)를 조나라로 보내어, 진나라를 황제로 섬겨 진군(秦軍)이 스스로 철수토록 하라고 조왕(趙王)을 설득하였는데, 이 말을 들은 노중련이 신원연에게 "진나라가 방자하게 천자(天子)가 되고 주제넘게 천하를 다스리려 한다면 나는 차라리 동해에 빠져 죽겠다.〔彼卽肆然而爲帝, 過而爲政於天下, 則連有蹈東海而死耳.〕"라고 하였다. 이 말을 전해들은 진나라 장군은 그의 높은 절개에 감복하여 50리 뒤로 군사를 물렸다고 한다. 《史記 卷83 魯仲連列傳》

용연에 이르러

到龍淵

우리 일행 용연에 도착하니	我行到龍淵
용연은 벽해의 굽이로세	龍淵碧海曲
동쪽 바라보면 금란굴 있고	東瞻金幱窟
북쪽 돌아보면 총석에 임했구려	北顧臨叢石
아래엔 황량한 전야가 있어	下有荒田野
부지런히 농사지으면 먹고살 수는 있겠네	力耕猶可食
물고기 새우 흔해 값을 묻지 않고	魚蝦不論錢
풍속은 나그네를 정답게 맞이하누나	風俗好看客
머슴들 조금씩 기꺼워하고	僮僕稍欣欣
양친께선 슬퍼하지 않건만	父母不慼慼
부모님께 재배하고	再拜謝父母
못난 아들이 고통을 드린다 용서 빌었네	愚兒獻困厄

통천에 우거하면서 두보의 〈동곡가〉[126]를 모방하여 짓다
寓居通川 效老杜同谷歌作

나그네 나그네여 강남 나그네여	有客有客江南客
지난달 가솔 데리고 바다 굽이에 도착했지	前月携家到海曲
해풍은 소슬하고 바다 물결 높은데	海風蕭蕭海波高
서산 눈얼음이 하늘에 닿아 희구려	西山氷雪連天白
물에는 교룡이요 산엔 또 범이 있으니	水有蛟龍山有虎
나는야 배와 수레 있어도 장차 어디로 갈꼬	我有舟車將焉適
아 첫째 노래 부르매 노래 이제 시작이니	嗚呼一歌兮歌始開
바다에 뜬 달만 날 위해 차갑게 배회하누나	海月爲我寒徘徊

천하의 병란이 그 언제나 평정될까	天下兵戈幾日定
동방의 못난 선비는 부질없이 시름시름 앓는다	東方鄙儒空愁病
복파의 구리 기둥[127]은 그 위세 가장 씩씩하고	伏波銅柱勢最壯

126 두보(杜甫)의 동곡가(同谷歌) : 원래의 제목은 〈건원중우거동곡현작가(乾元中寓居同谷縣作歌)〉이다. 이 시는 두보가 48세 되던 759년(건원2) 11월부터 12월에 촉(蜀)으로 들어갈 때까지 1개월간 동곡(同谷)에 우거(寓居)하면서 그 감회를 읊은 것으로 모두 7수(首)로 구성되었는데, 이백(李白)의 〈촉도난(蜀道難)〉과 함께 풍소(風騷)의 극치(極致)로 꼽히는 작품이다. 동곡현(同谷縣)은 감숙성(甘肅省) 진주(秦州)의 서남쪽에 있는 지명인데, 당(唐)나라 때는 성주(成州)의 속현(屬縣)이었다.

127 복파(伏波)의 구리 기둥 : 후한(後漢)의 복파장군(伏波將軍) 마원(馬援)이 서역(西域)을 정벌한 다음 교지(交趾)에 구리 기둥을 세워 국경을 표시했던 고사(故事)를 말하는데, 난리를 평정한 공을 의미한다. 《後漢書 卷24 馬援列傳》

횡해와 누선[128]은 그 기운 더욱 굳건하였지　橫海樓船氣益勁
자잘한 국방의 경계 너무 어설프지 않은가[129]　區區築鑿無已疎
기나라 사람은 걱정으로 애를 태우네[130]　杞國之人憂耿耿
슬프다 둘째 노래 부르매 노래가 즐겁지 않으니　嗚呼二歌兮歌不樂
하늘에 뜬 해가 날 위해 빛을 숨기누나　天日爲我無光色

남산에 콩 심어도 콩은 싹이 마르고　南山種豆豆苗枯
동해에서 낚시해도 물고기 또한 없어　東海釣魚魚亦無
고당에 계신 늙은 부모 배불리 못 드시니　高堂親老不自飽

128 횡해(橫海)와 누선(樓船) : 모두 한(漢)나라 때 수군(水軍) 장군의 호칭이다. 한나라 무제(武帝) 기원전 111년(원정6)에 한열(韓說)을 횡해장군(橫海將軍)으로 삼고 남월(南越)을 정벌한 공으로 안도후(按道侯)를 삼았다는 기록이 있고, 후한(後漢) 광무제(光武帝) 42년(건무18)에 복파장군(伏波將軍) 마원(馬援)과 누선장군(樓船將軍) 단지(段志)를 보내어 남만(南蠻)을 정벌했다는 기록이 있다.《史記 卷111 衛將軍驃騎列傳》《後漢書 卷86 南蠻西南夷列傳》

129 자잘한……않은가 : 허술한 국방 경비가 걱정된다는 말이다. 원문의 '공착(築鑿)'은 해자(垓子)를 파고 성을 쌓는다는 말로, 등 문공(滕文公)이 제(齊)나라를 섬겨야 할지 초(楚)나라를 섬겨야 할지에 대해 물었을 때 맹자(孟子)가 "이 계책은 내가 미칠 수 있는 바가 아닙니다. 그러나 기어이 말하라고 한다면 한 가지가 있긴 합니다. 못을 깊이 파고 성을 높이 쌓아 백성들과 함께 지키면서 목숨을 바쳐 지키고 백성들이 떠나가지 않는다면 이것은 해볼 만한 일입니다.〔是謀, 非吾所能及也. 無已則有一焉, 鑿斯池也, 築斯城也, 與民守之, 效死而民弗去, 則是可爲也.〕"라고 대답한 고사에서 유래하였다.《孟子 梁惠王下》

130 기(杞)나라……태우네 : 원문의 '기국지인(杞國之人)'은 원래 쓸데없는 걱정으로 허송세월하는 사람을 가리키는데, 여기서는 창계 자신의 겸사로 쓰였다. 옛날 기나라의 어리석은 사람이, 하늘이 무너지고 땅이 꺼지면 자기 몸을 피할 곳이 없게 될까 두려워서 침식(寢食)을 폐하고 걱정했다는 고사에서 유래한 말이다.《列子 天瑞》

온 집안이 근심에 싸여 즐거운 일 없어라　擧家愁寂難爲娛
이제야 알겠네 하늘의 뜻은 사람 꾀와 달라서　乃知天意異人謀
예부터 만사가 모두 막다른 길에 몰렸던 것을　古來萬事皆窮途
슬프다 셋째 노래 부르매 노래 점점 고달파지니　嗚呼三歌兮歌漸苦
세모에 하늘은 차고 눈물이 비 오듯 흘러내리누나　歲暮天寒淚如雨

형이여 형이여 백씨와 중씨여　有兄有兄伯仲氏
골육 간에 아득히 먼 곳으로 헤어졌네　骨肉迢迢隔彼此
서울은 여기서 이미 천 리 거리이고　長安此去已千里
호수 밖 삼 년 세월에 인편마저 부족하구려　湖外三秋少一使
맥진 강물 깊디깊고 추지령 고개는 높아　麥江深深楸嶺高
형님들 혹 오려 해도 근심은 쉬 풀리지 않습니다　君縱欲來愁未易
슬프다 넷째 노래 부르매 노래의 생각 깊어 가니　嗚呼四歌兮歌思深
산 구름 희뿌옇게 끼어 시름겨운 그늘 드리우누나　山雲漠漠生愁陰

아우여 아우여 양주 땅에 있나니　有弟有弟在楊州
헤어진 이래 한 달이 삼추와 같구나　別來一月如三秋
지난달 받은 편지는 괴로운 말이 많아　前者得書多苦語
모친께서 보고는 이별의 근심 더하였지　慈母見之增離憂
어찌하면 빠른 말과 힘센 종을 준비해서　安得快馬與健僕
하루라도 너를 데려와 함께 놀아 볼까　一日取汝來同遊
슬프다 다섯째 노래 부르매 노래는 갈수록 애절하니
嗚呼五歌兮歌轉切
몸 기울여 서쪽 바라보고 공연히 시름겨워 하노라　側身西望空愁絶

이내 인생 온갖 물건에 관심을 두지 않고	我生百物不掛意
단지 산림과 서책만을 사랑하노라	只愛山林及書史
통주 비록 궁벽해도 산수가 좋고	通州雖僻好山水
오두막이라도 책 펼 자리는 있다네	斗屋猶存開卷地
산촌엔 구름 깊고 오솔길이 끊어져	山村雪深徑路絶
내 책은 책상에 있고 사람이 이르지 않네	我書在案人不至
슬프다 여섯째 노래 부르매 노래 다시금 높아지니	嗚呼六歌兮歌更高
하늘 바람이 쌩쌩 구름 물결을 불어 내누나	天風颯颯吹雲濤

슬프다 인생이여 젊은 시절 다시 오지 않나니	嗚呼人生少壯難再得
뜻이 있다면 어찌 노력하지 않을까 보냐	有志如何不努力
세상만사는 실로 한바탕 연극과 같아라	世間萬事眞一劇
부귀 신선 구함은 끝내 부질없는 노릇	富貴神仙竟寂寞
수레에 기름 치고 말 먹여 큰길을 따를지니	膏車秣馬遵大路
천성이 서로 전해 온 뜻 다만 하나의 맥락일세	千聖相傳只一脈
슬프다 일곱째 노래 부르매 뜻이 제일 원대하건만	嗚呼七歌兮思最遠
바다 넓고 산 높은데 세월은 더디 가누나	海闊天高歲月晚

다시 두보의 〈곡강삼장〉[131]에 차운하다
又次老杜曲江三章

바다 하늘 스산하고 풍색이 높이 트였는데 海天蕭條風色高
어룡은 나왔다 들어갔다 구름 물결 좇고 魚龍出沒隨雲濤
그 가운데 일엽편주는 가볍기 터럭과 같구나 中有孤舟輕似毛
구중궁궐엔 군신 간[132]에 경계한단 말 못 들었나니 不聞九重戒舟水
이끗만 노려 위기에 편승하는 그대들이 우습구나 射利乘危嗟爾曹

고아한 노래 호방한 시구로 천고를 생각하고 高歌浩嘯懷千古
눈 들어 이 세상 살펴보니 어쩌면 이리도 황량한지 眼看一世何鹵莽
구구한 권세와 명리는 어찌 따질 것 있을까 區區勢名焉足數
숨어 사는 사람 문 닫고 나오려 하지 않는데 幽人閉戶不肯出
문밖 검푸른 바다엔 날로 비바람 몰아치누나 門外滄溟日風雨

131 곡강삼장(曲江三章) : 두보가 45세 되던 756년(지덕1)에 안녹산의 난을 피해 부주(鄜州)의 강촌(羌村)으로 이사했다가 적군에게 사로잡혔을 때 지은 작품으로, 오구시(五句詩)의 형식이다. 1장에서는 어느새 노년에 접어들었다는 한탄을, 2장에서는 부귀(富貴)에 대해 무심함을, 3장에서는 생계를 꾸려 갈 수 있는 형편은 된다는 기쁨을 노래하였다.

132 군신 간 : 원문의 '주수(舟水)'는 임금과 신하의 관계 또는 임금과 백성의 관계를 비유하는 말로, 《순자(荀子)》〈왕제(王制)〉의 "임금은 배이고 백성은 물이다. 물은 배를 띄울 수도 있고 뒤집을 수도 있다.〔君子舟也, 庶人水也. 水則載舟, 水則覆舟.〕"라는 구절에서 유래하였다.

사해의 풍진이 실로 하늘에 가득한데	四海風塵正滿天
어인 일로 적막하게 와서 밭을 구하느뇨	如何寂寞來求田
단지 이 몸을 가져다 해변에서 늙으려 하노라	只欲將身老海邊
전쟁터 말달림을 어찌 쉬 받아들일쏜가	戎馬驅馳豈易許
들을 갈고 도 즐기며 이내 생애 마치련다	耕野樂道終吾年

1월 5일에 감기로 한가로이 누워 있다가 우연히 짓다 병진년(1676, 숙종2)

正月五日感疾 閑臥偶成 丙辰

이해도 벌써 오일이 되었구먼	玆歲忽五日
이내 인생 온갖 근심 더해지네	吾生增百憂
건장한 나이에 고질에 걸렸으니	壯年嬰痼疾
평소의 뜻 어떻게 갚아야 하나	素志當何酬
머리 들어 옛 성인의 자취를 바라고	仰希古聖蹤
고개 숙여 저무는 시절을 탄식하네	俯歎時景遒
옛사람은 삼십의 나이에	古人三十歲
우뚝이 자립하여 의혹 허물 없었건만[133]	卓立無疑尤
내 나이 이제 삼십이 다 되어 가는데	我年今庶幾
다시 이와 같지 못함을 알겠구려	知復如此不
약을 먹고 눈앞이 아찔하지 않으면	服藥不瞑眩
그 병을 어찌 고칠 수 있겠는가[134]	厥疾安得瘳

133 옛사람은……없었건만 : 공자(孔子)가 "나는 열다섯 살에 학문(學問)에 뜻을 두었고, 서른 살에 자립(自立)하였으며, 마흔 살에는 사리(事理)에 의혹(疑惑)을 두지 않았고, 쉰 살에는 천명을 알았으며, 예순 살에는 귀로 들으면 그대로 이해되었고, 일흔 살에는 마음에 하고자 하는 바를 좇아도 법도(法度)를 넘지 않았다.〔吾十有五而志于學, 三十而立, 四十而不惑, 五十而知天命, 六十而耳順, 七十而從心所欲不踰矩.〕"라고 하였던 것을 가리킨다. 《論語 爲政》

134 약을……있겠는가 : 눈앞이 아찔하여 현기증이 날 정도로 독한 약이 아니면 병을 고칠 수가 없다는 말로, 독실하게 공부하여 스스로를 극복하지 못하고 비근(卑近)함에

맹세컨대 다시 정진하여 誓心更精進
있는 힘껏 옛 성현을 좇으리라 竭力追前脩
부지런히 힘쓰자꾸나 주저하지 말고 勉哉莫逡巡
세월은 날 위해 머무르지 않나니 歲月不我留

안주한다면 더 이상 발전이 없다는 의미이다. 《서경》〈상서(尙書) 열명(說命)〉에 "만일 약이 돈하여 정신이 어지러울 정도가 아니면 그 병이 낫지 않는다.〔若藥不瞑眩, 厥疾不瘳.〕"라는 말이 있다.

두릉팔영. 계구[135] 조공 경창 를 위해 지은 것이다
杜陵八詠 爲季舅 趙公景昌 作

두릉에서 불어난 물을 보다 杜陵觀漲

당신 집 있는 두릉촌은　　君家杜陵村
가을 물가에 장관이 펼쳐 있네　　壯觀臨秋水
세상 사람 향해 한번 웃음 짓나니　　一笑向世人
험한 풍파가 평지에 가득하구려　　風波滿平地

석탄의 그물 걷이 石灘收網

가랑비 앞 여울을 지나가니　　微雨過前灘
맑은 물결에 흰 돌이 비친다　　清流映白石
그물 거두는 어부께 묻노니　　爲問收網人
고기가 목적인가 아님 자적(自適)을 취함인가　　取魚還取適

화산의 봄 감상 花山賞春

산 북쪽에는 꽃 색이 연하고　　山北花色淺

135 계구(季舅) : 조경창(趙景昌, ?~1694)으로, 창계(滄溪)의 외조부인 조석형(趙錫馨)의 셋째 아들이다. 현령(縣令)을 지냈으며, 1755년(영조31) 좌찬성(左贊成)에 추증되었다.

산 남쪽엔 꽃 색이 농염하다　山南花色深
동풍이 불기를 다함이 없으니　東風吹不盡
차례대로 봄의 마음 보겠네　次第見春心

송단에서 달 아래 거닐다 松壇步月

이슬 내린 돌담은 텅 비고　露下石壇空
하늘 맑아 밤이 물처럼 고요하다　天淸夜如水
달 아래 거닐며 홀로 돌아가지 않으니　步月獨未歸
산바람에 솔방울이 떨어지네　山風落松子

흰 달과 아침노을 白月朝霞

아침 되어 흰 달을 바라보니　朝來望白月
곳곳에 푸른 노을이 번진다　處處靑霞色
들리느니 골짜기에서 나오는 노래 소리뿐　唯聞出谷歌
지초 캐는 나그네[136]는 보이지 않네　不見採芝客

136 지초(芝草) 캐는 나그네 : 원문은 '채지객(採芝客)'으로, 은사(隱士)를 의미한다. 진(秦)나라 말기에 동원공(東園公)·기리계(綺里季)·하황공(夏黃公)·녹리선생(甪里先生) 등 네 노인이 난리를 피해 상산(商山)에 은거했는데, 선약(仙藥)인 자지(紫芝)를 캐 먹고 〈자지가(紫芝歌)〉를 노래하며 세상에 뜻이 없다는 것을 보이고 한 고조(漢高祖)의 부름에도 응하지 않았던 고사가 있다. '채지조(採芝操)'라고도 한다. 《高士傳 卷上 四皓》

금청의 낙조 金靑落照

석양빛 먼 하늘에 뜨니	落景浮遠空
아득한 산에 자취[137]가 비껴 있네	遙山橫紫翠
유연히 지는 해 바라보니	悠然望日夕
나의 감흥 언제나 그치려나	我興何時已

봉수의 맑은 날 내리는 눈 鳳岫晴雪

봉황이 떠나 산은 절로 허전한데	鳳去山自空
마른하늘에 눈이 아직도 내리네	天晴雪猶在
마주 보면 마음 또한 흐뭇하건만	相看亦可怡
세모에 누굴 기다리려나	歲暮欲誰待

용사의 새벽종 龍寺曉鍾

절 가는 길 못 찾겠는데	不識招提路
종소리 어디서 들려오나	鍾聲何處傳
숨어 사는 사람 문 열고 내다보니	幽人開戶視
새벽빛만 부질없이 창연하구나	曉色空蒼然

137 자취(紫翠) : 붉은 노을과 푸른 산 빛이 어우러져 있는 저녁 산의 경치를 형용한 말이다.

장난삼아 성력서에 적다

戲題星曆書

사람들 화복은 별자리에 매여 있다 하지만	人言禍福繫星躔
나는 인심에 절로 천명이 있다 말한다오	我說人心自有天
바람과 달 가슴에 충만함이 참된 부귀이니	風月滿懷眞富貴
구름 낀 산에 머물면 이것이 신선일세	雲山住跡是神仙
한가로운 가운데 사업은 천고에 이어지고	閑中事業能千古
세상사 공명이야 백년이면 끝나는 것을	世上功名祇百年
이런 생각 전해도 누가 믿으려 할까	此意欲傳誰信得
책 덮고 미소 지으며 홀로 기뻐하네	掩書微笑獨欣然

차운하여 이중서 채 가 안부를 물어 온 데 대해 수답하다
次韻酬李仲瑞 蒧 見問

산에 돌아와 새로 오두막 지으니	歸山新結廬
마을과 멀리 떨어져 적막하구려	寂寞遠村閭
이 마음은 벌써 세상사 잊었건만	此意已忘世
그대 시가 오히려 나를 일으키네	君詩猶起予
추존한 뜻 지나친 후의임은 알겠는데	推尊知過厚
술업이 너무도 허술한 것 부끄럽구려	術業愧全疎
답신 늦다고 괴이하게 여기지 마소	莫怪遲還信
혜강도 답장 쓰기에는 게을렀다네[138]	嵇康懶報書

138 혜강(嵇康)도……게을렀다네 : 혜강은 진(晉)나라 때 죽림칠현(竹林七賢)의 한 사람으로 항상 거문고를 타고 시를 읊조리면서 낙천적인 삶을 살았던 인물이다. 한번은 친구 산도(山濤)가 자신의 관직을 대신하도록 그를 천거하자 이를 거절하는 편지에서, 자신은 성질이 거칠고 게으른 데다 방종하게 생활한 지 이미 오래되어 예법에 관한 일을 다스리기에 합당치 못하다고 하였다. 그러면서 "반드시 감당할 수 없는 조건이 일곱 가지이고 매우 불가한 조건이 두 가지이다."라고 하였는데, 그중 네 번째 감당할 수 없는 조건에서 "평소 글을 잘 짓지 못하거니와 또 글짓기를 좋아하지도 않아서 인간사 온갖 일이 책상 위에 산더미처럼 쌓여 있는데, 답장을 제때 보내지 못하여 상대의 기분을 상하게 하지만 스스로 노력해도 오래가지 못한다."라고 하였다. 《嵇中散集 卷2 與山巨源絶交書》《文選 卷43 嵇叔夜與山巨源絶交書》

두 번째 其二

산촌의 눈보라 치는 밤에	山村風雪夜
필마로 가는 사람 보냈지	匹馬送行人
다시 시를 지어 보내 주니	復有詩篇贈
의기가 친함을 잘 알겠구려	深知意氣親
그대는 강호살이 군자다운 뜻이요	江湖君子志
난 천지에 붙어사는 부유의 몸이로세	天地腐儒身
그대 아니면 누가 날 사랑할까	微爾誰憐我
서로 생각하며 한 철 봄을 지낼거나	相思過一春

세 번째 其三

내 여가 얻어 즐긴다 부러워하는 그댈 보니	看君羡我投閑樂
여가 얻어도 한가하지 못한 내가 우습구려	笑我投閑猶未閑
늘 농사일로 너른 들에 나다니고	常爲課農行曠野
때로 약초 캐러 깊은 산에 들어가지	時因採藥入深山
전현의 끊어진 맥은 찾아도 잇기 어렵고	前賢墜緖尋難續
참 은사 높은 풍모는 우러러도 따를 수 없어라	眞逸高風仰莫攀
천 리 먼 길에 한 조각 종이 의지해 마음 논하거니	千里論心憑一紙
이제부턴 시와 편지 아끼면 안 될걸세	從今詩札不宜慳

네 번째 其四

작년 시월에 추지령을 넘어	去年十月踰楸嶺
한 길 눈 속 움막에 누워 겨울을 지냈지	丈雪窖中臥一冬
해 저문 빈산에는 호랑이 표범이 설치고	日暗空林驕虎豹
물 차가운 창해엔 교룡이 도사리고 있네	水寒滄海蟄蛟龍
감히 말하건대 출처엔 시의를 살피고	敢云出處觀時義
문장 익히지 말고 바른 종통을 배우시게	未有文章學正宗
진중한 벗이 번거롭게도 안부를 물어 주니	珍重故人煩問訊
병든 사람 시름겨운 기색이 온통 사라지려 하네	病夫渾欲失愁容

약초 캐러 고륜동에 들어갔다가 삼가 아버지께서 보여 주신 시에 차운하다

採藥入孤輪洞 伏次親庭下示韻

성긴 종소리 밖에 저녁 빛 짙어 가고　　瞑色疎鍾外
부슬부슬 가랑비 내리는 봄 산 가운데　　春山薄雨中
붉은 지초[139]는 어느 곳에서 빼어났는가　　紫芝何處秀
깊은 골짜기서 그지없는 생각에 잠기노라　　深谷意無窮

139 붉은 지초 : 원문은 '자지(紫芝)'로, 신선이 먹는 약초이다. 진(秦)나라 말기에 상산사호(商山四皓)가 난리를 피해 은거 생활을 하며 이 자지(紫芝)를 캐 먹고 〈자지가(紫芝歌)〉를 노래했던 고사가 있다. 《高士傳 卷上 四皓》

승려의 시축에 적다
題僧軸

세상 피한 나그네는 객중에 세상 근심하는 선비요	避世客中憂世士
구름 깃든 암자에는 구름에 누운 사람이로다	棲雲庵裏臥雲人
높은 산 올라 물 굽어보는 건 예삿일이니	登山臨水尋常事
음풍농월의 흥취 절로 이 몸에 있구려	詠月吟風自在身
창해는 한번 개벽하면 육지가 되건만	滄海一番成陸土
법심만은 천고에 잿더미 되지 않는 것	法心千古不灰塵
불문에서 우리 유가의 경계 알려거든	沙門欲識吾家境
천지에 가득한 춘풍화기 바로 이것이로세	天地中間摠是春

절구

絶句

구름 오면 산이 온통 구름 빛	雲來山盡白
구름 가면 산은 다시 푸른빛	雲去山還碧
구름에 깃든 사람에게 묻노니	爲問棲雲人
무엇이 진짜 산 빛이란 말인가	那箇眞山色

숙부 조문경[140] 창기 이 병으로 세상을 떠났단 말을 듣고 비통한 나머지 그대로 시 한 수를 읊다
聞趙叔文卿 昌期 不起疾 悲痛之餘 仍賦一詩

양생[141]이 서경을 나오자	梁生出西京
〈오희가〉[142] 소리 천지에 가득했고	五噫滿天地

140 조문경(趙文卿) : 문경은 조창기(趙昌期, 1640～1676)의 자이다. 본관은 임천(林川), 호는 조암(槽巖)이고, 아버지는 마전 군수(麻田郡守) 조시형(趙時馨)이다. 1660년(현종1) 진사시에 합격하고, 이해 증광시 문과에 병과로 급제하였다. 벼슬은 승문원 부정자(承文院副正字)에 제수된 뒤 교서관의 저작과 박사, 성균관 전적, 사헌부 감찰, 호조좌랑 겸 춘추관기사관, 지평 등을 거쳐 사간원 사간(司諫院司諫)에 이르렀다. 《조암집(槽巖集)》 4권(卷) 3책(冊)이 전한다.

141 양생(梁生) : 후한(後漢)의 부풍(扶風) 평릉(平陵) 사람 양홍(梁鴻)을 말한다. 자는 백란(伯鸞)이다. 가난하면서도 학문을 좋아하고 벼슬을 구하지 않았으며, 현숙한 아내인 맹광(孟光)과 함께 패릉(霸陵) 산골에서 농사짓고 살았다. 뒤에 〈오희가(五噫歌)〉를 지어 나라의 정사를 비방한 일로 화를 피해 오(吳) 땅으로 가서 남의 집에서 쌀 방아 찧는 고용살이를 하였는데, 그가 집에 돌아오면 맹광은 남편을 극진히 공경한 나머지 남편의 밥상을 눈썹 높이로 받쳐 들고 들어왔다 한다. 《後漢書 卷83 梁鴻列傳》

142 오희가(五噫歌) : 양홍이 경사(京師)를 지나면서 수많은 토목공사에 백성들이 시달리는 것을 보고 비통한 심정으로 "저 북망산에 오름이여, 슬프다. 황경(皇京)을 돌아봄이여, 슬프다. 궁실이 높고 높음이여, 슬프다. 사람들의 수고로움이여, 슬프다. 아득한 미앙궁이여, 슬프다.〔陟彼北芒兮! 噫, 顧覽帝京兮! 噫, 宮室崔嵬兮! 噫, 人之劬勞兮! 噫, 遼遼未央兮! 噫.〕"라는 노래를 지어 불렀는데, 5구(句)의 시에 구절마다 모두 탄식의 뜻으로 '희(噫)' 자를 붙여 무한한 슬픔을 표현하였기 때문에 〈오희가〉라 불리게 되었다. 숙종(肅宗)이 그 내용을 보고 슬퍼하여 양홍을 찾으려 하였으나 양홍은 끝내 만나지 않았다. 《後漢書 卷83 梁鴻列傳》

가의[143]는 한나라 왕실 걱정하였으니	賈誼憂漢室
여섯 가지 탄식 어찌 그리도 강개했던가[144]	六歎何慷慨
이리저리 떠돌며 바다 모퉁이에 노닐고	漂零海曲遊
서글퍼하며 장사에서 눈물 흘렸지[145]	悽惻長沙涕
출처에 비록 길은 달랐지만	出處雖殊途
슬퍼하고 마음 아파한 건 실로 같은 뜻이었지	哀傷實同志
하늘의 뜻은 끝내 넓고 아득하여	天意竟蒼茫
나라의 운이 다 시들고 말았네	邦國行殄瘁
당신은 죽어 살아날 수 없으니	子死不可作

143 가의(賈誼) : 한 문제(漢文帝) 때의 문인이자 학자로, 시문에 뛰어나고 제자백가에 정통하여 문제(文帝)의 총애를 받았다. 20세의 어린 나이로 박사가 되고 다시 1년 만에 태중대부(太中大夫)에 발탁되었으며, 복색(服色)·제도(制度)·관명(官名) 등 대대적인 개혁을 주장하다가 대신들의 시기를 받아 장사왕(長沙王)의 태부(太傅)로 좌천되고 33세의 젊은 나이로 죽었다.《史記 卷84 賈誼列傳》

144 여섯……강개했던가 : 시대의 폐단을 바로잡고자 하는 안타까운 충정(衷情)을 말한다. 한 문제 당시에 모두들 천하가 이미 다스려졌다고 하였으나 가의만이 홀로 그렇지 않다고 하면서 당시의 사세(事勢)를 두고 치안책(治安策)을 올렸는데, 그 첫머리에서 "신이 오늘날의 상황을 살펴보건대 통곡할 일이 하나 있고, 눈물 흘릴 만한 일이 두 가지 있고, 장탄식할 만한 일이 여섯 가지 있습니다. 그 밖에 도리에 어긋난 것들은 이루 헤아릴 수 없이 많습니다.〔臣竊惟事勢, 可爲痛哭者一, 可爲流涕者二, 可爲長太息者六. 若其它背理而傷道者, 難徧以疏擧.〕"라고 하였다.《漢書 卷48 賈誼傳》

145 서글퍼하며……흘렸지 : 가의가 장사(長沙)로 좌천되어 상수(湘水)를 건널 때 굴원을 애처로워하고 자신의 처지를 슬퍼하며 〈조굴원부(弔屈原賦)〉를 지었고, 귀양 간 지 3년 만에 올빼미가 날아 들어와 집에 앉는 것을 보고 〈복조부(鵩鳥賦)〉를 지어 스스로 마음을 달랬으니 당시 이 새가 지붕에 앉으면 그 집 주인이 죽는다는 말이 있었기 때문이다.《史記 卷84 賈誼列傳》

나의 뜻은 아아, 이제는 그만이로다 我志嗟已矣
눈물 흘리며 한 번 길이 바라보니 流淚一長望
푸른 산만이 천 리에 울창하구려 蒼山鬱千里
남은 인생 백 년 사는 동안 餘生百年中
이 아픔 끝내 어찌 잊을 수 있을까 此痛終何已

통주잡시 육언시 형식이다
通州雜詩 六言

나무꾼 노래 등화산[146] 골짜기서 들려오고　　樵歌出登禾谷
고깃배는 엄달산을 돌아가네　　漁艇回嚴獺山
모래는 푸른 바다에 닿아 끝없이 펼쳐지고　　沙連碧海何極
사람은 흰 갈매기와 함께 한가롭구나　　人與白鷗同閑

두 번째 其二

복사꽃 살구꽃 가에 대나무 울타리　　桃杏花邊竹落
녹나무 느릅나무 그늘 안에 초가지붕　　枏楡陰裏茅簷
산속에 숨어 사는 선비 누가 알리오　　林間隱士誰識
시렁 위의 도서 꺼내 한가로이 펼쳐 보네　　架上道書閑拈

세 번째 其三

서산 봉우리에는 천년토록 눈이 쌓이고　　西嶺千秋積雪
동쪽 바다엔 만리에 구름이 아스라하네　　東溟萬里長雲
너무 황량하고 외진 곳이라 누가 말했던가　　誰言境過荒僻

146 등화산(登禾山) : 강원도 통천군(通川郡) 북쪽 1리 거리에 있는 고을의 진산(鎭山)이다. 《新增東國輿地勝覽 卷45 江原道 通川郡》

이 몸 진세에서 벗어난 것 스스로 기뻐하네	自喜身超垢氛

네 번째 其四

천 그루 교목은 녹음을 드리우고	喬木千章陰綠
십 리 평원엔 누런 곡식 구름 출렁이네	平蕪十里雲黃
여름날 높은 집은 눈서리 내린 듯 시원하고	夏日高齋霜雪
가을바람 부니 집집마다 양식이 풍성하구려	秋風比屋稻粱

병을 앓던 중에, 백씨가 돌아가려 한다기에 참담한 마음을 가누지 못하고 억지로 시를 지어 회포를 보이다

病中 伯氏將還 不勝悵黯 强草見懷

형님 오신 지 겨우 열흘인데	公來纔十日
닷새 동안 난 병으로 신음하였지	五日我呻吟
더구나 이리저리 떠도는 객지에서	況是漂零地
떠나고 머무는 마음 어찌 견딜 수 있으랴	那堪去住心
해후하던 자리 어슴푸레 꿈만 같은데	逢場怳如夢
돌아가는 길은 실로 근심스러운 장마철일세	歸路正愁霖
다시 평소에 품은 뜻을 배양하여	便養平生志
오직 오마[147]로 돌아오길 기약하소서	唯期五馬臨

147 오마(五馬) : 태수(太守) 즉 지방 수령의 신분을 의미한다. 본래 태수의 수레에는 네 필의 사마(駟馬) 외에 한 필의 말을 더 붙여 주었다고 하는데, 두보(杜甫)의 시에 "인생 중에 오마의 신분이 고귀하니, 부디 반백의 늙은이 되지 말기를 바라노라.〔人生五馬貴, 莫受二毛侵.〕"라는 구절이 있다. 《杜少陵詩集 卷6 送賈閣老出汝州》

가묘를 배송한 뒤에 중대원[148]에 이르러 노정의 회포를 읊다
陪送家廟至中臺 道間述懷

어려운 땅 피해 동으로 오니 세간살이 궁색하여라	避地東來生事微
선대의 봉사에 어찌 성심을 다할 수 있었을까	奉先那得盡情爲
두어 서까래 작은 초가집엔 눈보라 몰아치고	數椽茅屋風兼雪
단천의 생선으로 한 달에 한 번 전물을 올렸지[149]	單薦魚腥月一時
오늘 다녀온 이 길이 기쁘지 않은 건 아니지만	今日玆行非不喜
타향에 홀로 정체된 몸이 더욱 못내 슬프구나	它鄕獨滯轉堪悲
돌아갈 마음은 서쪽으로 돌아가는 물과 같으니[150]	歸心已似西歸水
다음 해에 옮겨 살 계획 더 이상 늦출 수 없겠네	明歲移居未可遲

148 중대원(中臺院) : 강원도 통천군 서쪽 추지령(楸池嶺) 아래에 있는 역원(驛院)이다. 《新增東國輿地勝覽 卷45 江原道 通川郡》

149 단천(單薦)의……올렸지 : 형편이 여의치 못하여 제수를 간소하게 차리고 참배하는 횟수도 줄였다는 말이다. 보통 가묘(家廟)의 참배는 정조(正朝)와 동지(冬至) 그리고 매달 초하루와 보름에 하는 것이 원칙이다. 《家禮 卷1 通禮》 '단천'은 간소한 제수를 말한다.

150 돌아갈……같으니 : 다시 서울로 이주할 계획이 이미 정해졌다는 뜻으로, 마음은 이미 서쪽으로 흐르는 한강수와 함께 서울로 향하고 있다는 말이다.

남자문이 명재의 시에 차운하여 보여 주기에 삼가 차운하여 다시 부치다[151]

南子聞次明齋 韻見示 奉次却寄

명재(明齋)는 윤증(尹拯)의 재호이다.

삭거[152]하는 사람 누가 깨우쳐 줄 것인가 索居誰箴誨
스스로 반성하니 두려움만 더해진다오 省己增懍慄
어린 시절엔 역량을 헤아리지 못하고 小少不量力
도를 구하여 입실하기를 기대했지만[153] 望道希入室
곁의 서적 찾아보니 끝도 가도 없고 傍覽無涯岸
우러르고 바라볼수록 더욱 높고 험준하여[154] 仰瞻彌峭崒

151 남자문(南子聞)이……부치다 : 윤증(尹拯)의 원운(原韻)은 《명재선생유고(明齋先生遺稿)》 권2에 〈증별박생사원(贈別朴甥士元)〉이라는 제목으로 실려 있고, 남학명(南鶴鳴)의 차운(次韻)은 《정재집(定齋集)》 권1에 〈용명재윤장운기답박제(用明齋尹丈韻寄答朴弟)〉라는 제목으로 윤증의 시와 함께 실려 있다. 자문(子聞)은 남학명의 자이다.

152 삭거(索居) : 이군삭거(離群索居)의 준말로 친지나 벗들과 헤어져서 혼자 외로이 사는 생활을 가리키는 말이다. 자하(子夏)가 "내가 벗을 떠나 쓸쓸히 홀로 산 지가 오래이다.〔吾離群而索居, 亦已久矣.〕"라고 한 데서 유래하였다. 《禮記 檀弓上》

153 도(道)를……기대했지만 : 간절히 도(道)를 구하여 정미(精微)의 깊은 경지에 도달하고자 하였다는 말이다. 문왕(文王)은 도(道)가 이미 지극한 경지에 이르렀으면서도 오히려 만족하지 않고 '도를 바라보되 보지 못한 듯이〔望道而如未之見〕' 여겨 종일토록 부지런히 힘썼으며, 공자(孔子)는 자로(子路)에 대해 "당(堂)에는 올랐고 아직 방에 들어오지 못하였다.〔升堂矣, 未入於室也.〕"라고 하여 도에 들어가는 차례를 가지고 비유한 적이 있다. 《孟子 離婁下》《論語 先進》

154 우러르고……험준하여 : 도(道)가 무궁무진하고 방향과 형체도 없음을 탄식한

혁연히 때로 보이는 것이 있는 듯하다가	赫若時有覩
아득하여 마침내 다시 잃어버렸다네	茫然竟還失
마치 사람의 살갗이나 머리털과 같아서	如人有髮膚
날마다 씻고 빗어 관리해야 하는데	要日加洗櫛
이 마음이 혹 몸에서 떠나가도	玆心倘解體
무릎에 가득 한갓 고서만 끼고 사누나	古書徒盈膝
성을 보존하려면 끊임없는 공력을 기다려야 하고[155]	存誠覬積累
뜻을 지키는 덴 방탕함을 경계해야지	執志戒橫溢
머리 숙여 온갖 영리를 사절하고	低頭謝榮利
생각을 끊고 글 짓는 일 버려두었네	絶意抛鉛筆
평생의 재주 다 짜내어	庶竭平生才
우둔한 자질 한번 바꾸려 해도	一變頑愚質
근심 걱정이 심지를 흔들고	憂患撓心志
병치레에 공부가 황폐해졌구려	疾病荒業術
나이는 이미 서른을 향해 가는데	年紀已向立
도덕을 아직 실천하지 못했으니	道德未踐實
오히려 앞길을 향해 면려하고	還當勉前途

말이다. 안연(顔淵)이 공자(孔子)의 도(道)를 형용하여 "우러러볼수록 더욱 높고, 뚫을수록 더욱 견고하며, 바라보면 앞에 있더니 홀연히 뒤에 있도다.〔仰之彌高, 鑽之彌堅, 瞻之在前, 忽焉在後.〕"라고 탄식한 적이 있다. 《論語 子罕》

155 성(誠)을……하고 : 원문의 '존성(存誠)'은 《주역》〈건괘(乾卦) 구이(九二)〉의 '한사존기성(閑邪存其誠)' 즉 외부의 사념(邪念)을 막고 내부의 천성(天性)을 보존하는 것을 가리키고, '적루(積累)'는 '일적월루(日積月累)' 즉 날로 쌓고 달로 쌓아 잠시라고 그만두지 않는 공력을 의미한다.

짐짓 다시 지난날을 아쉬워해야 하리	且復惜往日
마음 깊이 맺힌 커다란 근심은	殷憂結心曲
바깥일에 슬퍼하는 것 아니고	非爲外物怵
바다 건너려는[156] 요즘 생각은	年來浮海意
은일을 사모해서만은 아니어라	不獨慕隱逸
황량 적막한 땅 숨어 수양하긴 좋지만	荒閒合藏修
한스러운 건 동무들과 헤어진 것일세	所恨絶儔匹
호방하여라 마음의 기약은 원대한데	廓落心期遠
정처 없이 배회하는 몸 세월은 빨리 가고	徘徊歲月疾
아스라이 먼 친구와 떨어져	迢迢隔遠朋
적적하게 헌 책을 대하고 있어라	寂寂對殘帙
고아한 노래에서 나는 새의 기상을 엿보았으니	高唱窺聯翩
절름발이처럼 서툰 사람 따끔한 가르침을 입었네	蹇步荷掣扶
이에 시를 지어 애오라지 회포를 펴나니	申章聊敍懷
나의 말은 헛된 이야기 아니라네	我言非虛述

156 바다 건너려는 : 어지러운 세상에 대한 탄식을 의미한다. 공자(孔子)가 일찍이 어지러운 천하를 보고 "도가 행해지지 않는구나. 내 뗏목을 타고 바다를 항해하리니, 나를 따라올 사람은 아마 자로일 것이다.〔道不行! 乘桴浮于海, 從我者, 其由與!〕"라고 탄식한 데서 유래하였다. 《論語 公冶長》

추지령 길에서
楸嶺行

중원에는 태항산[157] 있고	中原有太行
동국에는 추지령이 있는데	東國有楸池
고개에 오르는 일백 굽이에	上嶺一百曲
골짜기마다 위태롭지 않은 곳 없어라	曲曲靡不危
어느 시대에 뚫어 열었을까	開鑿自何代
험난하기가 오래도록 이와 같구려	險艱長若斯
나그네 걸음 추운 겨울을 맞이하니	客行當玄冬
꽁꽁 얼음 얼고 눈보라 몰아치네	氷雪正離離
하늘 찬데 근심 어린 구름이 덮이고	天寒愁雲合
날 저물어 서글픈 바람이 부니	日暮悲風吹
사나운 짐승은 깊은 수풀에 숨고	猛獸隱深林
괴이한 새는 높은 가지에 우는구나	怪鳥鳴高枝
어둑어둑 암혈 사이에선	冥冥巖穴間
잡귀들이 서로 기약하는 듯한데	鬼物如相期
슬프다 먼 길 떠난 사람	嗟哉遠征人

157 태항산(太行山) : 중국 하남성(河南省)에 있는 산인데, 험준하기로 유명하다. 삼국 시대 조조(曹操)의 시 〈고한행(苦寒行)〉에 "북쪽으로 태항산을 오르니, 길도 험하여라 어쩌면 이리 높은가. 구절양장 구불구불한 길에, 수레바퀴가 부서지누나.〔北上太行山, 艱哉何巍巍? 羊腸阪詰屈, 車輪爲之摧.〕"라는 구절이 보인다.

세모에 장차 어디로 가야 하나　　歲暮將安之
너의 수레 어찌 견고하지 않으랴만　　爾車豈不堅
수레바퀴가 부러지고　　車輪爲之摧
나의 말이 어찌 건장하지 않으랴만　　我馬豈不健
나아가려 하다가 다시 주저하네　　欲進復躕踟
채찍 거두고 갈팡질팡 헤매다 보니[158]　　斂策以彷徨
공연한 눈물만 하염없이 흐르누나　　流淚空漣洏
누가 능히 첩첩 산봉우리 깎아 내고　　誰能鏟疊嶂
평탄한 길을 만들어　　化作平路歧
저 잡물의 무리를 몰아내고　　驅彼異物群
햇빛 달빛이 비치게 할 수 있을까　　照之日月輝
내 조물주에게 하소연하려 하노니　　我欲訴眞宰
아는지 알지 못하는지 모르겠구려　　不知知不知

158 채찍……보니 : 은거와 출사의 기로에서 갈피를 못 잡고 헤맨다는 의미이다. 원문의 '염책(斂策)'은 말채찍을 거두어들인다는 말로 돌아가 은거한다는 의미가 있는데, 도잠(陶潛)의 시 〈제종제경원문(祭從弟敬遠文)〉의 "채찍 거두고 돌아가려 하니, 너는 내 마음 알리라.〔斂策歸來, 爾知我意.〕"라는 구절에서 유래하였다. 《陶淵明集 卷8》

이동보[159] 희조 의 새로 지은 집을 지나며 벽 위의 시에 차운하다

過李同甫 喜朝 新居次壁上韻

뜻과 사업 이어[160] 옛터에 집을 지으니	志事堂開卽舊墟
정관 선생의 남긴 뜻 허사가 되지 않았네[161]	靜觀遺意未成虛
객이 와서 집안에 전하는 사업 물으려 하니	客來欲問傳家物
연못에 뜬 달만 의연히 고서를 비추고 있네	池月依然照故書

159 이동보(李同甫) : 동보는 이희조(李喜朝, 1655~1724)의 자이다. 본관은 연안(延安), 호는 지촌(芝村)이고, 정관재(靜觀齋) 이단상(李端相)의 아들이다. 시호는 문간(文簡)이다. 우암(尤庵) 송시열(宋時烈)에게 수학하여 성리학에 조예가 깊었다. 1680년(숙종6) 경신환국이 있은 뒤 유일(遺逸)로 천거되어 건원릉 참봉(健元陵參奉)에 임명되었으나 사직하였고, 다시 천거되어 전설사 별검(典設司別檢)에 임명되었다. 진천 현감・천안 군수・해주 목사 및 의금부 도사・공조 좌랑・이조 좌랑・대사헌 등을 지내고, 1725년(영조1) 좌찬성에 추증되었다. 저서로는 《지촌집(芝村集)》 32권 15책이 전한다.

160 뜻과 사업 이어 : 원문은 '지사(志事)'로, 선대의 뜻과 사업을 잘 계승하여 발전시킨다는 의미이다. "효는 어버이의 뜻을 잘 계승하고 어버이의 일을 잘 전술(傳述)하는 것이다.〔夫孝者, 善繼人之志, 善述人之事者也.〕"라는 말에서 유래하였다. 《中庸章句 第19章》

161 정관(靜觀)……않았네 : 1666년(현종7) 정관재 이단상이 양주(楊州) 쌍수촌(雙水村)에 내려와 지낼 때 우연히 마을 서쪽 영지동(靈芝洞)의 집터를 얻어 그곳에 집을 짓고 여생을 보낼 계획을 하였는데, 미처 완성하기도 전에 세상을 떠나고 말았다. 그 후 1676년(숙종2)에 아들 이희조가 그 자리에다 새로 집을 짓고 '영지초당(靈芝草堂)'이라 편액을 걸어 선친의 사업을 계승하였는데, 당시 창계(滄溪)를 비롯해서 우암 송시열, 문곡(文谷) 김수항(金壽恒) 등 여러 명사(名士)들이 방문하여 그의 공을 치하하고 시를 지어 주었던 사실이 있다. 《靜觀齋集 續集 卷10 附錄 諸公詩, 韓國文集叢刊 130輯》 《退憂堂集 卷10 李甥同甫靈芝草堂上梁文, 韓國文集叢刊 127輯》

성남에 은거하는 외숙 조성경이 보내 준 시에 차운하다
次城南隱君趙叔成卿寄示韻

외로운 선비 하늘 동쪽에 서서 匹士立天東
천년의 정음을 품고 있네 千秋懷正音
마음의 기약 어쩌면 이리도 먼지 心期一何遠
세월은 어느새 깊어지고 말았네 歲月忽已深
먼지 낀 책은 힘을 잃은 지 오래고 塵編久搖落
우주에는 희성의 큰 소리[162] 사라졌네 宇宙無希聲
외숙이 만일 여운을 찾아 정리하려거든 君如理餘韻
세모에 함께 듣기를 기약하시구려 歲晩期同聆

두 번째 其二

청컨대 외숙은 무릎 앞 거문고를 잡아 請君膝前琴
날 위해 희음을 연주해 주시구려 爲我操希音
온화한 가락에 절조는 어찌 그리도 재빠른가 優優節豈促
고요히 흐르는 정적엔 생각이 짐짓 깊어지네 愔愔思故深
한 번 튕기면 인화를 이루고 一拊致人和

162 희성(希聲)의 큰 소리 : '희성'은 때를 기다려 울리는 우레나 천둥 혹은 심오하여 잘 들리지 않는 위대한 소리라는 뜻으로, 《노자(老子)》의 "대음은 소리가 드물고, 대상은 형체가 없다.〔大音希聲, 大象無形.〕"라는 구절에서 유래하였다. 《老子 41章》

두 번 튕기면 봉황 소리 들리누나 再鼓來鳳聲
종자기가 죽었다 말하지 마시게[163] 休言鍾期死
하늘과 땅이 반드시 듣고 있으리니 天地當相聆

163 종자기(鍾子期)가……마시게 : 지음(知音)의 벗이 사라지고 없다고 한탄하지 말라는 의미이다. 135쪽 주108 참조.

다시 은거하는 외숙의 시에 차운하여 되돌려 주다[164]

又次隱君韻還贈

남산에 오래된 소나무 있으니	南山有古松
우뚝이 서서 눈서리를 품고 있고	落落飽霜霰
동해에 외로운 구름 있으니	東海有孤雲
한가로이 떠서 펼쳐졌다 걷히곤 하네	閑閑舒復卷
소나무가 추운 계절 버티며 서 있는데[165]	松當歲寒立
구름이 맑은 바람 더불어 찾아왔구나	雲與淸風來
서성거리며 둘이서 떨어지지 못하니	徘徊兩不舍
이 엉켜 있는 것을 누가 풀 수 있으리	纏綿誰能開
사물의 정은 우연히 서로 찾는 법이요	物情偶相求
타고난 천성은 본디 배우는 것 아니라네	天機本無學
문득 이런 내 생각에 느낌이 일어	居然感我意
그대 위해 붓 잡고 시를 쓰노라	爲君寫毫竹

164 다시……주다 : 외종숙 조성기와 창계 자신을 각각 소나무와 구름에 비유하여 서로 그리워하는 정의(情誼)를 표현한 시이다.

165 소나무가……있는데 : 추운 겨울에도 시들지 않는 소나무의 기상을 말한 것으로, 본래 《논어》 〈자한(子罕)〉에서 공자가 "날씨가 추워진 뒤에야 소나무와 측백나무가 늦게 시듦을 안다.〔歲寒然後, 知松柏之後彫也.〕"라고 한 데서 온 말이다.

두 번째[166] 其二

그대 눈물은 이미 말랐다고 하지만　君淚既云枯
내 눈물은 바로 눈발처럼 흐른다오　我淚正如霰
옛집에는 차가운 눈만이 쌓여 있고　故宅唯寒雪
엉긴 먼지가 서책에 가득 앉았어라　凝塵滿經卷
넓고도 넓은 이 세상 안에서　堂堂天地間
이 사람이 어떻게 다시 태어나리　斯人寧復來
만사 제치고 목 놓아 통곡하고는　萬事一長慟
외로운 마음을 그대에게 쏟아 놓노라　孤抱與君開
사람 목숨이야 본디 무상하거니와　人命固無常
이 우주의 바른 학문 망치게 되었구나　宇宙荒正學
힘써야 하리 마음 다스리는 일을　勖哉方寸事
서리 견디는 대나무를 그대에게 주네　贈之淩霜竹

166 두 번째 : 창계가 외종숙 조성기의 동생 조창기(趙昌期)를 추모하는 마음을 토로한 시로, 앞서 창계는 조창기의 부음을 듣고 비통한 마음을 시로 달래기도 하였다.

여강으로 가는 도중 밤에 용진에 당도하다

將赴驪江 夜到龍津

한밤에 용진 강가에 당도하니	夜到龍津江
희미한 달빛이 찬 물결을 비추어라	微月照寒浪
수종사는 어딘지 보이지 않고	不見水鍾寺
맑은 경쇠 소리만 들려오누나	唯聞淸磬響

신은천을 지나는데 냇가에 회현암이 있다고 한다[167]

過新隱川 川上蓋有會賢巖云

세 현인 여기 모였던 때 누가 보았나	誰見三賢此會時
강 머리에 어지러운 바위 그곳인가 하노라	江頭亂石至今疑
장부들 출처 다짐하던 천추의 의리는	男兒出處千秋義
아득한 저 하늘에 조각달만이 알리라	只有長空片月知

167 신은천(新隱川)을……한다 : 신은천은 신은천(新恩川)이라고도 하는데 지평현(砥平縣) 서쪽을 흐르는 내로, 부동산(不動山)에서 발원하여 남쪽으로 흘러 한강에 들어간다. 다만 창계가 말한 회현암(會賢巖)의 위치와 세 현인은 자세하지 않다.

지평에서 현강께 받들어 올리다

砥平奉贈玄江

현강(玄江)은 박세채(朴世采)의 호이다.

송나라 현인들 실전된 학문을 창도하니	宋賢倡絶學
도학이 더욱더 분명해지고 갖추어졌네[168]	道術益明備
길이 후대에 바른길을 열어 보이니	百代啓正路
참된 유자가 줄줄이 나왔어야 할 것인데	眞儒宜輩起
어찌하여 그 뒤로 오백 년 동안	云何五百載
도 전하는 선비 보이지 않는 것인지[169]	未見傳道士

168 송나라……갖추어졌네 : 북송(北宋)의 주돈이(周敦頤), 정호(程顥)와 정이(程頤), 장재(張載), 소옹(邵雍) 등과 남송(南宋)의 주희(朱熹), 여조겸(呂祖謙), 장식(張栻) 등이 유학의 도가 맹자 이후로 끊어졌다고 보고 자신들이 유학 본연의 전통을 계승하였다고 주장하면서 우주의 원리와 인간의 심성(心性)을 궁구하는 학문인 성리학을 주창하여 사상의 일대 전환을 가져온 것을 말한다.

169 어찌하여……것인지 : 맹자가 이르기를 "5백 년 만에 반드시 천하에 왕정을 펼 사람이 나오나니, 그 사이에는 반드시 세상에 이름난 이가 있다.〔五百年必有王者興, 其間必有名世者.〕" 하였고, 또 "요·순(堯舜)으로부터 탕(湯)에 이르기까지가 5백여 년이니 우(禹)·고요(皐陶) 같은 이는 요·순의 도를 보아서 알았고 탕 같은 이는 들어서 알았으며, 탕으로부터 문왕(文王)에 이르기까지가 또 5백여 년이니 이윤(伊尹)·내주(萊朱) 같은 이는 보아서 알았고 문왕 같은 이는 들어서 알았으며, 문왕으로부터 공자에 이르기까지가 5백여 년이니 태공망(太公望)·산의생(散宜生) 같은 이는 보아서 알았고 공자 같은 이는 들어서 알았다."라고 한 데서 온 말이다.《孟子 公孫丑下, 盡心下》 주희가 세상을 떠난 남송(南宋) 영종(寧宗) 6년인 1200년 이후부터 창계 당대인 1677년(숙종3)까지 477년이 되므로 5백 년이라고 대략 말한 것이다.

내가 어찌 옛 분들을 속이겠는가만　　我豈誣前人
이 일은 참으로 해내기가 쉽지 않다네　　玆事固不易
옛 분들 온갖 말씀 이미 갖추어져 있지만　　群言雖已具
실제로 터득함은 결국 자신에게 달렸다네　　實得終由己
고상한 풍모 좇음은 또한 부질없는 짓이니　　高標亦徒爲
종종 분수를 넘어 오만한 데 가깝네　　往往近僭擬
한때의 명성을 말하지 말아야 하리　　勿言一時名
천고에 전하는 일이 따로 있다네　　自有千古事
명성의 공부[170]를 각자 날마다 새롭게 하고　　明誠各日新
한 해가 끝나 갈 때 만나 뵙기를 바라네　　歲晩要相視

두 번째 其二

세상 피해 살면서 중용을 따르는 것은　　遯世依中庸
성인만 할 수 있고 현인은 가까울 뿐인데[171]　　聖能賢庶幾

170 명성(明誠)의 공부 : 가르침을 통해 선에 밝아진 뒤에 그 선을 실천하여 진실함에 이른다는 성리학의 공부를 말하는 것으로, 현인(賢人)의 학문하는 방법을 이른다. 《중용장구(中庸章句)》 제21장에 "진실함에서 말미암아 밝아짐을 성(性)대로 한 것이라 이르고, 밝음에서 말미암아 진실해지는 것을 가르침으로 이룬 것이라 하니, 진실하면 밝아지고 밝으면 진실해지는 것이다.〔自誠明, 謂之性, 自明誠, 謂之敎, 誠則明矣, 明則誠矣.〕"라고 한 데서 온 말이다. 성명(誠明)은 천성이 진실하여 자연히 선에 밝은 경우를 말하는 것으로 성인(聖人)의 덕을 말한다. 그래서 '성명'을 천도(天道)라고 하고 '명성'을 인도(人道)라고 한다.

171 세상……뿐인데 : 《중용장구》 제11장에 "군자는 중용의 도를 따라 행하여 세상을 피해 숨어 살며 누가 알아주지 않아도 후회하지 않으니 오직 성인만이 할 수 있는 일이

어려서부터 내 역량 헤아리지 못하고	自少不量己
이러한 일을 함부로 희구하였네	於此妄有希
세상 피해 사는 일 본디 쉽지 않거니와	遯世固未易
중용은 더욱 따르기 어려운 것이라네	中庸尤難依
마음의 기약은 부질없이 절로 멀어지고	心期空自遠
수양한 도력은 끝내 미미함을 깨닫네	道力終覺微
근래 들어 다시 쓸쓸히 홀로 지내며	年來復索居
스승과 벗들 오랫동안 떠나 있었네	師友久相違
혼자 하는 공부 더욱 엉성해져 가니	獨學轉鹵莽
낡은 서책 속 시비를 분별하지 못하네	陳編荒是非
이 어두움을 어떻게 깨우쳐 주겠는가	何以牖玆昏
공께서 남은 빛 빌려 주시기 바라네	請公借餘輝

다.〔君子依乎中庸, 遯世不見知而不悔, 唯聖者能之.〕"라고 하는 공자의 말이 나온다. 여기서 공자는 성인을 자처하지 않았지만 창계 같은 후인들의 입장에서 볼 때 세상을 피해 살면서 중용을 따르는 것은 공자 같은 성인만이 가능한 일이고 공자의 제자 안회(顔回) 같은 현인이 그 경지에 가까울 뿐이라는 말이다.

동쪽으로 돌아오는 길에 아우 도충에게 보여 주다[172]

東歸道上 示舍弟道冲

세상 피해 푸른 바다 떠가려 하여[173]	避世浮滄海
집을 옮겨 오니 푸른 산이 가까워라	移家近碧山
지금 오는 길에 한 가지 더 기쁜 일은	今來添一喜
어린 아우도 함께 돌아오는 것이라네	稚弟又同還

172 동쪽으로……주다 : 〈연보〉에 의하면, 창계는 1676년(숙종2) 11월 도성에 들어가 한산 이씨(韓山李氏) 이귀년(李龜年)의 딸을 계실(繼室)로 맞이하고 12월에 아우 임정(林淨)과 함께 돌아왔는데 추지령에 당도하자 눈으로 길이 험난하여 말을 버리고 도보로 가다가 넘어져 오른쪽 팔을 다쳤다고 한다. 190쪽의 〈추지령에 이르러……〔到嶺上……〕〉가 이를 읊은 시이다.

173 세상……하여 : 도가 행해지지 않아 배 타고 바다를 건너 중국을 떠나고자 하였던 공자처럼 자신도 어수선한 조정의 정국을 벗어나 바다를 떠가고 싶다는 말이다. 146쪽 주124 참조.

금성에 당도하여 고갯길이 눈으로 막혔다는 소식을 듣다

到金城 聞嶺路阻雪

장사치들 하는 말 문득 들어 보니	忽聞估客語
추지령이 이미 넘기 어렵다 하네	楸嶺已難通
열흘 넘도록 내린 눈이 쌓여서는	積是經旬雪
하룻밤 부는 바람에 길이 묻혔어라	埋因一夜風
외로운 말 한 마리 어디로 가야 하나	匹馬將安適
온 산에 난 길들 돌연 막혀 버렸는데	千山路倏窮
애처롭기도 해라 머리맡의 꿈이	唯憐枕上夢
동쪽 바다 어귀에 먼저 닿았구나	先到海門東

추지령에 이르러 넘어져서 오른팔이 부러졌기에 입으로 바로 읊다

到嶺上 顚仆折右臂 口占

나라 구할 손을 써 보지도 못하고　　未展醫國手
팔뚝 부러진 사람이 먼저 되었네　　先作折肱人
험한 길 이제야 조심할 줄 알았으니　　險道方知戒
지금부터 이 한 몸 보전할 수 있으리　　從今可保身

2월 그믐에 큰 눈이 한 길이나 쌓이다 정사년(1677, 숙종3)
二月晦大雪盈丈 丁巳

바닷가에 삼월이 다가오니	海濱三月交
햇볕 따사로워 만물이 움터 오르네	景暄群物茁
단비가 내릴 거라 생각했는데	謂言降時雨
느닷없이 큰 눈이 내리는구나	居然下大雪
높은 산에는 벌써 한 길이나 쌓였고	高山已袤丈
낮은 밭에도 무릎을 넘겼어라	卑田猶過膝
음산한 추위가 한겨울과 비슷한데	陰寒類大冬
섬뜩한 번개가 다시 간간이 내리치네	狂電復間發
길손들은 쓰러져 죽는 이 많고	行旅多僵死
들짐승 역시 얼어 죽는구나	野獸亦凍殺
노인들은 처음 보는 일이라며 놀라고	故老驚創見
지사들은 근심이 더욱 깊어지네	志士憂仍切
하늘의 뜻은 참으로 멀리 있지 않으니	天意諒不遠
사람의 도리가 잘못됨이 있어서겠지	人道豈有失
옛날 송나라에 이러한 변괴가 있자	昔宋有此異
이때에 진동과 구양철을 죽였었네[174]	于時殺東澈

174 옛날……죽였었네 : 송 고종(宋高宗)이 남경(南京) 응천부(應天府)에서 즉위한 직후에 금(金)과의 항전을 주장하던 재상 이강(李綱)이 파직되자, 태학생(太學生) 진동(陳東)이 상소하여, 이강을 유임시키고 주화파(主和派)인 황잠선(黃潛善)·왕백언

옛일을 상고하여 지금과 비교하니 考古以較今
이내 간담이 서늘하고 떨리네 心膽爲之慄
미천한 신하가 조그만 충정 품고서 賤臣抱區區
임금께서 살피지 못하실까 두려워하네 懼君不能察

(汪伯彦)을 파직시킬 것을 청함과 동시에 진군하지 않은 장수들의 죄를 다스려 선비들을 고무하고 금릉(金陵)으로 물러나지 말고 도성으로 회군(回軍)할 것을 청하였다. 이때 숭인(崇仁) 고을의 선비 구양철(歐陽澈) 역시 시사(時事)를 논하였다. 이에 황잠선이 이들 두 사람을 무고하자 고종이 격노하여 진동과 구양철을 죽였는데, 몇 년 뒤에 고종이 무고하게 죽인 것을 후회하여 벼슬을 추증함으로써 민심을 무마하였다. 다만 이 당시에 어떤 천재(天災)가 있었는지는 자세하지 않다. 《宋史 卷455 忠義列傳 陳東, 歐陽澈》

3월 그믐에 다시 큰 눈이 내리다

三月晦又大雪

살구꽃 떨어져 다 지려 하고	杏花落欲盡
오얏꽃 피어 막 흐드러졌네	李花開始遍
삼월도 벌써 다 지나 버리고	三月日已窮
사월이 이제 다가오고 있는데	四月節且建
어찌하여 이 따뜻한 시절에	如何當此時
눈이 또 점점이 떨어지는가	雪落又片片
촌부인 나는 본디 아는 게 없지만	野人固無知
이런 일은 일찍이 본 적이 없네	此事前未見

차운하여 내제 조정이[175] 정만 에게 도로 부치다

次韻却寄內弟趙定而 正萬

그대 남쪽 바다에서 타향살이하며	夫君客南海
동령의 동쪽으로 편지 보냈구려	寄書東嶺東
누가 관하가 막고 있다 말하였나	誰言關河阻
이 마음 천리 먼 곳까지 통하는데	玆心千里通
아스라이 멀리 떠나온 사람은	迢迢遠遊人
빈 골에 숨어 사는 것처럼 적적하여라[176]	寂寂如逃空
헤엄치는 물고기는 맑은 물결 즐거워하고	潛魚樂淸波
매인 새는 고향의 바람 그리워하는 법	羈鳥懷鄕風
물의 본성은 둘 다 뺏을 수 없는 것이니	物性兩莫奪
방황하는 이 마음 끝내 무엇을 따를꼬[177]	徘徊竟何從

175 조정이(趙定而) : 정이는 조정만(趙正萬, 1656~1739)의 자이다. 본관은 임천(林川), 호는 오재(寤齋)이다. 아버지는 합천 군수 조경망(趙景望)이다. 송준길(宋浚吉), 송시열(宋時烈)의 문인이고 김창협(金昌協), 김창흡(金昌翕), 이희조(李喜朝) 등과 친교가 깊었다. 창계의 외사촌이다. 저서로 《오재집(寤齋集)》이 있다.

176 빈……적적하여라 : 깊은 산림에 은거하여 만나는 이 없이 쓸쓸히 지내고 있음을 말한 것이다. 《장자(莊子)》 〈서무귀(徐无鬼)〉에 "텅 빈 골짜기에 숨어 사는 사람은 명아주와 콩잎이 족제비의 길마저 막고 있는 터라, 빈 골짜기에서 홀로 걷다 쉬다 하노라면, 다른 사람의 걸어오는 발자국 소리만 들어도 기뻐하는 것이다.〔逃空虛者, 藜藋柱乎鼪鼬之逕, 踉位其空, 聞人足音跫然而喜.〕"라고 한 데서 온 말이다.

177 헤엄치는……따를꼬 : 산수를 즐기거나 고향을 그리워하는 것은 물고기나 새 같은 미물의 본성일 뿐만 아니라 내 마음이 갈피를 못 잡는 두 가지 이유이므로 이렇게 말한 것이다.

지극하구나 돌아가련다던 노래가	至哉歸歟音
천년 뒤에 참으로 이내 마음과 같네[178]	千載諒所同
그대 만일 지나갈 일 생기거든	脫有經過便
남간으로 나를 찾아오시게나[179]	訪我藍澗中

178 지극하구나……같네 : 벼슬을 버리고 전원으로 돌아가련다고 노래 불렀던 도잠(陶潛)의 심정이 지금 혼란한 세상을 등지고 강원도 통천으로 들어가 살게 된 창계의 마음과 같다는 말이다. 도잠이 일찍이 팽택 영(彭澤令)으로 있을 때, 마침 군(郡)의 독우(督郵)가 현(縣)을 순시하게 되어 아전이 도잠에게 의관을 갖추고 독우를 뵈어야 한다고 하자, 도잠이 탄식하며 말하기를 "나는 오두미의 하찮은 녹봉 때문에 허리를 굽혀서 향리의 소인을 섬길 수 없다." 하고, 마침내 현령의 인끈을 풀어 던지고 〈귀거래사(歸去來辭)〉를 지어 자신의 뜻을 피력하고 즉시 전원으로 돌아갔다. 이 사(辭)의 첫머리에 "돌아가련다. 전원이 황폐해 가는데, 어찌 돌아가지 않으리오.〔歸去來兮, 田園將蕪, 胡不歸?〕"라는 말이 나온다. 《晉書 卷94 隱逸列傳 陶潛》 본래 이 말은 각국의 제후들에게 자신의 도(道)를 펴려고 했던 뜻을 이루지 못하고 고국 노(魯)나라를 그리워하며 돌아가 후진을 기르고자 했던 공자가 했던 말이다. 그런데 후대에 벼슬을 버리고 고향으로 돌아간다는 의미로 쓰이게 된 것으로, 공자가 오랫동안 천하를 돌아다니다가 진(陳)나라에 와서 탄식하여 이르기를 "돌아가련다, 돌아가련다. 우리 당의 소자들이 뜻만 크고 일에는 소략하여 찬란하게 문채만 이루었을 뿐이고 스스로 재단할 줄을 모른다.〔歸歟歸歟! 吾黨之小子狂簡, 斐然成章, 不知所以裁之.〕"라고 한 데서 온 말이다. 《論語 公冶長》

179 남간(藍澗)으로 나를 찾아오시게나 : 두보(杜甫)가 찾아갔던 남전(藍田)처럼 산수 깊은 통천에 살고 있는 창계 자신에게 찾아오라는 말이다. 남간은 남수(藍水)와 계곡의 물을 합칭한 말로, 두보가 중구일(重九日)에 지은 〈남전최씨장(藍田崔氏莊)〉에 "늙어 갈수록 가을의 슬픔을 애써 자위하던 터에, 흥겨워라 오늘은 그대의 환대를 잔뜩 받았네. 짧은 머리털에 모자 날아감은 부끄러운데, 옆 사람 시켜 관 바로잡음은 우습기도 하여라. 남수는 멀리 일천 계곡으로부터 내려오고, 옥산은 높다랗게 두 봉우리가 차갑구나. 내년 이 모임 때까지 누가 건강할는지, 취하여 수유를 손에 쥐고 자세히 보노라.〔老去悲秋强自寬, 興來今日盡君歡. 羞將短髮還吹帽, 笑倩傍人爲正冠. 藍水遠從千澗落, 玉山高竝兩峯寒. 明年此會知誰健, 醉把茱萸仔細看.〕"라고 한 데서 온 말이다.

아우 도충에게 부치다

寄舍弟道冲

나는 구름 바라보며 아우를 늘 그리워하니[180]	我自看雲長憶弟
그대는 하루도 어버이 생각하지 않는 날 없으리	君應無日不思親
더욱이 인간 세상 지금 더욱 각박하다 하니	況聞人世今尤狹
함께 신선향에 들어갈 뿐 어찌 가난 꺼리랴	共就仙鄕豈厭貧
단풍 든 가을의 자태는 풍악의 저녁 풍광이고	錦樹秋容楓岳晩
동녘에 떠오르는 태양은 해천의 새벽 경치라네	扶桑晴旭海天晨
이 좋은 시절에 돌아올 기약 그르치지 마시게	良辰莫遣歸期誤
오는 달에 새로 지은 집 함께 모여 볼 것이니	開月同看卜築新

이상은 어버이께 나아오라는 것이다.

두 번째 其二

고요함 오래되니 산수 흥취 점점 알게 되고	靜久漸知泉石趣
기심(機心)을 잊으니 갈매기와 더욱 친해지네[181]	忘機轉與海鷗親

180 나는……그리워하니 : 두보의 〈한별(恨別)〉에 "고향 생각에 달빛 아래 거닐며 맑은 밤에 서 있고, 아우 그리워 구름 보다 한낮에 조네.〔思家步月淸宵立, 憶弟看雲白日眠.〕"라고 한 것을 원용하여 아우를 그리워하는 마음을 말한 것이다.

181 기심(機心)을……친해지네 : 기심은 이해와 득실을 따지는 마음으로, 기심을 잊었다는 것은 마음이 순수하여 저절로 자연과 일체가 됨을 말한 것이다. 옛날 바닷가에 살던 한 사람이 갈매기를 아주 좋아하여 매일 바닷가로 나가서 갈매기와 놀다 보니,

청운의 갈림길을 그대는 말하지 마시게[182] 青雲歧路君休說
황국 핀 동산[183]에 있으니 내 어찌 가난하리 黃菊園林我豈貧
아득한 하늘로 기러기 사라지니 늦지 않음 알겠고[184] 鴻入高冥知不晚
비바람 속에 닭이 우니 홀로 새벽을 지키는구나[185] 鷄鳴風雨獨凌晨

찾아온 갈매기가 100마리도 넘었는데, 한번은 그의 아비가 말하기를 "내가 들으매 갈매기들이 모두 너를 따라 노닌다 하니, 네가 갈매기를 잡아오너라. 내가 갈매기를 완상하고 싶다.〔吾聞鷗鳥皆從汝游, 汝取來, 吾玩之.〕" 하므로, 이튿날 다시 바닷가로 나가 보니, 갈매기들이 사람의 교사(巧邪)한 마음을 알아채고는 공중에서 빙빙 돌기만 하고 내려오지 않았다는 고사에서 온 말이다.《列子 黃帝》

182 청운(青雲)의……마시게 : '청운'은 높은 벼슬을, '갈림길'은 앞에 놓인 험난한 환로(宦路)를 비유하는 말로, 험난한 벼슬길에 연연하지 말라는 말이다.

183 황국(黃菊) 핀 동산 : 산수 자연 속에 있는 은자의 거처를 말한다. 도잠이 일찍이 팽택 영을 그만두고 전원(田園)으로 돌아가면서 지은 〈귀거래사〉에 "내 전원이 황폐해 가는데 어찌 돌아가지 않으리오.……세 오솔길은 묵었으나, 소나무와 국화는 아직 남아 있도다."라고 하였고, 이 밖에 여러 시에서도 국화를 노래하였던바 후대에 국화와 전원이 은거의 고사로 자주 쓰인다.

184 아득한……알겠고 : 자신을 해치려는 기미를 눈치채고 미리 몸을 피한다는 말로, 당시의 어지러운 정국에서 받을지도 모르는 재앙을 피해 자연에 은거하여 몸을 보존한 것을 말한다. 한나라 양웅(揚雄)의《법언(法言)》〈문명(問明)〉에 "군자는 마치 봉황처럼 처신하여 치세(治世)에는 출현하고 난세에는 숨어야 할 것이니, 기러기가 저 보이지 않는 하늘 속으로 높이 날아가면 사냥꾼이 어떻게 쏘아 맞출 수 있겠는가.〔鴻飛冥冥, 弋人何簒焉?〕"라고 한 데서 온 말이다.

185 비바람……지키는구나 : 혼란한 세상에서 평소의 소신을 바꾸지 않고 올곧은 말과 행동으로 일관하는 것을 말한다.《시경》〈정풍(鄭風) 풍우(風雨)〉에 "비바람이 을씨년스러운데 닭이 꼭꼭 울어 대네.〔風雨凄凄, 雞鳴喈喈.〕"라고 한 데서 온 말로, 주희(朱熹)는 음란한 여자가 비바람 불고 어둑한 때에 사랑하는 남자를 몰래 만나는 내용을 읊은 시라고 보았지만 〈모시서(毛詩序)〉에서는 혼란한 세상에서 군자가 자신의 법도를 변치 않는 것을 그리워한 시라고 보았다. 여기서 창계는 후자의 의미로 보았다.

일신 밖의 이런저런 일들 걱정하지 않고　未愁身外悠悠事
이별의 정만이 날마다 새로이 더할 뿐이어라　只有離情日日新

이상은 내 마음을 서술한 것이다.

세 번째 其三

가을밤이 아득하여 정녕 짧지 않은데　秋夜悠悠殊未短
등잔불이 고요하여 더욱 친해질 만하네　書燈寂寂轉堪親
풍진 속 고관대작은 참된 존귀함 아니니　風塵軒冕非眞貴
경서에 바탕을 두어야[186] 가난하지 않다네　經訓菑畬始不貧
쌓아 가는 공부는 짧은 순간도 아쉽고　積累功夫爭寸晷
허명한 기상은 맑은 새벽에 드러나네[187]　虛明氣像驗淸晨
그리운 마음이야 어서 돌아오기 진정 바라지만　相思固願歸來早
고요하고 경건하게 학업 일신함이 더욱 좋겠네　靜虔尤宜學業新

이상은 학문에 힘쓰라는 것이다.

186 경서에 바탕을 두어야 : 한유(韓愈)가 아들 한부(韓符)에게 준 권학시(勸學詩) 〈부독서성남(符讀書城南)〉에 "문장이 어찌 귀하지 않겠냐만, 경서의 가르침이 바로 전답이라네.〔文章豈不貴, 經訓乃菑畬.〕"라고 한 데서 온 말이다. 《古文眞寶前集 卷1》 '치여(菑畬)'는 전답・밭갈이・농사를 말하는 것으로, 농사가 민생의 근본이 되는바 여기에서 비롯하여 사물의 근본과 바탕을 뜻하는 말이 되었다.

187 허명(虛明)한……드러나네 : 밤부터 새벽까지 사람이 아직 사물과 접촉하지 않았을 때에 청명(淸明)한 기(氣)가 그대로 드러나는 것을 말한다. 맹자는 사람이 사물과 접촉하기 전의 깨끗하고 맑은 기운을 야기(夜氣)라고 하면서 이를 해치지 말고 잘 길러야 한다고 하였다. 《孟子 告子上》

다시 앞의 시에 차운하여 현강께 받들어 올리다
復次前韻 奉贈玄江

보내 주신 시가 좋은 가르침 대신하니	贈詩替良誨
거듭 읽으매 의미가 어찌 이리 곡진한지	三復意何備
나는 참으로 나약하고 어리석지만	顧余實懦愚
이 시를 받고 자못 분발하게 되네	得此頗興起
옛 도가 나날이 가려져 가니	古道日榛蕪
누가 지금 훌륭한 선비 많다 하겠나	孰云今多士
옛 현인은 실천의 어려움 말씀하셨고[188]	昔賢誦行艱
선사께서는 언설의 쉬움 경계하셨지[189]	先師懲說易
남 비판하는 것은 참으로 급한 일 아니니	攻人諒非急

188 옛……말씀하셨고 : 《서경》〈열명 중(說命中)〉에서 부열(傅說)이 고종(高宗)에게 "아는 것이 어려운 것이 아니라 행하는 것이 어렵다.〔非知之艱, 行之惟艱.〕"라고 간언한 데서 나온 말이다.

189 선사(先師)께서는……경계하셨지 : 공자는 《논어》의 여러 곳에서 자공(子貢), 사마우(司馬牛), 재여(宰予)처럼 실천보다 말이 앞서는 제자들에게 말을 삼가고 실천을 민첩하게 하라고 경계하였다. 예를 몇 가지 들면 〈학이(學而)〉에서 "군자는……일은 민첩하게 행하고 말은 신중히 하며……〔君子……敏於事而愼於言……〕"라고 하였고, 〈이인(里仁)〉에서 "군자는 말은 어눌하게 하고 실천은 민첩하고자 한다.〔君子欲訥於言而敏於行.〕"라고 하였으며, 〈안연(顔淵)〉에서, 사마우가 공자께 인(仁)에 대해서 묻자 "인자(仁者)는 그 말함이 참아서 하는 것이다."라고 대답하였고 사마우가 다시 "그 말하는 것을 참아서 하면 인이라 이를 수 있습니까?"라고 묻자 공자는 "이것을 행하기가 어려우니, 말하기를 참지 않을 수 있겠는가."라고 대답하였다.

중요한 건 자신을 반성할 수 있는 것이네 所貴能反己
다만 더욱 힘쓰고 따라야 할 뿐이니 只應加勉循
성인의 표준을 다시 헤아려 무엇하리 標準復何擬
분분함이 비록 갖가지로 변화하지만 紛紜雖萬變
결국에는 한 가지 일일 뿐이라네 畢竟唯一事
세속의 얽매인 일들 떨쳐 버리고 擺落世間累
밝은 천명을 각자 보아야 하리 明命各相視

두 번째[190] 其二

기자의 〈홍범〉에는 생각 밝아야 한다 하였고[191] 箕疇著思睿
위대한 《주역》에는 기미 밝히는 일 가르쳤네[192] 大易垂研幾

190 두 번째 : 《대학》의 격물치지(格物致知)와 《중용》의 도문학(道問學)의 중요성에 대한 창계의 생각을 박세채(朴世采)에게 밝히는 내용의 시이다.

191 기자(箕子)의……하였고 : '홍범(洪範)'은 기자가 주 무왕(周武王)에게 천도(天道)에 대해 설명한 아홉 가지 조목인 홍범구주(洪範九疇)를 말한다. 오늘날은 《서경》〈홍범(洪範)〉으로 그 내용이 전해 오고 있는데 대체로 전국 시대 초기에 지어져 기자에게 가탁한 것으로 알려져 있다. '생각 밝아야 한다'는 것은 《서경》〈홍범〉의 두 번째 조목인 오사(五事)에 "첫째는 모습이고, 둘째는 말이고, 셋째는 보는 것이고, 넷째는 듣는 것이고, 다섯째는 생각하는 것이다. 모습은 공손하고, 말은 순종하고, 보는 것은 밝고, 듣는 것은 귀 밝고, 생각하는 것은 슬기로워야 한다.〔一曰貌, 二曰言, 三曰視, 四曰聽, 五曰思. 貌曰恭, 言曰從, 視曰明, 聽曰聰, 思曰睿.〕"라고 한 데서 온 말이다.

192 위대한……가르쳤네 : 《주역》〈계사전 상(繫辭傳上)〉에 "《역》이라는 것은 성인께서 사물의 심오한 부분을 깊이 탐색하고 은미한 부분을 연구한 것이다.〔夫《易》, 聖人之所以極深而研幾也.〕"라고 한 데서 온 말이다.

사람들은 번거로이 노력하는 일 싫어하여	衆情厭煩勞
이러한 공부가 더욱 소활하게 되었네	玆功轉闊希
강독하는 일 어찌 그만둘 수 있으리	講讀豈所廢
서책의 문구는 실로 의거해야 하는 것이니	文句信當依
오직 정밀하고 미묘한 곳에서는	唯應精妙處
이 공부 힘입어야 은미한 이치 통달하리라	賴此方通微
공자는 위태로움과 어두워짐 경계하셨으니[193]	洙泗戒殆罔
만세토록 이 가르침 어찌 어길 수 있겠나	萬世焉可違
먼저 실천하는 일 아직 제대로 하지 못하니[194]	先行猶未能
경솔히 말 내뱉는 것은 잘못이 아니겠는가	輕發無乃非
이 말씀 올려 올바른지 질정하는 것이니	申章當取正
어찌 선생의 덕에 도움 되는 일이라 하리	豈曰裨盛輝

193 공자는……경계하셨으니 : 배움과 생각이 균형을 이루는 것이 학문하는 사람이 갖추어야 할 자세임을 말한 것으로, 공자가 "배우기만 하고 생각하지 않으면 어두워지고 생각하기만 하고 배우지 않으면 위태롭다.〔學而不思則罔, 思而不學則殆.〕"라고 한 데서 온 말이다. 《論語 爲政》

194 먼저……못하니 : 자공이 군자(君子)에 대해서 묻자 공자가 "먼저 그 말한 것을 실천하고, 그 뒤에 말이 행동을 따르게 하는 것이다.〔先行其言, 而後從之.〕"라고 하여, 말보다 실천이 중요함을 말하였다. 《論語 爲政》

한가로이 지내면서 이것저것 읊다
閑居雜詠

바닷가에 비바람이 몰려오니	海上風雨來
어슴푸레하여 숲 빛이 어둑해지네	蒼茫林景晦
산속 거처 말끔히 씻기고 나자	山居一瀟灑
한가로이 누워 옷을 풀어 헤치네	閑臥散襟帶
경계 고요해서 마음 더욱 활달해지니	境靜心愈王
담담하여 온갖 찌꺼기를 떨쳐 버리네	澹然遺塵滓
참됨을 추구하는 이에게 묻노니	爲問采眞者
삼신산은 또 어디에 있는 것인가[195]	三山復何在
다만 화사한 봄 저무는 것 저어하여	但恐芳歲晏
우두커니 서서 난초를 허리에 차네[196]	延佇結蘭佩

195 참됨을……것인가 : 산림에 은거하는 중에 비가 내리고 난 뒤 마음이 상쾌해진 창계에게는 바로 이곳이 신선이 사는 곳이나 다름없다고 반문한 것이다. '삼신산'은 선인(仙人)이 산다는 봉래(蓬萊), 방장(方丈), 영주(瀛州) 세 산을 말한다.

196 다만……차네 : 화사한 봄이 다 지나가기 전에 난초를 허리에 차고 남은 봄을 보낸다는 말인데, 속뜻은 한창 때가 지나가기 전에 자신의 지조를 지키며 선행을 닦는다는 말이다. '난초를 허리에 찬다'는 것은 본래 고결(高潔)한 지취(志趣)를 의미하는 말로, 초(楚)나라의 대부 굴원(屈原)이 지은 〈이소(離騷)〉에 "강리와 벽지를 몸에 걸쳐 입고, 가을 난초를 꼬아서 허리에 찬다.〔扈江離與辟芷兮, 紉秋蘭以爲佩.〕"라고 한 데서 온 말이다.

두 번째 其二

오래 내린 비 빈 산을 씻어 내니	積雨洗空山
동산은 맑은 저녁빛을 머금었네	園林含夕淸
농가에서 호미 메고 나가노라니	田家荷鋤出
말끔한 갈매기 길가에서 우는구나	晴鷗夾道鳴
몸소 밭갈이 내 어찌 하고픈 일이랴만	躬耕豈所欲
한 해 농사가 마침 결실을 맺었어라	歲功會有成
아득한 저 녹문의 마음[197]이여	遙遙鹿門心
천년 뒤에 내 마음을 감동시켰네	千載感我情

197 녹문(鹿門)의 마음 : 세속의 부귀와 영달을 초탈하여 자연을 벗하며 은거하였던 동한(東漢) 말의 고사(高士) 방덕공(龐德公)이 품었던 고결한 마음을 말한다. '녹문'은 방덕공이 처자식을 거느리고 들어가 약초를 캐며 세상에 나오지 않고 일생을 마쳤다고 하는 양양(襄陽)의 산 이름이다. 형주 자사(荊州刺史) 유표(劉表)가 찾아가서 "선생은 벼슬을 받지 않으니 무엇을 자손에게 남겨 주겠소?" 하니, 방덕공은 "남들은 모두 위태로움을 주는데 나만은 편안함을 주겠습니다."라고 하였다 한다. 《後漢書 卷83 逸民列傳 龐公》

용연의 새 거처에서 두보의 〈동가〉 시에 차운하다[198]

龍淵新居 次杜詩東柯韻

푸른 나무 그늘 짙게 드리운 곳에	綠樹陰濃處
호산의 제일가는 집이 있다네	湖山第一家
문 앞에는 하늘이 바다와 닿아 있고	門前天拍海
울 너머로 들판이 모래톱과 이어져 있네	籬外野連沙
냇물 곁으로 처음 버들을 가꾸고	傍水初栽柳
동산 만들어 다시 오이를 심노라	爲園更種瓜
이 가운데 그윽한 흥취 충만하니	此中幽興足
무릉의 복사꽃을 누가 얘기했던고[199]	誰說武陵花

198 용연(龍淵)의……차운하다 : 두보(杜甫)의 〈진주잡시(秦州雜詩)〉 제13수, 제15수, 제16수에 차운한 시이다. 진주(秦州)는 장안(長安)에서 서쪽으로 780여 리 떨어져 있는 변경이다. 〈진주잡시〉는 두보가 화주(華州)에서 벼슬을 버리고 기근을 피하여 진주로 와서 머문 건원(乾元) 2년(759)에 지은 작품으로, 진주의 풍물・변새(邊塞)의 일・타향살이의 고단함・우국(憂國)의 의론 등을 서술하였다. 창계가 지은 시들은 두보가 동가곡(東柯谷)을 소재로 삼아 지은 시들에 차운한 것이다. 동가곡은 진주 동남쪽 50리에 있는 산골 마을이라고 하는데, 두보의 조카 두좌(杜佐)가 살았던 곳이라고 한다. 〈진주잡시〉의 제13수는 동가곡에서 노닐며 이 지역의 풍경과 특징을 서술하면서 무릉도원처럼 세속을 떠나 살고 싶은 이상적인 곳임을 노래하였다. 제15수는 진주에 있으면서 동가곡을 부러워한 것으로, 타향살이의 정경과 세상을 피해 숨어 살고 싶은 마음을 노래하였다. 제16수는 동가곡의 경치와 그곳에 살고 싶은 마음을 노래하였다. 용연은 통천(通川)에서 북쪽으로 5리 되는 곳에 있는데, 옛날 두보가 혼란한 세상을 피해 동가곡에서 숨어 살고 싶은 소망을 노래한 것처럼 창계도 이곳에 거처를 마련하고는 두보처럼 혼란한 세상을 피해 숨어 살게 된 뜻을 노래한 것이다.

199 이……얘기했던고 : 창계가 마련한 용연의 거처가 무릉도원(武陵桃源)에 비겨도

두 번째 其二

집을 옮겨 바닷가에 이르러	移家到海曲
산림 사이 거처를 마련하였어라	結屋在林間
고향 생각은 구름 가의 나무요	鄕思雲邊樹
한가한 정취는 비 온 뒤의 산이로다	閑情雨後山
푸른 파도 속에 물고기는 스스로 즐거워하고	滄波魚自樂
울창한 산림으로 새는 돌아올 줄 아는구나[200]	岺鬱鳥知還
시나브로 자연과 벗하는 정취 깨달으니	漸得巢居趣
나그네 살쩍 세는 것도 다 잊어버리네	渾忘客鬢斑

손색이 없다는 말이다. 무릉도원은 전설상에 존재하는 선경(仙境)으로, 도잠(陶潛)의 〈도화원기(桃花源記)〉에서 비롯되었다. 이에 의하면, 동진(東晉) 태원(太元) 연간에 무릉의 한 어부가 시내를 따라 한없이 올라가다가 갑자기 도화림(桃花林)이 찬란한 선경을 만나 그곳에 들어가서, 일찍이 선대(先代)에 진(秦)나라 때의 난리를 피해 처자를 거느리고 들어와 대대로 살고 있다는 그곳 사람들로부터 극진한 대접을 받고, 수일 후에 그곳을 떠나 배를 얻어 타고 되돌아왔는데, 그 후로는 다시 그 도화림을 찾을 수가 없었다고 한다. 두보의 〈진주잡시〉 제13수의 미련(尾聯)에서도 "뱃사람은 그곳 가까워지면 알려 주시게. 그저 도화원 잃어버릴까 걱정이라네.〔船人近相報, 但恐失桃花.〕"라고 하여 동가곡을 무릉도원에 비유하였다. 《陶淵明集 卷6》

200 푸른……아는구나 : 자연 속의 물고기와 새가 제자리를 얻어 생을 만끽하고 있음을 말하여, 세속을 피해 자연을 벗하며 사는 창계 자신의 모습을 드러낸 것이다. 이 경련(頸聯)은 두보의 〈추야(秋野)〉 제2수에 "물 깊으니 고기는 지극히 즐거워하고, 숲 무성하니 새는 돌아올 줄 아네.〔水深魚極樂, 林茂鳥知歸.〕"라고 한 구절을 원용한 것으로, 본래 두보가 《회남자(淮南子)》 〈설산훈(說山訓)〉에서 "물이 고여야 물고기가 모이고 나무가 무성해야 새가 내려앉는다.〔水積而魚聚, 木茂而鳥集.〕"라고 한 것을 고사로 인용한 것이다.

세 번째 其三

풍진에 더럽혀진 몸 되기보다는	與作風塵物
차라리 사슴들과 어울리며 살겠네[201]	寧爲麋鹿群
행장은 천고에 길이 전할 일이고	行藏千古事
부귀는 한 조각 뜬구름일 뿐이네[202]	富貴一浮雲
산 에워싸니 이내 빛깔 서리어 있고	山擁嵐光落
하늘 개니 바다 빛깔 선명하여라	天晴海色分
인간 세상은 다투고 뺏기 좋아하니	人間喜爭奪
이 즐거움 듣게 하지 말아야 하리	此樂莫敎聞

201 풍진(風塵)에……살겠네 : 속세에서 부귀를 구하느라 연연하며 살기보다는 자연과 벗하며 살겠다는 말이다. '사슴들〔麋鹿〕과 어울린다'는 것은 산림에 은거하는 것을 비유한다.

202 행장(行藏)은……뿐이네 : '행장'은 출처(出處)와 같은 말로, 선비의 출처의 의리는 후인들에게 영원히 기억되는 것이지만 부귀는 살아 있을 때만 누리는 것일 뿐 뜬구름처럼 허망한 것이라는 말이다. 《논어》 〈술이(述而)〉에 "등용되면 나가 행하고 버려지면 물러나 숨는다.〔用之則行, 舍之則藏.〕"라고 하였고, 또 공자가 이르기를 "거친 음식을 먹고 물을 마시며 팔을 구부려 베개로 삼을지라도 즐거움이 그 가운데 있나니, 의롭지 못하게 부귀를 누리는 것은 나에게 뜬구름과 같으니라.〔飯疏食飮水, 曲肱而枕之, 樂亦在其中矣, 不義而富且貴, 於我如浮雲.〕"라고 한 데서 온 말이다.

삼가 부친의 시에 차운하여 학포의 새 거처에 받들어 올리다
謹次家君韻 奉呈鶴浦新居

포구의 학은 바람 타고 날아오르고	浦鶴憑風擧
연못의 용은 비에 젖어 숨었어라[203]	淵龍帶雨藏
속세 떠나온 일 늦지는 않았거니와	離塵應不晩
만물에 은택 주는 일 어찌 다 잊었으랴	澤物豈全忘
천지간에 시운이 막히려 하니	天地時當閉
강호에서 살고픈 뜻 절로 커지네	江湖意自長
인정은 구름이 개처럼 변함과 같고[204]	人情雲變狗
세도는 예가 양보다 경시되는 꼴이니[205]	世道禮輕羊

203 포구(浦口)의……숨었어라 : 박세량(朴世樑, 1628~1693)이 있는 학포(鶴浦)와 창계가 있는 용연(龍淵)의 지명을 가지고 비유하여 말한 것이다. 학포는 용연에서 북쪽으로 흡곡(歙谷)을 지나 동해에 접해 있는 포구이다. 박세량은 본관은 반남(潘南), 자는 하경(夏卿)이다. 부친은 박린(朴潾)이다. 음보(蔭補)로 경모전 참봉(敬慕殿參奉)에 임명된 뒤, 공조(工曹)의 좌랑과 정랑을 거치고, 온양(溫陽)·대흥(大興)·영천(榮川)의 군수(郡守)를 지냈다. 흡곡 현감은 1675년(숙종1) 12월부터 1677년 6월까지 역임하였는데 이 당시 시국이 크게 변하여 수령을 그만두고 학포로 가서 은거하였다. 《歙谷郡邑誌 先生案》《陶谷集 卷16 榮川郡守朴公墓誌銘, 韓國文集叢刊 181輯》

204 인정(人情)은……같고 : '구름이 개처럼 변한다'는 것은 구름의 형상이 수시로 바뀌는 것을 형용한 것으로, 변덕스럽고 각박한 인정을 말한 것이다. 두보의 〈가탄(可歎)〉에 "하늘 위의 뜬구름 마치 흰옷 같더니, 잠깐 사이 변하여 푸른 개처럼 보이는구나.〔天上浮雲似白衣, 須臾改變如蒼狗.〕"라고 한 데서 온 말이다. 《杜少陵詩集 卷21》

205 세도(世道)는……꼴이니 : 예의와 도리를 무시하고 잇속만 챙기는 세태의 타락을 말한 것이다. 자공(子貢)이 일찍이 곡삭(告朔)하는 희양(餼羊)을 없애려고 하자,

저버리지 않는 건 오직 푸른 산이요　　不負唯山碧
마음 알아주는 건 서책뿐이어라　　相知賴卷黃
날씨가 추우니 오래 숨어 지내게 되고　　歲寒從久蟄
남들이 시기하니 홀로 나는 법 배우네[206]　　衆妬學孤翔
송옥은 가을 슬퍼하는 노래 불렀고[207]　　宋玉悲秋賦
도잠은 속세 피해 술잔 들었지[208]　　陶潛避俗觴

공자가 이르기를 "사야, 너는 그 양을 아깝게 여기느냐? 나는 그 예를 아까워하노라.〔賜也, 爾愛其羊, 我愛其禮.〕"라고 한 데서 온 말이다.《論語 八佾》 곡삭은 옛날 천자(天子)가 매년 섣달이면 각 제후(諸侯)에게 이듬해 12개월의 달력을 반포하는데, 제후는 이 달력을 받아다가 사당(祠堂)에 간직해 두고 매월 초하루마다 숫양 한 마리〔特羊〕를 잡아 사당에 올리고 그달의 달력을 꺼내서 거기에 적힌 정령(政令)대로 시행했던 것을 말하고, 희양은 바로 여기에 쓰는 양을 말한다. 노(魯)나라가 문공(文公) 때부터 이 곡삭의 예를 폐해 버렸으나, 유사(有司)가 아직도 그 양만은 올리고 있으므로, 자공이 예는 폐했으면서 양만 허비하는 것을 아깝게 여겨 이를 없애고자 했던 것인데, 공자는 이에 대하여 양마저 없애 버리면 곡삭의 예가 아예 근거도 없게 될까 염려해서 이른 말이었다.

206 날씨가……배우네 : 혼란한 세상을 피해 은거하는 길을 택하고, 헐뜯는 소인들을 떠나 혼자 덕을 쌓으며 지낸다는 말이다. '날씨가 춥다'는 것은 세상이 혼란하여 군자에게 시련의 시기가 닥친다는 것으로,《논어》〈자한(子罕)〉에 "날씨가 추워진 뒤에야 소나무와 측백나무가 늦게 시듦을 안다.〔歲寒然後, 知松柏之後彫也.〕"라고 한 데서 온 말이다.

207 송옥(宋玉)은……불렀고 : 세상이 혼란하여 조정을 떠나 나그네로 떠돌며 가을을 맞아 서글픈 감정이 일어 〈구변(九辯)〉을 지었던 송옥과 같은 마음이라는 말이다. 송옥은 전국 시대 초나라의 문인으로, 굴원(屈原)의 제자이기도 하다. 그가 지은 〈구변〉의 대략에 "슬프다, 가을의 기후여. 쓸쓸하여라, 초목은 낙엽이 져서 쇠하였도다. 처창하여라, 흡사 타향에 있는 듯하도다. 산에 올라 물을 굽어봄이여, 돌아가는 이를 보내도다.〔悲哉秋之爲氣也! 蕭瑟兮草木搖落而變衰, 憭慄兮若在遠行. 登山臨水兮送將歸.〕"라고 하였는데, 이것을 속칭 〈비추부(悲秋賦)〉라 일컫는다.

208 도잠(陶潛)은……들었지 : 도잠은 오두미의 하찮은 녹봉 때문에 독우에게 허리

예전부터 마음 괴로운 적 많았는데	從來多苦意
더구나 타향에 나그네로 있음에랴	況是客他鄕
시름겨운 중에 즐거운 일도 있으니	事有憂時樂
만년의 향기를 마음으로 기약하네	心期晩節香
시 읊은들 결국 무슨 소용이겠냐	吟詩終底用
세상 한탄함도 미친 짓일 뿐이네	歎世亦徒狂
옛집을 부질없이 고개 돌려 보고	舊業空回首
오래 굶노라니 창자 요란해도 놔두네	長飢任攪腸
충고의 말 드려 벗의 도리 다하노니[209]	贈言存友道
노력하여 옛 현인들 뒤따라야 하리	努力躡前芳

를 굽힐 수 없다고 하며 팽택 영(彭澤令)을 팽개치고 전원으로 돌아가서 세속의 교유를 사절하고 소나무와 국화, 술을 벗 삼아 지냈으므로 이렇게 말한 것이다.

209 충고(忠告)의……다하노니 : 벗이 잘못된 길로 들어설 때에는 충심으로 말해 주어 옳은 방향으로 인도해 주는 것이 벗 사이의 도리라는 말이다. 《논어》 〈안연(顔淵)〉에, 자공이 벗에 대하여 묻자 공자가 "벗들끼리는 충심으로 말해 주어 좋은 방향으로 인도해야 한다.〔忠告而善道之.〕"라고 한 데서 온 말이다.

이 통례[210] 지형 에 대한 만사

李通禮 之馨 挽

이지형은 바로 동호(東湖) 문덕교(文德教)[211]의 외손자이다.

북녘 들판에 가문의 명성 유구한데 朔野家聲遠

동호에서 택상의 예언 이루어졌네[212] 東湖宅相成

조정 빛내니 한 쌍의 훌륭한 벽옥이고[213] 光朝䨵拱璧

210 이 통례(李通禮) : 통례는 이지형(李之馨)이 지낸 관직이다. 본관은 공주(公州)이다. 부친은 이우(李瑀)이며, 모친은 개령 문씨(開寧文氏)로 현감을 지낸 문덕교(文德教)의 딸이다. 강백년(姜栢年, 1603~1681)이 지은 〈이지형에 대한 만사〔李判校挽〕〉의 원주(原註)에서는 "그 형 우윤(右尹) 이지온(李之馧)이 몇 해 전에 이미 별세했는데 판교공(判校公)이 또 모친상 중에 병으로 일어나지 못했다. 그리고 그 집이 학포(鶴浦)에 있었고 일찍이 강릉의 수령을 지내면서 경호(鏡湖)에서 산 적이 있었다."라고 하였다. 《雪峯遺稿 卷20 城南錄 李判校挽, 韓國文集叢刊 103輯》 판교공은 이지형이다.

211 문덕교(文德教) : 1551~1611. 본관은 개령(開寧), 자는 가화(可化), 호는 동호(東湖)이다. 부친은 군자감 봉사 문오(文鰲)이며, 모친은 전주 주씨(全州朱氏)로 주몽선(朱夢宣)의 딸이다. 1585년(선조18) 식년 문과에 을과로 급제하여 성균관 전적, 형조좌랑을 거쳐 흥덕 현감(興德縣監)을 역임하였다. 임진왜란 발발 전에 벼슬을 그만두고 함흥에서 인근의 자제에게 학문을 가르쳤다. 도승지에 추증되고, 함흥의 문회서원(文會書院)에 배향되었다. 저서로 《동호유고(東湖遺稿)》가 있다.

212 택상(宅相)의 예언 이루어졌네 : 외손이 귀하게 되는 것을 말한다. 진(晉)나라 위서(魏舒)가 어려서 외가(外家)인 영씨(寗氏)에게 양육되었는데, 집터의 풍수를 보는 이가 "장차 귀한 외손이 나올 것이다.〔當出貴甥.〕"라고 예언하였다. 외조모는 위서가 어려서 총명하였기에 이 예언에 해당하리라 생각하였는데, 위서는 외조모를 위해 이 예언을 이루겠다고 다짐하였다. 그래서 그 뒤 위서가 사도(司徒)에까지 올라 현달했다는 고사가 전한다. 《晉書 卷41 魏舒列傳》 이지형이 문덕교의 외손이기 때문에 이를 인용한 것이다.

격서 받드니 몇 개나 되는 고을 거쳤던가[214] 奉檄幾聯城
원사의 신분은 주관의 존귀한 분이고[215] 元士周官貴
높은 연세는 낙사의 걸출한 원로라네[216] 高年洛社英
연로한데도 애훼(哀毁)하였다 막 들었으니 方聞老猶毁

213 조정(朝廷)……벽옥(璧玉)이고 : 이지형이 형 이지온과 함께 국가에 공을 세운 훌륭한 인재였다는 말이다. 원문의 '공벽(拱璧)'은 크고 귀한 옥으로, 쌍공벽(雙拱璧)은 한 집의 형제가 나란히 뛰어남을 칭찬할 때 쓰는 말이다. 남조(南朝) 송(宋)나라 육개(陸凱)의 아들인 육위(陸暐)와 육공지(陸恭之) 형제가 당시에 나란히 명성이 높았는데, 낙양 영(洛陽令) 가정(賈楨)이 보고서 "내가 늙은 나이로 한 쌍의 구슬을 다시 보도다.〔僕以老年, 更睹雙璧.〕"라고 한 데서 온 말이다. 《魏書 卷40 陸暐列傳》

214 격서(檄書)……거쳤던가 : 이지형이 관직에 임명하는 문서를 받고 벼슬길에 나가 여러 곳의 지방관을 지낸 것을 말한다. '격서를 받든다'는 것은 임명장을 받고 어버이를 봉양하기 위해 벼슬하는 것을 이른다. 후한(後漢)의 모의(毛義)가 집이 가난하고 어머니가 연로하였는데, 수령으로 삼는다는 격서가 오자 매우 기뻐하며 벼슬에 나아가니 사람들이 모두 천하게 여겼다. 그 후 어머니가 세상을 떠난 뒤 효렴(孝廉)으로 천거되었으나 나아가지 않자 비로소 사람들은 그가 벼슬길에 나아간 것이 어머니를 위해서였음을 알았다 한다. 《後漢書 卷39 劉趙淳于江劉周趙列傳》

215 원사(元士)의……분이고 : 조정에서 임금을 가까이 모시며 높은 지위에 있었음을 말한 것이다. 이지형은 통례와 판교 등을 지냈는데 이는 준직(準職)으로 당하 정3품 관직이다. '주관(周官)'은 주(周)나라의 관료 체제를 말하는 것으로, 원사는 주나라 때 천자(天子)를 직접 보좌하는 사(士)를 말하는데 그 대우는 제후 중에 자(子)나 남(男)에 준하였다. 통례와 판교를 원사에 비유하여 말한 것이다.

216 높은……원로(元老)라네 : 이지형이 일흔이 넘어 기로소(耆老所)에 들어간 것을 말한다. '낙사(洛社)'는 송(宋)나라 문언박(文彦博)이 서도 유수(西都留守)로 있을 때 부필(富弼)의 집에서 연로하고 어진 사대부들을 모아 놓고 술자리를 베풀어 서로 즐겼던 모임을 낙양기영회(洛陽耆英會) 또는 낙사기영회(洛社耆英會)라 하였던 데서 온 명칭으로, 조선 시대에 나이가 많은 임금이나 벼슬에서 물러난 70세 이상 정2품 이상의 문관들을 예우하기 위해 설치한 곳인 기로사(耆老社)의 모임을 가리킨다.

효성으로 목숨 해친 것에 문득 놀라네[217]	忽訝孝傷生

두 번째 其二

예전에는 미처 존안(尊顔) 뵙지 못했더니	識面無前日
선생께 종유한 건 작년부터였네	從容自去年
은근하게 객지에서 마음 위로하고	慇懃慰旅泊
다정하게 강호에서 대화 나누었지	款曲話林泉
통곡 소리에 호산은 저물어 가는데	一慟湖山暮
타향에서 질병이 몸을 휘감았구나	他鄕疾病纏
호리의 전별마저 끝내 어겨서	竟違蒿里餞
거듭 어진 극인을 저버렸어라[218]	重負棘人賢

217 연로한데도……놀라네 : 이지형이 연로한 나이에 모친상을 치르면서 지나치게 애훼하다가 작고한 것을 말한다. 《예기》 〈곡례 상(曲禮上)〉에 "거상하는 예는 60세인 사람은 지나치게 애훼하지 않고, 70세인 사람은 다만 최마복을 입을 뿐 술을 마시고 고기를 먹으며 집안에서 거처한다.〔居喪之禮, 六十不毁, 七十唯衰麻在身, 飮酒食肉, 處於內.〕"라고 하였고, 〈잡기 하(雜記下)〉에 "60세인 사람은 지나치게 애훼하지 않고 70세인 사람은 술을 마시고 고기를 먹으니, 이는 모두 그가 복상(服喪)하다가 죽을까 두려워해서이다.〔六十不毁, 七十飮酒食肉, 皆爲疑死.〕"라고 하였다. 210쪽 주210 참조.

218 호리(蒿里)의……저버렸어라 : 이지형의 빈소를 찾아가지 못해 송구스럽다는 말이다. 호리는 태산(泰山) 남쪽에 있는 호리산(蒿里山)을 가리키는데 옛날에 사람이 죽으면 모두 여기에 장사를 지냈으므로, 호리의 전별은 빈소에 문상하는 것을 가리킨다. '극인(棘人)'은 큰 슬픔에 빠져 경황이 없는 사람으로, 부모의 상을 당한 상주(喪主)를 이른다. 《시경》 〈회풍(檜風) 소관(素冠)〉에 "행여 흰 관을 쓴, 극인의 수척함을 볼 수 있을까.〔庶見素冠兮, 棘人欒欒兮.〕"라고 하였는데, 주희의 주(註)에 "극(棘)은 급하다는 뜻으로 상주는 급하여 경황이 없기 때문에 상주를 극인이라 한다."라고 한 데서 온 말이다.

한가한 중에 읊다
閑中吟

가슴은 천지를 품고 뜻은 하늘을 찔러 胸藏天地志凌雲
위로 정·주 본받고 아래로 마음 두지 않네[219] 上法程朱下不論
본연의 참된 기상을 깨닫게 된다면 領得本來眞氣像
작은 악인들 다시 그 뿌리 남겨 두려 하랴 肯教纖惡更留根

두 번째 其二

하늘과 사람이 같을 뿐임을 이미 알았으니 已識天人只一般
보존할 때 닿는 곳마다 그 단서를 보네[220] 存時觸處見倪端
그래도 진순한 경지에는 이르지 못하여 猶嫌未到眞純境
다시 미풍에도 우물물 일렁일까 하네[221] 却被微風起井瀾

219 위로……않네 : 송대에 종래의 유학을 일신하여 성(性)과 이(理)를 중심 개념으로 하는 심학(心學)을 주창한 북송의 이정(二程), 즉 정호(程顥)·정이(程頤) 형제와 북송에서 비롯된 심학을 집대성한 남송의 주희(朱熹)를 자신의 지향으로 삼았다는 말이다.

220 하늘과……보네 : 성리학에서는 하늘의 이(理)가 사람에게 부여된 것이 성(性)이므로 하늘과 사람의 이치가 하나로 관통되어 있다고 보는바, 천리(天理)를 사람이 보존하면 일상의 모든 일들에서 그 천리를 볼 수 있다는 말이다.

221 그래도……하네 : 내 몸이 천리와 일체가 되지 못하여 외부의 작은 일에도 마음이 동요되는 것을 말한다. 마음이 매우 평정(平靜)한 상태를 오래된 우물〔古井〕에 비유하므로 이렇게 말한 것이다. 당(唐)나라 맹교(孟郊)의 〈열녀조(烈女操)〉 시에 "파란은

세 번째 其三

위에는 하늘 운행하고 아래에는 물 흐르니	上有天行下水流
천추에 잠시도 쉬는 것을 못 보았네	千秋不見霎時休
인심의 생동하는 곳 본래 이러한 것이니	人心活處元如此
머뭇대며 한 곳에 정체함이 몹시 두렵네[222]	絶怕因循滯一頭

네 번째 其四

끝도 시작도 없고 또한 한계도 없이	無終無始亦無垠
만상의 유행에는 신만이 작용할 뿐이네[223]	萬象推遷只一神

절대 일어나지 않을 것이니 저의 마음은 오래된 우물과 같답니다.〔波瀾誓不起，妾心古井水.〕"라고 한 데서 온 말이다.

222 위에는……두렵네 : 이 우주에 천리(天理)가 유행하고 충만하여 잠시도 쉬지 않고 운행하는 것처럼 우주 속의 인간도 이를 본받아 쉼 없이 노력해야 하는데 그러지 않고 정체하는 것이 두렵다는 말이다. 《주역》 〈계사전 상(繫辭傳上)〉에 "끊임없이 낳는 것을 '역'이라 이른다.〔生生之謂易.〕"라고 하였고, 《주역》 〈건괘(乾卦) 상(象)〉에 "하늘의 운행이 강건하니 군자가 이를 보고서 스스로 힘쓰며 쉬지 않는다.〔天行健，君子以，自彊不息.〕"라고 하였는데, 성리학에서는 천리를 체현한 인심(人心), 즉 인(仁)이 생명을 끊임없이 낳는 생생불식(生生不息)의 천도라고 보아 인욕에 휩싸여 인을 망각하지 않는 것을 학문의 목표로 삼았다.

223 만상(萬象)의……뿐이네 : 천지만물이 유행하는 배후에는 귀신의 작용이 있다는 말이다. 《중용장구》 제16장에 "중용의 효능이 마치 귀신의 덕과 같으니, 성대하도다. 눈에 보이지 않고 귀에 들리지도 않지만, 만물의 본체를 이루는 요소로 엄연히 존재하기 때문에 결코 빠뜨릴 수 없도다.〔鬼神之爲德，其盛矣. 視之而不見，聽之而不聞，體物而不可遺.〕"라고 하였는데, 이에 대해 정자(程子)는 "귀신은 천지의 공용이자 조화의 자취

이 마음이 이 이치와 같음을 알게 된다면	認得此心同此理
자연스레 나를 잊어 저절로 순수해지리	自然忘我自然純

다섯 번째 其五

성인은 다른 것 없고 인륜 다했을 뿐이니	上聖無他只盡倫
회피하는 마음 내기만 하면 사람이 아니라네	纔生退托卽非人
천분과 물리[224]는 본래 부족함이 없으니	天分物理元無欠
단지 사욕 용납지 않음이 바로 참됨이라네	但不容私便是眞

이다.〔鬼神, 天地之功用, 而造化之迹也.〕"라고 하였고, 장재(張載)는 "귀신은 음·양 두 기운의 양능이다.〔鬼神者, 二氣之良能也.〕"라고 하였다. 주희(朱熹)는 이를 종합하여, 두 기운으로 말하면 귀(鬼)는 음(陰)의 영이고 신(神)은 양(陽)의 영(靈)이며 한 기운으로 말하면 이르러 펴짐은 신(神)이 되고 돌아가 되돌아감은 귀(鬼)가 되니 그 실제는 한 물건일 뿐이라고 하였다. 창계는 이러한 성리학적 귀신관에 의거하여 신을 말한 것이다.

224 천분(天分)과 물리(物理) : 하늘이 분부한 천명과 만물이 부여받은 이치 즉 사람의 성(性)을 가리킨다.

조운지[225] 지운 에게 주다

贈趙耘之 之耘

옛 학업 돌이켜보매 보낸 세월 오래인데	舊學回頭歲月深
갑 속의 거문고 어느 날에나 희음 발할까[226]	匣琴何日發希音
한밤중의 의미를 가슴 깊이 느끼노니	分明感激中宵意
새로 움트는 양과 함께 쌓인 음을 물리치리[227]	一與新陽破積陰

225 조운지(趙耘之) : 운지는 조지운(趙之耘, 1637～1691)의 자이다. 본관은 풍양(豐壤), 호는 매창(梅窓)·매곡(梅谷)·매은(梅隱)이다. 문인 화가 창강(滄江) 조속(趙涑)의 아들로 역시 그림을 잘 그렸다. 벼슬은 현감을 지냈으며, 그림을 잘 그려 중국에 다녀오기도 하였다. 부친의 화풍을 계승하여 선비의 기풍과 심의(心意)가 가득한 묵매와 수묵화조를 잘 그렸다. 유작으로 〈숙조도(宿鳥圖)〉, 〈매죽영모도(梅竹翎毛圖)〉, 〈송학도(松鶴圖)〉, 〈묵매도(墨梅圖)〉 등이 있다. 《西堂私載 卷7 文義縣令趙公墓碣銘, 韓國文集叢刊 186輯》

226 옛……발할까 : 오랜 세월 학문에 정진해 온 조지운이 어느 날에나 세상에 나가 포부를 펼 수 있게 될는지 한탄스럽다는 말이다. '갑 속의 거문고'는 알아주는 이가 없이 버려져 있는 훌륭한 인재를 비유하고, '희음(希音)'은 들어도 들리지 않는 소리로, 오묘한 음악을 가리키는데, 여기서는 깊은 학문과 탁월한 능력을 비유한다.

227 한밤중의……물리치리 : 음기가 극에 이르면 양기가 움터 자라나는 것처럼 조지운이 세상에 가득한 소인들을 물리치고 조정에 나아가 포부를 펴게 될 것이라는 말이다. '한밤중의 의미'는 양기를 밀어내며 자라나던 음기가 음력 10월에 극에 이른 뒤, 동짓달 한밤중 자시(子時) 반(半)에 양기가 비로소 생겨나 자라나면서 음기를 밀어내는 순환의 이치를 말한 것이다.

두 번째 其二

영외에 그대 머물게 하며 여러 날 즐기니	嶺外留君十日歡
납매 꽃 소식이 붓끝에 보이는구려[228]	臘梅消息見毫端
아스라이 강남 그리는 흥취 문득 일어나니[229]	悠然忽起江南興
눈 내린 동산에 몇 그루나 떨고 있는지	雪後園林幾樹寒

228 영외(嶺外)에……보이는구려 : 겨울에 조지운이 통천에 있는 창계를 찾아와 여러 날을 함께 지내면서 매화 그림을 그린 일을 두고 말한 것이다.

229 아스라이……일어나니 : 조지운이 그린 매화 그림을 보고 옛날 남조의 송(宋)나라 때 육개(陸凱)가 범엽(范曄)에게 시 한 수와 함께 매화 한 가지를 보냈던 흥취가 일어난다는 말이다. 육개가 범엽과 벗으로 지냈는데, 강남에서 매화 한 가지를 장안(長安)에 있는 범엽에게 보내며 시를 함께 보냈다. 그 시에 "매화를 꺾다 역사를 만나, 농두에 사는 친구에게 보내네. 강남에는 별다른 것이 없어서, 그런대로 매화 한 가지 봄소식 보니오.〔折梅逢驛使, 寄與隴頭人. 江南無所有, 聊贈一枝春.〕"라고 한 데서 온 말이다. 《大平御覽 卷19 時序部4》

박 흡곡[230] 세량 에게 주다

贈朴歙谷 世樑

이웃 고을에 부쳐 살면서 寓居在隣境
삼 년 동안 선정 펴신 일 들었습니다 三載聞佳政
한마음으로 지친 백성들 돌보며 一心撫疲氓
일신의 영리는 꾀하지 않았다구요 榮利非所競
요사이 거문고 뜯는 소리 들리며 昨來聽鳴琴
현아(縣衙)가 낮에도 고요하였지요[231] 縣門當晝靜
호수의 물고기 하얀 빛깔로 뛰놀고 湖魚白以躍
호수의 물빛은 푸르고 깨끗합니다 湖水碧且淨
함께 배 타고 온종일 노닐기도 하고 方舟娛永日
담소하며 진솔한 마음 터놓습니다 笑譚發眞性
드넓고 명랑함은 동산의 뜻이요[232] 曠朗東山志

230 박 흡곡(朴歙谷) : 흡곡은 박세량(朴世樑, 1628~1693)이 현감으로 있던 고을이다. 박세량에 대해서는 207쪽 주203 참조.

231 요사이……고요하였지요 : 흡곡 현감 박세량이 선정을 펴서 고을에 소란스러운 일이 없었다는 말이다. '거문고 뜯는 소리'는 수령이 되어 고을을 다스린다는 말로, 《여씨춘추(呂氏春秋)》〈찰현(察賢)〉에 "복자천(宓子賤)이 선보(單父)를 다스릴 때 항상 거문고만 타고 앉아서 몸이 당(堂)을 내려오지 않았으나 선보 땅이 잘 다스려졌다."라고 한 데서 온 말이다.

232 드넓고……뜻이요 : 산수 깊은 학포에서 박세량이 은거에 뜻을 두었다는 말이다. '동산(東山)'은 진(晉)나라 사안(謝安)이 회계(會稽)의 동산에서 20여 년 동안 한가히 은거하면서 조정의 부름에 계속해서 응하지 않고 유유자적하던 것을 가리키는 말로, 은거를 뜻한다. 《晉書 卷79 謝安列傳》

머물며 서성임은 북풍의 읊조림이네요[233] 留連北風詠
그윽한 기약 깊고도 돈독하니 幽期深已敦
창주가 어찌 멀다 하겠습니까[234] 滄洲豈云逈
촌부인 저는 속세에 맞지 않아 野夫未適俗
입 있어도 아첨할 줄 모릅니다 有口不知佞
그대 깨끗한 마음에 감격하여 感君多素心
돌아와서 홀로 그리워합니다 歸來獨耿耿

233 머물며……읊조림이네요 : 고향 그리는 마음에 고향 쪽을 바라보며 서성거린다는 말이다. '북풍의 읊조림'은 양(梁)나라 소통(蕭統)의 《소명태자집(昭明太子集)》 권1 〈음마장성굴행(飮馬長城窟行)〉에 "우뚝 솟은 산 위의 측백나무요, 아스라이 멀리 떠나온 나그네로다. 떠나온 나그네 갈 길이 아득하니, 고향이 날로 멀어지는구나. 멀고 멀어 볼 수가 없으니, 멀리 바라보며 눈물 줄줄 흘리누나. 줄줄 흘리며 홀로 서성거리니, 긴 길이 아득히 이어져 있네. 오랑캐 말은 북풍을 좋아하고 월나라 제비는 해를 보고 기뻐하네. 이러한 고향 그리는 마음에 휩싸여 깊은 근심 그치지 않아라.〔亭亭山上栢, 悠悠遠行客. 行客行路遙, 故鄕日迢迢. 迢迢不可見, 長望涕如霰. 如霰獨留連, 長路邈綿綿. 胡馬愛北風, 越燕見日喜. 縕此望鄕情, 沈憂不能止.〕"라고 한 데서 온 말이다.

234 그윽한……하겠습니까 : 어지러운 시국에 벼슬을 버리고 떠나온 박세량의 뜻이 은거하는 데 있다는 말이다. '창주(滄洲)'는 물가에 자리한 은사(隱士)의 거처를 말한다.

조부의 《동행록》에 삼가 차운하다[235] 무오년(1678, 숙종4)

謹次王考東行錄韻 戊午

호수 빛깔은 천고부터 내려오고	湖色來千古
정자 그늘은 십주에 이르네[236]	亭陰到十洲

235 조부의……차운하다 : 조부는 임타(林堶, 1593~1664)이다. 본관은 나주(羅州), 자는 실지(實之), 호는 몽촌(夢村)이다. 임협(林悏)의 아들이다. 어렸을 때에 권비(權韠)에게 수학하였고 천성이 어질고 재주가 뛰어나서 호남(湖南) 제일의 인물로 당시 이름이 높았다. 1618년(광해군10) 사마시(司馬試)에 생원 3등·진사 2등으로 입격한 후 사섬시 주부(司贍寺主簿)가 되었다. 이후 인조반정(仁祖反正)에 가담하여 정사 원종공신(靖社原從功臣)이 되었다. 태인 현감(泰仁縣監), 함흥 판관(咸興判官), 상주 목사(尙州牧使), 부호군(副護軍) 등을 역임하였으며, 이조 참의(吏曹參議)에 증직되었다. 〈연보〉에 의하면 1678년(숙종4)에 창계는 아우 임정(林淨)이 부모님을 뵈러 통천으로 온 사이 금강산(金剛山)을 유람하였다. 이 시는 이때 지은 것으로 보이는데 마침 조부 임타 역시 금강산을 유람하고 남긴 시가 있어 거기에 차운한 듯하다. 이 시는 특히 금강산 삼일포(三日浦) 호수와 사선정(四仙亭)의 풍경을 읊조린 것이다. 삼일포는 신라 시대의 이른바 사선(四仙)이 사흘 동안 머물며 노닐었다고 하여 붙여진 이름으로, 사선정은 삼일포 호수 속 작은 섬에 세운 정자이다. 사선은 신라 시대 영랑(永郞), 술랑(述郞), 남석랑(南石郞), 안상랑(安祥郞) 네 신선을 말한다.

236 호수……이르네 : 금강산 삼일포 호수가 신라 시대의 전설을 간직하여 신비스럽고 사선이 노닐었던 정자 주위 풍광이 신선 세계와 방불하다는 말이다. '십주(十洲)'는 도가(道家)에서 신선이 거주한다는 대해(大海) 가운데 있는 열 곳의 산을 말하는데, 일반적으로 선경(仙境)을 가리킨다. 《해내십주기(海內十洲記)》에 "한 무제(漢武帝)가 이미 서왕모(西王母)가 말한 팔방(八方)의 큰 바다 가운데에 조주(祖洲)·영주(瀛洲)·현주(玄洲)·염주(炎洲)·장주(長洲)·원주(元洲)·유주(流洲)·생주(生洲)·봉린주(鳳麟洲)·취굴주(聚窟洲) 등이 있다고 한 말을 들었는데, 이 열 개의 주는 인적이 아주 드문 곳이었다."라고 한 데서 온 말이다.

이끼 자욱하니 붉은 글씨 가렸고[237] 苔荒丹字隱
소나무 늙었는데 푸른 구름 떠가누나 松老碧雲浮
생학은 지금 어디에 있느뇨 笙鶴今何在
이 강산에 다시 놀러 왔는데[238] 江山復此遊
난간에 기대 생각이 끝이 없어 憑欄意不盡
노 저으며 물결 따라 내려가노라 一棹下中流

두 번째 其二

빼어난 풍경은 삼산의 밖이고 勝景三山外
이름난 정자는 만국의 동쪽이네[239] 名亭萬國東
뉘 알리 외로이 노 젓는 나그네가 誰知孤棹客
또한 사선의 풍모가 있을 줄을[240] 亦有四仙風
밝은 햇살 속에 호수 물결 푸르고 白日湖波綠
푸른 하늘 아래 산빛 붉기도 해라 青天岳色紅

237 이끼……가렸고 : 석벽에 붉게 새긴 글씨가 오래되어 이끼에 덮여 있다는 말이다. 삼일포 호수 북쪽의 석벽에 '술랑도남석행(述郞徒南石行)'이라는 붉은 색의 여섯 글자가 새겨져 있는데, 사선의 이름과 관련하여 이 비문의 해석이 다양하여 아직 정설이 없다.

238 생학(笙鶴)은……왔는데 : 사선이 놀던 곳에 왔는데 사선은 보이지 않는다는 말이다. '생학'은 77쪽 주42 참조.

239 빼어난……동쪽이네 : 삼일포와 사선정이 신선이 산다는 전설 속의 삼산(三山)을 바라보는 동쪽 끝에 있다는 말이다.

240 뉘……줄을 : 삼일포 호수에서 뱃놀이하는 자신이 마치 신라 시대 사선처럼 신선이 된 듯하다는 말이다.

모래톱의 새 짐짓 가까이 다가오니	沙禽來故近
어쩌면 시옹을 아는 것이 아닐는지[241]	無乃識詩翁

세 번째 其三

가을 하늘 상쾌한 공기에 서산이 높고	秋天爽氣西山高
지는 석양 도는 물결에 창해가 아득하네	落日回波滄海遙
산 보고 바다 바라보니 이 어떤 저녁인가	看山望海此何夕
술잔 들고 난간에 기대니 진정 호방하여라	把酒憑欄眞箇豪
허공 너머 바람 부니 소매를 한번 펄럭이고	空外風來一擧袂
술통 앞에 달이 뜨니 퉁소를 이내 불어 보네	樽前月出仍吹簫
이내 인생 관동 유람 길 알지 못하니	人生不識關東路
평생 헛되이 스스로 애쓴 게 가소롭구나	可笑百年虛自勞

241 모래톱의……아닐는지 : 기심(機心)을 잊은 시인 창계에게 새가 친근하게 다가온다는 말이다. '기심'은 196쪽 주181 참조.

두보의 '위농산간곡, 와병해운변'을 운자로 삼다[242]

用老杜爲農山澗曲臥病海雲邊爲韻

네 장은 산일(散逸)되었다.[243]

성현께서 빈천한 처지에 있을 때	聖賢在貧賤
비천한 일 하지 않은 적 없었는데[244]	鄙事無不爲
하물며 우리 평범한 이들이야	況我凡愚人
밭 가는 일 본디 마땅하다네	畎畝固其宜
이월이라 봄 비둘기 울어 대고	二月春鳩鳴
산 매화 처음 피는 때로구나	山梅初發時

242 두보(杜甫)의……삼다 : 이 시구는 두보가 벗 정건(鄭虔)을 그리워하며 지은 〈소사(所思)〉 시의 함련(頷聯)이다. 당 숙종(唐肅宗) 건원 2년(759)에 지은 것으로, 원주(原註)에는 태주 사호(台州司戶)로 폄적(貶謫)된 정건의 소식을 전해 받고 지었다고 하였다. 창계가 인용한 함련은 두보가 편지를 통해 알게 된 정건의 근황을 서술한 부분으로 당시 정건의 처지가 용연에 은거하고 있는 자신의 상황과 비슷한 점이 있어서 지은 듯하다. 이 시구의 번역은 다음과 같다. "산골 물굽이에서 농부 되어, 바닷가 구름 끝에 병으로 누웠네."

243 네 장은 산일(散逸)되었다 : '와병해운변(臥病海雲邊)'에서 '와(臥)', '해(海)', '운(雲)', '변(邊)'을 운자로 삼은 시들이 없어졌다.

244 성현께서……없었는데 : 공자(孔子)가 소싯적에 신분이 미천하여 잡다한 일들에 종사했음을 말한다. 《논어》 〈자한(子罕)〉에, 태재(大宰) 관직에 있던 어떤 이가 자공(子貢)에게 공자가 어떻게 그리 다능(多能)하냐고 감탄하자 자공이 이에 대해 하늘이 내린 위대한 성인이고 다능하신 분이라고 대답하였는데, 이 말을 듣고 공자가 "나는 소싯적에 신분이 미천했기 때문에 비천한 일들을 잘하게 된 것이 많았다.〔吾少也賤, 故多能鄙事.〕"라고 한 데서 온 말이다.

자주 찾아가 동쪽 이웃에게 묻노니	數去問東家
밭일이 너무 늦은 것은 아닌지	田事無乃遲

두 번째 其二

사지를 오랫동안 쓰지 않아	四體久不勤
게으른 농부 될까 늘 염려하네[245]	常恐爲惰農
이제라도 우선 노력해야 하리니	此時且努力
풍년이든 흉년이든 어찌 따지랴	豈可問豐凶
살구꽃은 문득 빛깔 화사해지고	杏花忽粲粲
창포 잎은 다시금 무성해졌어라	菖葉復茸茸
맑은 새벽 호미 메고 나가노라니	淸晨荷鋤出
바삐 걷느라 용모 갖추기 어렵네	急步難爲容

세 번째 其三

머리 숙여 마른 잡목들 베어 내고	低頭斷荒榴
고개 들어 고운 산을 바라보노라	仰頭見好山

245 사지를……염려하네 : 본래 농사에 종사하지 않았기에 결실을 거두지 못하는 게으른 농부가 되고 말 것을 염려한다는 말이다. '게으른 농부'는 《서경》 〈반경 상(盤庚上)〉에서 "너희들이 멀고 가까운 곳에 큰 해독 끼침을 두려워하지 않으니, 게으른 농부가 스스로 편안히 지내며 힘써 수고를 하지 않고 밭에서 일하지 아니하면 기장과 피를 거두지 못할 것이다.〔乃不畏戎毒于遠邇, 惰農自安, 不昏作勞, 不服田畝, 越其罔有黍稷.〕"라고 하여 농사에 빗대어 안일함만을 좇는 일의 해악을 경계한 데서 온 말로, 농부로서 편안하게 지내면서 노력하지 않아 결실을 거두지 못하는 이를 가리킨다.

어찌 늘 고생스럽지 않겠냐마는　　豈不常辛苦
짐짓 다시 마음과 얼굴 펴 본다네　　且復開心顔
갈매기가 흰 모래톱에 서서　　白鷗立白沙
맑은 물굽이 물고기를 노리네　　窺魚淸水灣
갈매기야 네 처지가 나와 같아　　鷗兮爾似我
한가해 보여도 한가하지 않구나　　似閑還不閑

네 번째 其四

해 저물어 돌아가는 길 어둑해지니　　日落歸逕暗
한가로이 산골 시내 건너가노라　　悠悠涉山磵
산골 시내가 맑고도 얕으니　　山磵淸且淺
발만 씻고 무릎은 적시지 않네　　濯足不濡骭
높은 자리는 다들 본래 좋아하고　　在高多自好
낮은 자리는 사람들 근심하지만　　在下衆所患
나의 뜻은 이런 이들과 다르니　　我意異於此
어느 경우에도 마음 평탄하다네　　無入不蕩坦

다섯 번째 其五

온 가족이 양양의 들에서 밭 갈며　　擧家耕襄野
태평 시절에 바닷가에 숨었어라[246]　　明時隱海曲

246 온……숨었어라 : 양양(襄陽)에서 농사짓고 살면서 형주 자사(荊州刺史) 유표

중요한 건 내 마음이 평안함이니	所貴一心安
어찌 많은 녹봉에 마음 쓰겠나	豈顧千鍾祿
시골집에 한가한 밤 찾아들면	田家有閑夜
송진 불이 밝은 촛불 대신하니	松火代明燭
고인의 사적들 두루 살펴보면서	歷覽古人事
탄식하며 감격하는 일 많아라	喟然多感激

여섯 번째 其六

도인은 우환 속에도 즐거워하고	道人憂亦樂
지사는 가난이 걱정거리 아니니	志士貧非病
비록 진창 속을 뒹구는 처지라도	雖處泥塗間
절로 환히 탁 트인 심경 있다오	自有昭曠境
무더운 여름 남풍이 불어오면	盛夏南風來
좋은 벼 싹에 다시 이삭 팬다네	良苗復含穎
대자연 가운데 유유히 자적하며	優遊大化中
남과 내가 저마다 본성 이루네[247]	物我各遂性

(劉表)의 간곡한 요청도 누차 거절하다가, 뒤에 가족을 이끌고 녹문산(鹿門山)으로 들어가 약초를 캐며 생을 마친 방덕공(龐德公)처럼 창계 자신도 가족을 거느리고 통천에서 농사지으며 은거하고 있다는 말이다. '방덕공'은 203쪽 주197 참조.

247 대자연(大自然)……이루네 : 대자연의 운행과 변화를 깊이 체득하고서 나와 만물이 저마다 본연의 자리에서 삶을 만끽한다는 말이다. '대자연 가운데〔大化中〕'는 천지간에 사시(四時), 음양(陰陽), 생사(生死) 등 일체의 자연 변화를 말하는 것으로, 도잠(陶潛)의 〈형영신(形影神)〉 3수 가운데 마지막 〈신석(神釋)〉에서 "대자연 가운데 방랑하며, 기뻐하지도 두려워하지도 않네.〔縱浪大化中, 不喜亦不懼.〕"라고 한 데서 온 말이다.

송라암[248]의 승려 해규에게 주다

贈松蘿僧海圭

노니는 길손의 행장은 산봉에 피는 구름이요	游客行藏雲出岫
입정한 승려의 심사는 물결 없는 물이어라[249]	定僧心事水無波
일생토록 못했던 말 오늘밤에야 말하니	一生不語今宵語
나는 절로 잊기 힘든데 그대는 어떠한지	我自難忘爾若何

248 송라암(松蘿庵) : 내금강의 백화암(白華庵) 동쪽 5리쯤에 있는 대송라암(大松蘿庵)과 소송라암(小松蘿庵)으로, 신라 태자가 마의(麻衣)로 초식(草食)하던 곳이라는 전설이 있다. 동쪽에는 망고대(望高臺)가 있다.

249 노니는……물이어라 : 창계 자신은 생겼다가 이내 흩어지는 구름처럼 정처 없이 노니는 신세이고 승려 해규는 깨달음을 얻어 마음이 고요하다는 말이다. '산봉에 피는 구름'은 도잠(陶潛)의 〈귀거래사(歸去來辭)〉에 "구름은 무심하게 산봉에서 나온다.〔雲無心以出岫.〕"라고 한 데서 온 말이다.

장안동[250] 초입에서

長安洞口

명산을 보지 못한 지 어언 삼십 년	不見名山三十年
오늘 아침 말 타고 앞내를 건너네	今朝匹馬度前川
장안사[251] 밖 솔숲 사이 뻗은 길에서	長安寺外松間路
은은한 종소리 문득 들리니 마음 깨끗하여라	忽聽微鍾意灑然

250 장안동(長安洞) : 회양(淮陽)에서 단발령(斷髮嶺)을 지나 내금강으로 들어가는 계곡의 초입으로, 표훈사(表訓寺)·정양사(正陽寺)·만폭동(萬瀑洞)·비로봉(毘盧峯)으로 올라가는 길목에 있다. 여기에 자리하고 있는 장안사(長安寺)에서 금강산을 유람하는 이들이 보통 첫 밤을 보내게 된다.

251 장안사 : 외금강의 유점사(楡岾寺), 신계사(新溪寺), 내금강의 표훈사와 함께 금강산 4대 사찰로 꼽히는 절이다. 신라 법흥왕 때 창건됐다는 설과 551년(진흥왕12) 고구려의 승려 혜량이 신라에 귀화하면서 창건했다는 설이 있다. 773년(혜공왕9) 진표율사가 중수했고 이후 화재로 폐허가 되었다가 1343년(충혜왕 복위4)에 고려인이던 원나라 순제(順帝)의 왕후 기씨(奇氏)의 후원으로 다시 건립되었다.

백천동[252]

百川洞

수천 봉우리 화려한 빛깔이 갠 하늘에 기댔는데 千峯秀色倚晴空
굽이굽이 돌아내린 맑은 시내에 길도 막혔어라 百轉淸溪路亦窮
보일락 말락 두어 무더기 외로운 대숲 속에 隱暎數叢孤竹裏
무너진 담장은 옛 동궁을 아직도 기억하누나[253] 壞垣猶記古東宮

두 번째 其二

명경대[254] 앞에서 지팡이 짚고 거닐다가 明鏡臺前携一杖
영원사[255] 안에서 한가로이 점심 지어 먹네 靈源寺裏午炊閑

252 백천등(百川洞) : 장안사(長安寺) 앞의 시내를 끼고 북쪽으로 올라가다가 동쪽으로 골짜기를 따라 들어가는 곳에 있다.

253 무너진……기억하누나 : 신라의 마지막 왕 경순왕(敬順王)의 아들 마의태자(麻衣太子)가 고려에 의해 나라가 망하게 된 것을 통곡하고 금강산으로 들어가 머물렀던 석성(石城)이 폐허가 된 것을 말한다.

254 명경대(明鏡臺) : 불그스레한 비면(碑面)과 같은 암석으로 바위면이 갈아 낸 것처럼 반들거려서 마치 큰 경대를 세워 놓은 것 같다 하여 붙여진 이름이다. 백천동을 따라 1리(里) 정도 오르면 나타나는 황천강(黃泉江)의 물굽이를 따라 올라가면 사면이 산으로 둘러싸인 곳에 자리하고 있다. 북쪽에는 석가봉(釋迦峰), 남쪽에는 시왕봉(十王峰)이 솟아 있고, 이곳에서 황천강을 따라 더 오르면 영원암(靈源庵)이 나타난다.

255 영원사(靈源寺) : 장안사의 말사(末寺)로, 지장봉 아래 평평한 언덕 위, 영원동(靈源洞)에 위치한 암자이다. 신라 때 영원조사(靈源祖師)가 수도한 곳이라 전하는데,

앞 숲에 길 끊어져 물어볼 이 없으니	前林路絶無人問
온 산에 날 저물 제 서글피 홀로 돌아가네	日暮千山悵獨還

지금은 터만 남아 있다. 뒤쪽 높은 곳에 옥초대(沃焦臺)라 부르는 유명한 전망대가 있고 그 앞에는 책상바위, 영월대, 지장봉을 마주 보는 배석대, 쌀이 나왔다는 미출암 등이 있다.

울연[256]

鬱淵

우거지고 우거진 뭇 산 한가운데	鬱鬱千山裏
깊고 깊은 백 길 못이 서려 있구나	沈沈百丈泓
누가 다시 철적을 비껴들고서	更誰橫鐵笛
노룡이 들으라고 부는 것인지	吹與老龍聽

256 울연(鬱淵) : 장안사(長安寺)에서 표훈사(表訓寺)로 올라가다가 삼불암에 못 미친 곳에 있다. 울소, 명연(鳴淵), 명담(鳴潭), 김동연(金同淵) 등으로 불린다. 고려 말 개성에 살던 부자 김동(金同)이란 사람이 나옹대사와 다투다가 져서 이 못에 빠져 죽었는데 김동의 시신은 울소 바닥에 돌로 굳어지고 그 비보(悲報)를 듣고 달려온 세 아들은 슬피 울다가 그 곁에 삼형제 바위가 되었다는 전설이 있다.

만경대[257]에서 차운하다

萬景臺次韻

수많은 골짜기며 봉우리가 안팎으로 열렸는데 萬壑千峯表裏開
맑게 갠 날 홀로 제일 높은 대에 올랐어라 晴天獨上最高臺
산승은 머문 구름 뒤편을 아래로 가리키며 山僧下指宿雲背
속세에는 비가 일찍 내렸을 거라 말하네 說是人間雨早來

두 번째 其二

산 밑으로 아스라이 아홉 고을[258] 펼쳐 있는데 山下微茫九郡開
저 바다 가운데 어느 곳이 은대[259]일는지 海中何處是銀臺
신선 그리는 마음 천추에 적막한데 千秋寂寞懷仙意

257 만경대(萬景臺) : 내금강과 외금강을 가르는 고개인 내수점(內水岾)에서 외금강 쪽인 유점사(楡岾寺)로 내려오는 계곡 사이에 있다. 이곳에 오르면 내외 금강의 봉우리들이 두루 보이며 동해가 끝없이 눈앞에 펼쳐진다.

258 아홉 고을 : 영동(嶺東)의 구군(九郡)으로, 북쪽으로부터 흡곡현(歙谷縣)·통천군(通川郡)·고성군(高城郡)·간성군(杆城郡) 네 고을을 아우르는 북관(北關)과 양양도호부(襄陽都護府)·강릉대도호부(江陵大都護府)·삼척도호부(三陟都護府)·울진현(蔚珍縣)·평해군(平海郡) 다섯 고을을 아우르는 남관(南關)을 모두 합하여 말하는 것이다. 《燃藜室記述 卷16 地理典故》

259 은대(銀臺) : 전설 속에 서왕모(西王母)가 거처하였다는 곳으로, 신선이 사는 곳을 비유한다.

문득 청학 한 쌍이 날아오는구나[260] 忽有一雙青鶴來

260 신선……날아오는구나 : 예로부터 신선을 보고자 했던 수많은 사람들의 바람은 공허한 희망이었을 뿐 이룰 수 없는 것이었는데 지금 눈앞에 신선이 화하였는지도 모를 학이 날아온다는 말이다. 신선이 학으로 화한다는 발상은 한(漢)나라 때 요동(遼東) 사람 정영위(丁令威)가 일찍이 영허산(靈虛山)에 들어가 선술(仙術)을 배우고 뒤에 학으로 변화하여 자기 고향에 돌아가서 성문(城門)의 화표주(華表柱)에 앉았는데, 한 소년이 활을 가지고 그를 쏘려 하자, 그 학이 날아올라 공중을 배회하면서 말하기를 "새여 새여 정영위가, 집 떠난 지 천 년 만에 이제야 돌아왔네. 성곽은 예전 같은데 사람은 간 곳 없어라, 어이해 신선 안 배우고 무덤만 즐비한고.〔有鳥有鳥丁令威, 去家千年今始歸. 城郭如故人民非, 何不學仙冢纍纍?〕"라고 했다는 고사에서 비롯된 것이다.《搜神後記 卷1》

마하연[261]

摩訶衍

만폭동[262] 물길 근원에 돌길이 돌아들고	萬瀑窮源石路縈
계수나무 꽃향기 중향성[263]에 감도누나	桂花香動衆香城
마하사는 오래되어 머무는 승려 없고	摩訶寺古無僧住
흰 구름만이 아침저녁으로 피어오르네	唯有白雲朝暮生

261 마하연(摩訶衍) : 마하연나(摩訶衍那)의 약칭으로, 본래 불교 종파 가운데 대승(大乘)을 가리키는 말인데, 여기서는 금강산(金剛山)에 있는 유점사의 말사를 가리킨다. 만폭동(萬瀑洞)에서 백운대(白雲臺)·비로봉(毗盧峯)·내수점·수미암터 등으로 가는 길목에 자리한 암자로, 신라 때 의상대사(義湘大師)가 지었다고 한다. 뒤로는 촛대봉, 앞으로는 혈망봉과 법기봉, 왼쪽으로는 중향성(衆香城)과 나한봉이 병풍처럼 둘러 있어 기암괴석, 준봉들의 품속에 들어 있는 듯한 느낌을 준다. 경내에 커다란 계수나무가 있었는데 언젠가 조씨 성을 가진 회양 부사가 베어다가 관재로 써서 사라져 버렸다고도 한다.

262 만폭동(萬瀑洞) : 표훈사(表訓寺)에서 계곡을 따라 올라가 금강문(金剛門)이라 쓴 커다란 바위 문 뒤로 펼쳐지는 곳인데 크고 작은 수많은 폭포가 있다고 해서 이러한 이름이 붙여졌다. 곳곳의 폭포 아래 형성된 팔담(八潭)이 유명하다.

263 중향성 : 마하연암의 뒤를 병풍처럼 에워싼 바위 봉우리들을 가리킨다.

숲 속 정자에서 저물녘에 조망하다

林亭晩眺

바다 물결은 하늘에 닿아 드넓고　海浪連天闊
고깃배는 비추는 햇살 속에 외로워라　漁舟照日孤
안개 깔린 교외에 소는 한가롭고　煙郊牛自得
모래 언덕에서 새는 부르는 듯하네　沙岸鳥如呼
멀리 온 길손 그 심정 오죽하랴　遠客情何極
타향에서 여러 해를 보냈으니　他鄕歲屢徂
시대 근심하다 다시 옛일 돌아보노라니　憂時更懷古
흐르는 눈물이 문득 살쩍을 적시어라　流涕忽沾鬢

유집중 성운 이 남헌 선생의 시운을 써서 보내 준 작품에 삼가 화답하다[264]

奉酬柳集仲 成運 用南軒先生詩韻見寄之作

수레 몰아 동쪽으로 고개를 넘어	驅車東度嶺
세상을 피해 오니 바로 옛 통주라네	避世古通州
목우(木偶)처럼 떠도는 신세[265] 한탄하지 않지만	不恨身泛梗

264 유집중(柳集仲)이……화답하다 : 집중은 유성운(柳成運, 1651~1710)의 자이다. 본관은 진주(晉州), 호는 묵수(默守)이다. 부친은 세자시강원 필선 유연(柳莚)이며, 모친은 허지(許穉)의 딸이다. 윤증(尹拯)의 문인으로 1683년(숙종9) 증광 문과에 병과로 급제하고, 1685년 승정원 주서로 있을 때 윤선거(尹宣擧), 윤증 부자에 대한 무고(誣告)를 변호하다가 송시열(宋時烈) 일파와 알력이 생기게 되었다. 남헌 선생은 남송(南宋)의 장식(張栻)으로, 이 시는 유성운이 《남헌집(南軒集)》 권1에 수록된 〈시송원회존형(詩送元晦尊兄)〉에 차운한 시에 창계가 답시로 지은 것이다. 장식의 원시는 주희(朱熹)가 장식이 사는 곳에 찾아와 두 달을 머무르면서 교유하다가 다시 돌아가려 할 때 지은 작품으로, 주희의 인품을 서술하고 이별의 아쉬움을 말한 뒤 공부에 더욱 힘쓰자고 권면하는 내용이다. 창계의 시는 내용상 세 부분으로 나눌 수가 있는데, 1구부터 8구까지는 강원도 통천으로 오게 된 일과 통천에서의 심사를 읊었고 9구부터 22구까지는 금강산을 유람한 일과 심정을 읊었으며 23구부터 마지막까지는 벗을 그리워하는 마음을 읊었다.

265 목우(木偶)처럼 떠도는 신세 : 정처없이 떠도는 신세라는 말이다. 목우는 목우인(木偶人)이다. 원문은 '범경(泛梗)'으로, 물에 둥둥 뜬 나무로 만든 사람을 가리킨다. 전국 시대 소진(蘇秦)이 일찍이 맹상군(孟嘗君)에게 말하기를 "지금 신(臣)이 오면서 치수(淄水) 가를 지나다가 토우인(土偶人)과 목우인이 서로 말하는 소리를 들으니, 목우인이 토우인에게 말하기를 '그대는 서안(西岸)의 흙으로 만들어진 사람이라, 8월경에 비가 내려서 치수가 범창해지면 이지러지고 말 것이다.'라고 하자, 토우인이 말하기를 '그렇지 않다. 나는 서안의 흙이라서 흙은 또 서안에 있지만, 지금 그대는 동국(東國)

나라 위해 위급한 시국이 시름겨워라　　爲國愁綴旒
세상 구하는 일 본래 재주 없거니와　　濟時本無奇
자신 돌아보매 부끄러운 일 많음에랴　　省己矧多羞
부질없이 성현의 경전 끼고 읽으며　　空然抱遺經
감개하는 마음 그칠 수가 없어라　　感慨不能休
문득 일어나 지팡이 짚고 나서　　忽起持一笻
그런대로 우선 한가로이 유람하네　　聊且爲閑遊
명산이라 화려한 빛깔이 많아　　名山多秀色
이내 발길 오래 머물게 하는구나　　令我久淹留
천 봉우리는 저마다 우뚝 솟아 있고　　千峯各高聳
만 골짜기는 마치 얽혀 있는 듯하네　　萬壑如相繆
높은 곳 올라 한번 휘파람 부노라니　　登高一以歗
그 기세 두성과 우성을 찌를 듯하여라[266]　　氣欲衝斗牛
어찌 이름난 승려 만나지 않겠냐만　　豈不值名緇
도가 달라 함께 도모하기 어렵다네[267]　　道異難爲謀

의 복숭아나무로 만들어진 사람이니, 비가 내려 치수가 벌창해져서 그대를 띄우고 흘러가 버리면 둥둥 뜬 그대는 장차 어찌 되겠는가.'라고 하였다." 한 데서 온 말이다. 《戰國策 齊策3》

266 그……듯하여라 : 높은 곳에 서서 조망하는 창계의 기세가 호방하다는 말이다. '두성과 우성'은 이십팔수(二十八宿) 가운데 북방의 북두성과 견우성을 가리키는 것이다. 옛날 진(晉)나라 때 용천(龍泉)과 태아(太阿) 두 보검이 풍성(豐城) 땅에 묻혀 있으면서 그 검의 기운이 하늘로 치솟아 북두성과 견우성 사이를 비췄다는 전설이 있다. 《晉書 卷36 張華列傳》

267 어찌……어렵다네 : 《논어》 〈위령공(衛靈公)〉에서 공자가 "도가 같지 않으면 서로 도모하지 않아야 한다.〔道不同, 不相爲謀.〕"라고 하였는데, 이에 대해 주희는 "같지

아쉬워라 뜻 맞는 이와 함께 와서	惜無同人來
그윽한 이 정취 함께하지 못함이	共此心賞幽
산은 계수 향기 시들어 텅 비고	山空桂香老
학은 하늘 바람 불어 날아오르네	鶴擧天風颼
이러한 때 내 벗을 생각하노라니	於時念我友
아스라이 이별의 근심 일어나는데	迢遞起離憂
그대 시가 홀연히 훨훨 날아와	君詩忽翩翩
깊은 산수 찾은 것 축하한다 하네	贈我賀幽搜
즐거이 노니는 게 또 무엇이 유익하리	嬉遊亦何益
세월은 참으로 흘러가는 물과 같아라	歲月眞如流
차라리 바른길을 찾아내어	未若尋正路
제때에 떠날 수레 준비함만 못하리	及時膏行輈
이에 힘쓰자고 서로 권면하노라니	勖此聊相敦
내 수창시가 전현에 부끄럽구려[268]	酬唱媿前修

않은 것〔不同〕은 선과 악, 사(邪)와 정(正)과 같은 종류이다."라고 풀이하였다. 여기서는 창계가 산에서 만나는 승려가 마음을 터놓고 교유할 만하지 못함을 말한 것이다.

268 내……부끄럽구려 : 장식(張栻)의 원시에 비할 때 창계 자신의 시가 졸렬하여 부끄럽다고 겸양으로 한 말이다.

낙천의 〈추야독좌〉 시에 차운하다[269]

次樂天秋夜獨坐韻

갈대꽃 휘날리며 가을이 저물어 가는데	蘆葦花飛秋欲殘
바다 하늘 성근 비에 가벼운 한기 도는구나	海天疎雨動微寒
수천 절벽에 해 저물 제 매미 울음 시끄럽고	千崖日暮蟬鳴急
외로운 나무에 서리 가득해 새 머물기 어려워라	孤樹霜深鳥宿難
만고의 흥망 보노라니 같은 감개에 젖고	萬古廢興同感慨
사람들은 궁달에 처해 저마다 애환을 달리하네	衆人窮達各悲歡
한가한 뜰에서 밤마다 시절 상심하는 눈물을	閑庭夜夜傷時淚
누가 높은 바람에 부쳐 고관에게 보낼는지	誰寄高風向達官

269 낙천(樂天)의……차운하다 : 백거이(白居易, 772~ 846)의 〈답몽득추정독좌견증(答夢得秋庭獨坐見贈)〉에 차운한 시이다. 낙천은 중당(中唐) 때 시인 백거이의 자이다. 몽득(夢得)은 유우석(劉禹錫, 772~842)의 자인데, 백거이의 원시는 유우석이 보낸 시에 답한 것으로, 가을날의 정경과 벗 유우석에 대한 애틋한 마음을 읊은 것이다.

용공사[270]에서 이 흡곡[271] 행하 을 송별하다

龍貢寺送別李歙谷 行夏

은자가 손님 송별하러 푸른 산에 찾아오니 幽人送客來碧山
맑은 서리 밤에 내리고 가을 구름 서늘해라 淸霜夜落秋雲寒
종 울리고 촛불 꺼졌는데 잠들지 못하니 鍾鳴燭盡不能寐
내일 아침 힘겨울 이별을 벌써 걱정하누나 已恐明朝離別難

270 용공사(龍貢寺) : 강원도 통천군 추지령(楸池嶺)에 있는 절로 금강산 유점사(楡岾寺)의 말사이다. 835년(신라 흥덕왕10) 와룡조사(臥龍祖師)가 창건한 발삽사(勃颯寺)를 921년(고려 태조4)에 개명한 것이다.

271 이 흡곡(李歙谷) : 이행하(李行夏)는 자세하지 않은데, 1677년(숙종3) 8월부터 1678년 6월까지 흡곡 현감으로 있었다.《歙谷郡邑誌 先生案》

삼가 부친의 〈도별〉 시에 차운하다[272]

伏次家君途別韻

타향살이 오래라 돌아감이 마땅한데	客久宜旋旆
아들은 여기 남아 모시지 못하네요	兒留未執鞭
눈물은 붉게 물든 잎 속에 떨어지고	淚翻紅葉裏
시름은 하얀 구름 앞에 맺힌답니다	愁結白雲前
만년에 연산에 살리라 생각하셨는데	晩計連山地
이때에도 온 세상을 걱정하십니다	時憂四海天
그나마 중하책은 보존하는 것이니	猶存中下策
이번 행차를 슬퍼하지 마소서	此去莫悽然

272 삼가……차운하다 : 〈연보〉에 의하면, 1678년(숙종4) 가을 시국이 조금 안정되었는데 우거하고 있는 통천이 선영(先塋)과 친척들로부터 너무 멀리 떨어져 있어 그 심정을 이루 다 말로 할 수 없었다고 한다. 그래서 9월에 창계의 부친 임일유(林一儒)가 가족을 이끌고 먼저 통천을 떠나 호서(湖西)의 부여(扶餘) 조계촌(藻溪村)으로 옮겨 갔고 창계는 11월에 뒤따라가서 모셨다.

밤에 앉아

夜坐

작은 등잔 가랑눈 속 찬 밤에 앉았노라니　小燈微雪坐寒宵
고향 소식이 정녕 감감하기만 하구나　故國音書正寂寥
그리움 사무쳐 저절로 머나먼 꿈을 꾸니　想極自然成遠夢
매촌에서 남쪽으로 가면 다시 풍교라네[273]　梅村南去又楓橋

273 그리움……풍교(楓橋)라네 : 먼저 내려가신 부모님이 그리워 창계 자신도 그곳으로 뒤따라가는 꿈을 꾼다는 말이다. 매촌(梅村)과 풍교는 창계의 부모가 내려간 부여로 가는 도중에 위치한 지명으로 보이는데, 자세하지 않다.

도성에 들어가다

入城

본디 깊은 산중에 사는 나그네가　本是深山客
지나다 우연히 도성에 들었어라　經過偶入城
도성 안은 노래와 풍악으로 가득하니　城中盡歌管
그 누가 오희의 읊조림[274] 들어 주리　誰聽五噫聲

274 오희(五噫)의 읊조림 : 후한(後漢) 때의 처사 양홍(梁鴻)이 아내 맹광(孟光)과 함께 도성을 떠나 패릉(霸陵)으로 들어가면서 시사(時事)에 대해 읊은 〈오희가(五噫歌)〉를 말한다. 166쪽 주142 참조.

도성에서 나오다

出城

새벽 태양은 동쪽 포구에 떠오르고	曉日生東浦
차가운 구름은 북쪽 하늘에 걷히네	寒雲捲北天
강산의 좋은 풍광 펼쳐진 곳에서	江山形勝地
가던 말 멈추고 서글퍼하노라	駐馬一悽然

낙생역에서 아우를 이별하다[275]

樂生驛別舍弟

나그네 길은 눈 내린 호산을 지나고	客路湖山雪
돌아가는 말은 얼어붙은 한강을 밟으리[276]	歸驂漢水氷
새벽 창 아래 이별 앞둔 슬픔에 젖어	曉窓臨別意
마주한 채 꺼져 가는 등불 지키어라	相對守殘燈

275 낙생역(樂生驛)에서 아우를 이별하다 : 창계가 호서(湖西)로 먼저 떠나신 부모님께 가는 도중에 아우와 낙생역에서 이별하게 된 것을 읊은 시이다. 낙생역은 경기도 광주(廣州) 남쪽 75리에 있는 역이다.《新增東國輿地勝覽 卷6 京畿 廣州牧》

276 나그네……밟으리 : 창계는 부모가 계신 호서로 떠나고 아우 임정(林淨)은 한강을 건너 도성으로 돌아갈 것이라는 말이다.

동짓날 호서로 돌아가는 길에 잠시 벗 동보를 영지동[277]으로 찾아갔는데 다음 날 동보가 또 매음의 우거에 찾아와 장구를 주기에 그 시운을 따라 내 마음을 대략 서술하다[278]

至日西歸途中 暫訪同甫賢友於靈芝洞中 翌日同甫又來梅陰寓舍 見贈長句 輒步高韻 略敍鄙懷

옛날 내가 좋은 벗 이별할 때에　昔我別良友
한마음으로 애틋한 정 간직하였지　一心抱區區
아스라이 구름 서린 고개 너머에서　悠悠隔雲嶺
울적한 심정으로 탄식하곤 하였어라　鬱鬱興歎吁
그대 그리워하다 어느새 세월 저물어　相思歲月晩
여러 꽃들 시드는 것 앉아 바라보았네　坐見群芳枯
좋은 시절 함께 어울리지 못했으니　良時不相偕
어떻게 이 본뜻 위로할 수 있으리　何以慰本圖
어제 들러 잠시나마 회포를 푸니　昨過暫披懷
기뻐하며 둘이서 갈 길도 잊어버렸지　驩然兩忘趍
담소하며 천진스러운 마음 터놓으니　談笑發天眞

277　영지동(靈芝洞) : 경기도 양주(楊州)에 있는데 이희조(李喜朝)의 부친 정관재(靜觀齋) 이단상(李端相)이 말년에 강학하던 곳이다. 1675년(숙종1) 이희조는 스승 송시열(宋時烈)을 비롯한 노론의 주요 인물들이 몰락하자, 부친의 생전의 뜻을 받들어 이곳에 집을 짓고 온 가족을 데리고 옮겨 갔다.

278　동짓날……서술하다 : 이희조의 원시는 〈동짓날 임덕함이 영동에서 돌아오는 길에……〔至日林德涵自嶺東歸路……〕〉라는 제목으로 한국문집총간 170집에 수록된 《지촌집(芝村集)》 권1에 실려 있다.

털끝만큼도 숨기는 마음 없어라	毫髮靡崎嶇
그대 집은 북산의 기슭에 있고	君家北山阿
내 거처는 동계의 한쪽에 있네	我寓東溪隅
이번 만남 진정 늘 있기 어려운데	此便苦難常
이내 발길 다시 돌려야 하누나	我行當復徂
부디 그대는 자주 나를 찾아와	願君數相過
마음 가득한 그리움 위로해 주시게	慰我思心紆
어둠이 내리면 돌아가야 하기에	矄黑我當返
술통 비울 때까지 마실 수 없다네	不能待乾壺[279]
아침에 그대 과연 나를 찾아오니	詰朝君果來
마주 보고 안색이 활짝 펴졌어라	相視色敷腴
머무르며 하룻밤 담소 나누니	將留一夜語
우리의 도가 어찌 외롭다 하리	豈云吾道孤
뛰어난 재주에다 나이도 젊고	高才政妙齡
시작부터 바른길을 희구하였지	發軔希正途
부디 그대는 더욱 정진하여	願君更精進
몹시 거친 이 마음 고쳐 주시게	攻我心全麤
그대 시가 깊이 내 마음 흥기시켜	君詩殊起予
장자와 주자에 이르도록 힘쓰자 하네[280]	相勖及張朱

279 壺 : 대본에는 '壼'으로 되어 있는데, 문맥과 운자(韻字)를 살펴 바로잡았다.

280 그대……하네 : 이희조(李喜朝)의 원시에서 "마주 보며 나누는 대화 어찌 끝나랴, 장자와 주자에 이르도록 힘쓰세나.〔相對語何窮? 勖哉及張朱.〕"라고 한 것을 가리킨다. 장자(張子)는 북송(北宋) 때 횡거(橫渠) 장재(張載)를, 주자(朱子)는 주희(朱熹)를 말한다.

진중하게 각자 날로 매진하여 珍重各日邁
중도에서 주저하지 말아 보세나 中道莫踟躕

동보의 원시에 "오늘은 바로 동짓날이라네."[281]라는 시구가 있는데 내 마음에 깊이 부합하기에 다시 전운을 사용하여 화답하다

同甫詩有今日値冬至之語 深契鄙意 復用前韻和之

현천이 한 기운을 움직이자	玄天推一氣
사계절이 저절로 나누어지네[282]	四序自分區
이 동짓날의 기미에 느낌이 일어	感玆至日機
우연히 깊은 탄식을 발하여라	偶然發深吁
그 누가 낳고 낳는 뜻을 가지고	誰令生生意
일시에 시든 만물 돌아오게 하는지[283]	一時回群枯

281 오늘은 바로 동짓날이라네 : 한국문집총간 170집에 수록된 이희조(李喜朝)의 《지촌집(芝村集)》 권1에 실려 있는 〈동짓날 임덕함이 영동에서 돌아오는 길에……〔至日林德涵自嶺東歸路……〕〉 시에는 '況復值冬至'로 되어 있다.

282 현천(玄天)이……나누어지네 : 하늘의 운행으로 동지에 양기(陽氣)가 다시 생겨서 자라고 사그라드는 과정 속에서 춘하추동(春夏秋冬)의 네 기후가 고르게 펼쳐진다는 말이다. '현천'은 하늘을 구야(九野), 즉 아홉 방위로 나누었을 때 북방(北方)의 하늘을 가리키는 말로, 《여씨춘추(呂氏春秋)》 권13 〈유시(有始)〉에 나오는데, 이에 대한 고유(高誘)의 주석에 "북방은 건자월(建子月)인 11월에 해당되고 오행으로는 수(水)의 중앙인데, 수는 색으로는 흑색이므로 현천이라고 한다."라고 하였다. 특히 여기서는 동짓달을 소재로 하여 시를 읊었으므로 현천이라 말한 것이다. '한 기운〔一氣〕'은 우주(宇宙)에 편재(遍在)하는 천지만물을 형성하는 근원이 되는 원기(元氣)를 가리키는데, 이 원기를 구성하는 음양(陰陽)이라는 두 측면의 소장(消長)에 의해 계절의 변화가 나타난다.

283 그……하는지 : 천지만물의 대사(代謝)를 주재하는 천리(天理)의 미묘함을 탄식

그 기운 밀실의 율관에 호응하고[284]	氣應密室管
그 이치 선천의 도에 드러나네[285]	理著先天圖
오묘하여라 동정의 사이에서	妙哉動靜間
왕래함이 서로 뒤좇는 듯하구나	往來如迫趁
신의 운행은 절로 간이하거니	神運自簡易
하늘의 길이 어찌 기구하겠나	天路豈崎嶇
엄연하게 온갖 조화 주재하면서	居然斡萬化

한 것으로, 《주역》 〈계사전 상(繫辭傳上)〉에 "끊임없이 낳는 것을 '역'이라 이른다.〔生生之謂易.〕"라고 한 데서 온 말이다.

284 그 기운……호응(呼應)하고 : 밀실 속 나무 탁자에 둔 12개의 율관에 담은 갈대 재〔葭灰〕가 매달 그 달에 해당하는 율관에서 날아가는 것을 말하는 것으로, 《후한서(後漢書)》 권11 〈율력지(律曆志)〉에 "기후를 살피는 방법은 다음과 같다. 방 하나를 삼중(三重)으로 밀폐하고 문을 닫고서 반드시 꼼꼼하게 틈을 메우고 비단으로 막는다. 방 안에 나무로 탁자를 만들되 율(律)마다 1개씩 12개를 만드는데 각각 방위에 따라 안쪽은 낮고 바깥쪽은 높게 비치한 다음, 12개의 율관을 12개의 탁자 위에 각각 안치하고 갈대 재를 각 율관의 내단(內端)에 채워 놓고 절기를 기다려 살피면 한 절기가 이를 때마다 해당 율관의 재가 날아 움직이게 된다."라고 한 데서 온 말이다. 황종(黃鐘)·태주(大簇)·고선(姑洗)·유빈(蕤賓)·이칙(夷則)·무역(無射)·대려(大呂)·협종(夾鐘)·중려(仲呂)·임종(林鐘)·남려(南呂)·응종(應鐘)의 12율려(律呂)가 1년 12월에 짝하는바 황종은 11월 동지(冬至), 태주는 정월(正月), 고선은 3월, 유빈은 5월, 이칙은 7월, 무역은 9월, 대려는 12월, 협종은 2월, 중려는 4월, 임종은 6월, 남려는 8월, 응종은 10월에 각각 배속된다.

285 그 이치……드러나네 : 상고 시대 복희씨(伏羲氏)가 처음으로 팔괘(八卦)를 그려 역(易)을 창시하면서 팔괘를 여덟 방위(方位)에 분배하여 만든 〈선천도〉가 천지가 운행하는 이치를 담고 있다는 말이다. 〈선천도〉는 〈선천팔괘방위도(先天八卦方位圖)〉 혹은 〈선천괘위도(先天卦位圖)〉라고도 하는데, 현존하는 〈선천도〉는 북송(北宋) 때 소옹(邵雍)이 진단(陳摶)의 책을 얻어 만들고서 복희씨에 가탁한 것이다.

어느 한 곳에 정체한 적 없어라　未始滯一隅
지극한 상은 고금에 변치 않는데　至象亘古今
성인들 떠나 버린 것 한탄스럽구나　所嗟神聖徂
일에 마주하고 더불어 말할 이 없으니　卽事無與論
옛날 돌아보며 마음 착잡하여라　懷古情軫紆
대갱[286]은 질박한 그릇에 담고　大羹在陶匏
현주[287]는 상호에 담는 것이니　玄酒在上壺[288]
무미의 맛을 느끼지 못한다면　不能味無味
담담함 속 깊은 맛을 어이 알겠나[289]　何知淡中腴
은미한 말이 동지에게서 나오니　微言發同志

286 대갱(大羹) : 조미하지 않고 희생의 고기를 푹 삶은 국물〔肉汁〕을 가리킨다. 《예기》 〈예기(禮器)〉에 "천자의 대규(大圭)는 조각을 하지 않으며, 제사에 올리는 대갱에는 조미료를 섞지 않는다."라고 한 것과 〈교특생(郊特生)〉에 "대갱을 조미하지 않는 것은 그 바탕〔質〕을 귀히 여기기 때문이다."라고 한 것과 〈예기〉에서 "태고의 국은 그냥 육즙(肉汁)일 뿐 소금이나 매실로 간을 맞추지 않는다."라고 한 데서 온 말이다.

287 현주(玄酒) : 제사에 사용하던 청수(淸水)를 말한다. 태고(太古) 시대에는 술이 없었기 때문에 제사 때 청수를 술 대신 썼던 데서 나온 것이다. 《예기》 〈예운(禮運)〉의 "현주는 실에 있고 예잔은 호에 있다.〔玄酒在室, 醴醆在戶.〕"라고 한 대목에 대한 공영달(孔穎達)의 소(疏)에 "현주는 물이다. 빛이 검기 때문에 현(玄)이라 하는데, 태곳적에는 술이 없어 물로 술을 대신하였기 때문에 현주라 한다."라고 하였다.

288 壺 : 대본에는 '壼'으로 되어 있는데, 문맥과 운자(韻字)를 살펴 바로잡았다.

289 무미(無味)의……알겠나 : 담담하고 무미한 대갱이나 현주의 깊은 맛을 아는 것이, 동지에 음(陰)이 다하고 양(陽)이 다시 생겨나는 기미에 담긴 우주의 깊은 뜻을 깨닫는 것과 같다는 말이다. 소옹(邵雍)의 〈동지음(冬至吟)〉에 "현주는 맛이 담담하고 대음은 소리가 희미하네.〔玄酒味方淡, 大音聲正希.〕"라고 하였다. 《擊壤集 卷18》 《性理群書句解 卷3》 여기서 현주의 담담한 맛은 동지에 양이 막 생겨나는 것을 가리킨다.

우리 도 외롭지 않음이 얼마나 다행인지	何幸道未孤
조화 살피는 일 절로 하나의 이치이니	觀化自一致
내 몸 반성하는 방법이 어찌 다르랴	反躬豈殊途
고요히 수양하여 어지럽지 말아야 하니	養靜宜勿擾
기미를 관찰함에 거칠어서야 되겠는가	察機詎容麤
조용히 읊조리며 반복하여 생각하노라니	沈吟思反覆
어슴푸레 소자와 주자를 접하는 듯하네	恍接邵與朱
많이 말하여 너무 발설해서는 안 되니	多言莫太泄
이 의미 음미하며 되레 머뭇거리노라	含意却踟躕

남전[290]으로 가는 조카를 전송할 때 마침 눈비가 내려 '설옹남관'을 운으로 써서 짧은 시를 읊어 주다[291]

送家姪之藍田 時適雨雪 用雪擁藍關爲韻 賦小詩贈之

290 남전(藍田) : 충청도(忠淸道) 남포현(藍浦縣) 남쪽 27리에 있는 역(驛) 이름이다. 《新增東國輿地勝覽 卷20 忠淸道 藍浦縣》 여기서는 남전이 함의하고 있는 전고를 차용하기 위해 남포현을 대칭하여 말한 것이다.

291 조카를……주다 : 이 네 수의 연작시에서 운자로 사용한 '설옹남관(雪擁藍關)'은 당(唐)나라 때 한유(韓愈)가 질손(姪孫) 한상(韓湘)에게 준 〈좌천지남관시질손상(左遷至藍關示姪孫湘)〉 시의 경련(頸聯)에 나오는 구절이다. 한유가 이 시를 짓게 된 배경에는 다음과 같은 일화가 있다. 한유가 질손 한상에게 학문에 힘쓰라고 하자 한상이 웃으면서 "준순주 만들 줄 알고, 경각화 피울 수도 있답니다.〔解造逡巡酒, 能開頃刻花.〕"라는 시구를 지어서 보여 주기에, 한유가 이르기를 "네가 어떻게 조화(造化)를 빼앗아서 꽃을 피울 수 있단 말이냐?" 하였다. 한상이 흙을 긁어모은 다음 동이로 덮어 놓았다가 한참 뒤에 동이를 들어 보니 거기에 벽모란(碧牡丹) 두 송이가 피어 있었고, 그 모란 잎에는 "구름은 진령에 비껴 있는데 집은 어드메뇨, 눈이 남관에 가득 쌓여 말이 가지 못하누나.〔雲橫秦嶺家何在? 雪擁藍關馬不前.〕"라는 시구가 작은 금자(金字)로 쓰여 있었다. 한유가 그 시의 뜻을 깨닫지 못하자, 한상이 "오랜 뒤에 이 일을 증험하게 될 것입니다." 하였다. 뒤에 한유가 〈불골표(佛骨表)〉를 올렸다가 헌종(憲宗)의 진노를 사서 조주 자사(潮州刺史)로 폄척되어 가던 도중 눈을 맞으며 따라오는 한상을 만났다. 이때 한상이 말하기를 "옛날 모란꽃 잎에 쓰인 시구의 뜻이 바로 오늘의 일을 예언한 것입니다."라고 하여 한유가 지명을 물어보니 바로 남관(藍關)이라고 하므로, 마침내 그 시구의 뜻을 깨닫고 나머지 구절을 보태어 한상에게 보여 주었다. 그 시에 "아침에 표문 한 장 구중궁궐에 올렸다가, 저녁에 조주로 폄척되니 길은 팔천 리라네. 성명을 위해 나쁜 일을 제거하려 하거니, 어찌 노쇠한 몸 남은 생을 아끼겠는가. 구름은 진령에 비꼈는데 집은 어드메뇨? 눈이 남관에 가득 쌓여 말이 가지 못하누나. 네 멀리 온 것 뜻이 있을 터이니, 장기(瘴氣) 어린 강변에 내 뼈를 잘 거두어 다오.〔一封朝奏九重天, 夕貶潮州路八千. 欲爲聖明除弊事, 肯將衰朽惜殘年? 雲橫秦嶺家何在? 雪擁藍關馬不前. 知汝遠來應有意, 好收吾骨瘴江邊.〕"라고 하였다. 《詩人玉屑 卷20》 《韓昌黎集 卷10》 여기서 창계가 이 시를 연상하게 된 것은 조카와 이별할 때 마침 눈이 내렸고 조카가 가는 곳이 또 공교롭게도 한유의 고사에 나온 지명과 같은 남전(藍田)이었기 때문이다.

맑은 새벽 외로운 등불 반짝이는데　　清曉耿孤燈
재계 마치자 가랑눈 소리 들리어라　　齋罷聞微雪
우리 인생 저마다 할 일이 있기에　　人生各有營
봄 강에서 이별을 서글퍼하노라　　惆悵春江別

두 번째 其二

빈 강에는 새벽 물결 출렁이고　　空江曉波飜
먼 나무에는 찬 구름 서려 있네　　遠樹寒雲擁
아스라이 떠나는 그대 바라보노라니　　望望人去遙
아미산[292]에 시름겨운 꿈 걸리누나　　峩嵋掛愁夢

세 번째 其三

듣자 하니 남계의 물빛은　　聞道藍溪水
봄이면 쪽빛보다 더 푸르다지　　春來綠勝藍
꽃 필 무렵에는 나도 찾아가서　　花時吾亦去
와룡담을 함께 감상하리라　　同賞臥龍潭

292 아미산(峨眉山) : 남포현(藍浦縣) 동쪽 26리에 있는데, 남쪽 홍산현(鴻山縣)의 월명산(月明山)에서 이어 올라와 거차산(居次山)과 합류하여 북쪽으로 나온 산이다. 《新增東國輿地勝覽 卷20 忠淸道 藍浦縣》

네 번째 其四

백마강은 고란사를 스쳐 가고[293]	白馬皐[294]蘭寺
비홍산은 구절관에서 내려오네[295]	飛鴻九折關
지금 우리가 왕래하는 이곳이	卽今來往處
그 옛날 죽림[296]과 비교해 어떠한지	何似竹林間

293 백마강(白馬江)은……가고 : 백마강 변에 고란사(皐蘭寺)가 자리하고 있다는 말이다. 백마강은 부여현 서쪽 5리에 있는데 양단포(良丹浦), 금강천(金剛川)과 공주(公州)의 금강(錦江)이 합류하고 임천군(林川郡)으로 흘러들어 고다진(古多津)이 된다. 고란사는 부여현 북쪽 부소산(扶蘇山) 서쪽에 있는데 그 언덕〔皐〕에 난초〔蘭〕가 난다고 해서 이렇게 명명하였다고 한다. 한(漢)나라 오봉(五鳳) 원년(기원전 57)에 창건하였는데 세 개의 불상과 여덟 칸의 승방(僧房), 누각 한 칸이 있었다고 한다. 절이 자리잡고 있는 절벽이 우뚝하게 솟아 있는데 그 좌우의 돌 틈으로 샘물이 흘러나오고 그 맛이 시원하고 달다고 한다. 《扶餘誌 卷1 山川, 古蹟》

294 皐 : 대본에는 '孤'로 되어 있는데, 《부여지》 권1 〈고적(古蹟)〉에 의거하여 바로잡았다.

295 비홍산(飛鴻山)은 구절관(九折關)에서 내려오네 : 부여현의 서쪽에 인접한 홍산현(鴻山縣) 서쪽 2리에 있는 진산(鎭山)인 비홍산은 거차산에서 남쪽으로 구절판(九折阪)을 지나 뻗어 내려온 산이다. 《新增東國輿地勝覽 卷19 忠淸道 鴻山縣》

296 죽림(竹林) : 위진(魏晉) 시대 '죽림칠현(竹林七賢)'인 혜강(嵇康), 완적(阮籍), 완함(阮咸), 산도(山濤), 상수(向秀), 유령(劉伶), 왕융(王戎) 등 7명의 명사들이 모여 시주(詩酒)를 즐기고 노장(老莊)에 대해 담론하였던 곳이다.

부여에서
扶餘

해외의 땅들이야 점 하나와 같을 뿐인데　　海外提封似一丸
그 시절 어느 곳에 삼한이 붙어 있었던가　　當時何處着三韓
군신이 단합하여 그나마 나라 부지하였으니　　君臣輯睦猶能國
솥발처럼 산하 나누어 몇 대나 평안하였나　　鼎峙山河幾世安

두 번째 其二

백마강 가 조룡대는 어디쯤에 있는 건지　　白馬釣龍何處邊
바위 사이에 남은 자취 그대로 있다 하네[297]　　巖間遺跡說依然
충량한 신하는 위태로운 때에 절로 드러나거니와　　忠良自係安危際
이러한 일은 촌로들의 이야기 믿기 어려워라[298]　　此事難憑野老傳

297 백마강(白馬江)……하네 : 부소산(扶蘇山) 기슭의 강가 언덕에 괴석 하나가 파도를 맞으며 우뚝 서 있는데 이 괴석 위에 용이 발톱으로 할퀸 듯한 자취가 있다. 민간의 전설에, 당(唐)나라의 소정방(蘇定方)이 백제(百濟)를 정벌하려고 이 강에 이르러 건너려고 하자 갑자기 비바람이 크게 일어나기에 백마(白馬)를 미끼로 해서 용 한 마리를 낚으니 잠시 뒤에 날씨가 개어 마침내 군대를 건너게 하여 정벌하였다고 한다. 그래서 이 전설을 따라 이 강을 백마라고 하고 이 바위를 조룡대(釣龍臺)라고 하였다. 《扶餘誌 卷1 古蹟》

298 충량(忠良)한……어려워라 : 백제의 충신들이 의자왕(義慈王)에게 목숨을 걸고 간하면서 국가의 멸망을 근심하고 대비책을 말하여 만고에 이름을 남기게 되었고 촌로들이 전하는 조룡대의 전설은 허무맹랑하다는 말이다. 성충(成忠)과 홍수(興首)가 일

세 번째 其三

황량한 천정대는 거둥길이 묻혀 있고[299] 天政臺荒輦路湮
오래된 낙화암은 몇 번이나 봄을 보냈던가[300] 落花巖古幾經春
고란사의 밤불과 부산의 풍경(風磬) 소리[301]가 皐蘭夜火浮山磬
해마다 노 젓는 사람 시름겹게 하누나 愁殺年年倚棹人

찍이 주색(酒色)에 빠진 왕에게 간했다가 왕의 노여움을 사서 투옥되었다. 옥중에서 죽을 때에 왕에게 글을 올려 앞으로 외적의 침략이 있을 것을 말하고 신라(新羅)의 육군(陸軍)은 탄현(炭峴)을 통과하지 못하게 하고 당(唐)나라의 수군(水軍)은 백강(白江)으로 들어오지 못하게 하여 험난한 지형을 의지해서 막아야 한다는 내용의 글을 올렸으나, 왕은 듣지 않았다. 후일 당나라 군사가 침략하여 멸망하게 되자 의자왕은 그제야 "성충의 말을 듣지 않아서 이 지경에 이르렀다."라고 후회하였다. 《三國史記 卷28 百濟本紀 義慈王 16年條, 20年條》 부소산의 남쪽에는 성충, 홍수와 함께 계백(階伯)의 위패를 모신 삼충사(三忠祠)가 있다.

299 황량(荒凉)한……있고 : 백제의 신하들이 정사(政事)를 물으러 천정대(天政臺)를 오가던 행차가 그쳐 수풀만이 무성하다는 말이다. 천정대는, 부여현에서 북쪽으로 10리 거리인 호암리(虎巖里)의 강을 굽어보는 절벽 위에 있는, 마치 대(臺)처럼 생긴 바위를 말한다. 민간의 전설에, 백제 말엽 재상을 임명하려고 할 때 재상으로 선발해야 하는 이들의 성명을 쓰고 성명을 쓴 종이를 잘 봉한 뒤 이 바위 위에 두었다가 잠시 후 펼쳐 보아 성명에 인장(印章) 흔적이 있는 사람을 재상에 임명하였다고 한다. 그래서 천정대라고 이름하였는데 정사암(政事巖)이라고도 한다. 《扶餘誌 卷1 古蹟》

300 오래된……보냈던가 : 백제는 멸망하였지만 낙화암(落花巖)은 예전 그대로라는 말이다. 낙화암은 부소산 기슭 조룡대 남쪽에 있는 깎아지른 듯이 높이 솟은 큰 바위를 말한다. 민간의 전설에, 의자왕이 당나라 군대에 패하자 궁녀들이 달아나 이 바위에 올라가 강으로 투신하였기에 낙화암이라고 이름하였다고 한다. 《扶餘誌 卷1 古蹟》

301 부산(浮山)의 풍경(風磬) 소리 : 백마강(白馬江) 서쪽의 부산에 의자왕(義慈王)이 지었다고 하는 부산사(浮山寺)라는 절에서 나는 풍경 소리를 말한다.

〈산유화〉는 백제의 옛 곡조인데 소리만 있고 가사가 없어서 장난삼아 억진아체[302]를 본떠 짓다

山有花 百濟舊曲也 有音而無詞 戲效憶秦娥體爲之

강에 뜬 구름 사라지고　江雲絶
슬픈 노랫소리 달빛 어린 황폐한 성에 끊겨라　哀歌唱斷荒城月
달빛 어린 황폐한 성이여　荒城月
천년의 옛 나라에　千年古國
꽃 지는 시절이로다　落花時節

302 억진아체(憶秦娥體) : '진아(秦娥)'는 춘추 시대 진 목공(秦穆公)의 딸 농옥(弄玉)을 가리킨다. 생황을 잘 불었던 농옥은 자신과 합주할 수 있는 사람이 아니면 남편으로 맞지 않겠다고 하여 남편이 될 사람을 기다리던 끝에 퉁소를 잘 부는 소사(簫史)를 만났다. 소사가 농옥에게 퉁소를 가르쳐 농옥이 퉁소로 봉황의 소리를 낼 수 있었는데 봉황이 그들의 집에 와 앉기에 봉대(鳳臺)를 짓고 부부가 함께 거처하다가 봉황을 타고 신선이 되어 날아갔다고 한다. 이 고사를 소재로 이백(李白)이 〈억진아(憶秦娥)〉라는 사(詞)를 지었는데 모두 46자로 구성되어 있다. 그 첫머리는 "퉁소 소리 울리는데 진아의 꿈은 진루의 달에 끊어지누나.〔簫聲咽, 秦娥夢斷秦樓月.〕"라는 말로 시작한다. 〈진루월(秦樓月)〉, 〈쌍하엽(雙荷葉)〉, 〈봉래각(蓬萊閣)〉, 〈벽운심(碧雲深)〉, 〈화심심(花深深)〉이라는 제목으로 불리기도 하는데 후대에 사패(詞牌)로 고정되어 그 제목을 따라 억진아체라고 하게 되었다. 이 사패로 지어진 작품 가운데 송나라 때 유극장(劉克莊)의 작품이 대표적이다. 창계는 이 사패에 맞춰 〈산유화〉 곡조의 가사를 지은 것이다. 억진아체의 사보(詞譜)는 다음과 같다. "平平仄 / 平平仄仄平平仄 / 平平仄(앞구의 마지막 세 글자를 다시 중첩한 것이다.) / 平平仄仄 / 仄平平仄 // 平平仄仄平平仄 / 平平仄仄平平仄 / 平平仄(앞구의 마지막 세 글자를 다시 중첩한 것이다.) / 平平仄仄 / 仄平平仄" 평(平)은 평성(平聲), 측(仄)은 측성(仄聲)을 가리킨다.

조롱대 앞 물가에 차가운 물결 밀려오고	釣龍臺畔寒潮沒
저물녘 고란사에 은은한 종소리 그치어라	皐蘭暮寺微鍾歇
은은한 종소리 그치니	微鍾歇
물빛과 산색이	水光山色
석양 속에 명멸하누나	夕陽明滅

계곡의 시에 차운하여 밤에 앉아 내키는 대로 말하니 또한 각기 자신의 뜻을 말한 것이다[303]

夜坐放言 次谿谷韻 亦各言其志也

추운 밤 외로운 방의 푸른 등잔 밑에서	孤齋寒夜青燈檠
멍하게 앉았다 무심하게 문밖을 나가노라	癡坐無心出戶庭
심정은 곤하여 깰 것 생각하는 취객 같고	情如醉客困思醒
경계함은 꼿꼿이 깨어 있음 환기하는 선승 같네	警似禪僧兀喚惺
눈에 보이는 것 없고 귀에 들리는 것 없으니	目無所視耳無聽
밝은 것 마주한 듯하면 되레 어두운 것이구나[304]	如接昭昭却冥冥

303 계곡(谿谷)의……것이다 : 계곡은 조선 중기 한문 사대가의 한 사람인 장유(張維, 1587~1638)의 호이다. 이 시는 장유의 〈야좌방언(夜坐放言)〉에 차운한 것으로, 구마다 경운(庚韻)과 청운(青韻)으로 통압(通押)하였다. 장유의 원시는 북인(北人)이 조정을 장악하였던 광해군 시기 서인(西人)으로서 출사(出仕)를 포기하고 경기도 안산(安山)에 은거할 때 지은 것으로, 도가(道家)와 불가(佛家)의 도(道)를 긍정적으로 포용하고 우주의 깊은 이치의 탐색을 통해 일신의 영달(榮達)을 초탈하고 불우한 자신의 처지를 잊어버리고자 하는 삶의 태도를 말하였다. 창계의 이 시는 성리학자의 입장에서 우주의 생성과 유행의 이치에 대하여 말한 뒤 자신의 인생을 돌아보며 마음을 경계할 것을 다짐하는 내용으로 구성되어 있다.

304 밝은……것이구나 : 《장자》 〈지북유(知北遊)〉에, 지도(至道)를 묻는 공자(孔子)에게 노담(老聃)이 도에 대해 설명하기를 "밝은 것은 어두운 것에서 생기고〔夫昭昭生於冥冥〕, 모양이 있는 것은 모양이 없는 것에서 생기고, 정신은 도에서 생기고, 모습은 본래 정기에서 생긴다."라고 하여, 밝음이 어두움에 근본하는 것이 도라고 말하고 있다. 여기서 창계는, 도의 속성이 밝음과 어둠을 포괄하므로 인간의 지각으로 확정할 수 없다고 말한 것이다.

이 가운데 상이 있고 형이 없거니와	此中有象而無形
상 역시 상이 아니기에 성훼를 초월하네[305]	象亦非象離毁成
내외를 관철하고 정조를 관통하며	貫徹內外通粗精
작위함이 없어서 사물로 잡을 수 없어라	無作無爲物無攖
고금에 유행하여 떳떳한 법도로 드러나고	流行古今著常經
경중이 서로 어울리매 권도가 생겨난다네	輕重相形權所生
방촌에 뿌리를 내려 허령에 부합하고[306]	托根方寸合虛靈
성신에게 손을 빌려 전형을 확립하네[307]	假手聖神立典刑
총일한 태극은 본래 혼일하게 존재하지만	總一太極本混幷
물물마다 마치 기둥처럼 본체가 되누나[308]	物各爲體如幹楨

305 이……초월하네 : 형(形)은 구체적인 형상을 가진 것으로 천지 만물을 가리키고 상(象)은 형의 속성을 드러내는 기호를 말하는 것으로, 《주역》의 팔괘가 하늘 · 못 · 불 · 우레 · 바람 · 물 · 산 · 땅 등 여덟 가지 형의 상이 되고, 이 팔괘를 중첩한 64괘를 통해 이 세상의 수많은 형을 상으로 드러내는 것이 그 예이다. 여기서 '상 역시 상이 아니다'라는 말은 상의 배후에 하나의 이치〔一理〕, 즉 태극(太極)이 있음을 말하는 것으로 태극은 형이 아니라 형에 내재하는 이치여서 형이 겪는 생멸, 성쇠, 손익 등을 주재할 뿐이기에 성훼를 초월한다고 말한 것이다. 이하 10구에서 창계는 태극의 속성과 작용에 대하여 설명하고 있다.

306 방촌(方寸)에……부합하고 : 태극이 마음을 주재하여 텅 비고 신령스러운 본체가 된다는 말이다. '방촌'은 사방 한 치되는 심장 곧 마음을 말하는 것으로, 사람의 마음이 심장에 있다고 생각한 데서 나온 말이다. '허령(虛靈)'은 우리 마음이 텅 빈 가운데 신령스럽다는 말로, 《대학장구》 경 1장의 '재명명덕(在明明德)'에 대한 주희의 주석에 "명덕이라는 것은 사람이 하늘로부터 받은 것으로, 허령불매(虛靈不昧)하여 중리(衆理)를 갖추고 만사(萬事)에 응하는 것이다."라고 한 데서 나온 말이다.

307 성신(聖神)에게……확립하네 : 요순(堯舜), 우탕(禹湯), 문무(文武) 등과 같이 태극의 본연(本然)을 체현한 성인(聖人)에 의해 세상의 법도가 확립되었다는 말이다.

308 총일(總一)한……되누나 : 우주가 태극(太極)이라는 원리에 의해 규정되어 만물

어디로부터 무취가 향기와 악취를 내는 건지	何從無臭發香腥
만물이 내는 분분한 소리 무성에서 나온다네[309]	吹萬紛紜出無聲
내 처음 뜻을 세운 것은 어린 시절부터인데	我初有志自童嬰
중간에 길을 헤매 마음이 온통 가렸어라	中間迷路塞榛莉
십칠팔 년 세월을 미쳐 취한 듯 보냈는데	十七八年如狂酲
성인 말씀에 힘입어 용렬한 마음 돌리었네	幸賴聖言回凡情
이런 생각 굳게 잡고 몇 해나 보냈던가	一持此念閱幾岭
궁벽한 곳에 가거나 도성에 다니기도 했지	或入窮荒或游京
이 몸 훨훨 거센 바람처럼 가벼이 날아가니	是身飄若長風泠[310]

모두 그 안에 태극을 지니고 있다는 말이다. 이는 《근사록(近思錄)》 권1 〈도체(道體)〉 태극도설조(太極圖說條)에 "만물이 하나의 태극이다.〔萬物一太極.〕"라는 말과 "하나의 존재 속에 하나의 태극이 각각 구비되어 있다.〔一物各具一太極.〕"라고 주석한 주희(朱熹)의 말, 《주자어류(朱子語類)》 권94에 "물물마다 하나의 태극을 지니고 있고, 사람마다 하나의 태극을 지니고 있다.〔物物有一太極, 人人有一太極.〕"라는 주희의 명제(命題)에 근거한 것이다.

309 어디로부터……나온다네 : 냄새도 없고 소리도 없는 태극에서 만물의 갖가지 형상이 비롯된다는 말이다. 《시경》 〈대아(大雅) 문왕(文王)〉에 "하늘이 하는 일은 소리도 없고 냄새도 없네.〔上天之載, 無聲無臭.〕"라고 한 데서 비롯되어 형이상(形而上)의 도(道), 즉 태극을 형용할 때 소리도 없고 냄새도 없다는 표현을 쓴다. 《장자(莊子)》 〈제물론(齊物論)〉에서 안성자유(顔成子游)가 남곽자기(南郭子綦)에게 천뢰(天籟)에 대하여 묻자, 남곽자기가 "불어 대는 소리가 일만 가지로 같지 않지만 그 소리는 그 자신의 구멍으로부터 말미암는 것인데 모두가 다 그 스스로 취하는 것이니, 그렇다면 힘찬 소리를 내게 하는 것은 그 누구이겠는가?〔夫吹萬不同, 而使其自已也, 咸其自取, 怒者其誰邪?〕"라고 하였는데, 여기서는 만물이 내는 온갖 소리가 저마다 다르지만 모두 소리가 없는 태극에서 생성되었다는 말이다.

310 泠 : 대본에는 '冷'으로 되어 있는데, 문맥과 운자(韻字) 및 장유(張維)의 〈야좌방언〉 시의 원운(原韻)을 살펴 바로잡았다.

분란한 세상일들 정당처럼도 듣지 않아라[311] 世紛莫聞如鼎鐺
이단이 병립한들 누가 나와 다투겠나 異端幷立誰吾爭
이를 떠나면 치욕 되고 지키면 영화 되네 離此爲辱守爲榮
다시 누가 성을 굳게 지키듯 막아 내겠나 更誰防閑若嬰城
묵경에게 물어 영대에 경계의 말 고하노라[312] 戒告靈臺咨墨卿

311 이 몸……않아라 : 세상을 초연히 벗어나 있어서 분란한 세상일을 듣지 않는다는 말이다. '정당(鼎鐺)처럼도 듣지 않는다'는 말은 전혀 듣지 않는다는 말로, 송나라 소백온(邵伯溫)의 《문견전록(聞見前錄)》에, 어사중승(御史中丞) 뇌덕양(雷德驤)이 일찍이 시인(市人)의 제택(第宅)을 강제로 차지하고 뇌물을 거둬들이는 조보(趙普)의 비행을 핵주(劾奏)하자, 왕이 진노하여 꾸짖기를 "솥에도 귀가 달려 있는 것인데, 너는 아직도 조보가 나의 사직신이란 말을 못 들었단 말이냐.〔鼎鐺尙有耳, 汝不聞趙普吾之社稷臣乎?〕"라고 한 데서 온 말이다.

312 묵경(墨卿)에게……고하노라 : 먹을 빌려 이 시를 지으면서 마음에 경계의 말을 한다는 말이다. '묵경'은 한(漢)나라 양웅(揚雄)의 〈장양부(長楊賦)〉에 나오는 말로, 먹의 희칭(戲稱)이고 '영대(靈臺)'는 마음을 뜻한다. 주희(朱熹)가 경(敬)과 관련된 옛날의 격언들을 모아서 자신을 경계하는 뜻으로 지은 〈경재잠(敬齋箴)〉이라는 글의 마지막에 "아, 공부하는 이들이여. 항상 염두에 두고서 공경하는 자세를 지닐지어다. 묵경에게 경계하는 글을 쓰게 하면서, 감히 영대에 고하노라.〔於乎小子, 念哉敬哉! 墨卿司戒, 敢告靈臺.〕"라는 말이 나온다.

차운하여 안곡의 족숙[313] 굉유 에게 받들어 올리다

次韻奉呈安谷族叔 宏儒

백 리는 천 리처럼 멀기만 하고	百里遙千里
올해도 작년처럼 병이 있네요	今年病昨年
기쁘게도 오셔서 이틀을 머무르시니	幸來成信宿
이별할 때 시 한 편 올리옵니다	欲別奉詩篇
나무는 모래톱 옆 길에 서 있고	野樹沙邊路
강루는 비 갠 하늘 아래 있습니다	江樓雨後天
돌아가실 제 바라보고 있을 터이니	公歸我當望
떠나는 길 바람처럼 가지 마소서	去馬莫飄然

313 족숙(族叔) : 임굉유(林宏儒, ?~?)이다. 임담(林墰)의 아들이다. 창계의 조부는 임타(林埵)로, 임굉유는 창계에게 먼 족숙이 된다.

남포 가는 길에

藍浦道中

산은 점점 험해지고 물은 점점 기이해지니	山漸嵯峨水漸奇
이 동천 어느 곳이 살기에 좋을는지	洞天何處卜居宜
무릉도원 물으려 해도 아는 이 없는데	仙源欲問無人識
언뜻 복사꽃 보고 되레 그곳인가 하네	纔見桃花却自疑

성주동[314]에서

聖住洞

어느 때 절이 기와와 돌만 뒹구는지　瓦礫何年寺
텅 빈 산에 철불만이 시름겨워라　空山鐵佛愁
고운의 비문은 닳아 가고 있는데　孤雲碑欲缺
백월의 탑비는 여전히 서 있구나[315]　白月塔猶浮
계곡에서 근원 찾아 당도하여　峽水尋源到
산촌에서 집을 물어 머물러라　崦村問舍留
앞 숲에 반짝이는 빛을 보고　前林見光氣
옥 캐러 동쪽 언덕을 지나가네　採玉過東丘

314 성주동(聖住洞) : 남포현 북쪽 25리에 있는 성주산(聖住山) 계곡이다. 산 북쪽에 성주사(聖住寺)가 있는데, 고운(孤雲) 최치원(崔致遠)이 지은 대랑혜화상(大朗慧和尙)의 탑비(塔碑)가 있다.《新增東國輿地勝覽 卷20 忠淸道 藍浦縣》성주사는 처음에 백제 법왕(法王) 때 창건되어 오합사(烏合寺)라고 불리다가 신라 문성왕(文聖王) 때 당나라에서 귀국한 국사 무염(無染, 801~888)이 김양(金陽)의 후원으로 이 절을 중창하고 주지가 되어 선도(禪道)를 선양하자 문성왕이 성주사라는 이름을 내렸다. 임진왜란 때 전소된 뒤로 폐사의 터만이 남아 있다. 4기의 석탑과 석등, 석불입상, 당간지주, 석계단 등이 남아 옛날의 규모를 알려 주고 있다. 무염은 속성은 김씨(金氏), 호는 무량(無量)·무주(無住), 시호는 대랑혜(大朗慧), 탑호는 백월보광(白月葆光)이다.

315 고운의……있구나 : 고운이 비명을 짓고 성주사에 세운 백월탑비(白月塔碑)가 오래되어 글자의 마모는 심하지만 여전히 절터에 우뚝하게 서 있다는 말이다. 고운은 최치원의 호(號)이고 그가 지은 대랑혜화상(大朗慧和尙)의 비명을 새긴 탑비를 백월보광탑비(白月葆光塔碑)라고 한다.

조카 훈[316]을 남겨 놓고 이별하다
留別薰姪

청명이라 좋은 시절 단비가 꽃을 재촉하니	淸明時節雨催花
산 밑으로 봄 강물이 모래 언덕에 넘치누나	山下春流漲岸沙
아함[317]과 이별할 제 간절히 부탁하노니	別與阿咸勤付囑
대와 매화 어서 심고 우리 오길 기다리게나	早栽梅竹待移家

316 조카 훈 : 임훈(林薰, 1652~?)으로, 창계의 맏형 임환(林渙)의 아들이다. 253쪽의 〈남전으로 가는 조카를 전송할 때……〔送家姪之藍田……〕〉에서 남전으로 간 조카가 이 사람을 가리킨 듯하다.

317 아함(阿咸) : 삼국 시대 위(魏)나라 완적(阮籍)의 조카 완함(阮咸)을 가리키는데, 후대에는 조카를 뜻하는 말로 썼다. 여기서는 임훈을 말한다.

돌아오는 길에

歸途

다시 어디로 가려 하는 것인지	更欲歸何處
그리움에 동구 나서는 발길 더디네	依然出洞遲
바다 어귀에는 가랑비 그쳤고	海門微雨後
산길에는 새벽바람 부는구나	山路曉風時
어여쁜 새는 봄기운을 느껴 울고	好鳥知春意
갠 구름은 나그네 시정을 돕누나	晴雲助客詩
잗다랗게 밭과 집 구하러 다니며	區區問田舍
결국에는 내 사욕이나 이룰 뿐이네[318]	畢竟只成私

318 잗다랗게……뿐이네 : 나라와 백성을 걱정하지 않고 은거하는 뜻이나 이룰 뿐이라고 창계가 겸사로 한 말이다. 원문의 '전사(田舍)'는 자기 일신상의 계책만 생각할 뿐, 국가의 대사에는 관심이 없음을 말한 것이다. 삼국 시대 위나라 허사(許汜)가 일찍이 유비(劉備)와 함께 이야기를 나누던 중, 자기가 한번은 진등(陳登)을 찾아갔더니 진등이 손님 대접을 제대로 하지 않아서 주인인 진등은 높은 와상으로 올라가 눕고 손님인 자기는 아래 와상에 눕게 하더라고 말하자, 유비가 말하기를 "그대는 전답이나 집을 구하려고 다니는 사람이라, 그대의 말이 채택할 만한 것이 없었기 때문이다.〔君求田問舍, 言無可采.〕"라고 했던 데서 온 말이다.《三國志 卷7 魏書 陳登傳》

임수대에서[319]

臨水臺

조정에서 임금 배알하던 나그네가　廣庭仰天客
거친 산 임수대에 이르렀어라　荒山臨水臺
지나가며 한번 눈물 뿌리노니　經過一灑淚
북받침은 그 재주 아까워서라네　感激爲憐才
방랑하던 자취 어찌 원해서였겠나　放跡豈得已
괴로웠던 마음 진정 서글픔 직하이　苦心眞可哀
옛 넋을 불러 보려고 생각하여　思招舊精魄
달빛 아래 매화를 심어 보노라[320]　試種月邊梅

319 임수대(臨水臺)에서 : 임수대의 뒤에 자리한 만수산에 있는 무량사(無量寺)에서 생을 마친 김시습(金時習)을 추억하며 지은 시이다. 임수대는 홍산현(鴻山縣) 북쪽 30리에 있다. 앞을 흐르는 강을 임수대천(臨水臺川)이라고 하는데 만수산(萬壽山), 거차산(居次山), 아미산(峨眉山)에서 흘러내린 물이 여기서 모여 서해로 들어간다. 《홍산읍지》에 따르면, 무량사에 김시습이 직접 그린 자신의 진상(眞像)이 있었는데 승려들이 절 곁에 각(閣)을 세워 모시고 있다가, 뒤에 고을의 사림(士林)들이 그 풍절(風節)을 사모하여 학궁(學宮)의 옆에 사원(祠院)을 따로 세우고 청일사(淸逸祠)라 명명하고서 김시습의 진상을 옮겨 봉안하여 제사를 지냈다고 한다. 《鴻山邑誌 山川, 寺刹》

320 옛……보노라 : 이제는 고인이 된 김시습의 넋을 매화를 심어 그 향기로 불러 보겠다는 것이다. '넋을 부른다'는 것은 송옥(宋玉)이 굴원(屈原)의 넋을 부르는 뜻으로 〈초혼(招魂)〉을 지은 데서 온 말이고, '달빛 아래 매화를 심는다'는 것은 김시습의 호가 매월당(梅月堂)인 것을 암시하는 한편으로 한 해에 두 번 꽃을 피운다는 반혼향(返魂香)이라는 매화가 있으므로 이른 말이다. 소식(蘇軾)의 〈기정도상견매화희증계상(岐亭道上見梅花戲贈季常)〉 시에 "혜초 난초는 말라 죽고 국화도 시들었는데, 반혼향이 고갯마루 매화에 들어왔구나.〔蕙死蘭枯菊亦摧, 返魂香入嶺頭梅.〕"라고 하였다.

우연히 읊다

偶吟

유정처럼 고질병을 몸에 지닌 채	自抱劉楨病
그대로 재여같이 낮잠을 자노라[321]	仍成宰予寢
인생 백 년 근심이 얼마나 많은지	百年幾憂患
세상만사 버리고 편히 누워 보네	萬事一[322]高枕
평소의 뜻은 날로 시들해 가고	素志日以荒
세상길은 날로 좁아져 가누나[323]	世路日以隘
어찌하면 큰 고니의 날개 달고서	安得鴻鵠羽
높이 날아 사해를 가로지를는지[324]	高飛絶四海

321 유정(劉楨)처럼……자노라 : 병을 자주 앓으며 낮에도 누워서 지낸다는 말이다. 유정은 삼국 시대 위(魏)나라 사람으로, 문재(文才)가 뛰어나 왕찬(王粲), 공융(孔融) 등과 함께 건안칠자(建安七子)로 일컬어졌는데 병을 자주 앓았다 한다. 그의 〈증오관중랑장(贈五官中郎將)〉에 "내가 고질병에 걸린 채, 맑은 장빈에 몸을 숨겼노라.〔余嬰沈痼疾, 竄身淸漳濱.〕"라고 하였다. 재여(宰予)는 공자의 제자인데, 《논어》〈공야장(公冶長)〉에, 그가 낮잠을 자자 공자가 이르기를 "썩은 나무는 조각할 수 없고, 썩은 흙으로 쌓은 담장은 흙을 고쳐 바를 것도 없는 것이니, 재여를 어찌 나무랄 것이나 있겠느냐."라고 책망하였다.

322 一 : 대본에는 '□'으로 되어 있는데, 성균관대학교 대동문화연구원의 영인본 《창계집(滄溪集)》에 근거하여 보충하였다.

323 평소의……가누나 : 세상에 나가 치군택민(致君澤民)하고자 하는 뜻은 점점 사라져 가고 조정에서의 당쟁(黨爭) 속에서 사대부로서 처신하기가 점점 힘들어져 간다는 말이다.

324 어찌하면……가로지를는지 : 위험을 벗어나 얽매임 없이 높은 하늘을 자유로이 나는 큰 고니처럼 권력과 이익을 추구하다 자신을 잃어버리게 되는 세속을 멀리 떠나 은거하며 고고하게 살기를 바란다는 말이다. 한 고조(漢高祖)가, 여후(呂后)가 낳은

이양숙[325] 이명 이 찾아 준 것에 감사하다

謝李養叔 頤命 來訪

강 나그네 탄 가벼운 배 은하의 뗏목 같아　　江客輕舟似漢槎
구름 뚫고 찾아와 산속 집에 이르렀구나[326]　　入雲相訪到山家

태자를 폐하고 척 부인(戚夫人)이 낳은 여의(如意)로 바꾸려 하자, 장량(張良)이 동원공(東園公), 녹리선생(甪里先生), 기리계(綺里季), 하황공(夏黃公) 등 상산사호(商山四皓)를 불렀다. 이들은 고조에게 나아가 여후가 낳은 태자를 위한 자신들의 뜻을 아뢰었다. 그러자 평소 상산사호의 명망을 듣고 그들을 초치(招致)하려고 했던 고조가 마음을 바꾸어 태자를 세울 수밖에 없음을 척 부인에게 말하고 척 부인에게 초무(楚舞)를 추게 하면서 다음과 같이 초가(楚歌)를 지어 불러 설득하였다고 한다. "큰 고니가 높이 날이여, 단번에 천리를 가는도다. 날개가 이미 자람이여, 사해를 가로지르도다. 사해를 가로지르니 어찌할 수 있겠나. 비록 주살이 있은들 도리어 어디에 쓰겠는가.〔鴻鵠高飛, 一擧千里. 羽翮已就, 橫絶四海. 橫絶四海, 當可奈何? 雖有矰繳, 尙安所施?〕"라고 하였다.《史記 卷55 留侯世家》 고조가 부른 노래는 세상을 멀리 떠나 있는 상산사호의 고고한 삶을 형용하여 그들의 크고 높은 덕을 흠모한 것이다.

325 이양숙(李養叔) : 양숙은 이이명(李頤命, 1658～1722)의 자이다. 본관은 전주(全州), 다른 자는 지인(智仁), 호는 소재(疎齋), 시호는 충문(忠文)이다. 조부는 영의정 이경여(李敬輿)이고, 부친은 대사헌 이민적(李敏迪)이다. 1680년(숙종6) 별시 문과에 을과로 급제해 홍문관, 사헌부, 사간원의 관직을 두루 거치고 강원도 관찰사, 대사헌, 양전(兩銓)의 판서, 우의정, 좌의정 등을 지냈다. 노론 사대신(老論四大臣)의 한 명으로 남해에 유배되었다가 목호룡(睦虎龍)의 고변으로 사사(賜死)되었다. 창계보다 9년 연하인 그는 창계가 부여에 내려간 1678년 당시 21세로, 부여에서 지내면서 창계와 교유하였다.

326 강……이르렀구나 : 창계의 산속 거처로 찾아오는 이이명이 탄 배가 마치 은하수를 건너는 뗏목처럼 구름에 싸여 신비롭다는 말이다. '은하의 뗏목'은 한 무제(漢武帝) 때 장건(張騫)의 고사를 가리키는 것으로 다음과 같은 이야기가 전한다. 장건이 사명을 받들고 서역에 나가는 길에 뗏목을 타고 황하의 근원을 한없이 거슬러 올라가다가 한

물가에서 맞이하니 바람은 골짝에서 불어오고 相邀水岸風生壑
산문(山門)에서 배웅하니 달빛은 사장에 가득하여라 相送巖扉月滿沙

두 번째 其二

차가운 매화는 외로이도 옛 등걸에 피고 寂寂寒梅開古槎
그윽한 냇물은 청량하게 새집을 감도누나 泠泠幽澗遶新家
오늘밤 강에 뜬 달 아래 서로 그리워하며 相思江上今宵月
문 앞 십 리에 깔린 사장을 함께 마주하네 共對門前十里沙

세 번째 其三

세상 속 이내 신세 떠가는 뗏목과 같아 此身於世等浮槎
남북으로 표류하며 집을 정하지 못하여라 南北漂漂未定家
우연히 강 서쪽에 수석을 차지하고는 偶向江西占水石
산 너머에 흙먼지 있음은 알지 못하네[327] 不知山外有塵沙

성시(城市)에 이르러 보니, 한 여인은 방 안에서 베를 짜고 한 남자는 소를 끌고 은하(銀河)의 물을 먹이고 있었다. 그래서 그들에게 "여기가 어느 곳인가?"라고 묻자, 그 여인이 지기석(支機石) 하나를 장건에게 주면서 말하기를 "성도(成都)의 엄군평(嚴君平)에게 가서 물어보라."라고 하였다. 과연 그가 돌아와서 엄군평을 찾아가 지기석을 보이자, 엄군평이 말하기를 "이것은 직녀(織女)의 지기석이다. 아무 연월일(年月日)에 객성(客星)이 견우(牽牛), 직녀를 범했는데, 지금 헤아려 보니 그때가 바로 이 사람이 은하에 당도한 때였도다."라고 하였다.

327 우연히……못하네 : 정처없이 다니다 자연에 은거하게 되면서 세속의 일은 마음에 두지 않는다는 말이다.

총암에서 왕래하며 생각나는 대로 읊다

叢巖往來漫吟

솔 그늘 걸어 나와 돌 깔린 시내를 건너	步出松陰度石谿
물가를 홀로 거닐 제 물새가 우는구나	獨行沙渚水禽啼
사랑스레 잔풀 바라보며 때때로 앉고	愛看細草時時坐
간간이 새 시 지어 곳곳에 써 보노라	間作新詩處處題

작천에서

鵲川

첩첩산중에 오솔길 하나 나 있는데	疊疊山中一路通
양지 바른 촌락에 물이 둘러 흐르누나	向陽村落水西東
산림 깊고 터가 넓어 인심이 순박하니	林深土廣民風好
다시 집 옮겨 이곳에서 늙고 싶어라	更欲移家老此中

눈앞의 일을 읊다

卽事

어두컴컴하게 대낮이 한밤 같으니 惨惨晝如晦
홀로 서서 마음 편치 않아라 獨立心不怡
만고의 세월 어찌 유구하지 않겠냐만 萬古豈不悠
이내 생애는 이런 시절 만났구나 我生丁此時
어진 선비는 무엇을 저버렸기에 賢士有何負
형벌이 날마다 이어지는 것이며 誅廢日相隨
선량한 백성은 또 무슨 죄이기에 良民亦何罪
벗겨져서 성한 살이 없는 것인지 刮剝無完肌
나라의 운명 실낱처럼 붙어 있을 뿐 邦命僅如線
인류가 다 오랑캐 될 지경이라네 人類胥爲夷
모조리 휩쓸어 가는 홍수의 피해도 蕭條洪水害
이에 비하면 어찌 미미하지 않겠나 方此詎不微
우리 황조께서는 밝고 신령하셔서 皇祖有明靈
굽어보시고 홀로 서글퍼하시리 降鑑應獨悲
미천한 신하 혼자서 가슴을 치니 賤臣竊叩膺
저 하늘은 어찌 알지 못하시는지 皇天何不知
입 있어도 감히 말하지 못하고 有口不敢開
피눈물 부질없이 줄줄 흘리어라 血淚空漣洏
분수로 볼 때는 이렇게 해야 하지만 揆分似宜爾
북받치는 마음 또한 가누기 힘들구나 感激亦難支

무거운 쇳덩이를 머리칼로 드는 일도	千鈞繫一髮
지극한 정성이라면 해낼 수 있으리	至誠猶可爲
누가 풍속을 살피는 사람인가	誰爲觀風者
나는 이 시를 읊어 주고 싶노라	我欲陳此詩

생각나는 대로 읊다
漫詠

옛적 금란에 살던 나그네가	伊昔金蘭客
지금은 백마강을 마주하고 있네[328]	如今白馬江
집 흔드는 바람을 이따금 근심하고	時憂風撼屋
창가에 자란 풀에서 봄기운을 느끼네	春意草連窓
바다에는 천 겹의 구름 떠 있을 테고	想海雲千疊
사장에는 한 쌍의 백로 사랑스럽겠지	憐沙鷺一雙
그 당시에 가족 다 데리고 갔으니	當時盡室去
녹문의 방덕공에 부끄럽지 않아라[329]	不愧鹿門龐

328 옛적……있네 : 통천(通川)에서 우거하던 창계가 부여로 거처를 옮겨 왔다는 말이다. 금란(金蘭)은 통천의 이칭(異稱)으로, 통천군 동쪽 12리에 금란산(金蘭山)이 있기도 하다.《新增東國輿地勝覽 卷45 江原道 通川郡》백마강은 부여현 서쪽을 흐른다.

329 그……않아라 : 혼란한 시국을 떠나 통천에 은거한 창계의 뜻이 녹문(鹿門)에 은거했던 고상한 은사 방덕공(龐德公)의 뜻에 못지않다는 말이다. '방덕공'은 203쪽 주197 참조.

병중에 《백호집》을 보다가 〈계촌병중〉에 차운하다[330]

病中閱白湖集 次溪村病中韻

이때 부여(扶餘) 조계(藻溪)에 우거하였다.

문 앞은 쓸쓸해서 잡초 절로 우거졌고	門巷寥寥草自深
주렴 너머로 온종일 새 우는 소리 들리네	隔簾終日聽啼禽
폐 아픈 걸 알아 술은 그대로 아주 끊고	酒知病肺仍全廢
마음 쓰는 것 싫어 시도 드물게 읊어라	詩厭關心亦罕吟
세속에서 마음 푸는 것은 서책뿐이고	塵世開懷唯簡策
인생에서 뜻대로 하는 것은 산림에 있지	人生肆志要山林
서강의 파랑은 어느 때나 잔잔해질는지[331]	西江波浪何時定
그윽한 난초 홀로 대하며 상념 가득하여라	獨對幽蘭意滿襟

330 병중에……차운하다 : 임제(林悌, 1549~1587)의 〈계사병중(溪舍病中)〉에 차운한 시이다. 《林白湖集 卷3 溪舍病中, 韓國文集叢刊 58輯》 임제는 창계의 족증조(族曾祖)로, 자는 자순(子順), 호는 백호(白湖)·풍강(楓江)·소치(嘯癡)·벽산(碧山)·겸재(謙齋)이다.

331 서강(西江)의……잔잔해질는지 : 거칠고 험한 바깥세상이 언제쯤 화평해지겠냐는 말이다. '서강'은 본래 장강(長江)의 중하류(中下流) 혹은 사천(四川)의 촉강(蜀江)을 가리키는데, '서강의 파랑'을 평탄하지 못한 세상에 비유한 것이다. 본래 황정견(黃庭堅)이 요절한 그의 여동생을 위해 지은 〈훼벽(毁璧)〉에서 "돌아가 거닐자꾸나, 서강의 풍파는 어느 때나 잔잔해질는지.〔歸來兮逍遙, 西江波浪何時平?〕"라고 한 데서 온 말이다.

남초를 읊다

詠南草

좋은 음식도 화식하는 것이기에	玉食亦煙火
저 빙설 같은 이에게 부끄러운데[332]	愧彼氷雪人
하물며 이 남방 오랑캐의 풀이	況此蠻蜒草
어떻게 선약(仙藥)의 부류에 끼이겠나	豈在服食倫
불을 붙여 독한 기운 부채질하고	傳火煽毒氣
삼키고 뱉으며 연기를 호흡하누나	呑吐接故新
어찌 맵싸한 통증만 있겠는가	豈伊薰辛害
바싹 마르고 화순하지 않다네	燥烈非和淳
처음에는 시야가 흐릿해짐 느끼다가	先覺目視昏
곧이어 정신이 희미해지네	次第應損神
세인들은 이를 알면서도 좋아하니	世人知復嗜
요망하여라 누가 이 뿌리 뽑을런고	妖哉誰撥根

332 좋은……부끄러운데 : 세속에 어울려 진귀한 음식을 먹으며 살더라도 불에 익힌 음식을 먹는 것이기에 세속을 벗어나 바람과 이슬을 먹으며 사는 신인(神人)에게 부끄럽다는 말이다. '빙설 같은 이'는 《장자(莊子)》 〈소요유(逍遙遊)〉에 "묘고야산에 신인이 사는데, 살결은 얼음이나 눈빛 같고, 얌전한 자태는 처녀 같으며, 오곡은 먹지 않고 바람과 이슬을 마시며, 구름을 타고 나는 용을 몰아서 사해의 밖에 노닌다.〔藐姑射之山有神人焉, 肌膚若氷雪, 淖約若處子, 不食五穀, 吸風飮露, 乘雲氣, 御飛龍, 而遊乎四海之外.〕"라고 한 데서 온 말로, 세속의 이욕(利慾)에 물들지 않고 심지가 순결하고 지조가 견결(堅決)한 사람을 말한다.

경박한 이는 세속에 물들기 쉬워라	薄劣易染俗
나쁜 짓 따름이 어찌 이리 빈번한지	效尤亦何頻
발분하여 단번에 끊어야 할 것이니	發憤一止去
삿된 맛은 맛있는 것이 아니라네	邪味非所珍

우연히 짓다

偶作

병으로 누워 있다 문득 문을 열고	臥病忽開戶
대문을 나서니 마음 슬프고 아득하네	出門意悵悠
가을 하늘에 흰 구름은 아스라하고	天秋白雲遠
해 질 무렵에 푸른 바다는 시름겨워라	日落滄溟愁
세상만사 어지러이 뒤엉켜 있으니	萬事莽回互
이내 생애 하릴없이 떠다니누나	吾生隨泛浮
차가운 하늘에 뜬 송골매 되어	願爲霜空鶻
날개 떨치고 세상 벗어나고 싶네	摶翼超九州

10월에 거세게 천둥 벼락이 치고 비와 우박이 내리기에 계곡의 〈뇌굉굉〉에 화운하다[333]

十月大雷電雨雹 依韻和谿谷雷轟轟

우레 쿠르릉 치고 비는 쏴아 쏟아져	雷轟轟雨滂滂
시월의 초입에 번개가 번쩍 내리치누나	十月之交飛電光
벼락은 하늘을 찢는 듯 사라졌다 펼쳐지고	電如裂天翕復張
우레는 땅을 쓰는 듯 낮아졌다 올라가며	雷如掃地令低昂
비는 바닷물이 공중에 흩뿌리는 듯하니	雨如海水空中揚
누가 현명이 폐장을 맡는다 말하였는지[334]	誰言玄冥司閉藏
혹자는 옥황이 기강을 잃었다 염려하거니와	或恐玉皇失紀綱
바람에 우박까지 더해 그 기세 당할 수 없네	更兼風雹勢莫當

333 10월에……화운하다 : 장유(張維)가 지은 〈뇌굉굉(雷轟轟)〉은 음력 11월에 거세게 비바람이 불고 천둥 번개가 친 일을 읊은 시인데, 창계 역시 음력 10월에 같은 기상 이변을 만나서 장유의 시에 차운하여 소회를 읊은 것이다.

334 누가……말하였는지 : 초겨울인 음력 10월에 천둥 번개와 비가 내리므로 현명(玄冥)이 천지를 폐장(閉藏)하는 직분을 제대로 하지 않고 있다고 의아해하는 말이다. '현명'은 북방(北方)의 신으로, 겨울과 물을 관장하는 신인데 폐장을 견고하게 한다. 《회남자(淮南子)》 〈시칙훈(時則訓)〉에 "북방의 끝은 구택(九澤)에서 하회(夏晦)의 끝을 지나 북으로 영정(令正)의 골짜기에 이른다.……전욱(顓頊)과 현명이 주관하는〔所司〕 곳으로 모두 1만 2천 리인데 그 정령에 '각종 금령을 신칙하고 폐장을 견고하게 하며 보루와 요새를 수리하고 관문과 교량을 수선하며 외부로의 이동을 금지하며 형벌을 결단하여 죄주어야 할 자를 죽이며 문려(門閭)를 닫고 외부인을 크게 수색하며 교유를 금지하고 밤놀이를 금지한다.……〔申群禁, 固閉藏, 修障塞, 繕關梁, 禁外徙, 斷罰刑, 殺當罪, 閉關閭, 大搜客, 止交游, 禁夜樂.……〕'라고 하였다."라고 한 데서 온 말이다.

한해 내내 농사지어 하루에 망쳐 버리니	終歲爲農一日荒
벼를 미처 거두지 못해 사람들 분주하구나	稻穫未收衆奔忙
이 재앙 모두 음이 양을 범했기 때문이니	災殄盡由陰干陽
이 일은 매우 분명해 의심할 것 없기에	此事至明非疑嘗
대궐에 아뢰어 임금님 옷자락 당기고 싶네[335]	願奏九重牽舜裳

335 임금님……싶네 : 임금께 잘못된 정사(政事)에 대해 직언(直言)으로 극간(極諫)하고 싶다는 말이다. 삼국 시대 위 문제(魏文帝)가 기주(冀州)의 사가(士家) 10만 호를 하남(河南)으로 옮기려 하였는데 당시 황충〔蝗〕의 피해로 흉년이 들었던 터라 신하들이 불가하다고 말렸으나 문제는 듣지 않고 내전(內殿)으로 들어가려 하였다. 그러자 신비(辛毗)가 문제의 옷자락을 붙잡고 들어가지 못하게 하여 절반만 옮기게 하였다. 《三國志 卷25 魏書 辛毗傳》 여기서 비롯되어 임금의 옷을 잡아당기는 것이 극간한다는 의미로 쓰이게 되었다.

동보에게 주는 편지를 쓴 뒤 앞으로 만날 기약은 점점 아득해지는데 지난번 며칠 동안 담소를 나누고도 속뜻을 다 말하지 못하였음을 생각하고 병중에 심정이 더욱 서글퍼지기에 문득 지난밤 내게 읊어 준 근작 율시 두 수의 운을 따라 지어 보내다

作同甫書後 念前期漸遠 而昨者數日奉話 猶未盡意 病中情緖 益復愴悢 輒依前夜誦示近作二律韻奉呈

한번 시작한 담소로 사흘 밤을 보내니	一語餘三夜
다시 만날 날 또 어느 때일는지	相逢復幾時
이제껏 떨어져 지낸 시간 많았는데	向來多契闊
이번에 가니 또다시 이별이로구나	此去亦分離
들판에 난 길을 산에 올라 바라보고	野徑登山望
호서의 하늘을 달을 보며 생각하겠지[336]	湖天見月思
얼마나 떨어져 있는지는 괘념치 마세	莫論身近遠
천리 멀리서 흉금 함께하고 있으니	千里共心期

336 들판에……생각하겠지 : 창계는 부여에서 이희조(李喜朝)가 양주(楊州) 영지동(靈芝洞)으로 떠나며 걸어간 길을 바라보고, 이희조는 영지동에서 부여에 있는 창계를 그리워할 것이라는 말이다.

두 번째 其二

훌륭한 자질 타고나도 배워야 하고	美質猶須學
정미한 이치는 거듭 탐색해야 하지	精微要更尋
사람들 대부분 얕은 능력을 믿는데	人多資淺力
하늘은 본래 희음을 감추고 있네[337]	天固閟希音
비바람 속에 누가 나와 함께할는지	風雨誰同響
천지간에 홀로 이 마음뿐이어라	乾坤獨此心
그대와의 기약에 생각은 끝이 없으니	相期意無盡
편지 뒤에 외로운 읊조림 부치노라	書後附孤吟

337 사람들……있네 : 사람들은 대부분 천박한 능력을 가지고 세상 이치를 다 터득하였다 말하곤 하지만 심오한 이치는 천지간에 깊이 감추어져 있어 깨닫기가 쉽지 않다는 말이다. '희음(希音)'은 들어도 들리지 않는 소리로, 오묘한 음악을 가리키는데, 여기서는 우주의 심오한 이치를 비유한다. 216쪽 주226 참조.

어떤 이에게 주다

贈人

가을매미 울음소리 벌써 들리니	已聽鳴蜩響
좋은 시절 저물어 감을 또한 알겠네	亦知芳歲闌
산들바람에 연에 서린 빛깔 윤기 나고	微風荷氣潤
가랑비에 대에 나는 소리 차가워라	疎雨竹聲寒
이별 서글퍼라 운산에 가로막혀 있고	悵別雲山隔
흉금 터놓으니 우주처럼 광대하구나[338]	開襟宇宙寬
강 머리에 안개 싸인 배 있으니	江頭有煙艇
그대 기다려 낚싯대 드리우고 싶네	待爾欲垂竿

338 이별……광대하구나 : 멀리 산수 깊은 곳으로 떠나가는 상대와의 이별을 서글퍼하는 한편으로 상대와 흉금을 터놓아 우주처럼 마음이 트였다는 말이다. '운산(雲山)'은 속세를 멀리 벗어난 곳으로 은자(隱者)나 출가인이 사는 곳을 말한다.

외숙 조성경에게 답하는 편지 뒤에 쓰다
書答趙叔成卿書後

마음은 취함 싫어하면서 깨지 못한 사람 같은데	心如惡醉未醒人
그대 편지 받을 때면 뜻이 잠시 새로워지네	每得君書意暫新
이 일은 단지 경계하고 성찰해야 할 뿐인데	此事直須要警省
언제나 구습에 빠져 지냄을 버리지 못하여라	常時不免墮因循
생각을 폄에 중도에 잘못됨이 가장 염려이고	推思最患中途失
경을 유지해야 있는 그 자리가 참됨을 안다네	存敬方知即處眞
지성으로 인도해 주는 뜻에 힘입었으니	賴荷至誠提挈義
이 몸 마침내 풍진세상 벗어날 수도 있으리	是身終或脫埃塵

정명공주 사저에서 연회를 베푼 일에 대한 시 병서
貞明公主第賜宴詩 幷序

성상(聖上)[339]의 재위 3년(1677) 여름에 전교하기를 "선조(宣祖)의 직계 자녀는 지금 생존해 있는 분들이 없고 정명공주만이 살아 계신데 춘추가 가장 높고 왕실에서 가장 어른이다. 일등(一等)의 연악(宴樂)[340]을 하사하여 내가 융숭하게 대우하는 뜻을 표하라." 하였다. 이에 5월 모일에 공주의 사저에서 연회를 마련하게 되었는데 유사(有司)가 연회일에 앞서 의례(儀禮)대로 물자를 공급하였다. 연회 당일에는 성상께서 또 내부(內府 왕실 창고)에 명하여 장막과 기물을 내어 필요한 물품을 보조하도록 하였고 중귀인(中貴人 환관(宦官))을 보내 내온(內醞 왕실의 술)을 하사하셨다. 그리고 기타 여러 융숭한 은혜들에 이르기까지 근고(近古) 이래로 없던 일이라고 한다. 왕실의 종친들로부터 조정의 경사(卿士)들에 이르기까지 모두 연회에 참석하여, 이 연회가 국가에는 성대한 은전(恩典)이고 가문에는 지극한 영광이므로 시가(詩歌)를 지어 이 빛나는 은총을 노래 불러야 할 것이라고 다들 말하였다. 이에 연회에 참석하여 지은 이들이 몇 명이었고 연회에는 참석하지 않고 뒤따라 화답한 이들이 몇 명이었

339 성상(聖上) : 숙종(肅宗)이다.

340 일등(一等)의 연악(宴樂) : 기로연(耆老宴)·영친연(榮親宴) 등에 임금이 정재(呈才)·여기(女妓)·악공(樂工) 등을 보내는 것을 사악(賜樂)이라고 하고 4등으로 나누는데 그 가운데 악사(樂師) 1인, 여기 20인, 악공 10인을 내리는 것을 일등악(一等樂)이라고 한다.

다. 또 이듬해 8월 신묘일에 성상께서 지난번의 전교를 거듭 내리시면서 다시 처음에 했던 의례대로 연악(宴樂)을 하사하셨다. 이에 시가를 지은 이들이 또 몇 명이었고 뒤따라 화답한 이들이 또 몇 명이었다. 나는 미천한 선비이다. 살면서 존귀한 가문을 몰랐었는데 하물며 이러한 때에 바닷가에 숨어 지내고 있으니 어찌 또 이렇게 성대한 일이 있다는 것을 알 수 있겠는가. 가장 나중에야 길에서 듣고는 속으로 '이 하나의 일을 통해서 성상께서 연로한 이를 받들고 존귀한 이를 높이며 친속을 가까이하시는 의리를 볼 수가 있다. 전(傳)에 이르기를 「윗사람이 연로한 이를 받들면 백성들이 효성을 일으킨다.」[341] 하고 달효(達孝)를 칭탄(稱歎)하기를 「선조가 존경하던 이를 공경하고 선조가 친애하던 이를 사랑한다.」 하지[342] 않았던가. 이것이 바로 국가의 근본이다. 참으로 이 의리를 미루어 나간다면 정사를 펴는 데 무슨 어려움이 있겠는가.'라고 생각하였다. 얼마 뒤에 또 "공주께서는 지극히 존귀하므로 감히 언급할 수 없지만 공주 가문의 자손들은 어떻게 성상의 은혜에 보답할 것인가. 신하는 임금

341 윗사람이……일으킨다 : 《대학장구》 전 10장에 "이른바 평천하가 치국에 달려 있다는 것은 윗사람이 노인을 노인으로 봉양하면 백성들이 효성을 일으키고, 윗사람이 어른을 어른으로 대우하면 백성들이 공순한 마음을 일으키며, 윗사람이 고아를 돌보아 주면 백성들이 서로 저버리지 않나니, 이 때문에 군자는 혈구의 도가 있는 것이다.〔所謂平天下在治其國者, 上老老而民興孝, 上長長而民興弟, 上恤孤而民不倍, 是以君子有絜矩之道也.〕"라고 한 말을 인용한 것이다.

342 달효(達孝)를……하지 : 《중용장구》 제19장에 "무왕과 주공은 누구나 공통으로 말하는 효이실 것이다.……선조가 존경하던 이를 공경하고 선조가 친애하던 이를 사랑하며,……이렇게 하는 것이 바로 효의 극치이다.〔武王周公, 其達孝矣乎!……敬其所尊, 愛其所親,……孝之至也.〕"라고 한 말을 인용한 것이다.

에 대하여 충애(忠愛)의 마음이, 태어남과 함께 생겨나는 것이니, 본래 존귀하고 친근하다고 더 권면되거나 은혜와 총애를 받았다고 더 면려되는 것이 아니다. 그렇지만 가까운 친속일수록 받는 은혜가 더 큰 법이니 보답하는 일에 더욱 힘쓰지 않을 수 있겠는가. 내 생각에는 공주 가문의 자손들이 이제부터 더욱 마음을 다잡고 학문에 힘써, 물러나 있을 때에는 모두 수양하는 선비가 되고 조정에 나가서는 반드시 충성스러운 신하가 된다면 이에 성조(聖朝)의 인지(麟趾)의 아름다운 교화[343]를 도와 이룰 수 있을 것이다. 공주께서 성상의 은혜에 보답하는 것이 여기에 있을 것이다. 공자께서 효는 입신(立身)에서 끝난다고 하셨으니[344] 이와 같이 임금을 섬기는 이가 충과 효의 도리에 부합할 것이다."라고 말하였다. 얼마 뒤에 또 "누가 앞의 설을 미루어 우리 임금께서 한번 들으시기를 바랄 것이며 뒤의 설을 가지고 공주 가문의 자손들을 위해 말해 줄 것인가. 지금 시가를 지은 이들이 이미 많다고 하는데 벌써 이런 말을 언급하였는지."라고

343 성조(聖朝)의……교화 : 왕의 은덕으로 왕실의 자손들이 인후(仁厚)하게 되는 교화를 말한다. '인지(麟趾)'는 기린의 발이란 뜻으로, 기린은 본디 인후한 짐승이라, 산 풀도 밟지 않고 산 벌레도 밟지 않는다 한다. 주 문왕(周文王)과 후비(后妃)의 인후한 성덕(聖德)으로 인해 왕실의 수많은 자손들 또한 모두 인후한 것을 이 기린에 견주어, 《시경》 〈주남(周南) 인지지(麟之趾)〉에 "기린의 발이여, 인후한 공자이니, 아 이들이 바로 기린이구나.〔麟之趾, 振振公子, 于嗟麟兮!〕"라고 한 데서 온 말이다.

344 공자께서……하셨으니 : 《효경》 〈개종명의장(開宗明義章)〉에 "신체의 머리털과 살은 부모에게서 받아 나온 것이니 감히 훼상하지 않는 것이 효도의 시작이 되고, 입신출세하여 도를 행해서 후세에 명성을 드날려 부모를 현양하는 것이 효도의 끝이 된다.〔身體髮膚, 受之父母, 不敢毁傷, 孝之始也. 立身行道, 揚名於後世, 以顯父母, 孝之終也.〕"라고 한 데서 온 말이다.

탄식하였다. 얼마 지나지 않아 홍후 만희(洪侯萬熙)가 편지를 보내와 나에게 성상께서 연회를 하사하신 일의 전말을 자못 자세하게 말해 주었다. 그러면서 또 "성조에서 우리 모친을 위해 주시는 영광이 또한 지극하네. 나와 벗이 된 이들은 다 한마디씩 해 주었으니 그대의 시문(詩文)을 얻고 싶네."라고 하였다. 나는 본래 사양해야 마땅하지만 이미 앞서 속으로 생각한 것이 있고 또 홍후가 천리 멀리서 부탁한 것이 우연이 아님을 중히 여겨서 마침내 이런 내용을 써서 서문을 짓고 시를 지어 답한다.

우리 군왕께서 귀주를 공경하시어	吾王敬貴主
연회 베푸시니 광영이 앞뒤로 빛나네	錫宴光後前
어찌 존귀한 친속 존중해서일 뿐이랴	豈惟重尊屬
또한 연로한 분 우대하기 위해서라네	且爲優高年
유사가 성대하게 물자를 대었으니	有司盛供給
성상께서 융숭하게 베푸신 것이어라	自天加特宣
왕실의 주방에서 좋은 술을 보내오고	御廚送仙醞
임금님 창고에서 화려한 자리 내왔네	天府出綺筵
맑고 조화로운 광악[345]이 연주되어라	泠泠廣樂奏
특별히 운소[346] 음악 거두어 보내셨구나	別撤雲韶懸

345 광악(廣樂) : 균천 광악(鈞天廣樂)의 준말로, 천상(天上)의 음악을 가리키는데, 전하여 궁중 음악을 가리킨다.

346 운소(雲韶) : 황제(黃帝)의 음악인 운문(雲門)과 우순(虞舜)의 음악인 대소(大韶)의 병칭으로, 전하여 궁중 음악을 가리킨다.

양궁[347]께서 각기 애틋하게 여기시어 兩宮各繾綣
하사하심이 또한 계속 이어졌다네 賜予亦聯翩
오직 이 연로한 분 받드는 인을 통해 惟玆老老仁
효리[348]가 장차 다시 밝아지리라 孝理行復甄
귀주께서 금석처럼 장수하시니 貴主壽金石
성조에서 하늘 같은 은총 내리시네 聖朝恩如天
하늘 같은 이 은혜 어이 갚겠나 如天將何報
공주 가문 자제에 어진 이 많으니 主家子多賢
자자손손 대대로 이어 내려가며 子子復孫孫
만세토록 충성 더욱 굳건하리라 萬世忠彌堅

347 양궁(兩宮) : 숙종의 모친 명성왕후(明聖王后) 김씨(金氏, 1642~1683)와 비(妃) 인경왕후(仁敬王后) 김씨(金氏, 1661~1680)를 가리킨다.

348 효리(孝理) : 효도(孝道)로써 나라를 다스리고 백성을 교화하는 것을 말한다.

고기 잡는 광경을 보다

看打魚

산 너머에 이웃집 멀리 있어	山後隣家遠
평소에는 오가는 인적 뜸한데	常時少往來
문득 그물 든 이들 바라보니	忽看持網伴
다들 고기 잡고 돌아오는 길이구나	摠爲打魚回
가랑비는 모래톱에 후드득대고	小雨鳴沙岸
실바람은 조룡대를 쓸고 가누나	微風掃釣臺
참으로 한번 자적하기 좋으니	眞供一取適
들판에서 그대 위해 술잔 들어라	野酌爲君開

은진 이 사군[349] 태룡 이 찾아오다

恩津李使君 台龍 來訪

들판 너머 외딴 마을 멀리 있는데	野外孤村遠
강 머리에 오마[350]가 찾아오누나	江頭五馬來
사장에 기대 언덕 너머 얘기하고	依沙隔岸語
포구로 나가 배를 불러 돌아오네	出浦喚船回
이슬 내린 풀숲 속 오솔길을 헤치고	露草披幽徑
바람 부는 솔 아래 옛 대에 기대어라	風松倚古臺
텅 빈 산에 누가 다시 찾아오리	空山誰復到
깊은 회포 그대에게 열어 보노라	深抱向君開

349 이 사군(李使君) : 이태룡(李台龍, 1651~?)으로 이때 은진 현감으로 있었다. 본관은 연안(延安), 자는 초로(楚老)이다. 부친은 이후익(李后翊)이다.

350 오마(五馬) : 한(漢)나라 때 태수가 다섯 필의 말이 끄는 수레를 타고 다녔던 데에서 유래하여 지방 수령을 가리키는 말로 쓰인다.

찾는 손님 없어
無客

개울 길 바위를 끼고 좁으니	溪路依巖細
산촌은 밤이 들수록 호젓하여라	山村向夜孤
연하에 나의 즐거움 있으니[351]	煙霞吾樂在
거마 탄 나그네 찾아오지 않누나	車馬客來無
돌 시내는 날 개어 물이 빠지고	石磵晴猶落
사장의 새는 조용하다 울곤 하네	沙禽靜復呼
아득하게 좋은 생각 일어날 때면	悠然有好意
이따금 홀로 책 덮고 탄식하여라	時獨掩書吁

351 연하(煙霞)에……있으니 : 속세를 떠나 깊은 산수에서 살아가는 것을 좋아한다는 말로, '연하고질(煙霞痼疾)'의 고사에서 나온 말이다. 당(唐)나라 전유암(田遊巖)이 벼슬을 그만둔 뒤에 온 가족을 데리고 태백산(太白山)에 들어가 20여 년 동안 은거하다가 뒤에 기산(箕山)으로 들어가자, 고종(高宗)이 그를 불러 산속 생활이 어떤지를 물어보니 그가 대답하기를 "신은 산수를 좋아하는 병이 이미 고황에 들고 안개와 노을에 고질병이 들었는데, 성상의 시대를 만나 다행히 소요하고 있습니다.〔臣泉石膏肓, 煙霞痼疾, 旣逢聖代, 幸得逍遙.〕"라고 한 데서 나온 말이다. 《新唐書 卷196 隱逸列傳 田遊巖》

집이 반쯤 이루어져 문득 읊다

屋半就偶吟

작은 집이 이제 반쯤 이루어지니	小屋今半就
그윽한 정취 벌써 마음에 맞구나	幽事已相宜
버들 심어 막 언덕에 세우고	種柳初緣岸
샘물 터서 연못 만들려 하네	疎泉擬作池
서 있는 바위 따라 시를 쓰고	詩從立石寫
가까운 꽃 보려 자리 옮겨 가네	席爲近花移
다시 장인에게 물어보노니	更向工師問
누각은 언제쯤 다 짓겠는지	樓成可幾時

부산사에서 함께 노닌 이에게 보이다[352]

浮山寺示同遊

높은 벼랑에 운옥[353]이 서 있으니　絶壁寄雲屋
날아갈 듯도 떨어질 듯도 하여라　欲飛如欲墜
위로는 솟아오른 바위가 있고　上有巖巖石
아래로는 넘실대는 강물 흐르네　下有滔滔水
좋은 벗 나를 불러 노니노라니　佳友招我遊
봄바람 나를 따라 부는구나　春風隨我至
솔 그늘 사이로 종소리 들리고　聞鍾松靄間
산꽃들 속에 배를 묶어 두네　繫船山花裏
강 비는 그윽한 산길 씻어 내고　江雨灑幽徑
돌샘은 청정한 기운 풍기어라　石泉生道氣
방장의 방 주위를 서성이다가　逍遙方丈室
다시 난간을 향하여 기대노라　復向闌干倚
강과 들에 운무가 피어나니　川原生雲霧
어슴푸레하게 몇백 리에 뻗은 건지　蒼然幾百里

352 부산사(浮山寺)에서……보이다 : 부산사는 부여 백마강 서쪽의 부산(浮山)에 있던 절로, 백제 의자왕이 지었다고 한다. 창계가 함께 노닌 이는 이이명(李頤命)으로, 이 시에 차운한 시가 한국문집총간 172집에 수록된 《소재집(疎齋集)》 권1에 〈부산사차임덕함운(浮山寺次林德涵韻)〉이라는 제목으로 실려 있고 그의 조부 이경여(李敬輿)가 강학했던 부산서원(浮山書院)이 이 산에 있기도 하다. 소재(疎齋)는 이이명의 호이다.

353 운옥(雲屋) : 은자(隱者)나 출가인이 사는 곳으로, 여기서는 부산사를 가리킨다.

아련한 건 고기 잡고 나무하는 풍경이고	依依漁樵景
참으로 서글픈 건 전 왕조의 일이로다	惻惻前朝事
나그네 유람은 본래 정처가 없거니와	客遊本無定
참다운 생각이야 끝내 어이 그만두리	眞想終何已
새집이 마침 여기서 가까우니	新居適相近
이제부터 서로 왕래하게 되리	來往自此始

강가 우거에서 눈앞의 풍광을 읊다
江居卽事

구름 기운 항상 골짝에 서려 있고　　雲氣常依壑
강물 빛깔 바로 산을 머금었어라　　江光卽抱山
자연스레 속세의 발길 없으니　　自然無俗駕
어찌 다시 문빗장 걸어 닫겠나　　何復掩柴關
책 읽노라니 실바람이 불어오고　　散帙微風入
노래 부르노라니 고운 새 날아드네　　行歌好鳥還
돌이켜 지금 세상 생각하건대　　却思今世上
그 누가 나처럼 한가할는지　　誰似此人閑

두 번째 其二

이내 심사는 서책 읽는 일이요　　心事開黃卷
이내 생애는 푸른 산에 이르렀어라　　生涯到碧山
안락한 곳을 조금은 알고 있으니[354]　　粗知安樂處
명리 좇는 길에 들어서지 않네　　不涉利名關

354 안락(安樂)한……있으니 : 빈한(貧寒)해도 안빈낙도(安貧樂道)하는 처사로서의 삶의 자세를 안다는 말이다. 안빈낙도는《논어》〈옹야(雍也)〉에, 공자가 "한 그릇 밥과 한 바가지의 물로 누추한 골목에서 사는 것을 다른 사람들은 견디지 못하는데, 안회는 그 즐거움을 한결같이 변치 않으니 참으로 어질다.〔一簞食一瓢飮, 在陋巷, 人不堪其憂, 回也不改其樂, 賢哉回也!〕"라고 한 안회의 삶의 자세에서 비롯된 말이다.

골짝 초입에 꽃들 살포시 떨어지고	谷口花微落
숲 속에서 꾀꼬리 또한 돌아가누나	林間鸎亦還
좋은 기약을 문득 서글피 바라며	佳期忽悵望
홀로 한가로이 갈매기 마주하네	獨對白鷗閑

뱃길에서 눈앞의 풍광을 읊다

舟行卽事

맑은 강물 넘실대고 꽃은 대에 만발하니	水滿淸江花滿臺
가벼운 배로 물길 따라 꽃 보며 돌아오네	輕舟隨水看花來
도원이라도 이와 같지는 못할 것이니	桃源未必能如此
산꽃 다 지고 난 뒤 다시 꽃이 피누나	落盡山花花更開

첩운하여 주인께 올리다

疊韻奉主人

울타리는 강에 접해 남향하고 있는데	籬落緣江卽向陽
두견화 피어난 곳에 초가 한 채 있어라	杜鵑花裏有茅堂
주인은 길손 보고 좋은 풍광 자랑하여	主人見客詫佳處
저녁놀 비치는 병암을 웃으며 가리키네	笑指屛巖夕照當

앞 강에 배를 띄우다

前江泛舟

낙화암에서 일찌감치 배를 띄워	早解落花纜
봄날 강 마을에서 공을 기다리네	候公江縣春
어찌 알았으랴 타향의 모임에서	何知異鄉會
한 집안사람 그럭저럭 모일 줄을	略備一家人
남수는 서해에 마주 닿아 있고	藍水邊西海
진성은 북극성 너머에 있어라[355]	秦城上北辰
내일 새벽 이별을 견디지 못하리	不堪明曉別
백발의 어버이가 근심스러워라	愁殺白頭親

355 남수(藍水)는……있어라 : 남수는 충청도 남포현(藍浦縣)을 가리키고, 진성(秦城)은 한양 도성을 가리킨다.

동보가 동짓날 보내 준 시에 삼가 화답하고 도로 부쳐 가르침을 청하다
奉酬同甫至日見寄之作 却寄求教

빈 골짝에 온 그대 서신에 벗이 온 듯하니	書來空谷似朋來
찬 시내 찾아가 함께 술잔 들던 일 추억하네	憶過寒溪共把杯
동짓날마다 그대 번거로이 편지를 보내오니	至日每煩書誨及
어느 때나 다시 만나 담소 나누게 될는지	何時重得笑談開
행장이 여유로웠던 것은 선현의 뜻이요[356]	行藏綽綽前修意
세상길 아득했던 것은 지사의 슬픔이어라[357]	世路悠悠志士哀

356 행장(行藏)이……뜻이요 : 임금에게 등용되면 도를 행하고 버려지면 몸을 숨기는 이른바 행장이 여유로웠던 선현의 뜻이 바로 창계의 뜻이라는 말이다. 여기서 선현은 맹자(孟子)를 가리킨다. 제(齊)나라 대부(大夫) 지와(蚳鼃)가 사사(士師)가 된 지 수개월이 지났는데도 임금에게 간언하는 일이 없음을 맹자가 문제 삼자 지와가 임금에게 간언하고 받아들여지지 않아 직분을 내놓고 물러났다. 이 일을 두고 제나라 사람들이 맹자는 자신의 도가 행해지지 않는데 왜 떠나지 않는지 그 처신을 문제 삼았다. 그러자 맹자는 "내 들으니 '관수(官守)가 있는 자는 그 직책을 수행할 수 없으면 떠나고, 언책(言責)을 지고 있는 자는 그 말을 할 수 없으면 떠난다.' 하였다. 나는 관수도 없고 언책도 없으니, 그렇다면 나의 진퇴가 어찌 작작하게 여유가 있지 않겠는가.〔吾聞之也, 有官守者, 不得其職則去, 有言責者, 不得其言則去, 我無官守, 我無言責也, 則吾進退, 豈不綽綽然有餘裕哉?〕"라고 하였다. 《孟子 公孫丑下》 맹자가 말한 진퇴는 출처(出處) 곧 행장을 가리킨다.

357 세상길……슬픔이어라 : 세상의 수많은 갈림길에 서서 지사(志士)가 슬퍼했던 것처럼 창계 역시 서글퍼한다는 말이다. 여기서 '지사'는 전국 시대 위아설(爲我說)을 주창했던 양주(楊朱)를 가리킨다. 이 구절은 도잠(陶潛)의 〈음주(飮酒)〉 20수 가운데

홀로 이 마음 품은 채 하소연할 곳이 없어	獨抱此心無處告
꿈에 선동[358]에 돌아가 달 아래 배회하네	夢回仙洞月徘徊

제19수에 "세상길 광활하고 아득하니, 양주는 이 때문에 가던 길 멈추었지.〔世路廓悠悠, 楊朱所以止.〕"라고 한 구절과 "양주가 팔방으로 통하는 큰길을 보고 울었으니, 이는 남쪽으로도 갈 수 있고 북쪽으로도 갈 수 있기 때문이었다.〔楊子見逵路而哭之, 爲其可以南可以北.〕"라고 한 말에서 나온 것이다. 《陶淵明集 卷3》《淮南子 說林訓》

358 선동(仙洞) : 이희조(李喜朝)가 은거하고 있는 양주의 영지동을 신선이 사는 동부(洞府)에 비유하여 말한 것이다.

빗속에 마음 가는 대로 읊다

雨中漫吟

삼월이라 강변에 비가 내려 먼지 적시는데	三月江邊雨浥塵
빗속에 호젓이 앉았노라니 객수가 새로워라	雨中孤坐客愁新
시는 흥을 푸느라 급히 붓을 적셔 짓고	詩因遣興濡毫急
술은 근심 삭이느라 자주 잔을 씻어 마시네[359]	酒爲消憂洗盞頻
풀은 한가로운 뜰에 돋으니 나와 뜻이 같고[360]	草出閑庭同意思
꽃은 외로운 나무에 화사하니 절로 생기 있구나	花明獨樹自精神
한적하여라 이곳의 정취 그 누가 알겠나	悠悠誰識此中趣
다시 서책을 펼쳐 놓고 고인을 대하노라	却向靑編對古人

359 시(詩)는……마시네 : 두보의 〈가석(可惜)〉에 "마음 위로에는 응당 술이 제일이고, 흥을 푸는 데엔 시보다 나은 게 없어라.〔寬心應是酒, 遣興莫過詩.〕"라고 한 시구를 원용한 것이다. 《杜少陵詩集 卷10》

360 풀은……같고 : 풀도 나와 마찬가지로 살고자 하는 생(生)의 의사가 있다는 것으로, 북송의 주돈이(周敦頤)가 창 앞의 풀을 제거하지 않았는데 어떤 사람이 그 까닭을 물으니, "저 풀의 의사가 나의 의사와 같다.〔與自家意思一般.〕"라고 한 데서 온 말이다. 《近思錄 卷14》

공산[361]의 객관에서 촛불 아래 붓을 놀리다

公山客館 燭下走筆

조정에 나아갔을 때이다.

객관에 해가 막 저물어 가는데	客館日初沈
깃든 새 쉬지 않고 지저귀누나	宿禽喧未已
울창하게 드리운 홰나무 그늘 아래	鬱鬱官槐陰
때때로 연꽃 향기가 풍기는구나	時時聞荷氣
이내 오랜 습벽은 산수에 있으니	結習在丘樊
만나는 풍경마다 그윽한 정취 이루네	遇境成幽致
그윽한 정취 어찌 좋지 않으랴만	幽致豈不佳
마음속에는 다시 근심 걱정 많아라	中復多憂累
위로는 융숭한 임금님 은혜 두렵고	上懼主恩厚
아래로는 비루한 재주와 식견 부끄럽네	下慚才識鄙
왕명을 받듦이 공손하다 하겠지만	趍命縱云恭
직분 저버림이 어찌 부끄럽지 않으리	曠職寧無愧
하물며 어버이 살아 계시어	況有親在堂
질병과 쇠약이 노년에 덮침에랴	衰疾逼老齒
어찌 다른 형제들 없으랴마는	豈無他兄弟
부모님 유독 내게 의지하신다네	父母偏我倚
그 심정 시집가는 딸 보내는 듯하여	情如送嫁女

361 공산(公山) : 공주(公州)를 말한다.

이별에 임해 희비가 교차하시네	臨別交悲喜
이 몸 애초 나라의 쓰임에 부족하니	旣乏公家用
돌아가 봉양하게 함이 이치에 마땅하리	理合許歸侍
남은 밤 외로운 촛불 마주하며	殘宵對孤燭
생각이 착잡하여 잠까지 없구나	思苦還無寐
밝으신 성상께 부탁드려야 할 것이니	行當乞明主
그러면 이내 미천한 뜻 이룰 수 있으리	庶用遂微意

공산 객관에서 새벽에 앉아

公山館曉坐

바람은 버들 스치고 빗방울은 연잎에 구르니	風捎官柳雨翻荷
객사에 닭이 울 제 새벽 정취 가득하여라	客舍鷄鳴曉色多
묻노니 서강의 산기슭 시골집에	欲問西江山下宅
밤사이 바위 폭포는 또 어떠한지	夜來巖瀑更如何

육언

六言

잠깐 개었다 홀연 흐림은 강 비요	乍晴忽陰江雨
잠시 앉았다 다시 떠남은 산새로다	暫止還去山禽
아득하여라 갈 길 어찌 끝이 있으랴	悠悠前路何極
쓸쓸하구나 나그네 시름 더욱 깊어지네	寂寂羈愁轉深

수원 도중에서 동악공의 "칠월이라 오늘 아침이 바로 천지가 다시 가을 되는 때라네."라는 구절[362]을 문득 떠올렸는데 마침 오늘인지라 뭉클하게 감회가 일어 객관에 이르러 붓을 놀려 분운하여 시를 짓다

水原道中 忽念東岳公七月今朝是乾坤又一秋之句 正當今日 居然有感 到館走筆 分韻成詩

예전 산림 속에 살던 때에는	夙昔巖壑時
마음으로 죽림칠현 기약하였더니	心期竹林七
어찌 알았으랴 산거원이	何知山巨源
또한 풍진에 묻힌 몸이 될 줄을[363]	亦作風塵物

362 동악공(東岳公)의……구절 : 동악(東岳)은 이안눌(李安訥, 1571~1637)의 호로, 창계가 인용한 시는 한국문집총간 78집에 수록된 《동악집(東岳集)》 권21에 〈7월 초하루에 직산 동헌에서 짓다〔七月初一日 稷山東軒作〕〉라는 제목으로 실려 있는 오언율시(五言律詩)이다. 다만 이안눌의 시 첫 구는 '칠월금조지(七月今朝至)'로 되어 있다.

363 예전……줄을 : 1675년(숙종1) 남인이 집권하게 되자 조정을 떠나 통천과 부여에 은거하였던 창계가 1680년 경신환국이 일어나자 다시 조정에 출사하게 된 일을 산도(山濤, 205~283)의 일생에 비유하여 자조한 것이다. 거원(巨源)은 산도의 자(字)로, 성품이 노장(老莊)을 좋아하여 항상 몸을 숨기고 묻혀 지내면서 혜강(嵇康), 여안(呂安)과 가깝게 지냈고 뒤에 완적(阮籍)을 만나 죽림의 교유를 맺었다. 나이 40에 비로소 군주부(郡主簿)가 되었는데 이후 진(晉)나라 조정에서 낭중(郎中), 대홍려(大鴻臚), 상서복야(尙書僕射) 등을 지내며 사마씨(司馬氏)의 깊은 지우를 입었다. 자신의 관직을 대신하도록 혜강을 천거했을 때, 혜강은 평소의 뜻을 저버린 그에게 편지를 써서 절교를 하기도 하였다. 《晉書 卷43 山濤列傳》《文選 卷43 與山巨源絶交書》

두 번째 其二

동해 구름 속에 본래 누워 있었더니 本臥東海雲
서호의 달을 다시 희롱하여라[364] 復弄西湖月
어찌 지금 세상을 깔보아서겠나 豈是傲當世
본디 참된 은일을 사모해서였네 由來慕眞逸

세 번째 其三

인생 만사 있지 않은 게 없으니 萬事無不有
세상길 홀연 지금처럼 되었구나[365] 世路忽如今
마침내 산림 속 선비로 하여금 遂令中林士
또한 몸 바칠 마음 품게 하였네[366] 亦懷匪躬心

364 동해……희롱하여라 : 동해와 접한 강원도 통천에 우거하다가 충청도 부여로 옮겨 와 은거하였던 날들을 회고하는 말이다.

365 인생……되었구나 : 인생을 살다 보면 온갖 일이 다 생길 수 있는바, 지금은 다시 정국이 뒤바뀌었다는 말이다. 두보의 〈가탄(可歎)〉에 "옛날이 가고 지금이 오는 게 모두 일시이니, 인생 만사는 있지 않은 게 없어라.〔古往今來共一時, 人生萬事無不有.〕"라고 한 구절을 원용한 것이다. 《杜少陵詩集 卷21》

366 마침내……하였네 : 산림에 은거하고 있는 창계로 하여금 자신의 몸을 돌보지 않고 오직 나라를 위해 충성을 바칠 마음을 품게 한다는 말이다. '몸 바칠〔匪躬〕 마음'은 《주역》 〈건괘(蹇卦) 육이(六二)〉에 "왕의 신하가 국가의 어려움에 힘을 다해 애쓰는 것이 자기의 몸 때문이 아니다.〔王臣蹇蹇, 匪躬之故.〕"라고 한 데서 온 말이다.

네 번째 其四

온 나라가 새로운 교화를 목도하니 擧國看新化
사람들 마음 성스러운 조정 우러르네 群心仰聖朝
바른 학문 없음을 부끄러워하노니 自慚無正學
널리 불러 주신 은혜 어떻게 보답하리 何以答旁招

다섯 번째 其五

이름 훔치는 일 참으로 부끄럽거니와 竊名誠可愧
담장 넘는 일 또한 어찌 옳은 것이랴[367] 踰垣亦豈是
우선은 성은에 보답해야 할 것이니 行當謝聖恩
그런 뒤에 처음의 뜻을 이루리라[368] 次第尋初志

367 이름……것이랴 : 바르지 못한 방법으로 벼슬길에 나가 실질보다 더한 명성을 얻는 것은 부끄러운 일이지만 무조건 퇴양(退讓)하려고만 하는 것도 중도(中道)는 아니라는 말이다. '담장 넘는 일'은 벼슬하지 않으려는 뜻을 드러내는 행동으로, 전국 시대에 위 문후(魏文侯)가 단간목(段干木)을 만나 보려고 하자 단간목이 담장을 넘어서〔踰垣〕 위 문후를 피하였다. 이는 벼슬하지 않고자 한 자신의 뜻을 보여 준 행동이었다. 《孟子 滕文公下》

368 우선은……이루리라 : 출사하여 치군택민(致君澤民)의 뜻을 이룬 뒤 물러나 처음에 간직하였던 은거의 뜻을 이루겠다는 말이다.

여섯 번째 其六

초야에 사는 이 감히 충정 바치랴 野人敢獻曝
성상께서는 스스로 하늘 돌리시는데[369] 聖主自旋乾
그래도 고루한 재주 바치려고 함은 猶思飾固陋
조금이나마 보탬이 될까 해서라네 庶或效埃涓

일곱 번째 其七

올라가는 길 무더운 때를 만나 行役當炎序
장맛비가 대지를 뒤덮었어라 霖潦蔽厚坤
험한 길 가다 되레 내 자신 비웃노니 間關翻自哂
깊은 시름 속에 시골집을 생각하네 愁絶憶衡門

여덟 번째 其八

사립문을 그리고 또 그리워하며 衡門思復思
낮에도 그리고 꿈결에도 그리워하네 晝思夜夢又

369 초야에……돌리시는데 : 창계 자신이 초야에서 지내면서 재덕과 견식이 천박하기에 비록 스스로 충정을 바치더라도 임금이 세상을 변혁하는 성덕에 조금의 보탬도 되지 못한다는 말이다. '하늘을 돌린다〔旋乾〕'는 말은 한유(韓愈)의 〈조주자사사상표(潮州刺史謝上表)〉에 "폐하께서 즉위한 이래 몸소 정사를 처리하여 건곤을 돌리셨습니다.〔陛下卽位以來, 躬親聽斷, 旋乾轉坤.〕"라고 한 데서 온 말로, 천지를 개변하는 것처럼 비정상적인 국면을 근본적으로 일신하는 것을 말한다.

집에 계신 두 노친께서는	堂有二老親
자식 걱정에 몸이 더 야위셨으리	念我應加瘦

아홉 번째 其九

어버이 연세 벌써 칠순이시고	親年已七十
천재일우의 태평 시절이로구나	盛際當千一
보잘것없는 이내 충효의 마음을	區區忠孝心
어이해야 둘 다 잘못됨 없을는지	如何兩無失

열 번째 其十

나그네 시름 그칠 날이 없는데	客愁無盡日
이내 시정(詩情) 홀연 가을을 놀랬네	詩意忽驚秋
이를 지어 가는 여정 기록하고	題此紀行邁
이를 통해 울적한 근심 푸노라	因之寫幽憂

동작진을 건너다

渡銅雀津

계책은 성명한 조정에 보탬이 되지 못하고	謀猷未補聖明朝
출처는 그저 사우들의 조롱을 깊게 하누나	出處徒深士友嘲
이 강을 건너려니 멍멍하기만 할 뿐	欲渡此江偏惝怳
오색구름 가깝지만 흰 구름은 멀기만 하네[370]	五雲雖近白雲遙

370 이……하네 : 동작진(銅雀津)에서 한강을 건너면 임금님 계신 도성은 더 가까워지지만 부모님 계신 곳은 더 멀어진다는 말이다. '오색구름〔五雲〕'은 본래 청황적백흑(青黃赤白黑)의 오색(五色)이 찬란한 서운(瑞雲)으로, 길상(吉祥)의 징조라 하여 흔히 제왕(帝王)의 처소의 뜻으로 쓰인다. '흰 구름'은 어버이가 계신 곳을 말하는 것으로, 당(唐)나라 때 적인걸(狄仁傑)이 병주 법조참군(幷州法曹參軍)으로 나가 있을 적에 하양(河陽)에 있는 어버이가 그리워 태항산(太行山)에 올라가 하양을 돌아보다가 흰 구름이 외로이 나는 것〔白雲孤飛〕을 보고는 좌우에게 말하기를 "우리 어버이가 저 밑에 계신다.〔吾親所居, 在此雲下.〕"라고 하고, 한참 동안 슬피 바라보다가 구름이 사라진 뒤에야 갔다고 한 데서 온 말이다. 《舊唐書 卷89 狄仁傑列傳》

창계집

제2권

辭사 詩시

시 詩

옥당의 직소에서 밤에 앉아 운자를 불러 오관지 도일 와 함께 짓다[1]

玉堂直廬 夜坐呼韻 與吳貫之 道一 共賦

갈바람 부는 섬돌의 오동에 달이 아직 늦지 않은데 秋颯階梧月未遲
궁궐에 종소리 들려올 제 시골 산을 추억하노라 禁門鍾到憶山時
하늘 공활하고 밤은 호젓하니 시름 더욱 깊어지고 天空夜寂愁仍集
학이 울고 연꽃 향기로우니 흥이 또한 기이하구나 鶴唳荷香興亦奇
떠돌던 발길이 옥서에 이를 줄 어이 알았으랴 浪跡豈知依玉署
이내 충정 대궐 계단 오르며 몹시 감격하여라 寸心偏激上丹墀
성상께서 친히 장려해 주신 은혜 바로 입었으니 卽蒙聖主親垂奬
미력이나마 보답할 뿐 감히 이 한 몸 돌보랴 欲報涓埃敢計私

1 옥당(玉堂)의……짓다 : 오관지(吳貫之)는 오도일(吳道一, 1645~1703)로, 관지는 그의 자이다. 본관은 해주(海州), 호는 서파(西坡)이다. 창계와 함께 옥당에 봉직하던 오도일이 지은 시는 한국문집총간 152집에 수록된 《서파집(西坡集)》 권2에 〈옥당에서 밤에 임덕함과 함께 짓다〔玉堂夜 同德涵賦〕〉라는 제목으로 실려 있다.

교리 심용경[2] 수량 이 어버이를 봉양하기 위해 외직(外職)을 청하니 성상께서 그 정상을 가련하게 여겨 허락하셨다. 이때 마침 대흥[3]의 수령 자리가 비게 되어 용경이 옥당에서 나가 그곳을 다스리게 되었다. 떠나갈 즈음 함께 지냈던 동료들에게 부탁하며 "내가 떠나는 데 대해 석별의 마음이 없을 수 없는 이들은 스스로 시를 지어 줄 것이되 내 어찌 억지로 요구하겠는가."라고 하였다. 나는 이것이 바로 요구하지 않는 방식으로 요구하는 것이니 시를 배우지 않았다는 구실로 사양하지 못하겠다고 생각하고 문득 이 시를 주어 이별하니 또한 석별의 마음이 없을 수 없는 자라고 하겠다

沈校理龍卿 壽亮 爲養乞縣 上矜其情許焉 會大興缺 龍卿自玉堂出爲之監 將行 屬一時僚友而曰 凡不能無情於吾行者 自宜有詩 吾豈强求哉 余謂此乃以不求求之者 未可以不學詩辭 輒奉此爲別 蓋亦不能無情者云

이번 이별 그대에겐 처음 뜻 이루는 것일 터[4] 此別知君是遂初

2 심용경(沈龍卿) : 용경은 심수량(沈壽亮, 1644~1692)의 자이다. 본관은 청송(靑松)이다. 홍문관 수찬(弘文館修撰)·부교리(副校理), 대흥 현감(大興縣監), 이조 좌랑(吏曹佐郎), 사간원 사간(司諫院司諫) 등을 역임하였다. 1689년(숙종15) 인현왕후(仁顯王后) 민씨(閔氏)가 폐위되자 오두인(吳斗寅), 박태보(朴泰輔) 등이 반대하는 상소를 올렸는데, 이때 함께 이름을 올린 일로 여주 목사(驪州牧使)에서 해임되었다. 이후 경기도 양근(楊根) 선산(先山)에 은거하였다.

3 대흥(大興) : 충청도에 속한 현으로, 동쪽으로 공주(公州), 남쪽으로 청양(靑陽), 서쪽으로 홍주(洪州), 북쪽으로 예산(禮山)에 인접해 있으며 도성과의 거리는 323리이다. 《新增東國輿地勝覽 卷20 忠淸道 大興縣》

옥당에서 성은 바라는 글[5]을 일찍이 보았다오　玉堂曾見乞恩書
떠나갈 제 화려한 수레에 두른 청헌[6]은 푸르고　去時文駟青青幰
이르는 날 붉은 소반에 담긴 뱅어[7]는 하얗겠지　到日朱盤白白魚
성대에 효도로 다스리는 일 힘씀을 함께 보고　聖代共看敦孝理
벗들은 공무의 여가 아끼기를 서로 권면하네　故人相勉惜公餘
전별 자리에서 호서(湖西)의 구름 빛깔 바라보고는　離筵一望湖雲色
다시 가을바람 맞으며 시골집을 추억한다오[8]　更向秋風憶弊廬

4 이번……터 : 심수량(沈壽亮)의 본래 뜻은 벼슬하는 것보다 산수에 묻혀 지내는 것이기에 외직으로 떠나는 이번 행차가 그의 본래 뜻을 이루는 일이라는 말이다. '처음 뜻 이루는 것〔遂初〕'은 은거하려는 처음의 마음을 이룬다는 뜻으로, 진(晉)나라 때에 손작(孫綽, 314～371)이 고양(高陽), 허순(許詢) 등과 함께 고상한 뜻을 품고 회계산(會稽山)에 은거하면서 10여 년간 산수를 돌아다니며 살았는데 〈수초부(遂初賦)〉를 지어 자신의 뜻을 드러낸 고사에서 나온 말이다.《晉書 卷56 孫楚列傳》

5 성은(聖恩) 바라는 글 : 심수량이 임금에게 내직을 사양하고 외직을 청한 소장을 말한다.

6 청헌(青幰) : 관리가 타는 수레에 둘러친 푸른 색깔의 휘장을 말하는 것으로, 심수량이 현감으로 떠날 때 타고 간 거마(車馬)를 미화하여 말한 것이다.

7 뱅어 : 아산현(牙山縣)의 토산으로 뱅어〔白魚〕가 나는데 아산은 홍주목에 속한 현으로 대흥현 역시 홍주목에 속해 있어 뱅어가 교역되었을 것이므로 이렇게 말한 듯하다.《新增東國輿地勝覽 卷20 忠清道 洪州牧》

8 전별……추억한다오 : 심수량이 어버이를 모시기 위해 충청도 대흥의 현감으로 떠나는 자리이기에 창계도 그쪽을 바라보며 충청도 부여에 두고 온 어버이를 그리워한다는 말이다. '구름'은 어버이가 계신 곳을 말하는 것으로, 당(唐)나라 때 적인걸(狄仁傑)이 병주 법조참군(幷州法曹參軍)으로 나가 있을 적에 하양(河陽)에 있는 어버이가 그리워 태항산(太行山)에 올라가 하양을 돌아보다가 흰 구름이 외로이 나는 것〔白雲孤飛〕을 보고는 좌우에게 말하기를 "우리 어버이가 저 밑에 계신다.〔吾親所居, 在此雲下.〕"라고 하고, 한참 동안 슬피 바라보다가 구름이 사라진 뒤에야 갔다고 한 데서 온 말이다.《舊唐書 卷89 狄仁傑列傳》

인경왕후[9]에 대한 만사

仁敬王后挽

지금의 주나라에 천명이 환하게 드러나	竊喜今周寶命融
하늘이 임사께 음공을 돕게 하심 기뻐하네[10]	天教任姒贊陰功
두 분 내외 즐거운 가운데 기운 온화하시고	兩宮和氣怡愉裏
칠 년 동안 따스한 품 안에 생령들 덮어 주셨네	七載含靈覆燾中
상복[11]은 절로 왕실(王室)의 부인께 어울리거니와	象服自宜京室婦
시서는 더구나 명문(名門)의 가풍을 이었음에랴	詩書況襲故家風
분명 알겠어라 동관의 휘음이 멀리 미쳐서	定知彤管徽音遠
천추에 길이 남아 해동에 충만하게 되었음을[12]	留與千秋滿海東

9 인경왕후(仁敬王后) : 1661~1680. 본관은 광산(光山), 김만기(金萬基)의 딸이다. 1671년(현종12) 후에 숙종이 되는 세자 이순(李焞)의 빈에 책봉되고, 1674년 숙종의 즉위와 함께 왕비에 진봉되었다. 두 딸을 낳았으나 모두 일찍 죽었다. 1680년(숙종6) 10월에 천연두가 발병하여 그달 26일에 승하하였다.

10 지금의……기뻐하네 : 조선이 주나라처럼 천명을 받을 조짐이 있어 하늘이 조선을 위해 현숙한 부인들을 보내 임금의 곁에서 내조하게 한 것을 기뻐한다는 말이다. '임사(任姒)'는 주 문왕(周文王)의 어머니인 태임(太任)과 문왕의 후비인 태사(太姒)를 합칭하는 말로, 여기서는 숙종의 어머니 명성왕후(明聖王后) 김씨(金氏, 1642~1683)와 비(妃) 인경왕후 김씨를 가리킨다. '음공(陰功)'은 양공(陽功)과 상대되는 말로 양공이 임금이 주재하는 것이라면 음공은 왕비가 주재하여, 천지음양을 임금과 왕비가 나누어 다스리고 이룬다는 의미에서 한 말이다.

11 상복(象服) : 고대에 왕후나 귀부인이 입던 예복(禮服)으로, 겉에 각종 물상(物象)을 그려 장식으로 삼은 옷이다. 《시경》 〈용풍(鄘風) 군자해로(君子偕老)〉에 "상복이 어울린다.〔象服是宜.〕"라고 한 데서 온 말이다.

두 번째 其二

공로 논하여 어진 복파 새로이 책훈하니	論功新冊伏波賢
운대에서 한장(漢將) 그리던 해 헤아리지 않았네[13]	不數雲臺畫漢年
왕후의 가문 중에 지금 세대만 한 이가 누구랴	后族誰如今世者
다스리는 신하에 부인이 있음을 알겠어라[14]	亂臣知有婦人焉

12 분명……되었음을 : 옛 주나라의 태사(太姒), 태임(太任)이 지녔던 덕행의 아름다운 명성이 수천 년이 지나도록 남아 조선의 왕비에게까지 미쳤음을 알겠다는 말이다. '동관(彤管)'은 여사(女史)가 쓰던 붓으로, 빨갛게 칠한 붓대의 붓을 사용한 데서 온 말인데, 고대에 후부인(后夫人)은 반드시 여사를 두어 이 붓으로 그 행실을 기록하게 하였다. 《시경》〈패풍(邶風) 정녀(靜女)〉에 "얌전한 여인이여 아름답기도 한데, 나에게 붉은 붓대 선물하였네. 붉은 붓대가 붉기도 하니, 그대의 아름다움 좋아하노라.〔靜女其孌, 貽我彤管. 彤管有煒, 說懌女美.〕"라고 한 데서 온 말이다. '휘음(徽音)'은 아름다운 명성으로, 《시경》〈대아(大雅) 사제(思齊)〉에 "엄숙하신 태임이 문왕의 어머니이시니 주강에게 사랑을 받아 왕실의 며느리가 되셨는데 태사가 그 아름다운 명성 이으시니 아들이 백 명이나 되도다.〔思齊太任, 文王之母, 思媚周姜, 京室之婦, 太姒嗣徽音, 則百斯男.〕"라고 한 데서 온 말이다.

13 공로……않았네 : 인경왕후(仁敬王后) 김씨(金氏)의 부친인 훈련대장 김만기(金萬基)가 역모를 다스려 공신에 책록된 것이 후한 때 복파장군(伏波將軍) 마원(馬援)의 일과 다르다는 말이다. 마원은 후한 명제(後漢明帝)의 황후 명덕마황후(明德馬皇后)의 부친이다. 복파장군으로 교지(交趾)를 정벌하는 공을 세웠는데, 명제는 선대(先代)의 공신(功臣)들을 추모하기 위해 등우(鄧禹) 등 장수(將帥) 28인의 초상(肖像)을 남궁(南宮)의 운대(雲臺)에 그려 놓으면서 마원은 외척이라 하여 그 속에 포함시키지 않았다.《後漢書 卷24 五行志, 卷54 馬援列傳》이에 반해 마원과 같은 신분이었던 국구(國舅) 김만기는 1680년(숙종6) 종실(宗室) 복창군(福昌君) 이정(李楨), 복선군(福善君) 이남(李柟), 복평군(福平君) 이연(李㮒)이 허적(許積)의 서자 허견(許堅)과 역모를 꾀한다는 강만철(姜萬鐵) 등의 고변을 기회로 이를 다스려 보사 공신(保社功臣) 1등에 책록되었다.

14 왕후의……알겠어라 : 역대의 왕후 집안들이 현재 인경왕후의 광산 김씨 가문만

조정에서 우환이 이제 사라짐을 막 기뻐하였는데　朝廷正喜憂初去
궁궐에서 재앙이 벌써 휘감을 줄 어찌 생각했으랴　宮掖何期禍已纏
성상께서 어진 보필 잃은 애통 정녕 깊으시니　聖主定深良佐慟
여관은 응당 다시 남긴 기록 올려야 하리[15]　女官應復進遺編

세 번째 其三

관저편 외며 강석에서 모시던 일 추억하노니　憶誦關雎侍講帷
그 시절 이남의 풍화를 깊이 기약하였었지[16]　二南風化卽深期
다급한 가운데 이어(移御)하던 날 처음 놀랐더니　初驚倉卒分宮日
슬픔 속에 금직 서던 때를 아직도 기억하네[17]　尙記哀遑禁直時

못하고 인경왕후 김씨가 재덕이 뛰어나 여인의 몸으로 나라를 다스리는 데 일조하였다는 말이다. 무왕(武王)이 "나라를 다스리는 신하가 열 사람이 있다.〔予有亂臣十人.〕"라고 하였는데, 공자(孔子)가 "인재를 얻기 어렵다는 말이 옳지 않은가. 요순시대만이 주나라보다 인재가 많았을 뿐이었으나, 주나라의 인재 열 사람 중에도 부인이 한 분 끼어 있었으니, 실상은 아홉 사람뿐인 것이다.〔才難不其然乎? 唐虞之際, 於斯爲盛, 有婦人焉, 九人而已.〕"라고 한 데서 온 말이다.《論語 泰伯》

15 여관(女官)은……하리 : 여관이 인경왕후 김씨의 생전의 언행을 기록한 책자를 올려 숙종을 위로해야 할 것이라는 말이다. '여관'은 여사(女史)로, 동관(彤管)을 가지고 후부인(后夫人)의 행실을 기록하는 일을 맡았다.

16 관저편……기약하였었지 : 인경왕후 김씨에게《시경》의〈주남(周南)〉과〈소남(召南)〉을 진강(進講)하면서 주 문왕(周文王)의 후비(后妃) 태사(太姒)처럼 훌륭한 왕비가 되기를 바랐다는 말이다.〈관저(關雎)〉는《시경》〈주남〉의 편명으로, 문왕의 후비의 덕을 노래한 것이고 이남(二南)은《시경》의〈주남〉과〈소남〉을 병칭한 것으로, 주로 문왕과 후비의 덕화(德化)를 읊은 것이다.

17 다급한……기억하네 : 인경왕후 김씨가 천연두 증세를 보이자, 천연두를 앓지 않았

추위 물러간 상림에 봄은 홀로이 돌아오고　　寒盡上林春獨返
구름 자욱한 서액에 상여 따르기 어려워라[18]　　雲迷西掖駕難追
지난가을 하사하신 주머니 아직도 있으니　　前秋內賜囊猶在
해마다 이 신하는 구월이면 슬픔 더하리[19]　　歲歲臣添九月悲

던 숙종을 염려한 약방 도제조(藥房都提調) 영의정 김수항(金壽恒)이 건의하여 1680년(숙종6) 10월 19일 숙종은 창덕궁(昌德宮)으로 이어(移御)하였다. 인경왕후 김씨는 경덕궁(慶德宮)에 그대로 남아 있다가 그달 26일 승하하였다.《承政院日記 肅宗 6年 10月 19日, 26日》

18 추위……어려워라 : 해가 바뀌어 봄이 찾아와도 궁궐의 정원에서 인경왕후 김씨를 뵐 수 없고 서궐(西闕)에서 지내던 인경왕후 김씨의 자취를 찾을 수가 없다는 말이다. '상림(上林)'은 한 무제(漢武帝) 때, 진(秦)나라 때부터 있던 옛 궁중 정원을 다시 확장하여 지은 정원을 일컫는 말로, 전하여 궁궐의 정원을 뜻한다. '서액(西掖)'은 궁궐의 서쪽으로, 당시 서궐로 불렸던 경덕궁을 가리킨다. 경덕궁은 지금의 경희궁(慶熙宮)이다.

19 지난가을……더하리 : 인경왕후 김씨가 9월 9일 중양절(重陽節)에 창계에게 수유(茱萸)를 담은 주머니를 하사하였는데 창계가 해가 바뀌었는데도 여전히 가지고 있으면서 중양절이면 인경왕후 김씨를 추억하게 된다는 말이다. 옛날 풍속에 9월 9일 중양일에는 붉은 주머니에 수유를 담아서 팔뚝에 걸고 높은 산에 올라가 국화주를 마심으로써 재액을 소멸시켰다고 한다. 주머니에 수유를 담는 풍습의 내력은 비장방(費長房)의 다음과 같은 고사에서 왔다. 후한(後漢) 때 환경(桓景)이 일찍이 선인(仙人) 비장방을 찾아가 유학(遊學)했는데, 하루는 비장방이 환경에게 이르기를 "9월 9일 너의 집에 재앙이 있을 것이니, 급히 가서 집안사람들로 하여금 각각 붉은 주머니에 수유를 담아서 팔뚝에 걸고 높은 산에 올라가서 국화주를 마시게 하면 이 재앙을 면할 것이다."라고 하였다. 환경이 그의 말에 따라 9월 9일에 과연 온 가족을 거느리고 산에 올라갔다가 저물녘에 내려와 보니, 닭·개·소·양 등의 가축은 일시에 다 죽어 있고 사람은 끝내 무사했다고 한다.《續齊諧記 重陽登高》

연경에 사신 가는 퇴우 김 상국[20] 수흥 에게 받들어 올리다 병서

奉贈退憂金相國 壽興 赴燕 幷敍

상국 퇴우공이 사신의 직무를 받들고 연경에 갈 적에 욕되이도 나에게 한마디 해 주기를 청하였다. 이번 행차는 바로 옛날에 이른바 '주나라의 문물을 보러 가는'[21] 행차이다. 내가 예전에 선배들이 사신 가는 이를 전송하는 말을 살펴보니 반드시 중화의 문물의 융성함과 예악의 아름다움을 성대하게 일컬으며 장대한 구경이라 말하면서 그 행차를 수식해 주곤 하였다. 그런데 아, 이는 쉽게 말할 수 없는 것이다. 이를테면 그 사신 가는 길에서 마주하는 다양한 풍광 가운데 산천과 주진(州鎭)의 모습, 성지(城池)와 도읍의 웅장함은 본래 예전 그대로이지만 지사(志士)의 마음은 눈을 들어 이것들을 보고 싶어 하지 않으니 또 어찌 지금 이때 말을 할 수 있겠는가. 다만 사신 행차가 난하(灤河) 이북을 지나가는데 그 강가에 이제묘(夷齊廟)[22]

20 퇴우(退憂) 김 상국(金相國) : 퇴우는 김수흥(金壽興, 1626~1690)의 호이다. 본관은 안동(安東), 자는 기지(起之), 시호는 문익(文翼)이다. 김수흥은 1680년(숙종6) 영중추부사가 된 뒤 8월에 사은진주 겸 동지상사(謝恩陳奏兼冬至上使)로 차임되었는데 곧이어 판중추부사에 강배(降拜)된 뒤 11월에 연경에 당도하여 사신 임무를 수행하고 다음 해 3월 돌아와 복명(復命)하였다.

21 주나라의……가는 : 청나라에 사신으로 가서 중화의 문물을 본다는 말이다. 춘추시대 오(吳)나라 공자(公子) 계찰(季札)이 예악에 밝았는데, 노(魯)나라에 사신(使臣)으로 가서 옛 주나라의 음악들을 차례로 들으며 열국(列國)의 치란 흥쇠(治亂興衰)를 알았던 데서 온 말이다. 《春秋左氏傳 襄公29年》

가 있다는 말만은 들었으니 수레를 멈춰 고적(古跡)을 돌아보매 응당 이제의 맑은 풍도[23]가 사람에게 엄습함이 있을 것이다. 이것이 이번 행차에서 첫 번째로 눈을 열어 볼만한 곳이다. 그렇지만 이는 먼 옛날 일인 데다 당대의 정무에 힘을 쏟는 사람의 일도 아니다. 북쪽으로 심중(瀋中)을 바라보면 공의 집안의 노선생께서 눈을 먹던 움집이 있고[24] 앞으로 연(燕)나라의 폐허에 이르면 소왕(昭王)이 악생(樂生)을 초치했던 대가 있다.[25] 노선생의 하늘에까지 우뚝 솟은

22 이제묘(夷齊廟) : 백이(伯夷)와 숙제(叔齊)의 사당으로, 중국 영평부(永平府) 서쪽 옛 고죽성(孤竹城)에 있는데 난하(灤河)가 그 앞을 흘러가고 뒤쪽 산에 청풍대(淸風臺)가 있다고 한다.

23 이제(夷齊)의 맑은 풍도 : 이제는 백이와 숙제를 가리킨다. 고죽군(孤竹君)의 두 아들로, 성품이 매우 개결(介潔)하여 옳은 임금이 아니면 섬기지 않고 벗할 만한 사람이 아니면 벗하지 않았다. 그래서 주 무왕(周武王)이 은(殷)나라를 정벌하자 무왕이 은나라의 신하로서 임금을 정벌함이 의가 아니라고 하여 형제가 함께 주나라 곡식을 먹지 않고 수양산(首陽山)에 숨어 고사리를 캐 먹고 살다가 굶어 죽었다. 이러한 백이와 숙제의 절개를 표창하여 맹자는 "백이는 성인 가운데 맑은 덕을 지닌 분이다.〔伯夷, 聖之淸者也.〕"라고 하였다. 《孟子 萬章下》

24 심중(瀋中)을……있고 : '노선생'은 김수흥(金壽興)의 종조부인 청음(淸陰) 김상헌(金尙憲, 1570~1652)으로, 김상헌이 청나라의 출병(出兵) 요구에 반대하는 상소를 올린 일로 심양(瀋陽)으로 압송되어 억류된 일을 말한다. '눈을 먹던 움집'은 한 무제(漢武帝) 때 소무(蘇武)가 흉노(匈奴)에 사신으로 갔다가 19년 동안 억류되어 살면서 땅속의 움집에 갇혀서, 눈이 내릴 때는 먹을 것이 없어 눈과 함께 부절(符節)의 수술인 털을 씹어 먹으면서도 끝내 절개를 굽히지 않은 고사를 가리키는 것으로, 김상헌이 심양에 압송되었으면서도 소신을 꺾지 않았던 일을 비유하는 말이다. 《漢書 卷54 蘇建傳 蘇武》 '심중'은 심양을 가리키는 말이다.

25 연(燕)나라의……있다 : 전국 시대 연 소왕(燕昭王)이 제(齊)나라에 패한 뒤에 즉위하여 제나라에 복수하고자 세운 황금대(黃金臺)를 말한다. 연 소왕이 곽외(郭隗)

큰 절개는 본래 우리 상공이 직접 귀로 듣고 눈으로 본 바이거니와 악생의 일은 또한 먼 옛날 일이기에 대가 아직 남아 있는지는 알 수가 없다. 그렇지만 그가 약소한 연나라를 진작시켜 강대한 제(齊)나라에 복수한 일은 그 공업이 위대하여 지금까지도 사람들에게 본받고 싶은 소망을 가지게 하였으니 나는 상공이 반드시 여기에서 서성이며 돌아보고 사모하면서 감개하는 마음 그치지 않을 것임을 안다. 행차를 전송하는 말을 이런 내용으로 올려도 되겠는지? 그렇지만 이는 본래 인정으로 볼 때 반드시 느끼게 되는 점이니 또한 어찌 말을 올릴 것까지 있겠는가. 삼가 생각건대 사신 임무가 어렵다는 것은 말을 타고 오가는 어려움을 말하는 것이 아니며 또 옥백을 싣고 가서 바치는 어려움을 말하는 것도 아니다. 상대의 은미한 마음을 미루어 알아내고 요령을 아는 것이 어려운 것일 뿐이니 상공은 이를 어렵게 여기시는지? 그럴 수 있다면 앞서 말한 '서성이며 감개하는' 뜻을 펼칠 곳이 있을 것이다. 평소의 방자하고 어리석은 마음을 이기지 못하고 근체시 한 수를 지어 보잘것없는 뜻을 펴서 상공의

에게 인재를 얻는 방도를 묻자, 곽외가 "옛날에 어떤 임금이 내관(內官)에게 천금(千金)을 주어 천리마를 구해 오게 하자, 천리마가 이미 죽어 버렸는데 500금을 주고 천리마의 뼈를 사서 돌아오니 그 임금이 크게 노하였습니다. 그러자 내관이 '죽은 말의 뼈도 사왔는데 하물며 산 말이겠습니까. 머지않아 천리마가 이를 것입니다.'라고 하였는데, 1년이 되지 않아 천리마가 세 마리나 왔다고 합니다. 지금 반드시 인재를 오게 하려면 저부터 등용하십시오. 그러면 저보다 어진 사람이 어찌 천리를 멀리 여기겠습니까."라고 하였다. 이에 연 소왕이 황금대를 세우고 곽외를 스승으로 섬기니 악의(樂毅)와 추연(鄒衍), 극신(劇辛) 등이 찾아오고 다른 선비들도 다투어 모여들었다고 한다. 황금대라는 명칭은 바로 이 대 위에 천금을 비치하고 천하의 현사를 초빙한 데서 붙여진 것이라고 한다. 《戰國策 燕策1》 악생(樂生)은 악의를 가리킨다.

요청에 답하니 부디 상공께서 헤아려 주시기를 바랄 뿐이고 행장에 넣어 가지고 가서는 안 될 것이다. 시는 다음과 같다.

떼 그림자 추위 무릅쓰는 길 상태에서 나가니[26]	槎影衝寒出上台
천가와 석목의 하늘[27]에 북녘의 구름 열리어라	天街析木朔雲開
떠나는 길 요양의 강물은 얼어붙어 있겠고	遼陽去路河氷合
돌아오는 날 패수에 버들 빛은 재촉하리	浿水歸期柳色催
언 눈 속에 지금 한나라 움집 아득하려니와	凍雪卽今迷漢窖

26 떼……나가니 : 김수흥(金壽興)이 정승으로서 겨울 추위를 무릅쓰고 중국에 사신으로 가게 되었다는 말이다. '떼 그림자'는 사행(使行)을 뜻하는 것으로 성사(星槎)라고도 하는데 다음과 같은 고사에서 연유한 것이다. 어떤 사람이 바닷가에 살면서 해마다 가을 음력 8월이 되면 어김없이 뗏목이 떠오는 것을 보고 그 뗏목에 양식을 가득 싣고 수십 일 동안 갔더니, 멀리 궁실(宮室)에는 베 짜는 아낙들이 많고 물가에는 소를 끌고 와 물을 먹이는 사내가 있었다. 그가 돌아와서 점술(占術)로 유명한 엄군평(嚴君平)에게 물어보니 "모년 모월 모일에 객성(客星)이 견우성(牽牛星)을 범하였다." 하였다. 소를 끌고 있던 사내가 견우였던 것이다. 《博物志 卷10》 이 외에 한 무제(漢武帝) 때 장건(張騫)이 서역(西域)의 대하(大夏)에 사명(使命)을 받들고 가는 길에 뗏목을 타고 황하(黃河)의 근원을 거슬러 올라가다가 은하에 당도했던 데서 유래한다고도 한다. '상태(上台)'는 중태(中台), 하태(下台)와 함께 삼태성(三台星)을 이루는 별로, 정승을 상징하는데 김수흥이 판중추부사이므로 이렇게 말한 것이다.

27 천가(天街)와 석목(析木)의 하늘 : 김수흥이 연경으로 사신 가는 길 위에 펼쳐진 중국 방면의 하늘을 말한다. '천가'는 이십팔수(二十八宿) 가운데 묘수(昴宿)와 필수(畢宿) 사이에 뜨는 두 개의 별로, 이 별의 남쪽은 중국 영토이고 북쪽은 이적(夷狄)의 영토인데 그 분야는 기주(冀州)에 속한다. '석목'은 태양이 지나가는 길인 황도(黃道) 상에 배치한 12개의 별자리인 십이성차(十二星次) 가운데 하나로, 지지(地支)로는 인(寅)에 속하고 이십팔수로는 미수(尾宿)와 기수(箕宿)에 배속되며 분야로는 연(燕) 지역, 즉 유주(幽州)에 속한다. 《史記 卷27 天官書》《晉書 卷11 天文志上》

찬 안개 어드메서 연나라 대 찾을는지 冷煙何處覓燕臺
가풍을 잇는 절조와 시대를 바로잡는 지략으로 承家節操匡時略
이번 사행 빈손으로 오지 마시길 속으로 축원하네 暗祝玆行莫謾回

양 참봉 세남 에 대한 만사 신유년(1681, 숙종7)

梁參奉 世南 挽 辛酉

글자 하나에 눈물 한 방울 떨어져	一字落一涕
글자 다 썼는데 눈물 여전히 훔치어라	字盡涕猶攬
어찌하여 이 등뼈 꼿꼿이 편 사람이	柰何硬脊人
끝내 무거운 짐 견디지 못했는지[28]	終不荷重擔
재주를 살피자면 죽전[29]을 뛰어넘고	論材邁竹箭
도량으로 보자면 궤람[30]이 아니라네	大器非氿濫
안타까워라 운명이 어그러져서	惜哉時命舛
만사가 끝내 기구하게 되었구나	萬事竟坎壈

28 어찌하여……못했는지 : 뜻이 높고 지조가 굳세었던 양세남(梁世南)이 덕을 완성하지 못하고 세상을 떠난 것이 안타깝다는 말이다. '등뼈 꼿꼿이 편 사람'은 《논어》 〈태백(泰伯)〉에서 증자(曾子)가 "선비는 도량이 넓고 뜻이 굳세지 않으면 안 되니 책임이 무겁고 길이 멀기 때문이다.〔士不可以不弘毅, 任重而道遠.〕"라고 하였는데, 이에 대해 정자(程子)가 "무거운 짐은 반드시 등뼈를 꼿꼿이 편 사나이라야 질 수가 있다.〔重擔子, 須是硬脊梁漢, 方擔得.〕"라고 한 데서 온 말이다. 《二程遺書 卷3 謝顯道記憶平日語》

29 죽전(竹箭) : 동남죽전(東南竹箭)의 준말로, 훌륭한 인재를 비유한다. 《이아(爾雅)》 〈석지(釋地)〉에 "동남쪽의 아름다운 물산으로는 회계에서 나는 대화살이 있다.〔東南之美者, 有會稽之竹箭焉.〕"라고 한 데서 온 말이다.

30 궤람(氿濫) : 작은 못을 뜻하는 말로 도량이 좁은 사람을 비유한다. 《후한서(後漢書)》 권53 〈황헌열전(黃憲列傳)〉에 "봉고(奉高)의 그릇은 비유하자면 궤람이 비록 맑기는 하지만 쉽게 뜰 수가 있는 것과 같거니와 숙도(叔度)는 넘실거리는 천 경의 호수와 같아 맑게 해도 맑아지지 않고 흐리게 해도 흐려지지 않아 헤아릴 수가 없습니다."라고 한 데서 온 말이다. 숙도는 황헌(黃憲)의 자이다.

북산의 은거는 쓸쓸하였고[31] 蕭條北山隱
한천의 감회는 슬프기도 하여라[32] 惻愴寒泉感
말로에 누가 그대 영화롭게 하리[33] 末路孰予華
그대 여생은 승려처럼 담담했구려 殘年似僧淡
일명의 벼슬[34] 족히 말할 게 무어랴 一命豈足言

31 북산(北山)의 은거는 쓸쓸하였고 : 북산에 은거하였던 주옹(周顒)처럼 초야에 묻혀 살았던 양세남이 알아주는 이 없이 쓸쓸하였다는 말이다. 남제(南齊) 때 주옹이 일찍이 남경(南京)의 북산인 종산(鍾山)에 은거하다가 뒤에 조정의 부름을 받고 변절하여 해염 현령(海鹽縣令)이 되었는데, 그 후 임기를 마치고 조정으로 돌아가는 길에 다시 그 종산을 들르려고 하자, 이때 종산에 은거하고 있던 공치규(孔稚圭)가 주옹의 변절을 매우 못마땅하게 여긴 나머지, 종산 신령(神靈)의 이름을 가탁하여 관청의 이문(移文)을 본떠서 〈북산이문(北山移文)〉을 지어 그로 하여금 다시는 종산에 발을 들여놓지 못하도록 하는 뜻을 서술하였다. 《文選 卷43 北山移文》 여기서는 주옹이 북산에 은거하였던 사실만을 가지고 양세남의 은거에 비유하여 말한 것이다.

32 한천(寒泉)의……하여라 : 양세남이 어머니께 효도를 다하는 마음을 이제는 더 가질 수 없어 슬프다는 말이다. '한천의 감회'는 어머니께 효도를 다하는 마음을 뜻하는 것으로, 《시경》 〈패풍(邶風) 개풍(凱風)〉에 "맑은 샘물이 준읍(浚邑)의 아래에 있네. 아들 일곱 명이 있으면서 어머니가 고생하시게 한단 말인가.〔爰有寒泉, 在浚之下. 有子七人, 母氏勞苦?〕"라고 한 데서 온 말이다. 이 시는 효자가 어머니를 생각하여 지은 것으로, 당시 세상에 음란한 풍습이 유행하므로 어머니가 스스로 지조를 지키지 못하는 것을 염려하여, 그 염려를 곧바로 말하지 않고 '준읍의 아래에 있는 한천도 오히려 고을에 혜택을 주는데 일곱 명의 자식들이 어머니를 잘 봉양하지 못하여 어머니가 고생하시게 하는가.'라고 자책하여 어머니의 마음을 감동시킨 것이라 한다.

33 말로에……하리 : 양세남이 세상에 크게 쓰이지 못하고 초야에 묻혀 살아 말년에 그를 알아주는 사람이 없다는 말이다. 《초사(楚辭)》 권2 〈산귀(山鬼)〉에 "신령 머물게 하고 편안히 돌아갈 것을 잊고자 하는데 세월은 이미 늦어 버렸으니 누가 나를 영화롭게 하리.〔留靈修兮憺忘歸, 歲旣晏兮孰華予?〕"라고 한 데서 온 말이다.

34 일명(一命)의 벼슬 : 주(周)나라 때 관직의 등급을 일명에서 구명(九命)까지 아홉

감춘 빛이 홀연 다시 덮였구나[35]	潛光倏復揜
선한 동류들 함께 서글퍼하거니와	善類所共傷
신령의 도리에도 어찌 유감이 없으리	神理寧無憾
예전부터 그대 가장 경모해 왔으니	夙昔最傾慕
이내 마음 너무도 처참하여라	玆心劇悽慘
슬픈 만가(輓歌) 혹시나 들을까 하여	悲歌倘一聽
천리 먼 곳에서 이 마음 부치노라	千里寄肝膽

등급으로 나누었는데, 일명은 가장 낮은 등급의 관직을 말하는 것으로, 조선의 관제에서 참봉이 종구품(從九品)에 해당하므로 일명이라고 말한 것이다.

35 감춘……덮였구나 : 양세남이 재덕을 감추고 은거하며 지내다 결국 세상을 떠났다는 말이다.

최 집의[36] 후상 의 부인에 대한 만사
崔執義 後尙 內室挽

일찍부터 학사와 벗으로 지내며	早與學士友
중승으로부터 알아주심 입었네[37]	中丞仍見知
부덕(婦德)과 모의(母儀)를 삼가 흠모하였으니	竊欽婦母道
더욱더 돌아가심을 슬퍼하노라	重爲死生悲
자고는 애통과 영화를 갖추었고[38]	紫誥哀榮備
청운은 후손이 이루어 가누나[39]	靑雲繼嗣爲

36 최 집의(崔執義) : 집의는 최후상(崔後尙, 1631~1680)이 이때 지내고 있던 관직이다. 본관은 전주(全州), 자는 주경(周卿)이다. 부친은 최명길(崔鳴吉, 1586~1647)이다. 부인은 이해(李澥, ?~1670)의 딸이다.

37 일찍부터……입었네 : 창계가 최석정(崔錫鼎, 1646~1715)과 벗하여 지내게 되면서 그 생부 최후상이 창계를 알게 되었다는 말이다. 최석정이 홍문관에서 1680년(숙종6) 부응교, 응교, 전한 등을 두루 지냈기에 학사라고 말한 것이고, 최후상이 집의를 지냈기에 중승이라고 한 것이다. 중승은 옛날 어사대(御史臺) 장관(長官)의 다음인 어사중승(御史中丞)을 가리키는데, 바로 조선 시대 사헌부 집의에 해당한다. 최석정은 초명은 석만(錫萬), 자는 여시(汝時)·여화(汝和), 호는 존와(存窩)·명곡(明谷), 시호는 문정(文貞)이다. 저서로 《명곡집(明谷集)》이 있다.

38 자고(紫誥)는……갖추었고 : 대궐에서 조서로 부인에게 외명부(外命婦)의 직함을 내려 슬픔과 영화가 두루 갖추어졌다는 말이다. '자고'는 금낭(錦囊)에 담아 자니(紫泥)로 입구를 봉한 뒤 인장(印章)을 찍어서 반포하는 임금의 조서를 말한다.

39 청운(靑雲)은……가누나 : 부인의 음덕으로 아들 최석정이 벼슬길을 평탄하게 오르고 있다는 말이다. '청운'은 높은 벼슬자리를 뜻하는 것으로, 다음의 고사에서 나온 말이다. 전국 시대 위(魏)나라 사람인 범수(范雎)가 중대부(中大夫) 수가(須賈)를 섬

이제부터 남은 경사 우러러 바라니 從今仰餘慶
좋은 보답 받음은 의심할 것 없으리 善報倘無疑

두 번째 其二

성이 무너지는 곡 끝나지도 않았는데 未輟崩城哭
이윽고 화한 검이 뒤따른 일 들었어라[40] 俄聞化劍從
친척과 조객은 옛일이 느꺼워 흐느끼고 親賓感舊淚
장지에는 해를 걸러 봉분이 서는구나 葬地隔年封

졌는데 제(齊)나라와의 관계 때문에 수가에게 오해를 받아 모진 매를 맞고 거의 죽을 지경에 이르렀다. 간신히 도망쳐 진(秦)나라로 가서 마침내 정승이 되고 만호후(萬戶侯)에 봉해지니, 보화(寶貨)가 왕실(王室)보다 많았다. 수가가 진나라에 사신으로 왔다가 범수를 보고 "나는 그대가 스스로 청운의 위에 오를 줄 생각지도 못했습니다."라고 하였다. 《史記 卷79 范雎蔡澤列傳》

40 성(城)이……들었어라 : 최후상(崔後尙)이 1년 전인 1680년(숙종6)에 먼저 세상을 떠났는데 해가 바뀌고 얼마 지나지 않아 부인마저 남편을 뒤따라간 것을 말한다. '성이 무너지는 곡'은 남편을 잃은 아내의 슬픔을 뜻한다. 춘추 시대 제(齊)나라 장공(莊公)의 대부인 기량(杞梁)이 전사하자 그의 아내가 기량의 시체를 성 아래에 놓고 열흘 동안 통곡하니 '성이 무너졌다〔城爲之崩〕'고 한 데서 온 말이다. 《列女傳 卷4 貞順傳》 '화한 검이 뒤따랐다'는 것은 아내가 남편을 따라 세상을 떠났다는 뜻이다. 진(晉)나라 때 장화(張華)가 풍성(豐城)에 검기(劍氣)가 있음을 보고 뇌환(雷煥)을 풍성 영으로 삼았는데 뇌환이 용천(龍泉)과 태아(太阿) 두 보검을 얻어 그중 하나를 장화에게 주고 나머지 하나를 자신이 지녔다. 후에 장화가 주살(誅殺)당하자 그 칼의 소재를 몰랐는데, 뇌환이 죽고 그 아들이 칼을 가지고 연평진(延平津)을 지날 때 칼이 갑자기 허리춤에서 벗어나 물에 떨어지기에 사람을 시켜 물속을 찾아보게 하니 수 길이나 되는 두 마리 용이 휘돌며 물결이 세게 이는 모습만 보일 뿐, 보검은 더 이상 보이지 않았다고 한다. 《晉書 卷36 張華列傳》

초상은 슬픔과 예법을 갖추었고 喪卽情文備
비석은 생애의 기록이 공순(恭順)하리 碑應紀述恭
수척할 상주[41]가 가장 염려되어 欒欒最係念
밤마다 꿈에서 여윈 그 얼굴 보네 夜夜夢羸容

41 수척할 상주 : 원문은 '난란(欒欒)'으로, 수척한 모양을 뜻하는 말이다. 《시경》 〈회풍(檜風) 소관(素冠)〉에 "행여 흰 관을 쓴, 극인의 수척함을 볼 수 있을까.〔庶見素冠兮, 棘人欒欒兮?〕"라고 한 데서 온 말이다. 극인(棘人)은 상주를 뜻하는 말로, 주희의 주(註)에 "극(棘)은 급하다는 뜻으로 상주는 급하여 경황이 없기 때문에 상주를 극인이라 한다."라고 하였다.

이섭의 부인[42]에 대한 만사

李生涉妻挽

바로 문곡 상공(文谷相公)의 딸이다.

기이한 꽃은 열매 맺지 못하기도 하고　奇花或不實
수려한 난은 일찍 시드는 일이 많네　秀蘭多早萎
좋은 물건 견실치 못함이 한스러우니　物好苦無堅
아 이것은 무슨 이치란 말인지　嗟哉此何理
상공의 가문에 훌륭한 아들 많고　相門富才子
막내도 딸이지만 선비의 기풍 있네　有季女亦士
타고난 품성이 곱고 단아하고　天然賦婉孌
여사로 글공부도 좋아하였어라　餘事愛文字
살아 있을 때 친족들이 칭찬하였고　生時宗黨論
돌아간 날 존공께서 글을 남기셨네[43]　死日尊公記

42 이섭(李涉)의 부인 : 문곡(文谷) 김수항(金壽恒, 1629~1689)의 딸이다. 김수항은 본관이 안동(安東)으로, 6남 1녀를 두었다. 아들은 김창집(金昌集), 김창협(金昌協), 김창흡(金昌翕), 김창업(金昌業), 김창집(金昌緝), 김창립(金昌立)으로 당대에 정계와 학계의 중심에 있었기에 세간에서 육창(六昌)으로 불릴 정도로 6형제의 명성이 높았다. 부인은 막내딸인데 1665년(현종6)에 태어나 1680년(숙종6) 16세 때 딸을 낳고 병이 위중해져서 나흘 뒤에 세상을 떠나고, 그 뒤 딸마저 어머니를 따라 닷새 뒤에 세상을 떠났다. 이섭(李涉, 1664~1692)은 본관이 전주(全州), 자는 여즙(汝楫)이다. 부친은 이산휘(李山輝)이고 증조부가 우의정을 지낸 이후원(李厚源)이다.

43 돌아간……남기셨네 : 김수항이 지은 〈망녀행적(亡女行蹟)〉, 〈제망녀문(祭亡女文)〉 등을 말한다. 《文谷集 卷22 行狀, 卷23 祭文, 韓國文集叢刊 133輯》

훌륭한 미덕 갖추리라 여기고 있었는데　已謂會衆美
어째서 많은 복을 누리지 못하였는지　何不享多祉
그리도 아름답던 이팔청춘이여　盈盈二八輝
덧없는 인생사 초초하기도 해라　草草浮生事
거센 바람 아름다운 계수에 불어　飄風吹玉桂
결실을 다시 기다려 주지 않는구나　不復待結子
기박한 운명 슬퍼할 것 없으니　命薄不須悲
옛날에도 이런 일은 있었다네　自古亦有此
보지 못했는가 정씨의 둘째 딸이　不見程二娘
요절했으나 천고에 이름 남겼음을[44]　雖夭名千禩

44 보지……남겼음을 : '정씨(程氏)'는 북송(北宋)의 도학자 정호(程顥)로, 둘째 딸 단랑(澶娘)이 일곱 살의 어린 나이로 요절하자 〈단랑묘지명(澶娘墓誌銘)〉을 지어 그녀의 단후(端厚)하고 온량(溫良)한 기질과 어른처럼 침착한 행실을 기록하고 약을 잘못 써서 요절하게 된 사정을 말하며 애도하는 마음을 드러내었다. 《二程文集 卷4 墓誌銘》

단비를 기뻐하는 시

喜雨詩

좋은 비 참으로 계절을 아니	好雨眞知節
시골 농가에 저물어 가는 봄이로다	田家欲盡春
저물녘 어슴푸레 먹구름 몰려오더니	依微來薄暮
뚝뚝 내리는 빗소리 새벽을 울리어라	滴瀝響侵晨
숲속에 지는 꽃들 안타깝지 않고	未惜林花落
들판에 싱그러운 보리 몹시 사랑스럽네	偏憐野麥新
흥건하게 메마른 기운 녹여 버리니	居然銷旱氣
곤궁한 백성 살려 주려는 듯하여라	似欲活窮民
쌓였던 눈 어찌 효험이 없으랴	積雪寧無驗
흘러내리는 물 벌써 고루 적시누나	流膏稍已均
초야의 백성들 다 같이 환호하고	歡聲同草野
대궐의 임금님 제일 기뻐하시네	喜氣最楓宸
간찰을 주었던 옛일[45]을 상고하여	授簡徵前事

45 간찰(簡札)을 주었던 옛일 : 서한(西漢)의 양효왕(梁孝王) 유무(劉武)가 양원(梁園)이란 호사스러운 자신의 원림(園林)에서 세모(歲暮)에 사마상여(司馬相如), 매승(枚乘), 추양(鄒陽) 등과 함께 주연(酒筵)을 베풀고 놀다가 눈이 오자 흥에 겨워 먼저 《시경》의 〈북풍(北風)〉과 〈남산(南山)〉 시를 노래하고는 간찰을 주면서 사마상여에게 시를 짓게 하였다는 고사가 있다. 《史記 卷58 梁孝王世家》 진(晉)나라 사혜련(謝惠連)의 〈설부(雪賦)〉에 자세한 내용이 보인다. 《文選 卷13 雪賦》 '간찰'은 시문을 적을 종이이다.

시를 읊을 근신들을 모으시네	哦詩集近臣
태평성세의 징조가 지금에 있으니	太平今有象
대지 적시는 은택[46] 정녕 끝이 없으리	和澤正無垠
농사가 이제 시작임을 알겠으니	歲事知方始
천심이 다시 순조로워야 하리라	天心要更純
재주 없는 내가 또 무슨 보탬이 되랴	非才亦何補
농사지으며 요 임금의 인정(仁政)에 보답하리	耕鑿報堯仁

46 대지 적시는 은택(恩澤) : 원문은 '화택(和澤)'으로, 임금의 인정(仁政)에서 비롯되는 은택과 대지를 적셔 주는 비라는 두 가지 의미가 있는데, 여기서는 중의적으로 사용한 듯하다.

봉은사[47]에서 차운하여 유집중[48]에게 올리고 이어 신공헌[49] 완 에게 드리다

奉恩寺 次奉柳集仲 仍呈申公獻 琓

강을 건너 운옥[50]에 누우니　涉江臥雲屋
누구인가 나와 함께 노닐 이는　誰哉從我遊
텅 빈 산에 동행한 이는 없고　空山無伴侶
추위 속 새 우는 소리만 들리누나　但聞寒鳥啾
풍광 좋은 곳에서 저물녘까지 앉아　佳氣坐晼晚
기다리노라니 하루가 삼추 같아라　延佇日似秋
좋은 벗들 홀연 함께 만나서　良友忽聯翩
나란히 배 타고 한강을 건너오네　方舟越漢流
나를 찾아 적막한 곳에 이르고　尋我赴寂寞
내게 인사하고 함께 배회하여라　揖我共夷猶
나에게 요사이 일상을 물으니　向我問日用

47 봉은사(奉恩寺) : 경기(京畿) 광주목(廣州牧) 저도(楮島) 남쪽 한강(漢江)에 연한 곳에 있었다. 《新增東國輿地勝覽 卷6 京畿 廣州牧》

48 유집중(柳集仲) : 집중은 유성운(柳成運, 1651～1710)의 자이다. 본관은 진주(晉州), 호는 묵수(默守)이다. 윤증(尹拯)의 문인이다.

49 신공헌(申公獻) : 공헌은 신완(申琓, 1646～1707)의 자이다. 본관은 평산(平山), 호는 경암(絅庵), 시호는 문장(文莊)이다. 박세채(朴世采)의 문인이다. 저서로 《경암집(絅庵集)》이 있다.

50 운옥(雲屋) : 은자(隱者)나 출가인이 사는 곳으로, 여기서는 봉은사를 가리킨다.

후회가 많음이 스스로 부끄럽네	自慚多悔尤
이렇게 모일 날이 또 얼마나 되리	合幷亦幾時
이별하려다 다시 머뭇거리노라	欲別復踟躕
더구나 멀리 떠나는 사람 생각에	況念遠行人
이내 마음 서글프고 아득해지네	玆心悵以悠

공산 객관에서 벽 사이에 있는 시에 차운하다
公山客館 次壁間韻

단풍잎 시들하고 이슬 어린 국화 나직한데	霜葉離披露菊低
대나무 담장 꽃 핀 섬에 석양이 물들어라	竹墻花嶼夕陽迷
가을 풍광이 이르는 곳마다 이러한데	秋光到底看如許
서강의 강물 서쪽[51]이야 말해 무엇하리	何況西江江水西

51 서강(西江)의 강물 서쪽 : 창계가 부모님을 떠나온 백마강(白馬江) 서쪽 시골집을 말한다.

다시 앞의 시운을 뒤집어 사용하다

又倒用前韻

우리 집은 본래 백마강 서쪽에 있는데	儂家本住白江西
시골 산천 이별한 뒤로 가는 길 어렴풋해라	一別溪山路欲迷
오늘 역루에서 괜스레 서글피 바라보노라니	今日驛樓空悵望
두어 봉우리 가을빛 속에 푸른 구름 나직하네	數峯秋色碧雲低

시산에서 옛일을 추억하며[52]

詩山懷古

천년 전 고운은 떠나 돌아오지 않는데	千載孤雲去不廻
지금까지도 향발[53]에는 남은 애한 있구나	至今香撥有餘哀
다정도 하여라 밤마다 시산의 달빛은	多情夜夜詩山月
곡수에 술잔 띄우던 대 부질없이 비추누나	空照流觴曲水臺

52 시산(詩山)에서 옛일을 추억하며 : '시산'은 전라북도 태인(泰仁)의 별칭으로, 신라 때에는 태산군(泰山郡)으로 불렸다. 고운(孤雲) 최치원(崔致遠)이 890년(진성여왕4) 34세 때 외직을 자청하여 태산군의 수령으로 왔는데 관아에서 남쪽으로 7리 되는 거리에 바위가 있고 그 아래 강물이 돌아 흐르는 곳에서 왕희지(王羲之)의 고사를 본받아 술잔을 띄우고 시를 읊었다고 한다. 조지겸(趙持謙)이 지은 〈태인유상대비기(泰仁流觴臺碑記)〉에 그 내용이 자세하다. 《孤雲集 事蹟 泰仁流觴臺碑記, 韓國文集叢刊 1輯》 왕희지의 고사는 진 목제(晉穆帝) 영화(永和) 9년(353) 늦은 봄에 회계(會稽) 산음(山陰)의 난정(蘭亭)에서 왕희지, 사안(謝安) 등 42인의 명사들이 모여 계사(禊事)를 행하고 이어 곡수에 술잔을 띄우고 시를 지으며 성대한 풍류놀이를 했던 일을 말한다. 이날의 일을 서술한 왕희지의 〈난정기(蘭亭記)〉에 "이곳에는 높은 산과 험준한 봉우리와 무성한 숲과 긴 대나무가 있고, 또 맑은 시냇물과 거센 여울이 좌우에 서로 비쳐 띠처럼 둘러 있다. 시냇물을 끌어다 술잔 띄울 곡수를 만들고 차례로 벌여 앉으니, 비록 관현악의 성대함은 없으나 술 한 잔을 마시고 시 한 수를 읊는 것이 또한 그윽한 정을 펴기에 충분하였다.〔此地有崇山峻嶺, 茂林脩竹, 又有淸流激湍, 映帶左右. 引以爲流觴曲水, 列坐其次, 雖無絲竹管絃之盛, 一觴一詠, 亦足以暢敍幽情.〕"라고 하였다. 이때 창계는 호남(湖南)에 시관(試官)으로 임명되어 왕래하는 길에 태인 현감(泰仁縣監)으로 있던 외숙부 조경망(趙景望, 1629~1694)을 찾아갔던 것으로 보인다. 그 내용은 이하 3수의 시에 자세하다.

53 향발(香撥) : 용향발(龍香撥)의 줄임말로, 금(琴)이나 비파 따위의 악기를 탄주(彈奏)할 때 쓰는 술대〔撥子〕이다. 용향은 좋은 품종의 향나무이다.

마주 앉은 자리에서 외증조부 죽음 선생의 문집을 공손히 읽다가 〈중구일에 과거를 주재하다〉 시를 삼가 보고 문득 그 시운을 써서 외숙부의 영각 아래에 받들어 올리다[54]

坐間 敬閱外曾王考竹陰先生集 伏覩試圍重九之作 輒用其韻 奉呈伯舅鈴閣下

오가는 길 여전히 천리나 먼데	來去仍千里
이 만남이 또 한바탕 일일 뿐이네요	逢迎又一場
만나고 헤어짐을 어찌 기약했겠습니까	何曾期聚散
이내 행장을 문득 혼자 비웃습니다	忽自笑行藏

54 마주……올리다 : '죽음(竹陰)'은 조희일(趙希逸, 1575~1638)의 호로, 본관은 임천(林川), 자는 이숙(怡叔), 다른 호는 팔봉(八峯)이다. 시에 뛰어나 1601년(선조34) 진사시에 장원하였고, 명나라의 주지번(朱之蕃)이 우리나라에 왔을 때 그의 시를 보고 깜짝 놀랐다고 한다. 허균(許筠)과도 교유했고, 문장과 서화에 모두 재능이 있었으며, 삼사(三司)에 있을 때 직언을 서슴지 않았다고 한다. 광주 목사(光州牧使), 예조와 형조의 참판, 승문원 제조, 경상 감사 등을 역임하였다. 창계의 외조부 조석형(趙錫馨)의 부친이다. 창계가 차운한 죽음의 시는 한국문집총간 83집에 수록된 《죽음집(竹陰集)》 권5에 〈성균관에서 중구일에 과거를 주재하며 감회가 있어〔泮宮試闈重九日有懷〕〉라는 제목으로 실려 있다. 외숙부는 조경망(趙景望)으로 조석형의 둘째 아들인데 맏아들 조경선(趙景先)이 요절하였기에 백구(伯舅)라고 한 것이다. 자는 운로(雲老), 호는 기와(奇窩)이다. 1660년(현종1) 진사시에 입격한 뒤 동복 현감(同福縣監), 태인 현감, 호조 정랑, 합천 군수(陜川郡守) 등을 역임하였다. 기사환국 때 관직을 버리고 파주(坡州)에 은거하다가 호서(湖西)의 덕산(德山)으로 옮겨 학문 연구에만 몰두하였다. 《丈巖集 卷14 郡守林川趙公墓誌銘, 韓國文集叢刊 157輯》 '영각(鈴閣)'은 영헌(鈴軒)과 같은 말로, 지방 수령이 집무하는 관청을 말하는데, 조경망이 이때 태인 현감으로 있었기에 이렇게 말한 것이다.

가을 달은 사람 붙잡아 취하게 하고 秋月留人醉
찬 꽃은 나그네 맞아 향기롭습니다 寒花待客香
두 번의 만남 어찌 이리 힘든지요 兩遭那太苦
둘 다 이곳에서 중양절을 만났지요 於此作重陽

태인의 산정에서 성총 상인을 만나 운자를 써서 화답하여 주다

泰仁山亭 遇聖聰上人 用韻和贈

시산에서 시선의 일 물으려 하였더니[55]	詩山欲問詩仙事
가을 잎새 앞에서 시승을 홀연 만났어라	忽值詩僧秋葉前
한번 웃고 마주 보매 만법[56]을 깨달으니	一笑相看了萬法
석양 아래 새소리에 이 마음 아득해지네	夕陽禽語意悠然

55 시산(詩山)에서……하였더니 : 창계가 태인(泰仁)의 산정(山亭)에 올라 신라 때 태인에서 수령을 지냈던 최치원(崔致遠)의 옛일을 묻고 싶었다는 말이다. 시산과 최치원에 대해서는 345쪽 주52 참조.

56 만법(萬法) : 불교에서 일체 제법(一切諸法) 즉 모든 존재를 지닌 삼라만상(森羅萬象)을 총칭하는 말이다.

피향정[57]에서 내제 정이[58]를 그리는 마음이 일어

披香亭 有懷內弟定而

오늘밤 그대 생각이 배나 더 간절하여	今夕懷君一倍多
피향정에 앉아 시드는 연꽃을 마주하노라	披香亭上對殘荷
예와 다름없이 백악산 위에 떠오른 달빛은	依然白岳山頭月
이 텅 빈 못의 하룻밤 물결을 함께 비추리	共此虛池一夜波

57 피향정(披香亭) : 최치원(崔致遠)이 태인에 있을 때 지은 정자로 정확한 창건 연대는 알 수 없다. 본래 이 정자의 상하에 상연지제(上蓮池堤)와 하연지제(下蓮池堤)의 두 연지(蓮池)가 있어 여름에는 연꽃이 만발하여 향기가 누정의 주위에 가득 차서 이렇게 명명하였다고 한다. 몇 번의 중수(重修)를 거쳤는데 현재 전라북도 정읍시 태인면 태창리에 있다.

58 내제(內弟) 정이(定而) : 정이는 조정만(趙正萬, 1656~1739)의 자이다. 부친이 조경망(趙景望)으로, 창계의 외사촌이다. 창계가 태인으로 조경망을 찾아왔을 때 조정만이 도성의 백악산 기슭에 있던 집에 있었기에 그리워하며 이 시를 지은 것으로 보인다.

광산 객관에서 밤에 앉아 두보의 "푸른 꽃봉이라 중양절에 딸 수가 없구나."라는 구절[59]을 문득 떠올리고 분운하여 시를 이루다

光山客館夜坐 偶憶老杜青蕊重陽未堪摘之句 分韻成詩

가을빛이 벌써 옅지 않으니 秋色已不淺
맑은 서리 밤에 내려앉으리 淸霜應夜零
어찌하여 길가의 국화는 如何道邊菊
길손 보며 아직도 푸른 건지 見客猶靑靑

두 번째 其二

푸른 그 빛깔 또한 언제까지랴 靑靑亦幾時
서풍은 쉬지 않고 불어오는데 西風吹未已
길손 떠나가 적막해질 것이니 客去一悄然
그 누가 차가운 꽃술 마주하리 誰人對寒蕊

59 두보(杜甫)의……구절 : 두보가 군자를 감국(甘菊)에, 소인을 중방(衆芳)에 비유하여 소인이 득세하고 군자가 불우하게 지내는 현실을 노래한 〈탄정전감국화(嘆庭前甘菊花)〉에 "뜰 앞의 감국화 늦게야 옮겨 심으니, 푸른 꽃봉이라 중양절에 딸 수가 없구나.〔庭前甘菊移時晩, 靑蕊重陽不堪摘.〕"라고 한 수련(首聯)을 창계가 떠올리고 분운하여 지었다. 《杜詩詳註 卷3》《창계집》에는 '청(靑)' 자와 '예(蕊)' 자를 운으로 쓴 두 수만 있고 나머지 '중양미감적(重陽未堪摘)'을 운으로 쓴 시는 수록되어 있지 않다. 대부분의 두보 시 판본에는 운자인 '미(未)'가 '불(不)'로 되어 있다.

도갑사의 산인 법한이 문곡 상공의 시 두 수를 가지고 와서 나에게 차운해 달라 하였는데 내가 지금 왕명을 수행하고 있기에 출발할 때 대충 이 시를 지어 남겨 주다[60]

道岬山人法閑持文谷相公詩二首 要余次韻 余方有行役 臨發草此留贈

창주[61]에 한 해가 저물어 가니	滄洲歲欲晏
그윽한 기약 어기면 안 되리	未可負幽期
왜 아직도 형체에 얽매여 사는지	如何尙形役
이 점은 선사에게 부끄럽다네	於此愧禪師
대나무 집에 가을 소리 가득하고	竹屋秋聲滿
구름 창에 밤 풍경 좋기도 해라	雲窓夜色宜
예와 다름없이 산 달이 떠올라	依然山月出
다시 길손 비추며 뒤따르누나	還與客相隨

60 도갑사(道岬寺)의……주다 : 도갑사는 전라도 영암(靈巖)의 월출산(月出山)에 있는 절이다. 김수항(金壽恒)은 1674년(현종15) 갑인예송(甲寅禮訟)의 여파로 남인(南人)이 집권하고 서인(西人)이 축출되는 과정에서 1675년(숙종1) 7월 영암으로 유배되었다. 그는 이곳에서 현종의 국상(國喪)이 끝난 이듬해 1676년 12월 월출산에 있던 승려들의 권유로 월출산을 유람하였는데 그가 법한(法閑)에게 준 시 한 수는 이 때 지은 것이고 다른 한 수는 1677년 10월 다시 월출산을 유람했을 때 지은 것이다. 법한이 차운해 달라고 한 부탁은 1681년 가을 창계가 호남(湖南)에 시관(試官)으로 내려왔을 때 이루어진 것으로 보인다.《文谷集 卷3 道岬寺書贈法閑上人・卷4 法閑上人房, 韓國文集叢刊 133輯》

61 창주(滄洲) : 물가에 위치한 땅으로, 은사(隱士)의 거처를 뜻하는 말로 쓰이는데, 여기서는 법한이 수행하고 있던 월출산을 가리킨다.

두 번째 其二

달이 떠올라 가을 절을 비추고	月出臨秋寺
구름 찾아와 길손의 침상을 덮네	雲來擁客床
산 풍광은 동편 문밖에 벌여 있고	山光滿東戶
계곡물 소리 서쪽 담 너머 들리누나	溪響在西墻
이곳은 연하[62]가 아름다운 곳이니	此地煙霞勝
어느 바위에서 계수 향기 나는지	何巖桂樹香
우리 집은 저 멀리 아스라한데	儂家莽蒼外
마음 가는 대로 승방에 묵네	隨意宿僧房

62 연하(煙霞) : 안개와 노을이라는 본뜻에서 산수(山水), 산림(山林)을 뜻하는데, 속세를 벗어난 산수 깊은 곳을 말한다.

눈보라 속에 초려를 방문하다[63]

風雪訪草廬

공업은 어그러지고 세월은 흘러가니	勳業差池日月除
웅대한 그 마음 세밑에 더욱 어떠한지	雄心歲暮轉何如
지금 세상의 형세는 개제가 필요한데[64]	卽今世事須開濟
어디서 현인은 낚시질하고 있는지[65]	何處賢人在釣漁

63 눈보라……방문하다 : 촉한(蜀漢)의 유비(劉備)가 제갈량(諸葛亮)의 초려(草廬)를 눈보라를 뚫고 방문하는 상황을 설정하여 유비와 제갈량의 사적을 노래한 영사시(詠史詩)로, 모두 20운(韻)이다. 창계는 이 당시 조지겸(趙持謙), 오도일(吳道一), 박태보(朴泰輔), 이여(李畬), 서종태(徐宗泰)와 함께 독서당에 뽑혀 사가독서하며 일정 기간마다 과제(課題)를 지어 숙종에게 바치게 되었는데 이 시는 그 가운데 하나이다. 조지겸, 오도일, 박태보의 문집에도 같은 제목의 시가 수록되어 있다. 《承政院日記 肅宗 8年 4月 10日, 5月 2日, 6月 20日》《迂齋集 卷2 風雪訪草廬, 韓國文集叢刊 147輯》《西坡集 卷2 風雪訪草廬, 韓國文集叢刊 152輯》《定齋後集 卷1 風雪訪草廬, 韓國文集叢刊 168輯》

64 지금……필요한데 : 후한(後漢) 말 조정을 장악한 환관(宦官)의 농락으로 인해 혼란해진 세상에서 나라의 기틀을 다시 세우고 당대의 위기를 바로잡아야 한다는 말이다. '개제(開濟)'는 두보의 〈촉상(蜀相)〉 시의 경련(頸聯)에 "세 번이나 찾아옴은 천하를 도모하는 계책 때문이었으니, 두 조정에서 국사에 매진함은 늙은 신하의 마음이었네.〔三顧頻煩天下計, 兩朝開濟老臣心.〕"라고 한 데서 온 말로 본래 선주(先主) 유비를 위해 나라의 기틀을 개창하고〔開創基業〕 후주(後主) 유선(劉禪)을 위해 당대의 위기를 바로잡는다〔匡濟時危〕는 뜻이다. 《杜詩詳註 卷9》

65 어디서……있는지 : 혼란한 세상을 바로잡을 현인이 어디에 숨어 살고 있는지 모르겠다는 말이다. 낚시질하는 현인은 주(周)나라 때 강태공(姜太公)의 고사를 말한다. 강태공이 위수(渭水) 가의 반계(磻溪)에서 낚시질하며 숨어 지내고 있는데 후일 주나라의 문왕(文王)이 되는 서백(西伯)이 어느 날 자신을 보필할 현인을 얻을 꿈을 꾸고,

현산의 융중을 멀리서 찾아가　　峴首隆中行遠駕
눈보라 맞으며 깊은 산거(山居)에 이르렀어라　　風前雪裏到幽居
한나라 화덕(火德)의 불꽃 꺼져 가는 바로 이때[66]　　正當漢火炎將滅
화기(火氣) 아직 내뿜지 않은 못 속 잠룡이 또 있네[67]　　也有池龍氣未噓
처음 도원에서 함께 의병을 이끌었더니[68]　　始向桃園提義旅
다시 초호에 와 군대를 멈추었구나[69]　　還來楚戶住征車
말 타지 않아 허벅지에 다시 살이 돋으니　　髀因卸馬還生肉

사냥 나가서 한 현인을 만나서는 함께 이야기를 나눈 뒤에 크게 기뻐하여 그를 태공망(太公望)이라 부르고 사(師)로 삼았다. 후에 무왕(武王)이 은(殷)나라 임금 주(紂)를 없애고 천하를 얻는 데 많은 공을 세워 제(齊) 태공에 봉해졌다.《史記 卷32 齊太公世家》

66 한(漢)나라……이때 : 한나라의 국운이 다해 가고 있다는 말이다. 오행(五行) 사상으로 볼 때 한나라는 화덕(火德)으로 천하를 세웠다 하여 이렇게 말한 것이다.

67 화기(火氣)……있네 : 후한 말의 혼란한 세상에서 한실(漢室)의 후예로 한나라의 흥복(興復)을 위해 몸을 바친 유비(劉備)가 있다는 말이다.

68 처음……이끌었더니 : 유비(劉備), 관우(關羽), 장비(張飛) 세 사람이 도원(桃園)에서 형제의 의(義)를 맺고 의병을 일으켜 생사를 함께하며 한나라를 부흥하기로 맹세한 일을 말한다.

69 다시……멈추었구나 : 도겸(陶謙)이 죽으면서 서주(徐州)를 유비에게 맡기자 유비는 이곳을 지키며 원술(袁術), 여포(呂布)와 싸우다 패주하여 조조(曹操)에게 몸을 맡겼다. 다시 서주로 돌아와 이제는 조조와 싸워 처자와 관우를 조조에게 포로로 잡히고 원소(袁紹)에게 가서 몸을 맡겼다가 결국 형주(荊州)의 유표(劉表)에게 가게 된 것을 말한다.《三國志 卷32 蜀書 先主傳》'초호(楚戶)'는 본래 초나라의 집이라는 뜻인데, 형주가 옛날 초나라 땅이었으므로 그렇게 말한 것이다. 전국 시대 말엽에 진(秦)나라에서 초나라 회왕(懷王)을 거짓으로 초청하여 억류하다가 죽게 만들자, 초나라 사람들의 원한이 매우 깊었다. 당시 초나라의 음양가(陰陽家) 남공(南公)이 말하기를 "초나라는 3호만 있어도 진나라를 멸망시킬 수 있다." 하였는데, 이것은 일종의 도참설(圖讖說)로, 과연 뒤에 초나라의 항우(項羽)가 삼호진(三戶津)을 건너와서 진나라를 멸망시켰다.《史記 卷7 項羽本紀》

시대를 상심해 눈물 홀로 옷깃에 가득하네[70] 淚爲傷時獨滿裾
서로 갔던 여상(呂尙)을 후대에 부질없이 그리워하고[71]
異代空思西至呂
북으로 가는 서서(徐庶)를 위급한 때 또 전송하였어라[72]
臨危又送北歸徐
남양의 처사를 알고 있는 이 누구인가 南陽處士誰知者
수경 선생이 참으로 나를 인도해 주었네[73] 水鏡先生實啓予

70 말……가득하네 : 유비가 형주(荊州)의 유표(劉表)에게 몸을 의탁해 살 때 한번은 변소에 갔다가 자신의 허벅지에 살이 오른 것을 보고는 눈물을 흘렸다. 유표가 그 까닭을 묻자 "나는 늘 몸이 말안장을 떠나지 않아 허벅지의 살이 다 빠져 있었는데, 지금은 말을 타지 않아 허벅지에 살이 붙었습니다. 세월은 빨리도 흘러 장차 늙어 갈 터인데, 공업(功業)을 이루지 못하였기에 슬퍼하는 것입니다." 하였다. 《三國志 卷32 蜀書 先主傳》

71 서(西)로……그리워하고 : 은나라 때 서백(西伯)을 보좌한 여상(呂尙) 같은 이를 유비가 고대한다는 말이다. 《사기》 권32 〈제태공세가(齊太公世家)〉에, 주나라 서백이 사냥을 떠나기에 앞서 점을 치니 "사냥에서 노획할 것은 용도 이무기도 아니고 범도 큰곰도 아니다. 노획할 것은 패왕(霸王)을 보좌할 사람이다." 하였다. 서백이 사냥을 나가서 과연 위수(渭水) 가에서 낚시를 하고 있던 여상을 만났는데, 이야기를 나누고는 크게 기뻐하며 수레에 태워 돌아왔다고 한다.

72 북(北)으로……전송하였어라 : 유비가 형주에서 유표에게 의탁하고 있을 때 유표가 죽고 조조가 군대를 몰아 형주를 치러 내려왔다. 유비가 번성(樊城)에 주둔하고 있다가 이 소식을 듣고 군대를 이끌고 남쪽 양양(襄陽)으로 가니 제갈량이 서서(徐庶)와 함께 유비를 뒤따랐다. 하지만 조조에게 추격당하여 서서의 모친이 조조에게 붙잡혔다. 그러자 서서는 유비에게 하직하면서 본심을 말하기를 "본래 장군과 함께 왕패(王霸)의 공업을 도모하려고 한 것은 바로 한 치의 마음이었습니다. 그런데 지금 이미 늙은 모친을 잃어버려 마음이 산란합니다. 어떤 일에도 보탬이 되지 못할 것이니 이제 작별할까 합니다." 하고는 마침내 유비를 떠나 조조에게 갔다. 《三國志 卷35 蜀書 諸葛亮傳》

73 남양(南陽)의……주었네 : 사마휘(司馬徽)가 유비(劉備)를 제갈량(諸葛亮)에게

다만 부암에서 물색이 더디었기 때문에　　只爲傅巖遲物色

신야에서 즐거이 농사짓던 이와 같구나[74]　　方同莘野樂耕鋤

소하(蕭何) 조참(曹參)이 천명 도운 일과 나란할 만하고[75]　　蕭曹佐命非難竝

인도해 주었다는 말이다. '남양의 처사'는 양양(襄陽)의 남쪽 융중(隆中)에서 밭 갈며 숨어 살고 있던 제갈량을 말한다. '수경(水鏡)'은 물체를 선명하게 비추어 주는 맑은 물과 밝은 거울로, 전하여 세상과 인물을 꿰뚫어 보는 예지를 가리킨다. 후한(後漢) 때 사마휘는 사람을 잘 알아보는 감식안이 있었는데 은사(隱士) 방덕공(龐德公)이 그를 보고 수경(水鏡) 선생이라 불렀다. 유비가 사마휘에게 세상 돌아가는 일을 묻자 사마휘는 "유생(儒生) 속사(俗士)가 어찌 시무(時務)를 알겠습니까. 시무를 아는 자는 준걸들 속에 있는데, 이 지방에 따로 복룡(伏龍)과 봉추(鳳雛)가 있습니다."라고 하면서 제갈량과 방통(龐統)을 추천하였다. 《三國志 卷35 蜀書 諸葛亮傳》

74 다만……같구나 : 유비가 부열(傅說)처럼 훌륭한 보좌인 제갈량을 뒤늦게 알아 이윤(伊尹)처럼 신야(新野)에서 오래도록 밭 갈며 은거하도록 방치하였다는 말이다. 은 고종(殷高宗)이 즉위하여 어진 인재를 만나 천하를 잘 다스리고 싶은 염원이 간절하던 중 상제로부터 어진 보필(輔弼)을 내려 주는 꿈을 꾸고서 꿈속 인물의 초상을 그려 천하에 널리 구한 끝에 마침내 부암(傅巖)이란 곳에서 토담 쌓는 일을 하고 있던 부열을 얻어 재상으로 삼았다고 한 데서 온 말로, 제갈량을 부열에 비유한 것이다. 《書經 說命上》 '신야(莘野)'는 본래는 유신국(有莘國)의 들이란 뜻이고, 이윤은 탕(湯) 임금의 현상(賢相)으로 일찍이 여기에서 농사를 지으며 은거했는데 탕 임금이 그가 어질다는 명성을 듣고 사자(使者)를 보내서 그를 초빙하였으나, 처음에는 전혀 거들떠보지도 않다가 세 번째 사자가 왔을 때는 문득 마음을 바꾸어, 요순(堯舜)의 도를 직접 세상에 한번 행해 보겠다고 다짐을 하고 나가서 마침내 탕 임금을 도와 하(夏)나라를 정벌하고 백성을 구제하였던 데서 온 말이다. 《孟子 萬章上》 제갈량이 마침 양양의 신야에서 밭 갈며 은거하고 있었기에 이윤에 비긴 것이다.

75 소하(蕭何)……만하고 : 소하와 조참(曹參)은 모두 유방(劉邦)을 보좌하여 한나라를 개국한 공신으로, 한나라를 세운 이후로는 서로 연달아 상국(相國)이 되어 정사를 잘 펴서 백성들이 평안하게 되었다. 제갈량이 선주 유비와 후주 유선(劉禪)을 도와 한실(漢室)의 부흥을 위해 매진한 일이 소하, 조참과 어깨를 나란히 할 만하다는 말이다.

관중(管仲) 악의(樂毅)와 그 재주 비교해도 넉넉하다네[76] 管樂論才亦有餘
마음에 경륜 쌓았다고 어찌 스스로 팔겠냐마는 志蘊經綸寧自衒
하늘이 영걸(英傑)을 보냄은 실로 헛되지 않네 天生英俊實非虛
깊은 산 눈보라 속에 홀로 고삐를 돌리니 深山風雪獨回轡
난세의 세상천지에 낡은 초가 하나 있어라 亂代乾坤一弊廬
세 번이나 찾아오매 계책이 적지 않았고 三顧頻煩計未少
짧은 시간 담소에 속뜻을 함께 터놓았네 片時談笑志同攄
눈 아래로 뭇 영웅을 모두 헤아려 보고 群雄眼底都商略
흉중에 정한 계획은 진퇴의 소신 있어라[77] 成算胸中有卷舒
업하의 늙은 간신 바로 대적하기 어렵거니와 鄴下老奸難遽敵
강동과의 우호를 먼저 어겨서는 안 되네 江東和好莫先疎
방성과 한수는 진정 풍요로운 땅이고 方城漢水眞天府

76 관중(管仲)……넉넉하다네 : 제 환공(齊桓公)의 재상이 되어 그를 패자(覇者)로 만든 관중이나 연 소왕(燕昭王)을 도와 제나라에 복수한 명장 악의(樂毅)보다 제갈량(諸葛亮)이 훌륭하다는 말이다. 제갈량은 신장이 8척(尺)으로 매양 자신을 관중과 악의에 비교하였는데 당시 사람들이 인정하지 않았다. 오직 박릉(博陵)의 최주평(崔州平)과 영천(潁川)의 서서(徐庶)가 제갈량과 벗으로 지내며 참으로 그렇다고 생각할 뿐이었다. 《三國志 卷35 蜀書 諸葛亮傳》 후대에 제갈량은 촉한의 재상이 되어 유비와 유선을 도와 한실의 부흥을 위해 혼신의 힘을 다하였으므로 창계는 관중과 악의보다 제갈량이 더 훌륭하다고 말한 것이다.

77 눈……있어라 : 제갈량이 삼고초려(三顧草廬)의 후한 예로 천하대계(天下大計)를 물었던 유비를 후한 말 군웅이 할거하는 혼란한 세상에서 자신이 섬길 군주로 생각했다는 말이다. 뒤 구는 소옹(邵雍)이 지은 〈용문도중작(龍門道中作)〉 시의 함련(頷聯)에 "진퇴는 내게 있으니 이미 정한 계획 있고, 용사는 시의를 따르니 일정한 명칭이 없네.〔卷舒在我有成算, 用舍隨時無定名.〕"라고 한 구절을 원용한 것이다. 《伊川擊壤集 卷3》

옥루와 민산은 패자의 터전이라네[78]	玉壘岷山是霸墟
차례로 비상한 공업 모두 가리켜 보이니	次第奇功皆指視
천하 대업을 경영함은 여기서 비롯되리라	經營大業此權輿
천고에 어울림은 바람이 범을 따름 같고	千年契合風從虎
어느 날 제회(際會)함은 물을 만난 고기라네[79]	一日遭逢水有魚

78 업하(鄴下)의……터전이라네 : 유비가 제갈량을 삼고초려하여 그에게 혼란한 세상을 구제할 방도를 묻자 제갈량이 형주(荊州)와 익주(益州)에 터를 잡고서 오(吳)나라 손권(孫權)과 동맹을 맺고 북방에서 천자를 끼고 제후들을 호령하는 강성한 조조(曹操)를 대적하면 천하를 도모할 수 있다고 한 천하삼분(天下三分)의 계책을 말한다. 《三國志 卷35 蜀書 諸葛亮傳》 '업하의 늙은 간신'은 지금의 하남성(河南省) 임장현(臨漳縣)에 있었던 업하에 도읍한 조조를 가리키고 '강동(江東)'은 오나라 손권을 가리킨다. '방성(方城)'은 초나라의 산이고 '한수(漢水)'는 양자강의 지류로, 초나라 수도인 영(郢) 땅 옆으로 흐르는데 여기서는 형주를 가리킨다. 초나라 굴완(屈完)이 제 환공(齊桓公)에게 "임금께서 덕으로 제후들을 편안하게 해 주신다면 누가 감히 복종하지 않겠습니까. 임금께서 만약 무력으로 하신다면 '우리 초나라는 방성으로 성을 삼고 한수로 못을 삼으니〔楚國方城以爲城, 漢水以爲池.〕', 아무리 많은 군대가 있더라도 소용이 없을 것입니다."라고 한 데서 온 말이다. 《春秋左氏傳 僖公4年》 '옥루(玉壘)'와 '민산(岷山)'은 모두 촉(蜀) 지방의 산 이름으로, 옥루는 성도(成都)의 서북쪽에 있어 성도의 대칭으로도 쓰이며, 민산은 촉의 북부에 있는 험난한 산으로, 여기서는 익주를 가리킨다. '패자(霸者)의 터전'은 한 고조(漢高祖)가 익주에 터를 잡고 한나라를 개창한 일을 말한다.

79 천고(千古)에……고기라네 : 유비와 제갈량이 군신(君臣)으로 만나 의기가 투합하였다는 말이다. '바람이 범을 따른다'는 말은 《주역(周易)》 〈건괘(乾卦) 문언(文言)〉에 "구름은 용을 따르고 바람은 범을 따르는지라, 성인이 일어나면 만물이 다 보게 된다.〔雲從龍, 風從虎, 聖人作而萬物覩.〕"라고 한 데서 온 말로, 성군(聖君)과 현신(賢臣)이 서로 만나는 것을 의미한다. '물을 만난 고기'는 제갈량이 천하대계를 유비에게 말한 뒤 유비가 제갈량과 날로 관계가 가까워지자 관우와 장비 등이 좋아하지 않았는데 유비가 "내게 공명이 있는 것은 물고기에게 물이 있는 것과 같다. 부디 그대들은 다시 말하지 말라.〔孤之有孔明, 猶魚之有水也. 願諸君勿復言.〕"라고 한 데서 온 말이다. 《三國志 卷35 蜀書 諸葛亮傳》 역시 군신 간에 마음이 통하는 것을 말한다.

운이 떠나니 일의 성패 논할 것 없거니와	運去莫論成敗事
때를 만나 마음 통했던 처음 제일 추억한다네	時來最憶感通初
군신 간에 격의 없는 마음 고금을 압도하니	君臣灑落傾前後
거친 문장으로 간언을 대신하기 원하노라	願把荒詞替諫書

연경으로 사신 가는 남 대사헌[80] 이성 을 전송하다
送南大司憲 二星 赴燕

북녘 변방 눈구름이 연경에 어두컴컴한데 朔雪邊雲暗薊都
찬 하늘 아래 나그네 길은 의무려[81]를 돌아드네 寒天客路轉醫巫
일생의 비분강개한 뜻은 지금 사행에 있었고 一生慷慨今行李
만리 먼 곳의 유람은 또한 대장부의 일이어라 萬里觀游亦丈夫
역수 가에 긴 성은 부질없이 두르고 있고[82] 易水城長虛繚繞

80 남 대사헌(南大司憲) : 남이성(南二星, 1625~1683)으로, 본관은 의령(宜寧), 자는 중휘(仲輝), 호는 의졸(宜拙), 시호는 장간(章簡)이며, 대사헌을 지냈다. 1662년(현종3) 정시 문과에 을과로 급제하였다. 1675년(숙종1) 자의대비(慈懿大妃) 조씨(趙氏)가 입을 복상문제(服喪問題)로 영의정 김수항(金壽恒)이 중도부처(中途付處)되자, 남인 권대운(權大運)을 규탄하고 김수항을 변호하는 상소문을 올렸다가 진도(珍島)에 유배되었고 뒤에 배천(白川)으로 이배되었다. 저서로《어록해(語錄解)》가 있다. 1681년 6월에 연경으로 가는 사신단의 부사(副使)에 임명되어 10월에 출발하였다가 이듬해 3월 복명(復命)하였다.

81 의무려(醫巫閭) : 요령성(遼寧省) 북진현(北鎭縣) 서쪽, 대능하(大凌河) 동쪽에 있는 산으로, 옛 유주(幽州)의 광녕우위(廣寧右衛) 서쪽 5리에 있는데, 사산(蛇山)·반산(盤山)·첨산(添山)·백운산(白雲山)·안산(鞍山) 등 12개의 산으로 이루어져 있다. 의무려(醫無閭)라고도 한다.《讀史方輿紀要 卷3 遼東邊圖, 卷37 山東條》

82 역수(易水)……있고 : 역수가 연경(燕京)의 근처에 있어서 사신 행차가 이곳을 지나가므로 이렇게 말한 것이다. 전국 시대 자객 형가(荊軻)가 연(燕)나라 태자 단(丹)을 위해 진왕(秦王)을 죽여서 복수를 해 주려고 비수를 끼고 떠나던 날, 수많은 사람들이 역수 가에 이르러 그를 송별하였는데, 이때 형가의 친구인 고점리(高漸離)가 현악기인 축(筑)을 타자, 형가가 이에 화답하여 노래하기를 "바람이 쌀쌀하게 부니 역수는 차갑도다. 장사는 한번 가면 다시 오지 않으리로다.〔風蕭蕭兮易水寒, 壯士一去兮不復

난하 위로 먼 달은 바라보매 고고하구나　　灤[83]河月逈對高孤
공에게 힘을 다해 좋은 계책 세우게 하였으니　　煩公密勿紆長策
헛되이 슬픈 노래 부르며 술꾼들 향하지 마소　　莫謾悲歌向酒徒

還.〕" 하고 떠났으나, 그는 끝내 진왕을 죽이지 못하고 자기만 죽음을 당하고 만 고사가 있다.《史記 卷86 刺客列傳 荊軻》

83 灤 : 대본에는 '灣'으로 되어 있는데, 문맥을 살펴 바로잡았다.

남쪽으로 가는 박대숙[84] 심 을 전송하다

送朴大叔 鐔 南行

지난밤 할 말 다하지 못했는데　前夕語不穩
어젯밤 약속마저 어긋났구려　昨宵期又誤
지금 그대 떠나도 만류하지 못하니　今君去莫留
어떻게 이내 그리움 위로할는지　何以慰予慕
그대는 성격이 정직하고 신실해서[85]　君有直諒姿
간담을 남에게 다 드러냈었지　肝膽爲人露
나를 아끼면서 또 충고해 주니　憐我更誨我
이 의리 진정 옛사람과 비슷하건만　此義諒逼古
나는 선을 실천할 용맹이 없어　我無遷善勇
감사한 마음만을 가슴속에 간직할 뿐이네　徒感結心腑
오늘 이렇게 이별하고 나면　玆辰一爲別

84 박대숙(朴大叔) : 대숙은 박심(朴鐔, 1652~1707)의 자이다. 본관은 고령(高靈), 호는 지포(芝浦)이다. 구당(久堂) 박장원(朴長遠)의 셋째 아들이다. 학행(學行)으로 일컬어졌고 영천 군수(榮川郡守)를 지냈다. 동생 박진(朴鎭)과 함께 명재(明齋) 윤증(尹拯)에게 수학하였다. 창계를 비롯하여 민이승(閔以升), 이세귀(李世龜), 정제두(鄭齊斗) 등과 교유하였다. 《西堂私載 卷9 芝浦朴公墓誌銘, 韓國文集叢刊 186輯》《明谷集 卷8 送朴大叔之任榮川序, 卷30 吏曹判書久堂朴公諡狀, 韓國文集叢刊 154輯》

85 그대는……신실해서 : 정직하고 성실하다는 것은 박심이 좋은 벗이라는 말로, 《논어》 〈계씨(季氏)〉에서 공자가 "유익한 벗이 세 가지가 있고, 해로운 벗이 세 가지가 있으니, 벗이 정직하고 신실하고 문견이 많으면 유익한 것이다.〔益者三友, 損者三友, 友直, 友諒, 友多聞, 益矣.〕"라고 한 데서 온 말이다.

어디서 다시 만날 수 있을는지 何處更相遇
강 포구 길을 서글피 바라보니 悵望江浦道
엷은 구름 아래 찬비가 내리어라 微雲滴寒雨
석별의 정념(情念)은 저녁 바람을 따르고 離情逐晩風
울적한 생각은 한 해의 끝에 모이누나 幽思集歲暮
서글픔에 뒤따라가고자 하나 悢悢欲往從
세상일에 매인 이 몸 어이할거나 柰此嬰世故
노력하여 마음속 바람 보존하세나 努力保心期
남산의 나무를 보내 주노라[86] 請贈南山樹

86 남산(南山)의……주노라 : 오랜 세월의 풍상(風霜)을 견디고 남산에 우뚝 솟아 푸른 위용을 과시하는 나무의 기상을 벗 박심이 닮기 바라는 뜻으로 말한 것이다.

어떤 이에게 주다

贈人

보내 준 편지에 시통을 보내 달라는 말이 있었는데 지난 저녁 답장을 쓰면서 너무 바빠 시를 지을 겨를이 없었던 데다 시 지을 겨를이 없다는 뜻을 언급할 겨를도 없었다. 오늘 아침 문득 읊은 것이 있어 돌아간 인편을 뒤좇아서 부치게 하니 그나마 부치는 편에 닿을 수 있을지 모르겠다.

옥 주머니에는 맑은 얼음 담고	玉囊貯淸氷
붉은 줄은 금(琴)에 당겨 매니	朱絃緪枯桐
줄은 팽팽하고 얼음도 깨끗하여	絃高氷亦潔
찬 이슬이 회오리바람에 맺히는 듯하네	寒露結回風
아름다운 대나무는 본래 바르고 곧거니와	美竹本正直
좋은 벽옥은 연마하는 데 달려 있기에	良璧在磨礱
마침내 다른 산의 돌로 하여금	遂令它山石
천고에 서로 갈고 다듬게 하였어라[87]	千載得相攻
어젯밤에 봄 서리 내리고 나서	昨夜春霜下
강가 울에 그윽한 떨기 시들었구나	江籬悴幽叢
그대 그리워 몹시 마음 쓰노니	思君極勞心

87 좋은……하였어라 : 창계가 자신을 돌에 비유하여, 벽옥처럼 훌륭한 상대방이 하찮은 자신을 타산지석으로 삼아 서로 인격을 수양하게 하였다는 말이다. 《시경》 〈소아(小雅) 학명(鶴鳴)〉에 "다른 산에서 나는 돌이 숫돌이 될 수가 있도다.……다른 산에서 나는 돌이 옥을 갈 수 있도다.〔他山之石, 可以爲錯.……他山之石, 可以攻玉.〕"라고 한 데서 온 말로, 본래 다른 사람의 하찮은 언행일지라도 자기의 지식이나 인격을 닦는 데에 도움이 된다는 뜻으로 쓰인다.

그대에게 높은 산의 솔을 주노라[88] 贈君高山松

88 그대에게……주노라 : 오랜 세월의 풍상(風霜)을 견디고 높은 산에 우뚝 솟아 푸른 위용을 과시하는 소나무의 기상을 상대가 닮기 바라는 뜻으로 말한 것이다.

외숙 졸수 조성경이 병에 든 꽃을 읊은 시에 차운하다
次拙修趙叔成卿詠甁花韻

시골 산천 돌아가면 산꽃 피어 있을 텐데	歸山擬及山花發
봄도 저무는 이때 왜 아직 관을 걸지 않는지[89]	春晩如何未掛冠
그래도 내 뜻 아는 고상한 사람이 있어	還有高人知我意
화병이라도 감상하라며 너그러이 빌려주네	相逢剩借一甁看

두 번째 其二

화병에 담긴 꽃이 두어 가지 붉게 물드니	一甁浸得數枝紅
천지조화의 공을 길이 마주 대하네	長對乾坤造化功
다시 알겠어라 주인의 친절한 뜻이	更識主人親切意
봄빛 다 거두어 시 안에 담은 것임을	盡收春色入詩中

89 시골……않는지 : 시골로 내려가면 아름다운 풍광이 자신을 맞아 줄 텐데 아직 조정의 관직에 매여 돌아가지 못하고 있는 이유를 창계 자신도 알지 못한다는 말이다. 이 시를 지은 1682년(숙종8)에 창계는 조정에서 근신(近臣)으로 복무하고 있었다. '관을 건다〔掛冠〕'는 것은 《후한서》 권83 〈일민열전(逸民列傳) 방맹(逢萌)〉에 "한(漢)나라 때 왕망(王莽)이 섭정을 하게 되었는데 자신의 아들 왕우(王宇)가 간언을 하자 왕망이 왕우를 죽였다는 소식을 방맹이 듣고는 친구에게 말하기를 '삼강(三綱)이 끊어졌으니, 떠나지 않으면 화가 미칠 것이다.'라고 하고 바로 관을 벗어서 동쪽 도성 문에다 걸어 놓고는 돌아가 가족을 거느리고 바다를 건너 요동(遼東)으로 가 버렸다."라고 한 데서 온 말로, 관직을 사직하고 은퇴하는 것을 의미한다.

옥류동에서 김중화 창협, 김자익 창흡 과 함께 짓다[90]

玉流洞 與金仲和 昌協 子益 昌翕 同賦

계곡을 따라 돌길을 들어가니	石路緣溪入
높은 소나무가 집 주위로 푸르네	雲松繞宅青
성곽에 가득한 꽃들 굽어보고	俯看花滿郭
뜰에 무성한 풀들 앉아 사랑하여라	坐愛草交庭
어여쁜 달은 사람 붙잡아 머물게 하고	好月留人宿
그윽한 새소리 밤늦도록 들리누나	幽禽到夜聽
이 유람에 어찌 취하지 않을쏜가	茲遊豈辭醉
술 가져와 다시 병을 채우노라	沽酒更盈甁

90 옥류동(玉流洞)에서……짓다 : 옥류동은 경복궁(景福宮)의 서쪽 인왕산(仁王山) 아래에 있는 골짜기이다. 중화(仲和)는 김창협(金昌協, 1651~1708)의 자이고, 자익(子益)은 김창흡(金昌翕, 1653~1722)의 자로, 두 사람 모두 김수항(金壽恒)의 아들이다. 김창협은 호는 농암(農巖)・삼주(三洲), 시호는 문간(文簡)이다. 저서로 《농암집(農巖集)》이 있다. 김창흡은 호는 삼연(三淵), 시호는 문강(文康)이다. 저서로 《삼연집(三淵集)》이 있다. 이 당시 안동 김씨 가문이 장동(壯洞)에 세거하고 있어서 창계가 이곳을 방문하고 이 시를 남긴 것으로 보인다.

청풍 부사를 전송하다

送淸風守

청풍 부사 이별하려 할 제	欲別淸風守
한벽루를 먼저 이야기하네[91]	先論寒碧樓
강물 소리 속에 한밤 내내 담론할 테고	江聲說五夜
가을 생각은 호젓한 배에 가득하겠지	秋思滿孤舟
떠나가는 행색 사람마다 부러워하고	行色人人羡
다스리는 곳은 곳곳마다 그윽하리라	官居處處幽
보아 하니 공은 진정 득의양양하여	看公正得意
이별의 시름도 느끼지 못하는구나	未覺有離愁

91 청풍 부사(淸風府使)……이야기하네 : 충청도 청풍(淸風)에 한벽루가 있는데 객관(客館) 동쪽 남한강을 굽어보는 자리에 위치하고 있어 예로부터 경관이 아름답기로 유명하기에 청풍 부사로 가는 이와 이에 대해 이야기한다는 말이다.《新增東國輿地勝覽 卷14 忠淸道 淸風郡》

화곡에서

花谷

옛사람 은거하던 곳이요	昔人棲遁地
그윽한 산골짜기 안이로구나	窈窕溪山裏
바위에 기대 맑은 물결 희롱하며	倚巖弄淸漪
그대 생각에 그리움 그치지 않네	思君意未已

송정에서

松亭

송정 새로 만들어 푸른 물결 굽어보니	新作松亭俯碧流
맑은 바람 사방에서 솔솔 불어오누나	淸風四面入颼颼
한여름에 앉아 낚싯대 드리울 만하고	卽供長夏坐垂釣
노니는 이 와서 배를 매기도 한다네	時有游人來繫舟
강물 빛깔 문득 열리니 푸른 산 비치고	江色忽開靑嶂出
샘물 소리 끊이지 않으니 흰 구름 머물러라	泉聲不絶白雲留
짧은 시일에 이룬 공이 적지 않아라	經營半日功非少
산간의 가을 같은 오월을 차지하였구나	占得山間五月秋

강가 거처에서 이것저것 읊다
江居雜詠

앞 시내에 비 자국이 지나가니　前溪過雨痕
갠 빛이 들판 가득 싱그러워라　晴色靄平原
석양은 제일 먼 산머리에 저무는데　日落最遙岫
연기는 어느 마을에서 피어오르나　煙生何處村
백로 서 있으니 모래섬은 깨끗하고　鷺立沙洲淨
비둘기 우니 산속 수풀 무성하구나　鳩鳴山葉繁
노니는 물고기는 또 무슨 마음인지　游魚亦何意
이따금 물결 속에서 몸을 뒤집네　往往浪中翻

이자동[92] 해조 이 보내 준 시에 차운하다

次李子東 海朝 寄贈韻

누대의 교분(交分)은 사제의 관계였고　世誼師生契
사귐의 정의(情誼)는 그대 형들과 나눴네　交情伯仲通
타향에서 한 번 만난 일 좋았는데　他鄕一會勝
그때 일 벌써 십 년이 그냥 흘렀구려　往事十年空
가난이 어찌 내게 질곡이 되겠는가　貧豈爲吾病
시는 그대를 곤궁하게 하기 어렵지[93]　詩難使汝窮

92 이자동(李子東) : 자동은 이해조(李海朝, 1660~1711)의 자이다. 본관은 연안(延安), 호는 명암(鳴巖)이다. 대제학 이일상(李一相)의 아들이다. 1681년(숙종7) 사마시에 입격하였으나, 1689년 인현왕후(仁顯王后) 민씨(閔氏)가 폐위되자 벼슬을 단념하였다가 1694년 인현왕후가 복위된 뒤에 빙고 별검이 되었다. 1702년 알성시 문과에 급제하여 사가독서(賜暇讀書)한 뒤 응교, 부교리, 집의 등을 역임하고 대제학을 지내 증조부 이정귀(李廷龜), 조부 이명한(李明漢), 부친 이일상과 함께 4대가 대제학을 지낸 문한가(文翰家)이다. 저서로 《명암집(鳴巖集)》이 있다.

93 가난이……어렵지 : 창계 자신은 가난에 마음을 얽매이지 않고 이해조는 곤궁하지는 않지만 시가 훌륭하다는 말이다. '시가 사람을 곤궁하게 한다'는 것은 북송(北宋)의 구양수(歐陽脩)가, 벗 매요신(梅堯臣)이 남긴 시집에 써 준 서문인 〈매성유시집서(梅聖兪詩集序)〉에 "세상에서는 시인들이 영달하는 경우는 적고 곤궁하게 되는 경우가 많다고 한다. 그러나 이것이 어찌 그러하겠는가.……대체로 곤궁해질수록 시는 더욱 훌륭해지게 되는 것이다. 그렇다면 시가 사람을 곤궁하게 만드는 것이 아니라, 곤궁하게 된 뒤에야 시가 훌륭해진다고 해야 할 것이다.〔世謂詩人少達而多窮, 夫豈然哉?……蓋愈窮則愈工, 然則非詩之能窮人, 殆窮者而後工也.〕"라고 한 데서 온 말이다. 《御選唐宋文醇 卷24》

만년에 몸 보중하기를 바라노니	相期保歲晩
평지에도 풍파가 가득한 법이네	平地足濤風

자동의 시에 삼가 차운하여 게으름을 사죄하고 가르침을 구하다

奉次子東韻 謝慢求正

강가 절에 배를 막 대고 나니	江寺舟初泊
난초 언덕에 오솔길이 나 있네[94]	蘭皐路細通
황폐한 산성에 저무는 달 비껴 있고	城荒殘月在
오래된 바위에 지는 꽃이 없어라[95]	巖古落花空
옛일을 조문하니 슬픔 가누기 힘들고	弔往悲難盡
높은 곳에 기대니 생각은 끝이 없어라	憑高意不窮
신룡이라는 게 또한 어디 있단 말인가	神龍亦何有
조룡대 바람 맞으며 서글퍼하노라[96]	惆悵釣臺風

94 강가……있네 : 부여에서 백마강(白馬江)을 건너 부소산(扶蘇山) 기슭에 배를 대면 곧장 고란사(皐蘭寺)로 올라가는 좁고 가파른 길이 있어 이렇게 말한 것이다. '난초 언덕〔蘭皐〕'은 본래 난초가 피어 있는 물가 언덕을 말하는 것으로, 굴원이 지은 〈이소(離騷)〉에 "말 타고 난초 언덕으로 걸음 옮기고, 산초 언덕 내달려 몸을 쉬노라.〔步余馬於蘭皐兮, 馳椒丘且焉止息.〕"라고 한 데서 온 말인데, 앞 구에서 말한 '강가 절'이 고란사를 가리키므로 여기서는 중의적인 의미로 쓰인 것이다.

95 황폐한……없어라 : 백제가 멸망한 뒤로 부소산성(扶蘇山城)은 황폐해졌는데 그 위로 달이 저물고 있고 그 당시 3천 궁녀가 떨어져 죽었다는 낙화암(落花巖)에는 지는 꽃도 없다는 말이다.

96 신룡(神龍)이라는……서글퍼하노라 : 백제의 멸망과 관련하여 전해지는 조룡대(釣龍臺)의 신룡 전설을 떠올리면 허무맹랑한 한편으로 흥망성쇠의 무상함에 마음이 착잡하다는 말이다. '조룡대'는 부소산 기슭의 강가 언덕에 서 있는 바위인데 이 바위

어떤 이에게 주다
贈人

맑은 강 북쪽 언덕이 바로 그대 집이니	淸江北岸是君家
배 타고 한가히 찾을 제 해 기울지 않았어라	小艇閑尋日未斜
산 풍광은 아련하게 푸른 강물에 닿아 있고	山色依依臨碧水
구름 그림자 점점이 밝은 모래에 지는구나	雲陰片片落明沙
고란사 옛 절에서 누가 피리를 부는 건지	皐[97]蘭古寺誰吹笛
백제 땅 봄바람에 벌써 꽃이 떨어졌어라	百濟春風已落花
앞 포구에 달 떠올라 노를 돌려 가노라니	前浦月生回棹去
안개 낀 물가 숲에서 까마귀 날아오르네	滿汀煙樹起棲鴉

'저녁 안개 낀 물가 나무에서〔暮煙汀樹〕'라고 되어 있는 곳도 있다.

위에 용이 발톱으로 할퀸 듯한 자취가 있다. 민간의 전설에, 당(唐)나라의 소정방(蘇定方)이 백제를 정벌하려고 이 강에 이르러 건너려고 하자 갑자기 비바람이 크게 일어나기에 백마(白馬)를 미끼로 해서 용 한 마리를 낚으니 잠시 뒤에 날씨가 개어 마침내 군대를 건너게 하여 백제를 정벌하였다고 한다. 《扶餘誌 卷1 古蹟》

97 皐 : 대본에는 '孤'로 되어 있는데, 《부여지》 권1 〈고적(古蹟)〉에 의거하여 바로잡았다.

작별하며 주다

贈別

떠나는 길 산들바람에 오동잎 지려 하는데	去路微風欲墮梧
누대 오르니 가을빛이 그대 행차[98] 감쌌네	上樓秋色擁仙鳧
지금 늙고 쇠약해진 동화문의 나그네를	只今潦倒東華客
그대 서호에 당도하면 추억하지 않겠는지[99]	君到西湖相憶無

98 그대 행차 : 원문은 '선부(仙鳧)'로, 본래 신발을 가리키는 말인데, 전하여 족적(足跡)이나 행적(行跡), 지방관의 행차를 가리킨다. 여기서는 떠나가는 상대의 행차를 말한다. 후한 명제(後漢明帝) 때 도술을 지닌 왕교(王喬)가 섭현 영(葉縣令)을 지내면서 매월 초하루와 보름이면 늘 조정에 와서 명제를 알현하였다. 그가 먼 거리인데도 불구하고 자주 오고 수레도 타지 않는 것을 이상하게 여긴 명제가 몰래 태사(太史)에게 그 진상을 알아보게 하니, 태사가 그가 오는 시기에 한 쌍의 오리가 동남방에서 날아온다고 보고하였다. 오리가 다시 날아오는 때를 기다렸다 그물로 덮쳤는데, 그물 속에는 몇 해 전에 황제가 상서대(尙書臺) 관원들에게 하사한 가죽신 한 짝만 있었다고 한다. 《後漢書 卷82上 方術列傳 王喬》

99 지금……않겠는지 : 지금 노쇠한 몸으로 벼슬살이하고 있는 창계 자신을 은거하러 내려가는 상대방이 생각해 줄 것이라는 말이다. '동화문(東華門)'은 백관이 입조(入朝)할 때에 출입하던 궁궐의 문 이름으로 조정을 뜻하고, '서호(西湖)'는 풍광이 아름답기로 유명한 곳으로 북송 때 매화와 학을 사랑했던 임포(林逋)가 은거하기도 했던 곳이다. 소식(蘇軾)의 〈박박주(薄薄酒)〉 둘째 수에 "은거하여 뜻을 구함엔 의리만을 따를 뿐, 동화문의 먼지나 북창의 바람을 아예 헤아리지 않는다네.〔隱居求志義之從, 本不計較東華塵土北窓風.〕"라고 하였는데, 이에 대한 송나라 시원지(施元之)의 주(注)에 "전인(前人)들이 장난삼아 하는 말에 '서호의 풍월이 동화문의 뿌옇게 날리는 먼지만 못하다.〔西湖風月, 不如東華軟紅香土.〕'라는 말이 있다."라고 하여, 은자가 사는 서호와 출사하여 직무를 수행하는 동화문을 대비하였다. 《施註蘇詩 卷11》 여기서는 동화문에 매여 있는 자신을 자조하는 한편 서호로 떠나는 상대방을 부러워하는 뜻을 동화문과 서호에 비유하여 말한 것이다.

외숙부 조공 경망 께 받들어 올리다
奉呈伯舅 趙公景望 案下

강 사문이 동파공(東坡公)의 구유(舊游)[100]를 뒤미처 품평한 시에 차운한 시를 보내 주신 것을 삼가 받고 여러 차례 읽다가 강개해져서 바로 이렇게 받들어 화답합니다. 좋은 시절을 그냥 보내 버린 것을 한스러워하며 후일에 만날 약속을 기약하니 감히 보내 주신 시보다 뛰어나기를 구하는 것이 아니라 또한 제 뜻을 말한 것입니다. 한번 웃으시고 나서 남겨 두어 훗날 만나 노닐 때의 증표로 삼는 것이 어떠하신지요.

올해에는 가을 보름 다 놀기 좋으니	今年秋望摠宜游
중추가 아니면 다시 구월 가을 있네	如不仲秋更九秋
초겨울이라도 여전히 달은 밝을 터이니	縱是初冬猶月白
공과 함께 이 강에 배 띄우길 기약하노라	期公一泛此江舟

100 동파공(東坡公)의 구유(舊游) : 동파 소식(蘇軾, 1036~1101)이 임술년(1082) 가을 7월 16일에 객과 함께 배를 띄워 적벽(赤壁)에서 노닐었던 일을 말하는 것으로, 소식은 〈전적벽부(前赤壁賦)〉를 지어 이 일을 서술하였다.

빗속에 한가로이 앉아 있을 때 관지[101]의 편지가 오니 매우 놀라는 한편으로 위로가 되었기에 뜻 가는 대로 율시 한 수를 읊조려 답장과 함께 받들어 보내다

雨中閑坐 貫之書到 甚令人驚慰 漫占一律 同報書奉呈

시는 정말 졸렬하지만 다 보내 준 편지의 뜻을 반복하여 표한 것이니 부디 깊이 살펴 주기 바란다.

비바람에 하루 종일 찾는 발길 끊겼는데	雨風終日斷人行
이러한 때 편지 오니 기쁘고 놀랄 만해라	此際書來足喜驚
바쁜 중엔 만나도 속마음 말하기 어렵지만	忙裏雖逢難盡意
조용한 때엔 안부 묻는 일이 가장 마음 가네	靜中相問最關情
생각 많아 왕래 뜸했나 혼자 의아해하고	思深自怪過從懶
말이 곧고 심사 깨끗함을 유독 사랑하노라	語直偏憐心事明
세상길의 분분함이야 모두 외물일 뿐이니	世路紛紛皆外物
그대와 함께 우뚝 서서 헛된 명성 사절하리	共君特立謝浮名

101 관지(貫之) : 오도일(吳道一)의 자(字)이다.

강가에서 운자를 부르다

江上呼韻

외로운 신하 가는 행색 추위 견디지 못해라	孤臣歸袂不勝寒
눈과 얼음에 가로막혀 앞길이 험난하구나	積雪層氷去路難
사흘 묵고 홀가분하게 멀리 떠나갈 적에[102]	三宿浩然方遠適
오운[103] 자욱한 곳 고개 돌려 다시 보노라	五雲多處更回看

두 번째 其二

미천한 이내 종적 헛된 명성 좇다 그르쳤더니	微蹤正坐浮名誤
성상의 넓은 도량으로 말미를 특별히 받았어라	恩暇偏蒙聖度寬
출사하면 어버이 생각 물러나면 임금님 걱정이니	進卽離親退戀闕
이내 마음 잠시나마 편안해질 수 있겠는가	寸心能得幾時安

102 사흘……적에 : 관직에서 물러나면서도 임금을 걱정하는 마음에 근교에 머물다가 끝내 임금이 마음을 고쳐먹고 자신을 다시 부르지 않자 홀가분하게 떠나가는 때라는 말이다. 맹자(孟子)가 제(齊)나라에서 도(道)를 행할 수 없게 되자, 부득이 그곳을 떠나면서 제나라 왕이 혹시라도 개심(改心)하기를 기다리는 마음에 천천히 가서 '사흘 밤을 묵은 다음에야 주 땅에 나갔는데〔三宿而出晝〕', 그때까지도 왕이 마음을 바꿔 자신을 좇아와 부르지 않으니, 그제야 비로소 '호연히 떠나갈 뜻이 있었다〔浩然有歸志〕'는 데서 온 말이다. 《孟子 公孫丑下》

103 오운(五雲) : 본래 청황적백흑(靑黃赤白黑)의 오색(五色)이 찬란한 서운(瑞雲)을 뜻하는데, 길상(吉祥)의 징조라 하여 임금이 계신 곳을 가리킨다.

세 번째 其三

세상 풍진에 발 잘못 들여 세 해를 보내니　　失脚風塵歲閱三
한가한 밤 조용히 헤아릴 제 너무도 부끄럽네　　閑宵默算愧難堪
다만 상유의 만절(晩節)[104] 지키는 데 노력하여야　　只應努力桑楡節
인간 세상 쓸모없는 사내 되지 않으리라　　免作人間無用男

104 상유(桑楡)의 만절(晩節) : '상유'는 본래 뽕나무와 느릅나무라는 뜻인데, 해가 질 때 저녁 햇빛이 이 나무들의 가지 끝에 비친다는 데서 해질 무렵을 뜻하고, 전하여 만년(晩年)을 뜻하게 되었다. '만절' 역시 만년을 뜻하는 것으로 흔히 '상유만절(桑楡晩節)'이라는 성어로 쓰인다.

산재에서 달밤에 족제 득지[105] 세양 와 운자를 불러 입으로 읊다

山齋月夜 與族弟得之 世讓 呼韻口占

산골길 굽이돌아 한 계곡이 그윽하니	谿路縈回一壑深
세간에서 그 누가 이 운림[106]을 알겠나	世間誰識此雲林
싸늘한 처마에 달은 강산의 빛을 움직이고	寒簷月動江山色
고요한 밤에 책은 천지의 마음을 여는구나	靜夜書開宇宙心
물새와 점점 친해지니 학 기르기를 관두고[107]	沙鳥漸親休養鶴
솔바람 가만히 듣노라니 금 뜯는 소리로세	松風竊聽當鳴琴
이 속의 아름다운 정취를 어찌 혼자 차지하리	箇中佳趣那專享
조만간 그대 청해 다시 찾아오게 하겠지	早晚煩君復見尋

105 족제(族弟) 득지(得之) : 득지는 임세양(林世讓)의 자이다. 임굉유(林宏儒)의 맏아들로 조부는 임담(林墰)이다. 창계의 조부는 임타(林墻), 부친은 임일유(林一儒)인데, 임담과 임타는 6촌(寸) 사이이다.

106 운림(雲林) : 구름이 끼어 있는 숲으로, 보통 처사(處士)가 은거(隱居)하는 곳을 가리킨다.

107 물새와……관두고 : 창계는 물새와 친해졌기에 옛날 서호(西湖)의 고산(孤山)에 은거했던 임포(林逋)처럼 학을 기를 것 없다는 말이다. 임포는 송나라 사람으로 자가 군복(君復)인데, 고산에 은거하여 20년 동안 성시(城市)에 발을 들여놓지 않았다. 그는 장가들지 않아 처자(妻子)가 없었는데, 거처하는 곳에 매화를 많이 심고 학을 길렀다. 그가 서호에 배를 띄우고 노닐 때 손님이 찾아오면 집에서 학을 날려 보내 그를 불러왔다. 그래서 '매처학자(梅妻鶴子)'로 불리었다고 한다. 《宋史 卷457 隱逸列傳上 林逋》《宋詩鈔 卷13 林逋和靖詩鈔序》

총암에서 한가로이 지내면서 동파가 쓴 〈취옹정기〉를 가져다 집자하여 시를 짓다[108]

叢巖閑居 取東坡書醉翁亭記 集字爲詩

깊은 산에 왕래하는 이 없고	深山無往來
그윽한 산새만 절로 오르내리네	幽禽自上下
푸르고 푸른 구름과 물 사이의	蒼蒼雲水間
이 즐거움 아는 이 그 누구랴	此樂誰知者

두 번째 其二

해 뜨자 나무 그늘 걷히고	日出樹陰開
사람 다니자 산새가 흩어지누나	人行山鳥散
아침 되어 바람이 불어오니	朝來知有風
계곡물에 꽃들 떨어져 어지러워라	溪水巖芳亂

108 동파(東坡)가……짓다 : 구양수(歐陽脩)가 지은 〈취옹정기(醉翁亭記)〉를 동파 소식(蘇軾)이 붓으로 쓴 것을 보며 그 속에 있는 글자들을 가지고 시를 짓는다는 말이다. 구양수가 저주 태수(滁州太守)로 좌천되어 가서 그곳에 취옹정이라는 정자를 짓고 〈취옹정기〉를 지었는데 소식이 이 글을 붓으로 써서 새긴 비문이 그곳에 전하고 있고 우리나라에는 목판본의 형태로 전해진 것으로 보인다.

세 번째 其三

산 어두워 가는 석양 무렵 　　山暝夕陽時
돌샘에 물소리 끊이지 않아라 　　石泉鳴不絶
호젓이 앉아 앞산 바라보니 　　淸坐望前峯
구름 또한 무심하게 피어나네[109] 　　雲亦無心出

109 구름……피어나네 : 도잠(陶潛)의 〈귀거래사(歸去來辭)〉에 "구름은 무심히 산봉우리에서 나오고, 새는 날다가 지쳐 돌아올 줄을 아네.〔雲無心以出岫, 鳥倦飛而知還.〕"라고 한 데서 온 말이다.

병인년(1686, 숙종12) 4월 그믐밤에 운자를 부르다
丙寅四月晦夜呼韻

창 너머로 졸졸 물소리 들리고　窓外泠泠水
등불 앞에 조용히 앉은 사람 있네　燈前默默人
고요함과 시끄러움 다르다 하지 마소　休言異喧寂
천연스러운 정취는 똑같이 새로우니　天趣一般新

두 번째 其二

산에 올라 아름다운 꽃을 캐고　上山採瓊蘂
산 내려와 어여쁜 임 그리워하네　下山懷美人
만리 멀리 이 꽃 부치려 하니　欲寄萬里遠
꽃 시들었다 말하지나 않을는지　恐道花不新

오리 새끼를 관조하다

觀鴨雛

오리 알을 닭에게 주어 품게 하니 鴨卵與鷄抱
오리가 나왔는데도 닭이 아끼누나 鴨生鷄尙憐
어지러이 흩어졌다 다시 모이고 褵褷散復集
되레 먼저 달려들어 먹고 마시네 飮啄顧相先
그 마음에 어찌 다름을 알겠나 情性寧知異
자애로워 차마 내치지 못하여라 恩慈未忍捐
얼마 지나 물에 떠가 버리면 俄然浮水去
못가에 서서 서글피 바라보겠지 悵望立池邊

산곡의 양전이 술을 보내 준 시에 차운하다
次山谷楊君全送酒

그대 집 새로 빚은 술은 바로 선방[110]인데	君家新釀卽仙方
이 늙은이에게도 보내 주어 맛보게 하는구려	分寄衰翁許共嘗
봄의 빛깔은 늙은 몰골 감쪽같이 젊게 하고	春色巧能姸老顏
진한 풍미는 시름겨운 오장 절로 풀어 주네	醇風自解緩愁腸
나는 죽엽에 연분 없는 것이 아니거니와[111]	人於竹葉非無分
꽃가지로 술잔 헤아리니 향기도 감도는구나[112]	籌用花枝與有香
이 술 대하매 차도[113] 생각 더 깊어지니	對此還深思次道

110 선방(仙方) : 장생불사하는 신선이 되는 선약(仙藥)을 제조하는 약방(藥方) 또는 선약을 가리키는데, 여기서는 좋은 술을 비유하여 말한 것이다.

111 나는……아니거니와 : 창계가 가족들과 함께 있으므로 죽엽주와 연분이 없는 것이 아니라는 말이다. 두보(杜甫)가 대력(大曆) 2년(767) 중양절(重陽節)에 기주(夔州)에서 누대에 올라 술을 마시며 형제들을 그리워하며 지은 〈구일(九日)〉 시의 첫째 수에 "죽엽은 나에게 이미 연분이 없으니, 국화는 이제부터 굳이 필 것 없어라.〔竹葉於人旣無分, 菊花從此不須開.〕"라고 한 데서 온 말로, 형제들과 함께 하지 못하므로 죽엽주를 마실 기분도 아니고 국화를 감상할 마음도 없다는 뜻이다. 《杜詩詳註 卷20》 '죽엽'은 술의 별칭이기도 하고 죽엽청(竹葉靑)이라 하여 좋은 술을 가리키기도 하는데, 여기서는 후자의 의미이다.

112 꽃가지로……감도는구나 : 백거이(白居易)의 〈동이십일취억원구(同李十一醉憶元九)〉 시에 "꽃 필 무렵 함께 술 취해 봄 시름 달래었으니, 취하면 꽃가지 꺾어 술잔 세는 산가지 삼았지.〔花時同醉破春愁, 醉折花枝當酒籌.〕"라고 한 데서 온 말이다. 《白氏長慶集 卷14》

113 차도(次道) : 진(晉)나라 때 대장군 왕돈(王敦)의 주부(主簿)를 지냈던 하충(何

어서 찾아가 묵은 술잔 씻기를 기약하노라　　　相期速就洗塵觴

充)의 자(字)로, 여기서는 창계에게 술을 보내 준 양전(楊筌)을 가리킨다. 하충은 술을 잘 마셔서 단양 영(丹陽令)을 지낸 유담(劉惔)에게 평소 예우를 받았는데, 하충이 술을 마시는 태도가 항상 온공(溫恭)하였으므로, 유담이 늘 "차도와 술을 마시다 보면 집에 있는 술을 모두 기울이고 싶어진다.〔見次道飮，令人欲傾家釀.〕"라고 하였다.《晉書 卷77 何充列傳》

간재의 〈우청〉 시[114]에 차운하다

次簡齋雨晴韻

찌푸렸던 하늘이 문득 활짝 맑아지니	冥冥風氣忽回淸
긴 구름 가르고 쪼개 조각조각 걸려 있네	劃破長雲片片橫
점점 약해지는 빗발 속에 우레 언뜻 내리치고	雨脚漸疎雷乍動
씻은 듯한 강물에는 물결이 막 잔잔해졌어라	江心如洗浪初平
숲의 안개는 방울져 내리며 석양에 반짝이고	林霏點滴翻斜景
산의 푸름은 곱고 싱그러워 갠 저녁 빛 띠었네	岳翠鮮新帶晩晴
무한하게 열려 가는 하늘빛을 점점 느끼니	轉覺天光無限發
밤들자 달과 별들도 또렷이 빛나누나	夜來星月又分明

114 간재(簡齋)의 우청(雨晴) 시 : 간재는 남송(南宋) 진여의(陳與義, 1090~1138)의 호로, 자는 거비(去非)이고, 낙양(洛陽) 사람이다. 진여의의 시는 《간재집(簡齋集)》 권11에 수록되어 있다. 그 시에 "서남쪽에 하늘 뚫렸다가 강물 다시 맑아지니, 구름 한 점 움직이지 않고 작은 여울 가로지르네. 담장 위에 지저귀는 까치 깃털 여전히 축축하고, 누대 너머 남은 우레 아직 잦아들지 않는구나. 청량한 날씨 만끽하며 단잠을 즐기다가, 좋은 시구 급히 찾아 싱그러운 풍광을 노래하네. 이 밤의 아름다움 함께할 이 없는데, 누워 바라보는 은하수는 참으로 밝디밝구나.〔天缺西南江面淸, 纖雲不動小灘橫. 牆頭語鵲衣猶濕, 樓外殘雷氣未平. 盡取微凉供穩睡, 急搜奇句報新晴. 今宵絶勝無人共, 臥看星河盡意明.〕"라고 하여, 비가 막 갠 때의 풍광을 노래하였다. 진여의의 시는 방회(方回, 1227~1305)가 편찬한 시선집인 《영규율수(瀛奎律髓)》 권17 〈청우류(晴雨類)〉에도 수록되어 있는데, 그는 두보와 황정견(黃庭堅), 진사도(陳師道), 진여의를 강서시파(江西詩派)의 일조삼종(一祖三宗)이라 불렀다.

이동보에게 주다
贈李同甫

풍악에서의 좋은 모임은 나로 하여금 개탄하며 상상하게 하였는데 꿈속에서 함께 하였다는 것 또한 기이한 일입니다. 그대가 나를 생각하여 꿈을 꾼 것인지, 내가 그대를 생각하여 그대 꿈속에 들어간 것인지 모르겠습니다. 아니면 그대와 나 두 사람의 생각이 함께 신선산에 왕래하다가 마침 서로 합쳐져 이 꿈이 된 것인지요? 그대가 이에 대해 한번 다시 명쾌한 답을 주시는 것이 어떻겠습니까, 어떻겠습니까? 참으로 웃을 만한 일입니다, 참으로 웃을 만한 일입니다. 지으신 유람록은 반드시 볼만한 부분이 많을 것이니 보내 주셔서 조만간에 제 흉중을 한번 깨끗하게 해 주실 수 있겠습니까? 보내 주신 시 절구 두 수[115]는 정취(情趣)가 가득합니다. 거듭 읽고 나서 문득 화운하여 부쳐 보내니 또한 천리 먼 곳에서 그대의 웃음을 자아낼 것입니다. 어떻습니까, 어떻습니까?

115 보내……수 : 한국문집총간 170집에 수록된 이희조(李喜朝)의 《지촌집(芝村集)》 권1에 〈임덕함이 호남의 진안현에 있었는데……〔林德涵在湖南之鎭安……〕〉라는 제목으로 실려 있다. 두 수는 다음과 같다. "그대 강호에 누워 태평성세를 즐거워하고, 나는 관외에 와서 한 벼슬에 매여 있어라. 벌레와 고니 부질없이 서로 바라봄을 스스로 가련해하고, 고개 돌려 남쪽 구름 바라보니 기러기 또한 늦구나.〔君臥江湖樂聖時, 我來關外一官縻. 自憐虫鵠空相望, 回首南雲鴈亦遲.〕", "어젯밤 꿈에 금강산에서 해후했을 때, 이내 신세 벼슬에 매여 있는 줄도 알지 못했네. 꿈 깨어 다시 관재에 누워 있노라니, 가을바람 속 벼슬 버림 늦음이 부끄럽구려.〔昨夢金剛邂逅時, 不知身世有羈縻. 覺來却在官齋臥, 愧殺秋風解綬遲.〕"

싸늘한 비 내리는 정양사의 구월 무렵은　　正陽寒雨九秋時
꿈에서야 혹 함께 가지만 자취는 매여 있어라　　夢或相隨跡似縻
옥급에 담긴 선랑의 글[116] 빌려 보고 싶지만　　欲借仙郎玉笈記
구름 너머 더디 오는 학이 또 시름겹구려　　還愁雲外鶴來遲

두 번째 其二

밝은 시대 보좌한 일 한 가지도 없었는데　　曾無一事補明時
이내 출처 지금에는 온갖 병에 묶여 버렸네　　出處如今百病縻
삼동이라 얼굴조차 씻지 못하고 있으니　　頭面三冬猶未洗
벗이여 답장 늦는다 괴이쩍게 생각 마시게　　故人休怪報書遲

116 옥급(玉笈)에……글 : 이희조가 지은 금강산 유람록을 말한다. '옥급'은 옥으로 장식한 책상자를, '선랑(仙郎)'은 이희조를 가리킨다.

전 현감 외숙부 김백겸[117] 성달 의 적소에 부쳐 올리다
寄呈舊使君金叔伯兼 盛達 謫居

그대 계신 곳 바라보니 첩첩산중이라 一望君邊山萬重
꿈속에서도 갈 길 헤매 뵈옵기 어려워라 夢中迷路亦難逢
시름에 겨워 다니시던 곳 찾아가 보니 愁來爲訪經行處
찬 시내 돌 위의 소나무만 보이어라 唯見寒流石上松

두 번째 其二

강주 땅 어드메서 비파를 들으시느뇨[118] 江州何處聽琵琶

117 김백겸(金伯兼) : 백겸은 김성달(金盛達, 1642~1696)의 자이다. 본관은 안동이다. 증조는 우의정 김상용(金尙容), 부친은 현감 김수민(金壽民)이다. 효경전 참봉(孝敬殿參奉), 의금부 도사, 진안 현감(鎭安縣監), 한성부 판관, 고성 군수(高城郡守) 등을 지냈다. 김성달은 1681년(숙종7) 7월 진안 현감으로 부임하여 1686년 4월에 체차되었는데, 이 당시 김성달이 알성시에서 의정부의 관노 익한(翊漢)을 데리고 과장(科場)에 들어간 죄가 적발되어 삭직되었다. 이 때문에 뒤에 유배된 것으로 보인다. 《承政院日記 肅宗 12年 5月 26日》 창계는 1686년 5월에 진안 반월촌(半月村)으로 내려왔다.

118 강주(江州)……들으시느뇨 : 당(唐)나라 때 시인 백거이(白居易)가 일찍이 강주사마(江州司馬)로 좌천되어 있을 때, 하루는 분강(湓江)의 포구에서 손님을 전송하다가, 어느 배에서 들려오는 비파 소리를 듣고 그를 찾아가서 물어보니, 그는 본디 장안(長安)의 창녀(娼女)였는데, 젊어서는 호화롭게 지냈지만 늙어서는 색(色)이 쇠하여 마침내 장사꾼의 아내가 되어서 초췌한 몰골로 강호(江湖) 사이를 이리저리 전전하고 있다고 말했다. 그러자 백거이는 그녀의 말에 감동을 받아 다시 한 곡조를 청하여 들은 다음, 스스로 〈비파행(琵琶行)〉을 지어서 주었는데, 그 중에 "심양강 가에서 밤에 손님을 전송하노라니, 단풍잎 갈대꽃에 가을바람은 쓸쓸한데,……물 위에 퍼지는 비파 소리

월녀는 아직도 떠나신 뒤 노래 전하는데[119]	越女猶傳去後歌
서호를 향해 서서 초객을 바라보려 하니[120]	欲向西湖望楚客
끝없이 펼쳐진 청산에 석양이 물들었구나	靑山無限夕陽多

세 번째 其三[121]

산중에 향초가 날로 향기를 더해 가	山中瑤草日芳菲
상루[122]에 부치려니 인편이 드물어라	欲寄湘纍信使稀
여쭙노니 강담[123]의 가을 풍광 속에서	爲問江潭秋色裏

를 갑자기 듣고, 주인은 돌아가길 잊고 손은 떠나지 못하네.……나중 탄 곡은 먼저 탄 곡보다 더더욱 처량해, 온 좌중이 거듭 듣고 다 얼굴 가리고 우는데, 그중에서 눈물을 누가 가장 많이 흘렸던가, 이 강주 사마의 푸른 적삼이 흠뻑 젖었네.〔潯陽江頭夜送客, 楓葉荻花秋瑟瑟.……忽聞水上琵琶聲, 主人忘歸客不發.……凄凄不似向前聲, 滿座重聞皆掩泣. 座中泣下誰最多? 江州司馬靑衫濕.〕"라고 한 데서 온 말이다. 여기서는 김성달(金盛達)이 유배지에 있었기 때문에 강주 사마로 좌천되었던 백거이에 비유한 것이다.

119 월녀(越女)는……전하는데 : 진안 백성들이 현감이었던 김성달의 선정(善政)을 노래 부른다는 말이다. '월녀'는 본래 월나라의 미녀를 가리키는데, 여기서는 진안을 월랑(越浪)이라는 지명으로 부르기도 하였기에 월랑의 부녀, 즉 진안 백성을 의미한다. 《新增東國輿地勝覽 卷39 全羅道 鎭安縣》

120 서호(西湖)를……하니 : 적소에 있는 김성달을 바라보고자 한다는 말이다. '초객(楚客)'은 충성을 다해 임금을 섬겼지만 간사한 자의 참소를 당해 쫓겨나 타향에서 떠돌았던 초나라의 대부 굴원(屈原)으로, 여기서는 지금 유배지에 있는 김성달을 가리키고, '서호'는 풍광이 아름답기로 유명한 곳으로 북송(北宋) 때 매화와 학을 사랑했던 임포(林逋)가 은거하기도 했던 곳인데, 여기서는 김성달이 유배 간 곳을 말한다.

121 三 : 대본에는 '二'로 되어 있는데, 문맥을 살펴 바로잡았다.

122 상루(湘纍) : 조정에서 쫓겨나 유배되어 상수(湘水)에 몸을 던져 죽은 초나라의 충신 굴원을 가리키는데, 여기서는 유배지에 있는 김성달(金盛達)을 비유한 것이다.

123 강담(江潭) : 굴원의 〈어부사(漁父辭)〉에 "굴원이 쫓겨나 강가에서 노닐고 못가를

서릿바람에 옛 하의[124]는 괜찮은 건지　霜風無恙舊荷衣

네 번째 其四

이별한 뒤에도 청분[125]만은 사라지지 않았으니　別後淸芬獨未虧
연꽃에 밝은 달빛 비칠 제 얼마나 그리워했는지　芙蓉明月幾相思
옛날 그 시절 산간의 풍류 놀음을　當時山簡風流事
양양에서 아이들에게 다시 묻노라[126]　更向襄陽問小兒

거닐면서 시를 읊조릴 제 안색이 초췌하고 형용에 생기가 없었다.〔屈原旣放, 游於江潭, 行吟澤畔, 顏色樵悴, 形容枯槁.〕"라고 한 데서 온 말로, 역시 김성달이 있는 유배지를 가리킨다.《楚辭 卷5 漁父》

124 하의(荷衣) : 연잎으로 만든 옷으로 은자(隱者)의 복장인데, 여기서는 김성달을 가리키는 비유적인 표현이다. 굴원의 〈이소(離騷)〉에 "마름과 연잎 마름질해 저고리 만들고, 연꽃 모아 치마를 만드네.〔製芰荷以爲衣兮, 集芙蓉以爲裳.〕"라고 한 데서 온 말이다.

125 청분(淸芬) : 본래 맑은 향기라는 뜻에서 비롯하여 고결한 덕행을 비유하는데, 여기서는 김성달이 남기고 떠난 향기 혹은 덕행이라는 뜻을 함축하여 말한 것이다.

126 옛날……묻노라 : 뒤늦게 진안에 내려온 창계가 유배 간 김성달이 진안 현감으로 있던 당시의 풍류를 그리워하며 아이들에게 물어본다는 말이다. '산간(山簡)'은 진(晉)나라 때 사람으로, 그가 영가(永嘉) 3년(309)에 정남장군(征南將軍)이 되어 양양(襄陽)을 지키고 있을 때 자주 고양지(高陽池) 가에 나가서 대취(大醉)하여 백접리를 거꾸로 쓴 채 백마(白馬)를 타고 돌아오곤 하였다. 이 일을 소재로 하여 이백(李白)이 〈양양가(襄陽歌)〉를 지었는데, 그 시에 "지는 해 현산 서쪽으로 넘어가려 할 제, 백접리 거꾸로 쓰고 꽃 아래서 비틀거리니, 양양의 아이들은 모두 손뼉을 치면서, 길거리 막고 서로 다투며 백동제를 노래하네. 옆 사람이 애들에게 무슨 일로 웃느냐 하니, 곤드레 취한 산간 노인이 몹시 우습다 하네.〔落日欲沒峴山西, 倒著接䍦花下迷. 襄陽小兒齊拍手, 攔街爭唱白銅鞮. 傍人借問笑何事? 笑殺山翁醉似泥.〕"라고 하였다.《晉書 卷43 山濤列傳 山簡》《古文眞寶前集 卷8》

또 김숙[127]에게 부치다

又寄金叔

따뜻한 호중의 날씨 삼진보다 나으니[128]	湖中和暖勝三秦
쌀쌀한 겨울인데도 물풀은 봄빛이어라	冬日凄凄水草春
나그네 마음 벌써 풍토에 익숙해지고	客意已將風土慣
시인의 정감 다시 계절과 함께 새롭구나	詩情還與歲華新
쟁반에 물고기 오르니 맛있는 것도 많고	盤登海族多佳味
창가에서 물새 대하니 또한 좋은 손님이로세	窓對沙禽亦好賓
다만 그대 그리면서도 얼굴 보지 못하니	秖是相思不相見
내년에는 돌아가지 못한 사람 되지 말기를	明年莫作未歸人

127 김숙(金叔) : 진안 현감을 지냈던 김성달(金盛達, 1642~1696)을 가리킨다. 391쪽 〈전 현감 외숙부 김백겸의 적소에 부쳐 올리다〔寄呈舊使君金叔伯兼謫居〕〉 시 참조.

128 따뜻한……나으니 : 창계가 조정에서 벼슬을 사직하고 내려와 살고 있는 전라도 진안(鎭安)이 도성보다 따뜻하다는 말이다. '호중'은 보통 호서(湖西) 지방, 즉 지금의 충청도를 가리키는데, 여기서는 창계가 살고 있는 호남(湖南)의 진안을 가리킨다. '삼진(三秦)'은 항우(項羽)가 함양(咸陽)에 쳐들어가 진(秦)나라를 멸하고 패공(沛公) 유방(劉邦)을 파촉(巴蜀)의 한왕(漢王)으로 봉한 뒤, 관중(關中)을 셋으로 나누어 진나라의 항복한 장수 장한(章邯)을 옹왕(雍王)에, 사마흔(司馬欣)을 새왕(塞王)에, 동예(東翳)를 적왕(翟王)에 봉하여 유방을 견제하게 한 데서 비롯한 명칭으로, 여기서는 도성과 경기 지역을 의미한다.

산거에서 마음 가는 대로 읊다

山居漫吟

서리 내린 새벽 험난한 산길에 소를 몰아	霜曉驅牛山徑惡
이웃집들 다 길을 나서 관아에 쌀을 보내네	隣家盡去輸官糴
은거한 이 일어나 바라보다 다시 부끄러워하니	幽人起望還包羞
나라에 보답하는 너희들만 못한 몸이로구나	不及爾曹能報國

차운하여 수령 정형숙[129] 치 의 영재[130]에 써서 올리다

次韻錄奉鄭使君馨叔 治 鈴齋

선달이 바로 오늘 아침인데　臘月今朝是
산촌 농부는 벌써 봄을 염려하네　山農已念春
알겠어라 그대 음주 끊은 뜻은　知君罷酒意
다 어려운 백성들 위해서임을　太半爲疲人

두 번째 其二

술 깨어 홀로 존심의 방법을 터득하고　醒來獨得存心法
고요한 곳에서 항상 경계의 글을 읽으리　靜處常看自警書
오늘은 어제가 아님을 분명히 알겠으니　今日定知非昨日
벼슬살이도 이로부터 산중 생활 같으리　官居從此亦山居

이는 다 지난번 보고 들으며 오고 간 말이니 한번 웃으시고 나서 또한 반드시 이 뜻을 헤아려 주시겠지요.

129 정형숙(鄭馨叔) : 형숙은 정치(鄭治, 1653~1724)의 자이다. 본관은 영일(迎日)이다. 고조부가 정철(鄭澈)이고 송시열(宋時烈)에게 배웠다. 청암 찰방(靑巖察訪), 조와서 별제(調瓦署別提), 영춘 현감(永春縣監) 등을 지내고 김성달(金盛達)에 이어 1686년(숙종12) 6월부터 1688년 2월까지 진안 현감(鎭安縣監)을 지냈다. 진안에서 창계가 이 시를 지을 때 그가 현감으로 있었다. 《老洲集 卷20 郡守鄭公行狀, 韓國文集叢刊 280輯》《鎭安縣邑誌 先生案》

130 영재(鈴齋) : 영각(鈴閣) 혹은 영헌(鈴軒)과 같은 말로, 지방 수령이 집무하는 관청을 말하는데, 정치가 이때 진안 현감으로 있었기에 이렇게 말한 것이다.

고향으로 돌아가는 서종을 전송하다
送庶從歸故里

뭇 산 덮은 깊은 눈 속에 일양이 돌아오니[131] 千峯深雪一陽回
고향 땅의 찬 매화는 벌써 피어 있으리라 故國寒梅想已開
돌아오는 인편 보거들랑 꼭 꺾어 부쳐 주시게[132] 若見歸人須折寄
강변의 봄 아직 망향대에 이르지 않았으니[133] 江春不到望鄕臺

131 뭇……돌아오니 : 보이지 않는 곳에서 천지가 만물을 다시 생성하는 작용이 일어나는 동짓달이 되었다는 말이다. '일양이 돌아온다'는 것은 《주역(周易)》에 순음(純陰)인 곤괘(坤卦)의 초효(初爻)에서 양효(陽爻) 하나가 회복하여 나머지 다섯 음효(陰爻)의 맨 아래에 새로 생겨 복괘(復卦)가 되는 것을 말한다. 〈복괘 단(彖)〉에 "복에서 천지의 마음을 본다.〔復其見天地之心乎.〕"라고 하였는데, 이에 대한 정전(程傳)에 "일양(一陽)이 아래에서 회복됨은 바로 천지가 만물을 낳는 마음이다."라고 하였다. 양(陽)이 소멸하지 않아 끊임없이 만물을 생성하는 것이 천지의 마음으로, 비록 우리 눈으로 볼 수는 없지만 천지가 만물을 다시 생성하는 작용이 일어나는 때가 바로 복괘가 상징하는 동짓달이다.

132 돌아오는……주시게 : 옛날 남조(南朝) 송(宋)나라 때 육개(陸凱)가 범엽(范曄)에게 시 한 수와 함께 매화 한 가지를 보내어 소식을 전했던 것처럼 창계 자신에게도 고향 소식을 전해 달라는 말이다. 육개가 범엽과 벗으로 지냈는데, 강남에서 매화 한 가지를 장안(長安)에 있는 범엽에게 보내며 시를 함께 보냈다. 그 시에 "매화를 꺾다 역사를 만나, 농두에 사는 친구에게 보내네. 강남에는 별다른 것이 없어서, 그런대로 매화 한 가지 봄소식 보내오.〔折梅逢驛使, 寄與隴頭人. 江南無所有, 聊贈一枝春.〕"라고 하였다.《太平御覽 卷19 時序部4》

133 강변의……않았으니 : 영산강(榮山江)이 흐르는 창계의 고향 회진(會津)의 봄이 창계가 살고 있는 이곳 진안에 아직 찾아오지 않았다는 말이다. '망향대(望鄕臺)'는 본래 성도(成都)에 있는 대명(臺名)으로, 《익주기(益州記)》에는 "승천정(昇遷亭)의

옷을 입고 문득 시를 이루다
着衣偶成

지금 새 옷 입고 나니 마음 역시 새로워져	今着新衣意亦新
옷깃과 소매로 조금의 먼지도 일으키지 않네	不將襟袖惹纖塵
고요한 방 한가한 창가 조용히 앉은 날이요	從容靜室閑窓日
푸른 산 파란 강물 일렁이는 봄이로구나	飄拂青山綠水春

협로(夾路)에 누대 두 개가 있는데 그중 하나가 망향대로 현(縣)의 북쪽 9리 되는 곳에 있다."라고 하였고, 《성도기(成都記)》에는 "촉왕(蜀王) 수(秀)가 지은 것이다."라고 하였다. 《太平寰宇記 卷72 劍南西道1》 망향대는 촉 지방과 인연이 있었던 시인들, 예를 들면 왕발(王勃) · 두보(杜甫) 등의 시에서 고향을 그리워하는 뜻으로 쓰였는데, 여기서도 창계가 고향을 그리워하는 뜻을 드러내기 위해 원용하여 말한 것이다.

정형 흡 의 시에 차운하다
次鄭兄 潝 韻

저물녘 황량한 마을에 눈 올 듯해라	雪意荒村夕
고향에는 봄을 느껴 매화가 필 텐데	梅心舊國春
술 싣고 찾아온 손님[134]을 만나니	相逢載酒客
나처럼 고향 그리는 사람이로세	同是憶山人

두 번째 其二

이내 여생 산골 속에 집을 막 이루고	殘生峽裏初成室
인간 만사 제쳐 두고 책만 믿을 뿐이네[135]	萬事人間只信書

134 술……손님 : 본래 선생에게 배우러 오는 사람을 가리키는데 여기서는 창계를 만나러 찾아온 정흡(鄭潝)을 가리킨다. 한(漢)나라 때 양웅(揚雄)은 평소 집이 가난하여 술을 좋아하였지만 그의 집에 오는 이들이 드물어 마시지 못했는데 때때로 호사자(好事者)가 '술과 안주를 싸 들고 와서〔載酒肴〕' 종유(從游)하며 배웠다고 한 데서 온 말이다. 《漢書 卷87下 揚雄傳下》

135 인간……뿐이네 : 세속을 떠나와 세상일에 관심을 끊고 옛 성현이 남긴 책만 독실하게 믿으며 본다는 말이다. '책만 믿는다〔信書〕'는 말은 본래 성현이 남긴 책에 나오는 내용을 있는 그대로 다 믿는 맹목적인 독서 태도를 말하는 것으로, 맹자(孟子)는 이런 태도로 책을 읽는다면 책이 없는 것보다 못하다고 비판하였다. 주 무왕(周武王)이 은(殷)나라 주(紂)를 정벌하여 목야(牧野)에서 싸울 적에 주(紂)의 선봉군이 창을 거꾸로 들고 뒤에 있는 아군을 공격해 패배시켜 "피가 흘러서 절굿공이를 떠내려가게 했다.〔血流漂杵.〕"라는 글이 《서경》 〈무성(武成)〉에 나오는데, 이에 대해서 맹자가 "《서경》의 내용을 모두 믿는다면 차라리 《서경》이 없는 것이 나을 것이다. 나는 〈무성〉에서

도를 만약 묻는다면 답할 말이 없거니와 　　道若問時無可答

구름 눕기 좋은 곳에서 함께 살고 싶어라 　　雲堪臥處欲同居

지난밤 인편이 돌아왔을 때 문득 보내 주신 시 절구 세 수를 받고 아침에 읊조리다가 그중 두 수에 차운하여 그대에게 써서 올리니 나머지 한 수는 파분(破分)의 좋은 제도[136]에 부치면 딱 좋을 것입니다. 보내 주신 시에 저에게 도를 묻는다고 하신 말씀이 있는데 감히 감당할 수 없습니다. 함께 살 곳을 마련한다고 하신 말씀의 경우에는 본래 제가 원하던 일이기에 언급하였습니다.

두세 쪽만 취할 뿐이다. 인한 사람은 천하에 대적이 없는데, 지극히 인한 사람이 지극히 불인한 사람을 정벌하였으니 어떻게 그 피가 흘러 절굿공이를 떠내려가게 할 수가 있겠는가.〔盡信《書》, 則不如無《書》, 吾於〈武成〉, 取二三策而已矣. 仁人無敵於天下, 而至仁伐至不仁, 而何其血之流杵也?〕"라고 한 데서 온 말이다.《孟子 盡心下》 여기서는 창계가 세속을 떠나 자연 속에서 독서하며 지내는 생활을 겸손하게 말한 것이다.

136 파분(破分)의 좋은 제도 : '파분'은 송(宋)나라 때의 제도로, 관청에서 백성에게 징수해야 하는 10분(分)의 세금에서 9분을 거두게 되면 그 나머지에 대해서는 징수를 독촉하지 않는 일을 말한다. 여기서는 정흡이 보낸 세 수의 시에서 한 수는 차운하지 않고 남겨 두는 것도 아름다운 일이라는 창계의 장난스러운 비유의 표현이다.《晦菴集 卷11 戊申封事》

취하여 일어나 정형에게 받들어 보내다

醉起奉鄭兄

낮잠 취해 멍멍한데 누가 나를 부르는지	午睡昏昏孰喚回
일어나니 산중 햇살 서녘에 벌써 기울었네	起來山日已西頹
술통 앞에 있던 손님 언제 떠나가 버렸나	尊前有客何時去
눈에 덮인 오솔길에 발자국만 남기었구나	巖徑依俙踏雪開

정형이 뒤따라 당도하여 도중에서 지은 시운을 꺼내 보여 주기에 이어 화답하다

鄭兄追到 出示途中韻 續和

희미한 종소리 그칠 제 나무에 안개 서리니	微鍾欲歇樹凝煙
적막한 빈 객관에서 저녁 하늘 마주하여라	虛館寥寥對夕天
어드메 나그네가 이 밤에 선방 문 두드리나	夜扣禪扉何處客
산골에 내리는 눈 시인의 어깨에 가득하네	落來山雪滿吟肩

정형의 시에 다시 차운하다

又次鄭兄韻

산중의 달은 그대 따르며 정감 어린 듯하고	山月隨君似有情
눈 속의 샘도 나를 맞으며 물소리 더하누나	雪泉迎我亦添聲
물외에서 함께 다니며 돌아갈 줄도 잊은 채	相從物外却忘返
맑디맑은 이런 곳 속세에 없다 맞장구치네	共說人間無此淸

두 번째 其二

사흘 동안 산을 보니 볼수록 더 새로워	三日看山山更新
산 너머 시끄러운 세상일랑 알지 못하네	不知山外有囂塵
누가 잡아끌기에 산을 나서 떠나가는지	爲誰牽挽出山去
산이 만약 지각 있다면 응당 우리 비웃으리	山若有知應笑人

형숙이 내가 산을 나간다고 읊은 시[137]의 운을 써서 부쳐 왔기에 또 차운하다

馨叔用出山韻見寄 又次

산사에서 돌아오니 그윽한 흥취 새로워 山寺歸來幽興新
책상 가득한 경서에 쌓인 먼지 떨어라 滿床經卷拂埃塵
이 즐거움이 참된 즐거움임을 막 알겠고 方知此樂爲眞樂
지금 사람이 옛사람과 다름을 느끼지 못하네 未覺今人異古人

두 번째 其二

적막한 초가에 새해가 가까워 오는데 茅屋寥寥逼歲新
섬돌 가득 눈은 깊고 자리에는 먼지 쌓였네 滿階深雪席凝塵
산골의 사립문 동복에게 닫게 하지 않음은 巖扉不遣山僮掩
오늘밤 흥을 띠고 찾는 이 있을지 몰라서라네[138] 恐有今宵乘興人

137 내가……시 : 403쪽의 〈정형의 시에 다시 차운하다〔又次鄭兄韻〕〉의 둘째 수를 가리킨다.

138 오늘밤……몰라서라네 : 진(晉)나라 때 산음(山陰)에 살던 왕휘지(王徽之)가 어느 날 밤에 큰 눈이 막 개고 달빛이 휘영청 밝은 것을 보고는 갑자기 섬계(剡溪)에 사는 친구 대규(戴逵)가 생각났다. 그는 배를 타고 밤새도록 가서 다음 날 아침에야 대규의 집 문 앞에 당도했는데 그 집에 들어가지 않았다. 어떤 사람이 그 까닭을 묻자, "본래 흥을 띠고 왔다가 흥이 다해서 되돌아가는 것이다." 하고는 그대로 되돌아왔던 고사에서 온 말이다. 안도(安道)는 대규의 자이다. 《晉書 卷80 王徽之列傳》 여기서 창계는 옛날 왕휘지처럼 흥을 띠고 오는 벗을 기다린다는 뜻에서 한 말이다.

또 지난밤의 시에 차운하여 형숙에게 주다

又次前夜韻 贈馨叔

떠나보내는 사립문에 달빛 마침 밝은데	相送柴扉月正明
주인은 덜 취하고 손님은 막 술을 깨었네	主人未醉客初醒
아침 되어 당신이 보낸 편지 속 말씀은	朝來鈴閣書中語
산가에서 이별한 뒤 바로 그 마음이구려	恰是山家別後情

서종제 최 와 함께 묵고 떠난 뒤에 문득 읊다
與庶從弟 潩 同宿 去後偶吟

닭 울고 나그네마저 떠나가니	鷄鳴客亦去
새벽 달빛이 앞마을에 가득해라	曉月滿前村
적막하게 문 닫고 앉았노라니	寂寞閉門坐
이 회포 누구와 이야기할는지	玆懷與誰論

차운하여 최여화에게 보내다

次寄崔汝和

도성에서 벗이 한가한 이내 거처 생각하여	故人城闕憶閑居
동지 뒤에 보낸 편지 새해에 당도하였어라	至後題封到歲初
고아한 노래 쓸쓸하니 먼 마음을 알겠고	高唱寥寥知遠意
심원한 충정 간곡하니 긴 편지에서 보겠네	深衷款款見長書
월나라[139]에 봄 산 한창 아름다운 시절이고	時光越國春山秀
시골집에 새벽 비 내린 뒤의 구름이로세	雲物田家曉雨餘
그대 오지 못하는데 나는 늙어 가니	君不可來吾欲老
속절없이 시율 따라 동지에게 화답하네	漫憑詩律和同車

139 월(越)나라 : 이때 창계가 살고 있던 진안(鎭安)을 월랑(越浪)이라고도 부르기에 비유하여 말한 것이다. 《新增東國輿地勝覽 卷39 全羅道 鎭安縣》

밤에 앉아 회포를 적다
夜坐書懷

산촌에서 해 저물어 갈 무렵	山村日暮時
비바람 몰아쳐 더 어두컴컴하니	風雨復如晦
몸은 안개 속에 표은한 것과 같고[140]	身同霧豹隱
마음은 승려가 삼매에 든 듯해라	心似僧三昧
밤 깊어지자 홀연 맑게 개니	夜久忽澄霽
맑은 달이 구름 뒤로 나오누나	淸月出雲背
그윽한 이내 흉금 비추어 주니	幽襟得相暎
맑고도 투명해 안팎이 없구나	朗澈無外內
국풍의 가사 높이 읊조리고[141]	高吟國風辭

140 몸은……같고 : 비바람 몰아치는 산촌에 있는 자신의 모습이 안개 속에 표범이 숨어 사는 것과 같다는 말이다. '표은(豹隱)'은 표범이 숨어 산다는 뜻으로 선비가 벼슬하지 않고 은거하는 것을 말한다. 한(漢)나라 유향(劉向)의 《열녀전(列女傳)》 권2 〈도답자처(陶答子妻)〉에 다음과 같은 이야기가 있다. 도답자가 도(陶)를 다스린 지 3년 만에 명예는 드러나지 않고 재산만 3배나 늘어났다. 그 아내가 이에 대해 자주 충고하였지만 답자는 듣지 않았다. 고향으로 돌아올 때 아내가 울자, 시어머니가 상서롭지 못하게 왜 우느냐고 물었다. 아내는 "첩이 들으니 남산에 검은 표범이 있는데 안개비 속에서 이레 동안 산 아래로 내려가서 먹을 것을 구하지 않습니다. 이는 무엇 때문이겠습니까? 그 털을 윤택하게 하여 문장을 이루기 위해서입니다. 이 때문에 표범은 숨어 살며 해를 멀리할 수 있거니와 개와 돼지는 먹을 것을 가리지 않고 그 몸을 살찌우다가 앉아서 죽음을 기다릴 뿐입니다."라고 하였다.

141 국풍(國風)의……읊조리고 : 산촌에 비바람이 몰아치자 《시경》 〈정풍(鄭風) 풍우(風雨)〉를 떠올려 높이 읊조린다는 말이다. 〈풍우〉의 3장에 "비바람 몰아쳐 어둑한데

허리에 찬 유란 홀로 정돈하며[142]	獨整幽蘭佩
유유자적 혼자 즐길 뿐이거니	悠悠只自怡
고고한 이 마음 누가 알아주리	落落誰相會
옛사람 떠나간 지 이미 오래지만	古人去已久
남긴 책은 홀로 천고에 전하여라	塵編獨千載

도 닭 울음소리 그치지 않는도다. 이미 군자를 만났으니, 어찌 기쁘지 않으리오.〔風雨如晦, 雞鳴不已. 旣見君子, 云胡不喜?〕"라고 하였는데, 〈모시서(毛詩序)〉에서는 '비바람〔風雨〕'을 난세(亂世)를 비유하는 것으로 보아 난세를 당하여 절조를 변하지 않는 군자를 그리워하는 시라고 하였다. 여기서는 〈모시서〉의 해석에 의거하여 창계 자신이 궂은 날씨에서 촉발된 시국에 대한 착잡한 마음을 달래기 위해 이 시를 읊조린다는 말이다.

142 허리에……정돈하며 : 나라와 임금을 걱정하는 충정(忠情)을 굳게 지킨다는 말이다. '유란(幽蘭)'은 전국 시대 초 회왕(楚懷王)의 충신 굴원(屈原)의 〈이소(離騷)〉에 "집집마다 흰 쑥을 허리에 가득 참이여, 그윽한 난초는 찰 수 없는 것이라 하네.〔戶服艾以盈腰兮, 謂幽蘭其不可佩.〕"라고 한 데서 온 말인데, 하찮은 쑥은 참녕(讒佞)하는 자에 비유한 것이고, 난초는 충직 현량(忠直賢良)한 사람에 비유한 것으로, 임금이 소인을 가까이하고 충신을 멀리하는 것을 의미한다.

남쪽으로 가는 길에 아우에게 부치고 형숙에게도 아울러 부치다

南行途上寄舍弟 兼寄馨叔

아스라이 멀리 홀로 고향 향해 가노라니	迢迢獨向故園行
나그네 길 봄바람 타고 들새 소리 들리어라	客路春風野鳥聲
아우는 외로운 마을에서 슬피 바라볼 텐데	小弟孤村應悵望
어느 때나 돌아가 지금 이 심정 말할거나	何時歸說此時情

선영에 이르러 감회를 적다

到松楸書感

찬 들판에 봄 찾아와 초목이 새로운데　　春入寒原草木新
두견새 운 뒤에 수건을 더욱 적시어라[143]　　杜鵑啼後益沾巾
빈산에 왕래하니 아는 이 그 누구랴　　空山來往誰相識
솔바람 소리만이 나를 멀리 전송하누나　　惟有松聲遠送人

143 두견새……적시어라 : 두견새의 울음소리에 찾는 이 드문 선영에서 감회에 잠기고 나그네로 떠도는 자신의 신세를 돌아보고 눈물 흘린다는 말이다. 두견새에는 전국시대 말기 촉(蜀)의 망제(望帝) 두우(杜宇)와 관련하여 다음과 같은 고사가 있다. 망제 두우가 만년에 재상 별령(鱉令)에게 무협(巫峽)을 뚫어 통하게 하는 대규모 치수공사를 맡기고 별령이 일하러 나가자 그의 처와 간음하였다. 망제는 이 사실을 부끄러워하고 덕이 별령보다 못하다 하여 별령에게 선위하였다. 일설에는 별령에게 나라를 찬탈당하였다고도 하는데 이후 고국을 떠나 죽은 망제의 넋이 두견으로 변화하여 봄철이면 항상 밤낮으로 고국에 돌아가지 못하는 슬픔에 사무쳐 애절하게 울다가 피를 토하고서야 그쳤다고 한다. 두견의 울음소리가 흡사 '돌아가는 것만 못하다〔不如歸去〕'는 말처럼 들려 그 울음소리를 듣는 나그네에게 고향 생각이 나게 한다고 한다. 《華陽國志 蜀志》

형숙이 보내 준 시에 차운하다
次馨叔寄示韻

그 옛날 세속 일 휘말렸던 기호를 꺼리나니[144]	心嫌綺皓曾多事
염옹을 이야기할 때면 내 마음도 깨끗해지네[145]	說到濂翁每灑然

144 그……꺼리나니 : '기호(綺皓)'는 상산사호(商山四皓) 가운데 한 사람인 기리계(綺里季)를 말한다. 상산사호는 진(秦)나라 말기에 어지러운 세상을 피하여 상산(商山)에 은거했던 네 사람의 은자, 즉 동원공(東園公), 하황공(夏黃公), 녹리선생(甪里先生) 그리고 기리계로, 이들은 모두 나이가 여든이 넘어 수염과 눈썹이 희었기에 당시 사람들이 사호라고 일컬었다. 한 고조(漢高祖)가 만년에 태자(太子)를 폐하고 척 부인(戚夫人) 소생인 조왕(趙王) 여의(如意)를 대신 세우려고 하자, 대신(大臣)들이 수없이 간쟁했으나 듣지 않으므로, 여후(呂后)가 여택(呂澤)을 시켜 장량(張良)에게 좋은 계책을 내도록 강요하게 하여 장량의 계책에 따라 태자로 하여금 정중히 서신을 갖추어 겸손한 언사와 안거(安車)로써 사호를 초빙하였는데, 과연 이 네 노인이 입조(入朝)하여 태자를 매우 지성으로 보호하게 되자, 끝내 태자를 바꾸지 않게 되었던 고사에서 온 말이다. 《史記 卷55 留侯世家》 여기서는 상산에 은거하며 청고(淸高)하게 살던 기리계가 세속의 일에 관여하게 된 일을 창계가 마음으로 못마땅하게 생각하였다는 말이다.

145 염옹(濂翁)을……깨끗해지네 : '염옹'은 북송의 염계(濂溪) 주돈이(周敦頤)로, 깨끗한 인품을 지녔던 주돈이의 삶을 이야기하면 내 마음도 늘 깨끗해진다는 말이다. 주돈이는 여산(廬山)의 연화봉(蓮華峯)에서 내려오는 맑고 시원한 시내에서 즐겨 노닐었는데 이 시내를 염계라 명명하고 시냇가에 서당을 지었다. 황정견(黃庭堅)이 이 염계에 대해 시를 짓고 서문을 썼는데 그 서문에 "용릉의 주무숙은 인품이 매우 고상하여 가슴속이 깨끗하기가 마치 맑은 바람과 갠 날의 밝은 달빛 같다.〔舂陵周茂叔, 人品甚高, 胸中灑落, 如光風霽月.〕"라고 하였다. 《伊洛淵源錄 卷1 濂溪先生》 《송사(宋史)》 권427 〈도학열전(道學列傳)1〉에서는 주돈이가 맹자 이후 천여 년 동안 전해지지 못한 성현의 학문을 이었다고 평가하면서 정호(程顥), 정이(程頤), 장재(張載), 소옹(邵雍) 등 한 세대 뒤에 활동한 도학자들을 선도한 송대 도학(道學)의 창시자로 자리매김하였다.

그 당시의 좋은 풍월 아직도 남아 있으니	猶有當時好風月
음농하고 앞 시내 건너도 걸릴 것 없어라[146]	不妨吟弄又前川

두 번째 其二

봄 들어 그윽한 생각 날로 더해 가	春來幽思日交加
꽃 다 심기도 전에 다시 오이를 심네[147]	未了栽花復種瓜

146 그 당시의……없어라 : 북송의 정호(程顥)가 주돈이(周敦頤)를 보고 음농하며 돌아왔던 풍월이 지금까지 그대로 남아 있어 창계도 음농할 수 있고, 정호가 노닐던 전천(前川)처럼 지금 여기에 앞 시내가 있어 창계도 정호처럼 증점(曾點)의 기상을 체인할 수 있다는 말이다. 정호가 "내가 주무숙을 재차 뵙고 나서 음풍농월하며 돌아온 뒤로 '나는 증점을 허여하겠다.'라는 뜻을 가지게 되었다.〔自再見周茂叔後, 吟風弄月以歸, 有吾與點也之意.〕"라고 하였다. 《伊洛淵源錄 卷1 濂溪先生》 무숙(茂叔)은 주돈이의 자(字)로, 주돈이는 정호 부친 정향(程珦)의 벗으로서 정씨 형제를 가르친 인연이 있다. 공자가 제자들에게 자신의 포부를 말해 보라고 했을 때 증점이 "늦봄에 봄옷이 이루어지거든 어른 대여섯 사람, 동자 예닐곱 사람과 함께 기수(沂水)에서 목욕하고 무우(舞雩)에서 바람 쐬고 시를 읊으면서 돌아오겠습니다."라고 하였는데, 공자가 그의 기상에 감탄을 하며 "나는 점을 허여하노라.〔吾與點也.〕"라고 했던 고사가 《논어》 〈선진(先進)〉에 나온다. 또 '앞 시내를 건너다〔又前川〕'라는 것은 정호가 호현(鄠縣)의 주부(主簿)로 있을 때 〈우성(偶成)〉이라는 시를 지었는데, 그 시에 "구름 맑고 바람 가벼운 한낮 가까운 때에, 꽃 끼고 버들 따라 앞 시내를 건너네. 사람들은 이내 마음 즐거움을 모르고서, 틈만 나면 소년처럼 나다닌다 말하리.〔雲淡風輕近午天, 傍花隨柳過前川. 時人不識予心樂, 將謂偸閒學少年.〕"라고 한 데서 나온 말이다. 이 시를 두고 상채(上蔡) 사양좌(謝良佐)는 《논어》 〈선진(先進)〉에 나오는 증점의 기상과 같다고 평가하였다. 《伊洛淵源錄 卷3 明道先生》 여기서는 창계 역시 정호가 느꼈던 증점의 기상을 다시 체인할 수 있는 공간에 있음을 말한 것이다.

147 봄……심네 : 봄이 되어 은일(隱逸)에 대한 생각이 깊어져 도잠(陶潛)이나 소평(召平)처럼 자적(自適)하고 안빈(安貧)하며 숨어 지낸다는 말이다. '꽃을 심는다〔栽

어느 날 밤 산천에 가랑비 지나가거든	一夜川原微雨過
아침에 다시 가서 붉은 놀[148] 바라보리	明朝又去看紅霞

花]'는 것은 국화를 심는 것으로, 동쪽 울타리[東籬] 아래 국화를 심고 즐기며 숨어 살았던 진(晉)나라 도잠의 고사를 가리킨다. 《陶淵明集 卷3 飮酒》 '오이를 심는다[種瓜]'는 것은 진(秦)나라 때 동릉후(東陵侯)에 봉해졌던 소평이 진나라가 멸망하고 포의(布衣)가 되어 장안성(長安城)의 동문 밖에서 오이를 심어 가꾸며 조용히 은거하였는데, 그 오이가 맛이 좋아 당시 사람들이 '동릉과(東陵瓜)'라고 일컬었다고 한 데서 온 말이다. 《史記 卷53 蕭相國世家》

148 붉은 놀 : 꽃을 형용한 말이다. 도잠(陶潛)의 〈도화원기(桃花源記)〉를 소재로 한 그림을 보고 한유(韓愈)가 지은 시에 "복숭아 곳곳에 심으니 보이는 것은 활짝 핀 꽃, 원근의 산천에 붉은 노을 피어올랐구나.[種桃處處惟開花, 川原遠近蒸紅霞.]"라고 한 데서 온 말이다. 《韓昌黎集 卷3 桃源圖》

우연히 읊다

偶吟

산중의 밝은 달은 언제나 이러하고 山間明月長如此
시내 위 흰 구름은 다할 때가 없어라 溪上白雲無盡時
단사와 표음 속에도 즐거움 있나니[149] 一簞一瓢樂亦在
천사와 만종 구하는 이 그 누구인고[150] 千駟萬鍾知是誰

149 단사(簞食)와……있나니 : '단사'와 '표음(瓢飮)'은 대그릇 밥과 표주박 물이라는 뜻으로, 가난한 가운데서도 도를 즐기는 생활을 비유하는 표현인데, 《논어》〈옹야(雍也)〉에서 공자가 "어질구나, 안회(顔回)여. 한 대그릇의 밥과 한 표주박의 물을 먹으며 누추한 시골에서 사는 것을 다른 사람들은 견디지 못하는데 안회는 그 즐거움을 고치지 않으니 어질구나, 안회여.〔賢哉回也! 一簞食, 一瓢飮, 在陋巷, 人不堪其憂, 回也不改其樂, 賢哉回也!〕"라고 하여, 안회의 안빈낙도(安貧樂道)하는 삶을 칭찬한 데서 온 말이고, '즐거움이 있다〔樂亦在〕'는 말은 《논어》〈술이(述而)〉에서 공자가 "거친 밥을 먹고 물을 마시며 팔을 굽혀서 베더라도 즐거움이 그 가운데 있으니, 의롭지 않으면서 누리는 부귀는 나에게는 뜬구름과 같다.〔飯疏食, 飮水, 曲肱而枕之, 樂亦在其中矣, 不義而富且貴, 於我如浮雲.〕"라고 하여, 자신의 안빈낙도하는 삶의 자세를 말한 데서 온 말이다. 여기서는 창계가 공자와 안회의 안빈낙도하는 삶에 대한 자신의 희구(希求)를 말한 것이다.

150 천사(千駟)와……누구인고 : 후한 녹봉을 받는 고관대작(高官大爵)만을 추구하는 이는 무슨 마음인지 모르겠다는 말이다. 고대 중국에서 수레 하나를 끄는 네 마리의 말을 사(駟)라고 칭하여 천사(千駟)는 천 개의 수레〔千乘〕에 메는 4천 마리의 말을 가리키고, 6곡(斛) 4승(升)을 종(鍾)이라고 칭하여 만종(萬鍾)은 6만 곡 4천 승을 가리키는 데서, 둘 다 후한 녹봉을 받는 높은 벼슬자리를 뜻하는 말이다.

외숙 조성경의 시에 차운하다
次趙叔成卿韻

어제 인편을 통해서 보내 주신 〈영매〉 율시 20수를 삼가 받으니 풍류가 호탕하고 흥취가 오묘(奧妙)하여 시구(詩句)가 부려(富麗)할 뿐만이 아니었기에 여러 번 거듭하여 탄상하였습니다. 혼자 개인적인 품평으로, 지금 세상에 이러한 작품은 없고 곧장 격양(擊壤)의 화초(花草)[151]에 거슬러 올라가 짝할 만하다고 생각하였습니다. 이어서 보내 주신 말씀에 욕되이도 저보고 화답하라고 하셨는데 천박하고 졸렬한 저는 비록 날을 보내며 힘을 다하더라도 외숙의 시에 미칠 수 없다고 생각하였습니다. 그래서 처음과 마지막 두 편의 시에 대강 차운하여 돌아가는 인편에 부쳐 외숙의 뜻에 10분의 일만 부응하고자 하니 이 또한 하락(河洛)의 고사입니다.[152] 한번 웃으시고 나서

151 격양(擊壤)의 화초(花草) : '격양'은 《이천격양집(伊川擊壤集)》이라는 시집을 지은 북송(北宋)의 소옹(邵雍)을 가리키며, '화초'는 그의 시를 가리킨다. 주희(朱熹)는 "강절의 학문을 말하자면, 그 골수는 《황극경세》에 있고 그 화초는 바로 시이다.〔康節之學, 其骨髓在《皇極經世》, 其花草便是詩.〕"라고 하였는데, 강절, 즉 소옹의 학문을 바탕과 문채〔文質〕에 비유해 볼 때, 《황극경세》는 바탕이고 그의 시는 문채라는 말이다. 《朱子語類 卷100 邵子之書》 소옹은 역(易)의 상수(象數)에 밝아 《황극경세》라는 저술을 통해 역에 대한 자신만의 철학을 세웠고 자연계에 대한 이러한 이해를 바탕으로 천지만물, 특히 달·바람·꽃·물·나무 등 주변의 친근한 사물들을 읊으면서 그 안에 깊은 철리를 담은 독특한 시 세계를 구축하였다.

152 처음과……고사입니다 : 한국문집총간 147집에 수록된 《졸수재집(拙修齋集)》 권2에 〈영매화(詠梅花)〉라는 제목으로 11수의 칠언율시(七言律詩)가 실려 있는데, 그중

부디 가르침을 주시기 바랍니다.

시권에 담긴 차가운 꽃 가리키며 의심하였더니	卷裏寒英指點疑
그대의 시 진정 농두의 가지와 흡사하구려[153]	君詩眞似隴頭枝
보낸 편지 며칠 걸려 산거(山居)에 당도한 건지	題封幾日山窓到
고생하며 구름 뚫고 역사 따라 찾아왔구나	辛苦穿雲驛使隨
눈 덮인 집에 향기 어리어 그 모습 보는 듯하고	香凝雪屋還如見
얼음 흉금에 냉기 전해져 그 마음 알게 하네[154]	冷徹氷襟許共知
구옹이 고움 감추라고 한 뜻 따로 있으니	別有龜翁藏艶意

에 제1수, 제5수, 제9수의 운자가 창계의 차운시와 일치하여 창계의 언급과 맞지 않는다. 아마도 조성기(趙聖期)가 스스로 산삭(刪削)하였거나 《졸수재집》의 편찬 과정에서 출입이 생긴 듯하다. 그리고 서문에 따르자면, 창계 역시 조성기가 보낸 20수에서 제1수와 제20수의 운자에 차운하여 두 수를 지었어야 하는데 지금 1수 밖에 수록되지 않은 것 또한 정확한 이유는 알 수가 없다. '하락(河洛)의 고사'는 소옹과 함께 낙양에 살던 사마광(司馬光), 정호(程顥), 정이(程頤) 등이 서로 시를 수창하면서, 자신의 시가 졸렬하다는 핑계를 대며 상대가 보낸 여러 수의 연작시 중에서 10분의 1만 차운하여 돌려보낸 고사를 가리킨 듯한데, 자세하지 않다.

153 그대의……흡사하구려 : 지금 외숙 조성기가 매화 시를 보낸 일이 옛날 남조의 송(宋)나라 때 육개(陸凱) 범엽(范曄)에게 시 한 수와 함께 매화 한 가지를 보내어 소식을 전했던 일과 같다는 말이다. 육개와 범엽의 고사에 대해서는 397쪽 주132 참조.

154 눈……하네 : 외숙 조성기가 보낸 매화 시를 읽으며 매화의 향기와 냉기를 상상하매 실제의 매화를 직접 보고 느끼는 듯하다는 말이다. '눈 덮인 집'은 창계가 사는 곳을, '얼음 흉금'은 창계의 흉금을 가리킨다. 소식(蘇軾)의 〈십일월이십육일송풍정하매화성개(十一月二十六日松風亭下梅花盛開)〉의 두 번째 시에 "나부산 아래 매화촌에는, 흰 눈으로 뼈를 이루고 얼음으로 넋을 이루었네.〔羅浮山下梅花村, 玉雪爲骨冰爲魂.〕"라고 하여, 매화를 눈과 얼음에 비유하여 그 고결함을 형용하기도 한다. 《蘇詩補註 卷38》

이곳의 봄소식 늦어도 저어하지 않아라[155] 此間春事不嫌遲

산거에 소매(小梅) 몇 그루를 새로 심었는데 이때 아직 개화하지 않았기에 이렇게 언급하였다.

155 구옹(龜翁)이……않아라 : '구옹'은 호가 구산(龜山)인 북송의 성리학자 양시(楊時)를 가리킨다. 그가 지은 〈저궁관매기강후(渚宮觀梅寄康侯)〉라는 시에 "남은 섣달 몰아내어 봄바람으로 바꾸려니, 찬 매화만이 있어 선봉이 되었어라. 듬성한 꽃잎으로 경솔히 눈과 다투지 말고, 맑고 고운 그 자태 밝은 달빛 속에 잘 감추기를.〔欲驅殘臘變春風, 只有寒梅作選鋒. 莫把疏英疏鬥雪, 好藏清艷月明中.〕"이라고 하여, 강후(康侯)에 봉해진 호안국(胡安國)에게 국가가 다난(多難)하고 정세(政勢)가 어수선한 때에 너무 예기(銳氣)를 드러내지 말 것을 한매(寒梅)에 비유하며 조정에 남아 있으라고 충고하는 내용인데, 호안국이 이 시를 보고 감사(監司)에 임명되어 나가려고 하다가 그만두었다고 한다. 《龜山集 卷42》 여기서는 겨울의 한설(寒雪)을 무릅쓰고 고움을 너무 뽐내지 말라고 양시가 시에서 말한 뜻이 있으니 매화가 늦게 피어도 서운해하지 않는다는 말이다.

조 외숙이 편지를 쓰고 나서 입으로 읊고 써서 보내 준 시에 다시 차운하다

復次趙叔書成後口占錄示之作

현안 선생처럼 늘 병으로 누워 있거니와[156]	玄晏先生常臥病
벽산 학사는 본래 나의 재분(才分) 아니라네[157]	碧山學士本非才
신교는 드문 데다 몸조차 떨어져 있고[158]	神交落落形猶隔

156 현안(玄晏)……있거니와 : 현안 선생처럼 창계 자신도 고질로 누워 있다는 말이다. '현안'은 본래 고대 성현(聖賢)의 예교(禮敎)를 뜻하는데, 은거하며 학문과 저술에 힘썼던 진대(晉代)의 학자 황보밀(皇甫謐)의 자호(自號)이기도 하다. 황보밀은 숙부에게 출계(出系)하였는데 나이 스물이 넘도록 학문을 좋아하지 않고 방탕하게 지내다가 숙모 임씨(任氏)의 훈계에 마음을 고쳐먹고 학문에 힘썼다. 가난하여 경서를 항상 들고 다니면서 농사를 지으며 전적(典籍)들을 두루 읽었다. 조용하고 욕심이 적어 은거하는 데 뜻을 두고 저술에 힘을 쏟으며 현안 선생이라고 자호하였다. 〈예악론(禮樂論)〉, 〈성진론(聖眞論)〉 등을 저술하였는데 뒤에 풍비질(風痹疾)을 얻어서 일생 동안 반신불수로 지내면서도 손에서 책을 놓지 않았다. 《晉書 卷51 皇甫謐列傳》

157 벽산 학사(碧山學士)는……아니라네 : '벽산 학사'는 두보(杜甫)의 〈제백학사모옥(題柏學士茅屋)〉에 "푸른 산의 학사가 은어를 불태우고, 백마 타고 물러가서 산림에 은거하네.〔碧山學士焚銀魚, 白馬却走身巖居.〕"라고 한 데 나오며, 안녹산(安祿山)의 난으로 조정에서 물러나 산림에 은거한 백 학사(柏學士)를 가리킨다. 이 시는 두보가 백 학사의 초옥(草屋)을 지나며 인품이 높고 독서가 깊은 그를 흠모하여 지은 시라고 한다. 《杜詩詳註 卷21》 여기서는 창계 자신도 조정에서 물러나 은거하고 있지만 벽산 학사처럼 훌륭하지 못하다고 겸양으로 한 말이다. 백 학사는 누구를 가리키는지 자세하지 않다.

158 신교(神交)는……있고 : 서로 깊이 정신으로 교감하는 이가 드문 데다 몸조차 멀리 떨어져 홀로 지내고 있다는 말이다. '신교'는 정신으로 사귀어 뜻이 서로 투합하는 것 혹은 그런 벗을 가리킨다.

세고는 분분하여 머리털 벌써 희었구나	世故紛紛髮已皚
풍진 속 세상만사 한바탕의 꿈이요	萬事風塵回一夢
천지간 인생 백 년 슬픔만이 남았어라	百年天地抱餘哀
그대 부디 회남조를 따라 지을 생각 마소	憑君莫擬淮南操
고사(高士)가 이내 왕래 비웃을까 염려하노니[159]	恐有高人笑往來

159 그대……염려하노니 : 고아(高雅)한 선비가 내 출처를 비웃을까 염려되니 나에게 시를 지어 보내 출사를 종용하지 말아 달라는 말이다. '회남조(淮南操)'는 한나라 때 회남왕(淮南王) 유안(劉安)에게 의탁한 팔공(八公) 가운데 한 무리인 소산(小山)이 지은 〈초은사(招隱士)〉를 가리킨다. 유안은 옛것을 좋아하고 선비들을 아껴서 빈객들을 불러 모았다. 그 가운데 팔공의 무리가 있었는데 사부(詞賦)를 나누어 지으면서 비슷한 이들끼리 모이니, 이를 소산이라 하기도 하고 대산(大山)이라 하기도 하였다. 〈초은사〉를 지은 의도에 대해 어떤 이는 뜻을 가탁하여 굴원(屈原)을 부르려고 지은 것이라고 하였다. 대체로 산중 생활의 궁고(窮苦)함을 극도로 형용하여 둔세(遁世)의 선비들을 풍자하는 데 목적이 있었다. 〈초은사〉의 마지막에 "계수나무 가지를 잡고 그런대로 머무노니, 범과 표범이 싸우고 큰 곰과 작은 곰이 포효하며, 금수는 놀라 날뛰어 그 무리를 잃어버리도다. 왕손이여 돌아오소서, 산중은 오래 머무를 수 없으니. 〔攀援桂枝兮聊淹留, 虎豹鬥兮熊羆咆, 禽獸駭兮亡其曹. 王孫兮歸來, 山中兮不可以久留.〕"라고 하여, 산중 생활은 환해(患害)가 많아 은거하기 어려우니 숨어 지내지 말고 세상에 나오라는 뜻을 말한 것이다. 《楚辭 卷8》 여기서는 창계가 차운한 외숙 조성기의 원시를 비유하여 말한 것이다.

단양[160]에 눈앞의 일을 읊다

端陽卽事

천중이라 좋은 시절 바로 오늘 아침인데 天中佳節是今朝
산골짜기 외로운 마을에 쓸쓸하게 앉았어라 峽裏孤村坐寂寥
고향 산천 향불 피우는 곳 바라보려 할 제[161] 欲望家山香火處
석양은 서쪽에 지고 바다 구름 아득하구나 夕陽西下海雲遙

160 단양(端陽) : 음력 5월 5일 단오절(端午節)로, 중오절(重午節)・오월절(五月節)・천중절(天中節)이라고도 하며, 우리말로는 수릿날이라고 한다.

161 고향……제 : 단오를 맞아 고향에서 조상들을 기리고 있을 가족들의 모습을 상상하며 바라본다는 말이다.

차운하여 형숙에게 답하다
次謝馨叔

은거한 이 병든 뒤로 홀로 산에 숨어 사는데	幽人病後獨巖居
어진 수령 한가할 때 이내 초가에 왕림하네	良宰閑時枉草廬
백 리의 명 잘 받드는 그대를 기뻐하고[162]	喜子能全百里命
십 년의 책 읽지 못한 내 자신을 탄식하여라[163]	嗟余未讀十年書

162 백 리의……기뻐하고 : 정형숙(鄭馨叔)이 진안 현감을 맡아 고을을 잘 다스리는 것을 기뻐한다는 말이다. '백 리의 명'은 "육 척의 고아를 의탁할 만하고, 사방 백 리 되는 나라의 운명을 맡길 만하며, 큰 절개에 임하여 지조를 빼앗을 수 없다면 군자다운 사람일까? 군자다운 사람이니라.〔可以託六尺之孤, 可以寄百里之命, 臨大節而不可奪也, 君子人與? 君子人也.〕"라고 증자(曾子)가 말한 데서 온 말로, 본래 제후국의 운명을 책임지며 정사를 담당하는 것을 말한다.《論語 泰伯》 여기서는 한 지방을 맡아 다스리는 것을 말한다.

163 십 년의……탄식하여라 : 정이(程頤)의 제자 유안절(劉安節, 1068~1116)이 "석씨(釋氏)에게 하룻밤에 얻는 깨달음〔一宿覺〕이 있는데 말을 해 주자마자 깨닫는다는 설로 보면 어떻습니까?" 하고 묻자 정이가 말하기를 "어찌 꼭 불가만 그렇겠느냐. 맹자가 일찍이 '각(覺)'이라는 글자에 대하여 말하였으니 '먼저 안 사람〔先知〕으로 늦게 아는 사람〔後知〕을 깨우치고〔覺〕, 먼저 깨달은 이〔先覺〕로 늦게 깨닫는 이〔後覺〕를 깨우치는 것이다.' 지(知)는 바로 이 일을 아는 것이고 각(覺)은 이치에 대해 깨닫는 것이다. 고인의 시에 '그대와 함께 하룻밤 이야기를 나누는 것이, 10년 동안 책 읽는 것보다도 낫다.〔共君一夜話, 勝讀十年書.〕'라고 하였는데 만약 말을 하자마자 깨닫는다면 어찌 10년 동안 책을 읽은 것일 뿐이겠느냐."라고 하여, 불가와 구별되는 유가의 깨달음에 대해 말하면서 언급한 고시에서 나온 말이다.《二程遺書 卷18 劉元承手編》 여기서는 창계 자신이 아직 10년 동안 책을 읽지 못해 상대와 담론하며 깨우칠 준비조차 안 된 것이 부끄럽다고 겸양으로 한 말이다.

이 몸은 부평초처럼 떠다니다 잠시 머물고　萍蹤泛泛聊依泊
이 마음은 구름처럼 한가로이 말았다 펴노라　雲意遲遲共卷舒
어느 날에나 다시 찾아와 시골 정취 나누며　何日更來分野趣
그대 위해 빗물 머금은 채소를 다시 딸는지　爲君重摘雨餘蔬

산거에서 이것저것 읊다
山居雜詠

고요한 산골 밤들자 더 적막한데 山靜夜愈寂
물소리는 어찌 이리 졸졸거리는지 水聲何決決
소나무 스치는 바람도 불어오고 助以松上風
구름 사이 달빛이 내리비추어라 照之雲間月
이런 풍광 대하니 마음 씻은 듯하여 對此心如洗
후련하게 극벌의 마음 버리노라[164] 曠然遺克伐
원헌이 하려던 힘든 일 물을 게 무어랴 何問原憲難
중니가 끊으셨던 일 배우고자 하네[165] 庶學仲尼絶
오랫동안 홀로 떨어져 지내다 보니 索居日已久
좋은 벗의 충고 들을 길이 없는데 良友阻箴闕

164 이런……버리노라 : 산속의 호젓한 풍광에 마음이 깨끗해져서 사심이 사라진다는 말이다. '극벌(克伐)의 마음'은 이기기를 좋아하고 자신을 자랑하는 잗다란 사심(私心)을 말하는 것으로, 《논어》 〈헌문(憲問)〉에 원헌(原憲)이 "이기기를 좋아하고 자신을 자랑하며 원망하고 탐욕을 부리는 일을 하지 않는다면 인(仁)이라고 말할 수 있습니까?〔克伐怨欲不行焉, 可以爲仁矣?〕" 하고 묻자, 공자가 말하기를 "어렵다고 할 수는 있으나 인인지는 내 알지 못하겠다.〔可以爲難矣, 仁則吾不知也.〕"라고 한 데서 온 말이다.

165 원헌이……하네 : 공자가 "어렵다고 할 수 있다.〔可以爲難矣.〕"라고 말한 '극벌원욕(克伐怨慾)'을 다스리고자 한 원헌의 일은 물을 것 없고 곧장 공자가 끊어 없애 버린 네 가지 일을 배우고자 한다는 말이다. 공자가 끊은 일은 《논어》 〈자한(子罕)〉에 "공자는 네 가지를 끊어 없앴으니, 사사로운 뜻이 없고, 기필하는 마음이 없고, 고집하지 않고, 아집을 부리지 않았다.〔子絶四, 毋意毋必毋固毋我.〕"라고 하였다.

광풍제월(光風霽月) 같은 흉중[166]이 없다면 若無光霽境
흉회를 터놓은들 끝내 무슨 소용이리 開懷竟何物
이 즐거움 순수하지 못하기도 하니 此樂或未純
이 뜻 젊은 시절에 부끄럽기만 하네[167] 此志愧少日
옛날 나는 현성의 경지 희망하여[168] 夙昔希賢聖
몸과 마음 깨끗이 씻기를 바랐지 身心庶澡雪
입신양명이 바로 기약한 바였는데 立揚是所期
지금에는 단지 흐느낄 뿐이어라[169] 於今但哽咽
빛나고 빛나는 영지의 꽃이라도 煌煌靈芝秀
한 해가 저물면 누가 꺾을 수 있나[170] 歲晏誰能折

166 광풍제월(光風霽月) 같은 흉중 : 주돈이(周敦頤)가 지녔던 깨끗한 마음의 경지를 말한다. 412쪽 주145 참조

167 이 즐거움……하네 : 요순(堯舜)의 도를 즐기고 인(仁)에 뜻을 두고 궁행(躬行)하고자 했던 젊은 시절의 순수했던 열정을 돌아보면 지금의 내 자신이 부끄럽다는 말이다.

168 옛날……희망하여 : 주돈이의 《통서(通書)》에 "성인은 하늘이 되기를 희망하고, 현인은 성인이 되기를 희망하고, 선비는 현인이 되기를 희망한다.〔聖希天, 賢希聖, 士希賢.〕"라고 한 데서 온 말로, 송대 이후 유학자들의 지향을 대표하는 이 표어처럼 창계 자신도 현성(賢聖)이 되기를 희망하였다는 말이다.

169 입신양명(立身揚名)이……뿐이어라 : 창계의 모친과 부친이 1683년(숙종9)과 1684년 연이어 돌아가셔서 자신이 입신양명하더라도 다 부질없게 되어 버렸기에 슬픔에 북받쳐 흐느낀다는 말이다.

170 빛나고……있나 : 비록 한 해에 세 번을 피는 영지의 꽃이라도 때가 지나 버리면 딸 수가 없다는 말로, 부모님이 살아 계실 적에 제대로 효도하지 못한 자신을 자책하는 말이다. 혜강(嵇康)의 〈유분시(幽憤詩)〉에 "빛나고 빛나는 영지는 한 해에 세 번 꽃을 피우는데, 나는 홀로 어이하여 뜻이 있어도 이루지 못하는가.〔煌煌靈芝, 一年三秀. 予獨何爲, 有志不就?〕"라고 한 데서 온 말이다. 《文選 卷23》

부질없이 흘러간 수십 년 사이에　悠悠數十載
이내 행실은 선악이 뒤섞여 있는데　行事雜汙潔
안생은 나보다 나이가 적었건만　顏生年少我
후세에 영원히 그 빛 더욱 눈부시네[171]　百世光愈烈
도를 바라보며 울타리에도 못 가니　望道未涉藩
하물며 대청과 방을 말하겠는가[172]　況論堂與室
너무 근심해도 마음 해칠 뿐이니　沈憂亦累心
다시 봄바람 아래 비파 놓으련다[173]　更捨春風瑟

171 안생(顏生)은……눈부시네 : '안생'은 공자의 제자로, 이름은 회(回)이고 자는 자연(子淵)이다. 공자의 가장 뛰어난 제자로, 32세에 요절하였는데 후세에 아성(亞聖)으로 일컬어졌다. 이 시를 지을 당시 창계가 38세였기에 이렇게 말한 것이다.

172 도(道)를……말하겠는가 : 진리를 탐구하며 오랜 세월을 보냈지만 아직 실마리조차 잡지 못했는데 하물며 깊은 이치야 더욱 논할 역량이 못 된다고 겸양으로 한 말이다. '대청과 방'은 공자가 자로(子路)를 나무란 뒤로 문인(門人)들이 자로를 불경스럽게 대하자, 공자가 이르기를 "자로는 당에는 올랐고, 아직 실에 들어오지 못한 것이다.〔由也升堂矣, 未入於室也.〕"라고 한 데서 온 말로, 입도(入道)의 차례를 의미한다. 《論語 先進》

173 다시……놓으련다 : 현실 정치에서의 포부를 말했던 다른 제자들이 아니라 공자가 허여했던 증점(曾點)의 쇄락(灑落)한 기상을 본받아 볼까 한다는 말이다. 공자의 제자인 자로(子路)・증점・염유(冉有)・공서화(公西華) 네 사람이 공자를 모시고 있었는데, 공자가 각자에게 펼치고 싶은 포부를 말하게 하였다. 이에 자로와 염유는 나라를 잘 다스려 보고 싶다는 뜻을 말하고, 공서화는 종묘(宗廟)의 제례나 제후의 회동에 집례(執禮)를 맡고 싶다고 하였다. 마지막으로 증점의 차례가 되자 조용히 비파를 타다가 연주를 서서히 멈추면서 쟁그랑 소리를 내며 비파를 내려놓고〔舍瑟〕 일어나서는 "세 사람의 생각과는 다릅니다." 하고, 대답하기를 "늦은 봄날 봄옷이 이루어지거든 어른 대여섯 사람, 동자 예닐곱 사람과 함께 기수(沂水)에서 목욕하고 무우에서 바람을 쐬고 시를 읊으면서 돌아오겠습니다.〔莫春者, 春服既成, 冠者五六人, 童子六七人, 浴乎沂, 風乎舞雩, 詠而歸.〕" 하니, 공자가 감탄하면서 "나는 증점을 허여한다."라고 하였다. 《論語 先進》

태고정[174]에서 운자를 부르다

太古亭呼韻

누가 이 정자에서 취하는 데 인색할쏜가	誰向玆亭一醉慳
흥이 올라 자리 옮기며 감도는 물굽이 굽어보네	興來移席俯回灣
무성한 풀은 깨끗한 모래톱 가운데 가득하고	萋萋草滿明沙際
정겨운 새는 어지러운 나무 사이에서 지저귀누나	款款禽啼亂樹間
솔 빛은 고요하게 이끼 색과 어울려 예스럽고	松色靜連苔色古
관인은 평온하게 촌사람 대하며 한가로워라	官人穩對野人閑
중류에 떠내려오는 복사꽃 잎 문득 바라보니	中流忽見桃花片
신선 나루 묻고 싶어 돌아오고 싶지 않네[175]	欲問仙津未擬還

174 태고정(太古亭) : 전라도 진안군 용담현(龍潭縣)에 있는 정자로, 현령을 지낸 홍석(洪錫)이 본래 만송정(萬松亭)이 있던 자리에 창건하였다. 언덕 위에 자리한 정자 앞에는 탁 트인 벌판이 있고, 밑으로는 푸른 물이 굽이쳐 흐르며, 바위가 낭떠러지를 이루고 그 위의 서너 그루 노송이 서 있으며 주변으로 솔숲이 펼쳐져 있다. 송준길(宋浚吉, 1606~1672)이 쓴 '태고정(太古亭)' 현판과 송시열(宋時烈, 1607~1689)이 쓴 〈용담현태고정기(龍潭縣太古亭記)〉 현판이 걸려 있다.

175 중류에……않네 : '복사꽃 잎'과 '신선 나루'는 전설상에 존재하는 선경(仙境)인 무릉도원(武陵桃源)을 암시하는 것으로, 도잠(陶潛)의 〈도화원기(桃花源記)〉에서 비롯되었다. 동진(東晉)의 효무제(孝武帝) 태원(太原) 연간에 무릉(武陵)의 한 어부(漁父)가 시내를 따라서 올라가다가 자신이 어디쯤 있는지 가늠하지 못했는데, 문득 계곡 양편으로 수백 보에 걸쳐 다른 나무는 없고 복사나무만 있는 도화림(桃花林)을 만났다. 이곳에는 복사꽃이 어지러이 떨어져 있었는데 어부는 이를 매우 이상하게 생각하여 다시 앞으로 가며 그 숲 끝까지 들어갔다. 숲이 끝나고 물길의 근원에 이르자 작은 산이 하나 있고 그 산에 작은 입구가 있어 빛이 반짝이고 있는 듯하였다. 배를 버리고

한가로이 지내면서 이것저것 읊다

閑居雜詠

실버들은 연못가 집에 드리워 있고	楊柳池邊宅
배꽃은 갠 하늘에 활짝 피었어라	梨花雨後天
한가로워 손님이 주인인 양 편안하고	閑教賓作主
고요하여 하루가 한 해인 듯하구나	靜覺日如年

두 번째 其二

나그네 집은 천 겹 골짝 안에 있고	客室千重峽
고향 산천은 만리 하늘 밖에 있네	家山萬里天
아침 되어 고향 집 서신을 읽노라니	朝來見鄕信
태반은 언제나 올는지 묻는 말이어라	一半問歸年

입구로 들어가니 처음에는 매우 좁아 겨우 사람 하나가 다닐 만하다가 수십 보를 가자 탁 트여서는 널따란 토지와 민가가 있어 하나의 별천지(別天地)를 이루고 있었다. 그곳 사람들이 어부를 보고는 깜짝 놀라면서 어디서 왔느냐고 묻고는 음식을 대접하면서 스스로 말하기를 "우리의 선세(先世)에 진(秦)나라의 난리를 피해 처자(妻子)를 거느리고 이 절경(絶境)에 들어왔는데, 그 후로는 다시 바깥세상에 나가지 않아서 마침내 바깥 사람과 서로 멀어지게 되었다."라고 하였다. 어부는 수일 후에 그곳을 떠나서 배를 얻어 타고 집으로 돌아갔다가 다시 수일 전에 갔던 길을 되돌아 왔는데, 그 후로는 다시 그 도화림을 찾을 수가 없었다고 한다.《陶淵明集 卷6》 여기서는 창계가 강물 가운데 떠내려오는 복사꽃을 보고 태고정 주위의 아름다운 풍광 속에서 무릉도원을 상상하며 말한 것이다.

세 번째 其三

산북에서 오는 손님 기다리면서 　候客來山北
꽃구경하며 물가에 이르러라 　看花到水邊
다시 술병 하나 가지고서 　還將一壺酒
석양 아래 머물러 취하노라 　留醉夕陽天

연경으로 가는 남 상국[176] 구만 에게 받들어 올리다
奉贈南相國 九萬 赴燕

이미 빈 주렴에서 한사를 점쳤더니[177]	已向空簾占漢槎
문득 사신 행차 요하로 간다 전하는구나	忽傳星駕指遼河
먼 여정의 추위와 더위는 해마다 겪거니와	長途寒暑年年閱
약소국의 곤경과 근심은 날로 더해 가누나	弱國艱虞日日加
고죽의 사당에서 탄식 소리 거듭 발하겠고[178]	孤竹祠前重太息

176 남 상국 : 남구만(南九萬, 1629~1711)으로, 본관은 의령(宜寧), 자는 운로(雲路), 호는 약천(藥泉) 또는 미재(美齋), 시호는 문충(文忠)이다. 상국은 남구만이 지낸 관직이다. 송준길(宋浚吉)의 제자로, 뒤에 소론(少論)의 영수(領首)가 되어 송시열을 비판하였다. 1656년(효종7) 별시 문과에 을과로 급제하여 청요직을 두루 거친 뒤 도승지, 대제학, 대사간, 삼정승 등을 지냈다. 저서로 《약천집(藥泉集)》이 있다. 1686년(숙종12) 4월 사은사(謝恩使)로 중국에 갔다가 11월에 복명(復命)하였다.

177 이미……점쳤더니 : '빈 주렴'은 전한(前漢) 시대 촉(蜀)의 은사(隱士)로, 자가 군평(君平)이었던 엄준(嚴遵)이 성도(成都)의 저자에서 매일 점(占)을 쳐서 생활을 영위했는데, 하루에 겨우 두어 사람의 점을 쳐서 하루 생활할 정도의 100전(錢)만 벌면 즉시 점방을 닫고 발을 내린 뒤 학도(學徒)들에게 《노자(老子)》를 가르쳤다고 한 데서 온 말이다. 《漢書 卷72 王貢龔鮑傳》 '한사(漢槎)'는 사신이 타는 배, 즉 사행(使行)을 뜻하는 말로 성사(星槎)라고도 하는데, 자세한 내용은 329쪽 주26 참조. 두 고사는 모두 엄준과 관련된 것으로 창계가 남구만의 사신 행차가 어디쯤 갔는지 속으로 짐작했다는 말이다.

178 고죽(孤竹)의……발하겠고 : '고죽의 사당'은 옛날 은(殷)나라 때 고죽군(孤竹君)의 두 아들 백이(伯夷)와 숙제(叔齊)를 모신 이제묘(夷齊廟)를 말하는 것으로, 그 유적이 난하(灤河)가 흐르는 중국 영평부(永平府) 서쪽 옛 고죽성(孤竹城)에 있어서 사신 행차가 이곳을 지나가므로 이렇게 말한 것이다. 백이와 숙제에 대해서는 327쪽

형가의 저자에서 슬픈 노래 자아낼 만하리[179] 荊軻市上足悲歌
모래바람 부는 속에 어찌 오래 머무르겠나 風沙豈久淹行李
남산에 아직 국화 피지 않았을 때 돌아오시리[180] 歸及南山未菊花

주23 참조. 여기서는 남구만이 사신으로 가는 길에 백이, 숙제의 사당을 찾아 그들의 절개를 돌아보며 감회에 젖을 것이라는 말이다.

179 형가(荊軻)의……만하리 : '형가의 저자'는 전국 시대 연(燕)나라 도읍의 저자를 말한 것으로, 그 유적이 연경(燕京)의 근처에 있어서 사신 행차가 이곳을 지나가므로 이렇게 말한 것이다. 형가에 대해서는 360쪽 주82 참조. 여기서는 남구만이 사신으로 가는 길에 형가의 자취를 지나며 형가가 비분강개했던 그때 일을 회고하면서 북받칠 것이라는 말이다.

180 남산(南山)에……돌아오시리 : 남구만이 사신으로 연경에 갔다 집에 돌아올 때쯤에 아직 가을이 되지 않았을 것이라는 말이다. 도잠(陶潛)의 〈음주(飮酒)〉 제5수에 "동쪽 울 밑에서 국화를 따고, 하염없이 남산을 바라보네.〔採菊東籬下, 悠然見南山.〕"라고 한 데서 온 말이다.《陶淵明集 卷3》 이 당시 마침 남구만이 남산의 공북정(拱北亭)에 살고 있어서 이렇게 말한 것이다.

박 지평[181] 태유 에 대한 만사
朴持平 泰維 挽

진정 알겠어라 서간의 노유(老儒)는	定知西澗老
그 애통함이 서하에 못지않음을[182]	痛不減西河
빙옥이 서로 비출 곳 잃은 것이요	氷玉失交映
산호가 나란한 가지 시든 것이로다[183]	珊瑚凋竝柯

181 박 지평(朴持平) : 박태유(朴泰維, 1648~1686)로, 본관은 반남(潘南), 자는 사안(士安), 호는 백석(白石)이다. 부친은 박세당(朴世堂)이다. 지평은 박태유가 지낸 관직이다. 1681년(숙종7) 알성시 문과에 을과로 급제하여 검열, 병조 좌랑, 경기 도사(京畿都事), 지평 등을 역임하였다. 지평으로 있으면서 어영대장(御營大將) 김익훈(金益勳)을 탄핵한 일이 빌미가 되어 거제 현령(巨濟縣令), 고산도 찰방(高山道察訪)으로 좌천되었다가 병으로 일찍 세상을 떠났다. 《定齋集 卷4 朝鮮故通訓大夫行司憲府持平朴君家狀, 韓國文集叢刊 168輯》

182 진정……못지않음을 : 장남 박태유를 잃은 박세당의 슬픔이 옛날 자식을 잃은 슬픔에 실명(失明)까지 하였던 자하(子夏)에 못지않다는 말이다. '서간(西澗)의 노유(老儒)'는 1668년(현종9) 양주(楊州) 수락산(水落山) 서쪽 계곡에 살면서 그 계곡을 석천동(石泉洞)이라 하고 여기서 비롯하여 '서계초수(西溪樵叟)'라 자호(自號)하였던 박세당을 가리킨다. 《西溪集 卷22 年譜, 韓國文集叢刊 398輯》 '서하(西河)'는 공자의 제자 자하가 제자를 가르쳤던 곳으로 "공자가 세상을 떠난 뒤에 자하는 서하에 살면서 제자들을 가르치고 위 문후(魏文侯)의 스승이 되었는데, 그의 아들이 죽자 통곡하다가 눈이 멀었다."라고 한 데서 비롯하여 자하가 자식을 잃은 슬픔을 가리킨다. 《史記 卷67 仲尼弟子列傳》

183 빙옥(氷玉)이……것이로다 : '빙옥'은 얼음과 옥으로 인품이 고상(高尙)하고 정결(貞潔)한 사람을 비유하고, '산호(珊瑚)'는 산호수(珊瑚樹)로 뛰어난 재주를 가진 사람을 비유하는 말이다. 여기서는 박태유와 박태보(朴泰輔, 1654~1689)가 빙옥이나

바위엔 그 시절 썼던 글자 남아 있고	巖留曾寫字
수풀은 옛날 노닐던 언덕에 무성하네	草滿舊遊坡
언젠가 그대 동생 만나게 되면	他日逢賢季
수락산 기슭에서 함께 슬퍼하리[184]	相悲水洛阿

산호와 같은 형제인데 지금 박태유가 세상을 떠나고 박태보만 남아 빙옥은 비출 곳을 잃고 산호는 가지가 시든 것과 같다고 비유하여 말한 것이다.

184 언젠가……슬퍼하리 : 박태유가 잠들어 있는 수락산(水落山) 기슭으로 동생 박태보를 찾아가 함께 슬퍼할 것이라는 말이다. 박태유는 1666년(현종7) 5월 그의 모친 의령 남씨(宜寧南氏)를 곡하고 수락산 서쪽 기슭 장자곡(長者谷)에 안장하였는데 본인 역시 이때 모친의 무덤 오른쪽 기슭에 묻혔다. 《西溪集 卷22 年譜, 韓國文集叢刊 398輯》《定齋集 卷4 朝鮮故通訓大夫行司憲府持平朴君家狀, 韓國文集叢刊 168輯》

벗 남자문[185]이 지금 남산의 공북정에서 어버이를 모시고 살고 있는데 여러 명망 있는 선배들의 제영시를 보여 주고 나에게 이어 화답해 달라고 하였다. 나는 운을 따라 졸렬한 대로 엮어서 천리 먼 곳에서 한번 웃을 거리로 제공한다

友人南君子聞方侍居南山拱北亭 辱示先輩諸名勝題詠韻 要余續和 依韻搆拙 輒供千里一笑

공북정은 바로 옛날 성 하산 몽정(成夏山夢井)[186]의 집으로, 성동주(成東洲)[187]와 송규암(宋圭庵)[188] 여러 노유들이 지은 시가 있다.

185 남자문(南子聞) : 자문은 남학명(南鶴鳴, 1654~1722)의 자이다. 본관은 의령(宜寧), 호는 회은(晦隱)이다. 부친은 남구만(南九萬)이다. 천거로 주부(主簿)에 임명되었으나 나가지 않고 은거하며 학문 연구에 힘썼다. 저서로 《회은집(晦隱集)》, 《회은잡지(晦隱雜識)》 등이 있다.

186 성 하산 몽정(成夏山夢井) : 하산(夏山)은 창녕(昌寧)의 고호(古號)로, 성몽정(成夢井, 1471~1517)의 봉호(封號)이다. 본관은 창녕, 자는 응경(應卿), 호는 장암(場巖), 시호는 양경(襄景)이다. 부친은 홍문관 교리 성담년(成聃年)이다. 1498년(연산군4) 식년시 문과에 갑과로 급제했으나 연산군의 난정(亂政)으로 물러나 있다가 1506년 중종반정에 가담하여 정국 공신(靖國功臣) 4등에 녹훈되고 홍문관 전한이 되었다. 이조 참판, 대사헌 등을 역임하였다.

187 성동주(成東洲) : 동주는 성제원(成悌元, 1506~1559)의 호이다. 본관은 창녕, 자는 자경(子敬)이다. 부친은 성몽선(成夢宣)으로, 성몽정은 그의 숙부이다.

188 송규암(宋圭庵) : 규암은 송인수(宋麟壽, 1499~1547)의 호이다. 본관은 은진(恩津), 자는 미수(眉叟)·태수(台叟), 시호는 문충(文忠)이다. 1521년(중종16) 별시 문과에 갑과로 급제하여 홍문관 정자가 되어 김안로(金安老)를 탄핵하였다. 김안로가 실각한 뒤 예조 참판, 대사헌 등을 역임하였다. 인종이 즉위한 뒤 윤원형(尹元衡)을 탄핵하였다가 1545년(인종1) 을사사화가 일어나자 파직당하여 청주에 은거하던 중 사사(賜死)되었다. 저서로 《규암집(圭庵集)》이 있다.

아스라이 먼 공북의 거처가　迢迢拱北居
울창한 종남산 골짜기에 있네　鬱鬱終南谷
울타리는 모두 솔과 구름이요　籬落盡松雲
마당은 바로 바위와 폭포로세　階庭乃巖瀑
임금 계신 대궐 가까이에 있어　天闕去尺五
상서로운 기운 조석으로 바라보네　佳氣瞻日夕
봄 흥취는 도성 가득한 꽃이요　春興滿城花
가을 노래는 산을 에운 국화로다[189]　秋吟繞山菊
그대는 거의 대은이라 하겠어라　之子殆大隱
은일의 마음 세속에 아는 이 없으니[190]　幽襟世莫識
상자 속에 감춘 윤기 나는 옥을　溫溫匵中玉
남을 위해 닦기 원치 않는구려[191]　不願爲人拭

189 봄……국화로다 : 도성 가득 피어난 꽃들을 대하며 봄 흥취가 일어나고, 산을 에우고 핀 국화를 바라보며 가을 노래를 읊조린다는 말이다.

190 그대는……없으니 : 남학명이 도성에 가까운 남산 기슭에서 속세를 멀리하지 않으면서도 명리(名利)에 얽매이지 않고 청고(淸高)한 은자의 삶을 살고 있다는 말이다. '대은(大隱)'은, 몸은 사람이 들끓는 속세에 있으면서도 뜻은 아주 고상한 데에 있는 것을 이른다. 진(晉)나라 왕강거(王康琚)의 〈반초은(反招隱)〉 시에 "소은은 산림 속에 숨고, 대은은 조시에 숨나니, 백이는 수양산으로 도망갔고, 노담은 주하사에 은복하였네.〔小隱隱陵藪, 大隱隱朝市. 伯夷竄首陽, 老聃伏柱史.〕"라고 한 데서 온 말이다. 《文選 卷11》

191 상자……않는구려 : 남학명이 경륜과 재주를 가지고 있으면서도 세상에 나가 쓰이지 않고 숨어 살고자 한다는 말이다. 자공(子貢)이 공자에게 출처(出處)에 대한 생각을 엿보고자 "여기에 좋은 옥이 있으면 상자에 넣어 감추어 두시겠습니까, 좋은 값을 구하여 파시겠습니까?〔有美玉於斯, 韞匵而藏諸? 求善賈而沽諸?〕"라고 한 데서 온 말이다. 《論語 子罕》

떨어져 살며 좋은 시절 저물어 가니 棲遲芳歲晩
슬피 바라보매 이별의 수심 쌓이누나 悵望離憂積
세상일 분분하게 수없이 변해 가지만 世故紛萬變
이 마음은 담담하여 본디 고요하다네 玆心湛本寂
남은 생애 우리 조용히 즐겨 보세나 相期玩餘光
옛 현인들 남은 자취도 있으니 말일세 前哲有遺躅

전 수령 김숙[192]의 시에 화운하다

和前使君金叔韻

사조의 누각[193]에 내리비치는 달 謝朓[194]樓頭月
맑은 빛은 그래도 그대 위해 떴으리 淸光猶爲君
이별 뒤로 쓸쓸히도 꽃은 다 지고 別來花寂寂
봄 지나며 추적추적 비가 내리는데 春去雨紛紛
먼 바다에 풍랑은 아스라하고 極海風濤遠
다른 산에 물색은 나뉘었어라 他山物色分
그리운 마음 무엇으로 위로하랴 相思何所慰
상자 가득 시문이 담겨 있구나 滿篋貯詩文

192 김숙(金叔) : 진안 현감을 지낸 김성달(金盛達, 1642~1696)을 가리킨다. 391쪽 〈전 현감 외숙부 김백겸의 적소에 부쳐 올리다〔寄呈舊使君金叔伯兼謫居〕〉 시 참조.

193 사조(謝朓)의 누각 : 남조(南朝) 제(齊)나라의 사조(464~499)가 선성 태수(宣城太守)로 있을 때 군치(郡治)의 북쪽 능양봉(陵陽峯) 위에 집 하나를 지어 '고재(高齋)'라고 명명하고 여기서 일을 처리하였는데, 당(唐)나라 초기에 이 고재를 누각으로 개수하고 '북루(北樓)'라고 고쳐 불렀다. 뒤에는 북망루(北望樓), 사공루(謝公樓), 사조루(謝朓樓), 사루(謝樓) 등으로 불렸다. 당나라 때 이백(李白), 백거이(白居易), 두목(杜牧)과 송나라 때 매요신(梅堯臣), 문천상(文天祥) 등이 이 누각에 올라 사조를 추억하며 시를 지은 것으로도 유명하다. 여기서는 창계가 수령이었던 김성달을 선성 태수를 지낸 사조에 비겨 말한 것이다.

194 朓 : 대본에는 '眺'로 되어 있는데, 사조(謝朓)의 자가 현휘(玄暉)인 것과 다수의 용례에 의거하여 바로잡았다.

김 청풍 수증 의 부인에 대한 만사[195]

金淸風 壽增 內室挽

농수 선생이 구름 골짝에 옮겨 사실 때[196] 籠水先生雲峽時
온 집안의 도기 또한 함께 따랐을 테지[197] 全家道氣亦曾隨

195 김 청풍(金淸風)의……만사 : 김 청풍(淸風)은 김수증(金壽增, 1624~1701)으로, 그는 청풍 부사를 지냈다. 김수증의 본관은 안동, 자는 연지(延之), 호는 곡운(谷雲)이다. 저서로 《곡운집(谷雲集)》이 있다. 부인은 창녕 조씨(昌寧曺氏)로, 참판(參判) 조한영(曺漢英)의 딸이다. 1687년(숙종13) 2월 13일 61세의 나이에 장의동(藏義洞) 집에서 별세하여 4월 26일 경기 양주(楊州)의 석실(石室) 선영에 묻혔다. 《谷雲集 卷6 亡室淑人曺氏行狀, 韓國文集叢刊 125輯》

196 농수(籠水)……때 : '농수 선생'은 김수증으로, 최치원(崔致遠)의 시 〈제가야산독서당(題伽倻山讀書堂)〉에 "시비 따지는 소리 들릴까 두려워, 짐짓 유수로 산을 온통 감싸게 하였어라.〔常恐是非聲到耳, 故敎流水盡籠山.〕"라고 하였는데, 김수증이 세속의 시비(是非)를 모두 잊고자 이 시의 의미를 빌려 강원도 춘천(春川)의 곡운(谷雲)에 농수정(籠水亭)이라는 정자를 짓고 은거한 데서 비롯한 것이다. 《宋子大全 卷143 籠水亭記》 김수증은 1675년(숙종1) 성천 부사(成川府使)로 있던 중, 아우 김수항(金壽恒)이 송시열(宋時烈)과 함께 유배되자 벼슬을 그만두고 이곳으로 들어가 은거하였다. 《三淵集 卷30 伯父谷雲先生墓表, 韓國文集叢刊 166輯》

197 온……테지 : 당(唐)나라 때 이상은(李商隱)의 〈정주헌종숙사인(鄭州獻從叔舍人)〉 시에 "모군은 누대에 결쳐 신선의 귀한 신분이고, 허연은 온 집안사람들 도기가 충만했네.〔茅君奕世仙曹貴, 許掾全家道氣濃.〕"라고 하였는데, 그 주석에 "《신선전(神仙傳)》에 '허홰(許翽)는 자가 도상(道翔)이고 어릴 적 이름은 옥부(玉斧)인데 군(郡)에서 상계연주부(上計掾主簿)에 등용하였다. 그 부친 목(穆)은 장사(長史)였는데 상청좌경연(上淸佐卿掾)이 되어 방우산동(方隅山洞)에 거처하였다. 그는 석단(石壇) 위에서 향을 피우고 예배하였는데 인하여 신선이 되어 떠났다.' 하였고 《십이진군전(十二眞君傳)》에 '허손(許孫)은 자가 경지(敬之)로, 조부는 염(琰)이고 부친은 숙(肅)인데

그 시절 담박한 삶이 어찌 도움 없었겠나　　當年澹泊寧無助
만년의 영화는 애당초 바라지도 않았어라　　晩境芬華本不期
사씨 따님 풍기(風氣)는 훌륭한 아버지께 받았고[198]　　謝女風從名父得

대대로 선도(仙道)를 사모하였다. 태강(太康) 2년 8월 1일에 홍주(洪州) 서산(西山)에서 허손의 온 집안사람 42명이 대낮에 모두 집을 뽑아 승천하였다. 진(晉)나라 상서랑(尙書郎) 매(邁), 산기상시(散騎常侍) 목(穆)은 다 손(遜)의 족자(族子)인데 뒤에 모두 득도(得道)하였다.' 하였다."라고 하였다. 《李義山詩集注 卷2上》《唐詩鼓吹 卷7》 여기서는 허염·허숙·허손·허목 등 선도를 경모하였던 허씨(許氏) 집안의 내력이 허훼에게까지 미쳤던 것처럼, 선대(先代)의 곧고 맑은 풍도(風度)가 은거하러 내려온 김수증에게 이어져 내려왔다는 말이다.

198 사씨(謝氏)……받았고 : 남편 김수증을 따라 오랫동안 곡운(谷雲)에 들어가 살았던 창녕 조씨가 사씨, 즉 사도온(謝道韞)과 같은 임하(林下)의 풍기(風氣)를 부친인 참판 조한영(曺漢英, 1608~1670)에게 물려받았다는 말이다. 사도온은 진(晉)나라 때 사안(謝安)의 형인 안서장군(安西將軍) 사혁(謝奕)의 딸로, 총민(聰敏)하고 재변(才辯)이 있었으며 초일(超逸)하고 한아(閒雅)한 풍기가 있었다고 한다. 사안이 일찍이 자기 집안의 자질(子姪)들과 모여 앉았을 적에 갑자기 눈이 펄펄 내리므로, 자질들에게 눈 내리는 모양이 무엇과 같으냐고 묻자, 조카 사랑(謝朗)이 말하기를 "공중에서 소금을 뿌리는 데에 비길 만합니다.〔散鹽空中差可擬.〕" 하니, 사도온이 말하기를 "버들개지가 바람에 일어나는 것만 못합니다.〔未若柳絮因風起.〕"라고 하자 사안이 매우 기뻐했다고 한다. 또 처음에 같은 군(郡)에 사는 장현(張玄)의 누이동생 또한 재질(才質)이 있었고 고씨(顧氏)에게 시집갔는데 장현이 매양 누이를 칭찬하면서 사도온에 비기곤 하였다. 제니(濟尼)라는 이가 고씨와 왕씨 두 집안을 왕래하였는데 어떤 이가 이 두 사람에 대해 묻자 제니는 "왕부인(王夫人)은 정신(精神)이 초일하므로 임하의 풍기가 있고 고씨 집안의 부인은 깨끗한 마음이 옥처럼 빛나 절로 규방(閨房)의 빼어난 사람이다."라고 하였다. 왕부인은 사도온을 가리킨다. 《晉書 卷96 列女列傳 王凝之妻謝氏》 조한영은 자는 수이(守而), 호는 회곡(晦谷), 시호는 문충(文忠)이다. 이식(李植)·김장생(金長生)의 문인으로, 청나라가 명나라를 공격하기 위해 조선에 원병을 청하는 동시에 원손을 볼모로 심양(瀋陽)에 보내라고 요청하자, 이를 극력 반대하다가 김상헌(金尙憲), 채이항(蔡以恒) 등과 함께 1641년(인조19) 심양으로 잡혀 갔지만 끝까지 소신을

최씨 가문 효도는 대현에 이르러 알려졌네[199]	崔門孝及大賢知
아름다운 덕 적막해졌으니 이제 누가 기억하리	芳猷寂寞今誰記
응당 소주께서 따로 도망시 지으시리라[200]	應是蘇州自有詩

굽히지 않았다. 이듬해 의주(義州)로 옮겨졌다가 풀려나 대사간, 이조 참의, 예조 참판, 경기도 관찰사 등을 지냈다. 저서로 《회곡집(晦谷集)》이 있다.

199 최씨……알려졌네 : 최씨 가문에 시집온 당부인(唐夫人)처럼 창녕 조씨가 효도를 극진하게 한 일이 김수증(金壽增)을 통해 세상에 알려졌다는 말이다. 당(唐)나라 때 산남서도 절도사(山南西道節度使)를 지낸 최관(崔琯)의 증조모 장손 부인(長孫夫人)이 나이가 많아 치아(齒牙)가 없어 밥을 먹지 못하자, 최관의 조모 당부인이 수년 동안 시어머니인 장손 부인에게 젖을 먹이는 등 효성이 지극하였다. 장손 부인은 죽을 때 집안 식구들이 다 모인 자리에서 "며느리의 은혜를 갚을 수 없으니, 며느리의 자손들이 모두 며느리처럼 효도하고 공경하기를 바란다. 그렇게 된다면 최씨의 가문이 어찌 창대(昌大)하지 않겠느냐."라고 하였다. 《新唐書 卷182 崔琯列傳》《谷雲集 卷6 亡室淑人曺氏行狀, 韓國文集叢刊 125輯》

200 응당……지으시리라 : 먼저 세상을 떠난 부인을 못 잊어 도망시(悼亡詩)를 짓기까지 했던 위 소주(韋蘇州)처럼 김수증이 부인 창녕 조씨(昌寧曺氏)를 못 잊어 도망시를 지을 것이라는 말이다. '소주(蘇州)'는 소주 자사(蘇州刺史)를 지낸 당나라의 저명한 전원시인(田園詩人) 위응물(韋應物, 737~?)을 말한다. 그의 문집《위소주집(韋蘇州集)》 권6에 〈상서(傷逝)〉, 〈왕부평상회(往富平傷懷)〉, 〈출환(出還)〉, 〈동덕정사구거상회(同德精舍舊居傷懷)〉 등 19수(首)의 연작시가 수록되어 있는데, 이 시들에는 16세에 시집와서 36세에 죽은 그의 부인 하남 원씨(河南元氏, 740~776)를 추억하면서 슬퍼하는 마음이 잘 드러나 있다. 이에 대해서 남송(南宋)의 유극장(劉克莊)은 "도망시는 앞에 반기성이 있고 뒤에 위 소주가 있으며 또 이안호가 있는데, 이들보다 더 뛰어난 이가 없다.〔悼亡之作, 前有潘騎省, 後有韋蘇州, 又有李鴈湖, 不可以復加矣.〕"라고 평하였다. 《後村詩話 卷4》 반기성(潘騎省)은 서진(西晉)의 반악(潘岳)으로, 먼저 보낸 아내를 그리워하며 〈도망시〉 3수를 지었는데, 후대에 망처(亡妻)를 노래한 시들이 그 제목을 '도망(悼亡)'이라고 하게 된 것은 그에게서 비롯한 것이다. 《文選 卷23 哀傷》

6월 4일에 정 수령[201]에게 부치다
六月四日 寄鄭使君

진흙 길이 우리 만남을 막는 것이 아니라	非關泥路阻相過
관청이란 본래 가까이 있어도 먼 법이라네	自是官衙近亦賒
다만 동헌의 창문으로 들어오는 산봉만이	惟有縣齋窓裏岫
촌사람 집에도 똑같이 푸르게 비추어 주네[202]	一般青映野人家

201 정 수령 : 진안 현감으로 있는 정치(鄭治, 1653~1724)이다. 396쪽의 〈차운하여 수령 정형숙의 영재에 써서 올리다〔次韻錄奉鄭使君馨叔鈴齋〕〉 시 참조.

202 다만……주네 : 정치가 있는 동헌(東軒)의 창문을 통해 보이는 산이 창계 자신의 집 창문을 통해서도 보이기에 이 산을 바라보며 서로 만나지 못하는 아쉬움을 달랠 수 있다는 말이다.

도성으로 가는 별좌 아우를 전송하고 뒤미처 숙소에 부치다
送舍弟別坐之京 追寄宿所

저녁에 보낸 편지는 보았으리라 생각되네. 이별에 대한 생각이 한창 괴로울 때 억지로 책을 읽노라니 역시 전혀 마음에 들어오지 않네. 며칠이나 지나야 마음이 편안해질지 모르겠네. 이별의 말을 지어 전송하려 했지만 괴로이 읊조리다 이루지 못하였으니 이 또한 마음이 바름을 얻지 못해서인 것인지? 먼 길 가는 동안 일행이 안온하기를 바랄 뿐이네.

종신토록 풍수의 슬픔 속에 이내 생애 외로워라[203]	終天風樹此生孤
산골에서 의지했던 건 그대와 나 둘뿐이었는데	峽裏相依獨爾吾
오늘 우리 헤어지는 자리에서 어찌 눈물 참으리	今日去留那忍涕
석양 아래 갈림길에 서서 다시금 머뭇거리네	夕陽歧路更踟躕

203 종신(終身)토록……외로워라 : 부모상을 연이어 당한 뒤 세상에 외로이 남겨진 남은 생애 동안 부모를 제대로 모시지 못한 아픔이 사무친다는 말이다. '풍수(風樹)의 슬픔'은 이미 돌아가신 부모에 대하여 효양(孝養)을 다하지 못한 슬픔을 말하는 것으로, 공자가 길을 가는데 고어(皐魚)라는 사람이 슬피 울고 있기에 까닭을 물으니 "나무는 고요하려 하나 바람이 그치지 않고, 자식은 봉양하려 하나 어버이가 기다려 주지 않는다.〔樹欲靜而風不止, 子欲養而親不待也.〕"라고 한 데서 온 말이다. 《韓詩外傳 卷9》

두 번째 其二

타향에서 지난해부터 집 짓고 살았는데	他鄕卜築自前年
우리 집과 그대 집은 바로 이웃해 있었지	我屋君家正接連
아이들 뛰어놀며 왕래하던 이곳을	兒女戲遊來往處
차마 바라보지 못하고 다 그립기만 하여라	不堪擧目摠依然

세 번째 其三

큰 형님 벼슬 살러 도성에 나그네 되었더니[204]	長公遊宦客秦城
그대 다시 조정에 올라 이 길을 떠나는구려	汝更登朝作此行
병든 이 몸 이미 세상에 이바지할 힘 없으니	病我已無供世力
형제 의탁해 성상 은총에 부응하기 바란다오	願憑兄弟答恩榮

네 번째 其四

성상께 받은 은총 조금이나마 보답하는 길은	若爲少答恩榮地
맡은 직분 잘 수행하는 데 있을 따름이라네	只在勤修職事中
미관이라 대충 해도 될 거라고 생각 말지니	莫謂微官容苟度

204 큰 형님……되었더니 : 창계의 맏형 임환(林渙)은 1686년(숙종12) 정언에 제수되어 길에 올랐다가 병이 났는데 도성에 들어간 다음 병이 더 심해져 패초를 어긴 벌로 파직되었다. 이듬해 1687년 다시 장령에 제수되자 도성 밖까지 올라가 사직소를 올렸다. 창계가 이 시를 지을 당시 임금의 제수하는 명과 임환의 사직이 반복되고 있었던 것으로 보인다.《承政院日記 肅宗 12年 5月 15日, 13年 1月 8日, 2月 9日・13日・25日》

처음 삼가야 잘 마칠 수 있음을 알아야 하리 須知愼始乃能終

다섯 번째 其五

아침에 그대에게 준 책상 위 자경의 글을 朝贈床頭自警書
언제나 들춰 보면서 소홀히 대하지 마시게나 常時披閱莫相疎
벼슬살이와 일신 단속이 다 여기서 비롯되나니 居官律己皆從此
평생토록 활용해도 절로 남음이 있을 것이네 受用平生自有餘

여섯 번째 其六

적적한 산거의 창문 아래 등불이 싸늘한데 山窓寂寂一燈寒
홀로 앉아 시 짓노라니 밤이 다해 가누나 獨坐題詩夜欲闌
내일 아침 막 여정에 올라 떠나갈 즈음이면 明發正登前路去
외로이 솟은 푸른 마봉 몇 번이나 바라볼는지 馬峯孤翠幾回看

새벽에 아우의 편지를 보고 다시 앞 시에 차운하여 뒤따라 부치다

曉見舍弟書 又次前韻追寄

맑은 서리 밤에 내려 고개 구름 스산한데	淸霜夜落嶺雲寒
물가 역참에 닭이 울어 새벽빛이 다해 가네	水驛鷄鳴曉色闌
이별의 꿈은 천리 멀리 벌써 그대 떠난 듯하니	離夢已如千里遠
여관의 등불 함께 비추며 한 통의 편지 읽노라	旅燈同照一封看

김숙[205]의 귀양살이하는 곳에 부치다
寄金叔謫居

어제 아우를 보내고 오늘 혼자 앉았노라니 무료하여 상자 속의 옛날 보내 주신 시들을 살펴보았는데 그 가운데 한 편이 미처 화답하지 못한 것이었습니다. 그 가운데 한 구에서 "임금 은혜 보답하지 못했는데 머리카락 벌써 희어졌네."라고 하였는데 여기까지 읽자 저도 모르게 처연하게 마음속에 뭉클한 것이 있어 여러 번 거듭해서 크게 탄식하면서 그칠 줄을 몰랐으니, 이는 다른 이유 때문이 아니라 바로 글자마다 핍진해서였습니다. 감탄하던 나머지 마침내 분운하여 오언절구 7수[206]를 짓고 종이를 찾아 적어 두어 훗날 인편을 통해 부쳐 드릴 것을 기다립니다. 본래 시구의 뜻이 족히 볼만한 것은 없지만 또한 그나마 앞의 태만함을 덮고자 할 따름입니다.

달행을 누군들 원하지 않으랴만	達行誰不欲
이 도리를 아직 자신하지 못한답니다[207]	自信吾斯未

205 김숙(金叔) : 진안 현감을 지냈던 김성달(金盛達, 1642~1696)을 가리킨다. 391쪽의 〈전 현감 외숙부 김백겸의 적소에 부쳐 올리다〔寄呈舊使君金叔伯兼謫居〕〉 시 참조.

206 오언절구(五言絶句) 7수 : 《창계집》에는 6수만 수록되어 있는데 그 경위는 자세하지 않다.

207 달행(達行)을……못한답니다 : 남들처럼 현달하여 도를 천하에 펴고 싶은 포부는 있지만 아직 유가(儒家)의 도, 좁게는 벼슬하는 도리를 자신하지 못한다는 창계의 겸사이다. '달행'은 현달하여 천하에 도를 펼치는 것으로, 맹자(孟子)가 "천민인 자가

그대는 풍진세상 속인이 아니니　　子非朝市人
나의 이런 뜻을 응당 아시겠지요　　應知我此意

두 번째 其二

세상에 오래 머물러도 이룬 게 없으니[208]　　淹留亦無成
성은(聖恩)에 감격한들 무엇으로 보답하리　　感激將何報
아스라이 북극성은 멀기만 한데[209]　　迢迢北辰遙

있으니, 현달하여 천하에 도를 행할 만한 다음에 행하는 자이다.〔有天民者, 達可行於天下而後行之者也.〕"라고 한 데서 온 말인데, 재덕(才德)을 감추고 은거하다가 성군(聖君)을 만나 세상에 도를 폈던 이윤(伊尹)・여상(呂尙) 같은 이들을 염두에 두고 한 말이다.《孟子 盡心上》'이 도리를 아직 자신하지 못한다'는 말은,《논어》〈공야장(公冶長)〉에 "공자께서 칠조개에게 벼슬을 하라고 권하자, 그가 대답하기를 '저는 이 벼슬하는 도리에 대해 아직 자신할 수 없습니다.' 하니, 공자께서 기뻐하셨다.〔子使漆雕開仕, 對曰: 吾斯之未能信. 子說.〕"라고 한 데서 온 말이다.

208 세상에……없으니 : 송옥(宋玉)이 〈구변(九辯)〉에서 "세월은 흐르고 흘러 이내 인생 절반이 넘었는데, 세상에 오래 머물러도 이룬 것이 없구나.〔時亹亹而過中兮, 蹇淹留而無成.〕"라고 노래한 데 대해, 도잠(陶潛)이 〈구일한거(九日閒居)〉에서 "한가로이 지내는 것 본래 즐거움 많거니 오래 머물다 보면 어찌 이루는 게 없으랴.〔棲遲固多娛, 淹留豈無成?〕"라고 하여 송옥이 부른 노래의 의미를 뒤집은 데서 온 말이다.《陶淵明集 卷2》 여기서는 창계가 도잠의 말을 다시 뒤집어 자신은 도잠과 달리 세상에 오래 머물러도 이룬 일이 없다는 말이다.

209 아스라이……한데 : 진안(鎭安)에 살고 있는 창계에게 도성에 계신 임금이 아스라이 멀리 있다는 말이다. '북극성〔北辰〕'은 뭇별들이 이 별을 중심으로 삼아 그 주위를 회전하는 하늘의 지도리〔樞〕로, 여기서는 인간 사회 임금 자리를 말하는데, 공자(孔子)가 "덕으로써 정치하는 것이, 비유하자면 북극성이 제자리에 있으면 뭇별이 그곳으로 향하는 것과 같다.〔爲政以德, 譬如北辰居其所, 而衆星共之.〕"라고 한 데서 온 말이다.《論語 爲政》

시나브로 덧없는 인생 늙어 가누나　　冉冉浮生老

세 번째 其三

쓸쓸하니 그윽한 창가의 꿈속에서　　寂寂幽窓夢
이따금 성상께 알현하곤 하여라　　時時謁聖君
꿈 깨어 끝없이 일어나는 그리움에　　覺來無限意
북녘 하늘 구름을 괜스레 바라보네　　空望北天雲

네 번째 其四

병이 깊어 조정에 나가기 어려우니　　病力妨趨列
이내 문명 장려하신 은총에 부끄럽네　　文名愧奬恩
쇠잔한 인생 무엇을 헤아리겠나　　殘生何計是
죽기까지 이 마음 보존할 뿐이어라　　未死此心存

다섯 번째 其五

이 마음은 무슨 마음이런고　　此心是何心
외로운 신하 백발이 재촉하누나　　孤臣催白髮
누가 침문이 막혔다 말하나　　誰云隔寢門
진찰을 받들기를 바라노라[210]　　請以奉塵刹

210 누가……바라노라 : 임금이 나를 알아주지 않아 세상에 쓰이지 못하고 묻혀 사는

여섯 번째 其六

한거(閑居)하며 고금의 일 깨달을 때면 端居覺古今
탄식하며 생각은 끝이 없어라 歎息意未已

것을 한탄하는 속인(俗人)이 될 것이 아니라 숨어 살면서도 심신(心身)을 수양(修養)하여 세상 사람들을 감화(感化)하는 삶을 살자는 말이다. '침문(寢門)'은 내실(內室)의 문을 범칭하는 것으로, 고례(古禮)에 궁실의 문을 천자(天子)는 5문(門), 제후(諸侯)는 3문, 대부(大夫)는 2문을 두었는데 가장 안쪽의 문을 침문이라고 하였다. '침문이 막혔다'는 말은, 설원초(薛元超)의 〈봉화동태자감수위련(奉和同太子監守違戀)〉에 "부질없이 수가의 아전을 생각하는데, 오히려 침문의 문안(問安)이 막혀 있구나.〔空懷壽街吏, 尙隔寢門朝.〕"라고 한 데서 온 말이다. 수가(壽街)는 장수가(長壽街)라는 거리로, 후한 광무제 앞에서 진류(陳留)의 아전이 거짓을 아뢰는 말에서 나오는데, 당시 동해공(東海公)이었던 현종(顯宗)이 12세의 나이로 아전의 거짓말을 간파하고 광무제에게 실상을 아뢴 고사를 말한다. 시의 내용은 태자가 당 태종(唐太宗)에게 인정을 받고 싶지만 침문에서 문안조차 할 수 없음을 말한 것이다. 《全唐詩 卷39》《後漢書 卷22 劉隆列傳》 여기서는 신하가 임금에게 지우를 입지 못한다는 뜻으로 전용한 것이다. '진찰(塵刹)'은 시방국토(十方國土)의 통칭으로, 티끌 같은 세계(世界), 즉 한량없는 세계를 뜻하는 불교 용어이다. '진찰을 받든다'는 말은 "스스로 시운(時運)을 만들 수 없다.〔不能自爲時.〕"라고 하면서 시세(時勢)에 따라 신념을 바꾸며 처세하자고 주장한 진량(陳亮, 1143~1194)에게 공자(孔子)의 사지구속(仕止久速)의 처세를 배워 신념을 지키며 시세에 대응해야 한다고 주장하는 주희(朱熹)가 "불자의 말에 '이 몸과 마음으로 진찰을 받든다면, 이것이 바로 부처의 은혜에 보답하는 거라 하겠네.〔將此身心奉塵刹, 是則名爲報佛恩..〕' 하였고, 두자미(杜子美) 또한 이르기를 '사방 이웃들 모두 쟁기와 보습 들고 나가는데, 어찌 굳이 우리 집까지 잡을 것 있겠나.〔四隣耒耜出, 何必吾家操?〕' 하였다."라고 한 데서 온 말로, 벼슬하지 않고 세상에서 물러나 자신을 수양하면서 대의(大義)를 천하에 밝혀서 천하 사람들이 유가(儒家)의 정대함을 믿게 하고 세상에 쓰이기를 기다리는 것이 세상에 나가 큰 뜻을 펴는 것과 다를 바 없다는 뜻에서 인용한 말이다. 《晦菴集 卷36 答陳同甫》

신하의 직분 감히 다했다 말하랴	臣職敢云修
천시는 인사에 있을 뿐이라네[211]	天時在人事

211 신하의……뿐이라네 : 신하로서 직분을 다하였다고 그에 상응하는 복록(福祿)을 바랄 것이 아니라 그저 '인사를 다하고 천명을 순순히 받아들인다〔盡人事待天命〕'는 말이다. '천시(天時)'는 천명(天命)과 같은 뜻으로, 자연계의 힘이 인간 사회에 선악(善惡)을 구분하지 않고 개개인에게 작용하는 것인바, 개인의 직분을 다하고 난 뒤에야 천명을 말할 수 있으므로 이렇게 말한 것이다. 여기서는 진안 현감에서 파직되어 유배 중인 외숙 김성달에게 충고하는 말이다.

아우가 공주에 당도하여 보낸 편지를 보고 여정을 헤아려 보니 오늘쯤은 매촌에 이르렀을 것이다

見舍弟到公州書 計程今日當達梅村

금강에서 보낸 편지 이 가을 어젯밤에 돌아오니	錦水書回昨夜秋
그대 여정 오늘 밤엔 양주에 당도했으리	計程今夕到楊州
한바탕 서녘 바람이 차가운 비 몰아오니	西風一陣吹寒雨
다시금 그대 가는 길 걱정하는 마음 일어나네	更爲君行起遠愁

만형이 영남의 경차관이 되었다는 소식을 듣고 시를 지어 부쳐 이별하다[212]

聞伯氏爲嶺南敬差官 題寄奉別

이번 길에 남쪽 고향 못 돌아와 한스럽지만	玆行唯恨失南還
나랏일로 분주하시거니 감히 힘들다 말하랴	王事驅馳敢告艱
호령 너머로 이별의 마음 아득히 이끌리고	別意遠牽湖嶺外
가시는 길의 이름난 풍광 말없이 상상해 보네	名區默想道途間
계림의 옛 자취는 천년의 왕국에 서려 있겠고	鷄林古跡千年國
역로의 가을빛은 네 고을의 산에 물들었으리[213]	驛路秋光四郡山
도옹이 은둔하셨던 곳 찾아가실 터이니	應訪陶翁棲遁處

212 만형이……이별하다 : 《승정원일기》 숙종 13년 9월 9일 기사에 따르면, 1687년(숙종13) 창계의 만형 임환(林渙)이 경상도 경차관(慶尙道敬差官)으로 차임되었지만 병이 악화되어 길에 오르지 못하자, 이비(吏批)에서 개차(改差)할 것을 아뢰어 윤허되었는데, 이 시는 이때쯤에 지은 것으로 보인다. '경차관(敬差官)'은 지방에 임시로 차임해 보내는 벼슬로, 주로 전곡(田穀)의 손실을 조사하고 민정(民情)을 살피는 일을 맡았다.

213 계림(鷄林)의……물들었으리 : 계림은 거의 천 년 동안 국가를 영위한 옛 신라의 국도(國都) 경주(慶州)로, 오랜 유적들이 남아 있다. '네 고을〔四郡〕'은 청풍(淸風)·단양(丹陽)·영춘(永春)·제천(堤川)으로, 태백(太白)과 소백(小白) 두 산맥에서 갈라져 나온 산들이 많고 남한강의 상류 지역으로 도성에서 영남(嶺南)으로 내려가는 도중에 자리하고 있는 고을들인데, 우리나라에서 산수(山水)가 좋은 곳으로 반드시 이곳을 꼽아 문인들이 흔히 '사군계산(四郡溪山)', '사군산수(四郡山水)'라고 불렀다. 《息山集 別集 卷2 四郡山水記, 韓國文集叢刊 179輯》 여기서는 만형 임환이 경차관으로 이곳을 지나갈 것이기에 이렇게 말한 것이다.

차가운 꽃 예전처럼 사립문을 비추리라[214] 寒花依舊映柴關

214 도옹(陶翁)이……비추리라 : 안동(安東)의 도산(陶山)에 은거하였던 퇴계(退溪) 이황(李滉, 1501~1570)의 서당을 방문할 것이라는 말이다. '도옹'은 이황이 60세 되던 해에 도산에 서당을 짓고 자호(自號)한 것을 가리키기도 하고 동진(東晉)의 은사(隱士) 도잠(陶潛)을 가리키기도 한다. 《退溪集 年譜 卷1 三十九年庚申, 韓國文集叢刊 31輯》 '차가운 꽃〔寒花〕'은 날씨가 추워지면 피는 꽃으로 보통 늦가을에 피는 국화(菊花)를 가리키는데, 도잠이 율리(栗里)에 은거하면서 국화를 좋아하여 울타리 아래 국화를 심고 완상하기도 하고 술에 띄워 마시기도 한 고사를 비유한다. 여기서는 도산에 은거한 이황의 삶을, 율리에 은거한 도잠의 삶에 비유하여 말한 것이다.

아우에게 부치다

寄舍弟

그대 행차 날로 멀어져 가니	君行日以遠
이내 그리움 날로 누그러진다오	我懷日以寬
책 읽으며 조금씩 재미 붙이고	讀書稍知味
밥상 앞에서 점점 밥술도 뜨는구려	對食漸能餐
게다가 방긋 웃는 아이가 있어	況有孩笑兒
고단한 심사에 위로도 된다오	亦足慰孤單
그대도 너무 염려하지 마시구려	君亦勿過念
너무 염려하면 마음 해치니 말이오	過念傷心肝
만나고 헤어짐이야 예부터 있는 일	離合自古有
각자 평안히 지내는 게 제일이라오	所貴各平安
노력하며 앞길을 조심하시고	努力愼前途
느지막이 다시 돌아오기 바라오	遲暮復來還

친척 형님 정순지 흡 가 안부를 물은 시에 차운하다

次鄭順之 滃 戚兄寄問韻

남쪽 지방 산수는 곳곳마다 가을이니	南國溪山處處秋
고향으로 가고픈 마음 더더욱 하염없어라	故園歸思更悠悠
멀리서 알겠어라 금석과 황화 가운데서	遙知錦石黃花裏
고향 돌아간 선생은 걱정일랑 없을 것임을[215]	歸去先生百不憂

'거(去)'는 '곡(谷)'으로 되어 있는 곳도 있다.

215 멀리서……것임을 : 산수가 아름다운 고향으로 돌아간 정흡(鄭滃)은 창계 자신과 달리 시름없이 잘 지낼 것이라는 말이다. '금석(錦石)'은 비단 같은 돌 즉 아름다운 돌을 가리키고, '황화(黃花)'는 노란 꽃 즉 국화를 말하는 것으로, 아름다운 산수를 뜻한다.

8월 대보름 밤에 윤생 경함 과 함께 달을 보며 당시에 차운하여 제원 종형 호 에게 부치다[216]

八月十五夜 同尹生 敬涵 看月 次唐詩韻 寄濟原從兄 濩

산골에서 가을에 나그네 되니　峽裏秋爲客
하늘가 달이 숲에 떠오르누나　天邊月上林
푸른 그 빛 사해를 두루 감싸니　淸光同四海
이 좋은 밤 천금이나 진배없어라　良夜直千金
지세는 탁 트여 달빛 환히 비치고　地闊偏多照
산봉은 외로워 그늘 역시 적구나　峯孤亦少陰
갠 하늘에 무한한 달빛 밝으니　晴空無限色
이 빛으로 이내 마음 씻으리라　將此洗吾心

216 8월……부치다 : 윤생(尹生)은 윤경함(尹敬涵, 1662～?)으로, 본관은 남원(南原)이고, 부친은 유학(幼學) 윤주(尹儔)인데, 이때 아마도 창계가 살던 진안(鎭安) 부근에 살았던 듯하다. 창계가 차운한 당시(唐詩)는 당 태종(唐太宗)이 지은 〈추일(秋日)〉 2수 가운데 한 수이다.《瀛奎律髓 卷12 秋日類》 '제원(濟原)'은 전라도 금산군(錦山郡)의 속역(屬驛)으로 찰방(察訪)이 있던 자리인데, 창계의 종형 임호(林濩, 1645～1709)가 아마도 이때 여기에 있었던 듯하다.《新增東國輿地勝覽 卷33 全羅道 錦山郡》 임호의 자는 차소(次韶), 호는 눌헌(訥軒), 본관은 나주(羅州)이다. 할아버지는 임숙(林埱), 아버지는 임장유(林長儒)이다. 1683년(숙종9) 증광시 문과에 병과로 급제하고, 1694년 홍문록(弘文錄)과 도당록(都堂錄)에 선발되어 부수찬, 부교리 등을 지냈다. 이후 사간, 부교리, 집의, 수찬, 대사간 등 주로 언관으로 활동하였다.

막내 외숙의 안하에 올리다
呈季舅案下

세상만사에 마음 식어 홀로 문을 닫았는데 萬事心灰獨掩關
성상 교서 무슨 일로 외진 산에 이르렀나 天書何意到窮山
지금의 이내 출처 공께서는 묻지 마시구려 如今出處公休問
조복 걸어 놓으려니 벌써 눈물 흐른답니다 欲掛朝衣淚已潸

두 번째 其二

이내 행장이 마땅한 때 못 만나서일 뿐이니 只爲行藏未得宜
본래부터 성상 은총 모르지는 않았답니다 從來非不識恩私
빈산의 호젓한 밤 외로운 이 신하의 뜻은 空山獨夜孤臣意
오직 창문 사이 비추는 조각달만이 알겠지요 唯有窓間片月知

형숙에게 부쳐 올리다
寄呈馨叔

사립문에 해가 벌써 저물었는데	柴門日已暮
그대 취한 채 산가에 이르렀구나	君醉到山家
우리 집에는 맑은 못물이 있으니	家有淸池水
그대 만류하여 달빛 보게 하리라	留君看月華

두 번째[217] 其二

섬돌의 오동 지는 잎에 가벼운 한기 일어나니	階梧葉落動微寒
저물 무렵 가을바람에 고향을 추억하여라	一夕秋風憶故山

217 두 번째 : 이 시의 1구와 4구에 나오는 '동미한(動微寒)', '주배관(酒杯寬)'이라는 구절은 두보(杜甫)가 대력(大曆) 2년(767) 봄 기주(夔州)에 있을 때 지은 〈답답한 마음 풀고자 장난삼아 노십구 조장에게 올리다〔遣悶戲呈路十九曹長〕〉 시에 나오는 구절로, 두보가 이 시를 지을 때의 처지와 마음이 창계 자신과 비슷한 점이 있어 이렇게 지은 것으로 보인다. 두보의 원시는, 비에 막혀 생긴 답답한 마음을 노조장(路曹長)을 만나 술을 마시며 푼다는 내용으로 되어 있다. 원시는, 다음과 같다. "강가에 우렛소리 어젯밤에 시끄럽더니, 봄 성이 비 색에 가벼운 한기 일어나네. 꾀꼬리는 나란히 앉아 서로 젖음을 시름하고, 해오라기는 무리 지어 나니 마르기 몹시 어렵구나. 만년에 점점 글 짓는 법을 정밀히 하니, 누구 집에 자주 가서 술잔 실컷 기울일꼬? 오직 그대는 방일(放逸)한 손님을 사랑하여, 백번을 다녀가도 정이 다하지 아니하누나.〔江浦雷聲喧昨夜, 春城雨色動微寒. 黃鸝竝坐交愁濕, 白鷺羣飛太劇乾. 晩節漸於詩律細, 誰家數去酒杯寬? 唯君最愛淸狂客, 百遍相過意未闌.〕"

나그네 설움은 늘 흠뻑 취한 뒤에 더해지노니　　客恨每添沈醉後
그대 부디 술잔 아끼지 말고 실컷 기울이세나　　煩君莫愛酒杯寬

백운동에 노닐다 외숙 김백겸이 그리워지다
遊白雲洞 有懷金叔伯兼

이곳을 예전에 자주 다니셨기에	此地曾頻到
사람들 아직도 그대 이야기한다네	居人尙說君
흰 구름 괜스레 슬피 바라보노라니	白雲空悵望
단풍잎 한창 어지러이 흩날리누나	黃葉正繽紛
시내 굽이 행적 두루 남았을 텐데	溪曲行應遍
이끼 사이 새긴 글자 분명치 않네	苔間字未分
그 시절 읊조리신 〈팔영〉이 좋은데	當時八詠好
이제 어디서 휴문을 찾을는지[218]	何處問休文

218 그……찾을는지 : 백운동(白雲洞)에서 〈팔영시(八詠詩)〉를 읊었던 김성달(金盛達)을 지금은 찾을 수가 없다는 말이다. '휴문(休文)'은 양(梁)나라 때 문장가인 심약(沈約, 441~513)의 자로, 그가 융창(隆昌) 1년(494) 동양 태수(東陽太守)로 있으면서 원창루(元暢樓)를 세우고 아울러 〈팔영시〉를 지었기에 백운동에서 〈팔영시〉를 지은 김성달에 비유한 것이다. 심약이 이때 읊은 〈등원창루팔영(登元暢樓八詠)〉에 "누대에 올라 가을 달을 바라보고, 텃밭에 모여 동녘 바람을 맞는다. 한 해 저물매 시든 풀을 안쓰러워하고, 서리 내리매 떨어지는 오동잎을 서글퍼하네. 저녁에 가며 학의 울음을 듣고, 새벽에 길 나서며 기러기 소리 들어라. 허리띠 장식 풀고 조정을 떠나, 갈옷 입고 산동을 다스리네.〔登臺望秋月, 會圃臨東風. 歲暮愍衰草, 霜來悲落桐. 夕行聞夜鶴, 晨征聽曉鴻. 解佩去朝市, 被褐守山東.〕"라고 하였는데, 뒤에 이 시의 각 구를 제목으로 삼아 다시 장가(長歌)를 짓고 〈팔영시〉라고 하였다. 이 시는 당시에 절창(絶唱)으로 일컬어져 후인들이 원창루를 팔영루(八詠樓)라고 고쳐 불렀다고 한다. 《古詩紀 卷84》

산길을 가며 함께 노닌 이에게 보여 주다

山行示同遊

가을 산을 찾아가고자 하여	爲訪秋山去
짧은 지팡이 하나 들었어라	吾携一短藜
흰 구름 떠 있는 동학을 지나고	白雲經洞壑
단풍잎 드리운 산사를 묻노라	黃葉問招提
쏟아져 내리는 폭포 바라보매 맑고	懸瀑淸臨眺
위태로운 계단 오르기가 겁나네	危梯惕上躋
오래 있어도 흥이 다하지 않는데	淹留興不極
지는 해 벌써 서산에 걸려 있구나	斜日已峯西

구양공의 시에 차운하다[219] 무진년(1688, 숙종14)

次歐陽公韻 戊辰

새해에 한번 문을 열어 보니	新年試開戶
바람과 햇빛 마침 맑고 좋아라	風日正晴嘉
산마을에는 눈이 막 개었고	山縣雪初霽
강 성에는 매화도 피었구나	江城梅亦花
고향 돌아갈 계획 정하고 나니	還鄕計已定
도를 배울 뜻 이제 막 더하여라	學道意方加
다만 세월 늦은 것이 안타까워	但惜流光晩
책 끼고 다시 한 번 탄식하노라	抱書還一嗟

219 구양공(歐陽公)의 시에 차운하다 : 창계가 차운한 구양수(歐陽脩)의 시는 〈초춘(初春)〉이다. 그 시에 "새해 들어 풍광이 변화하니 봄기운이 날로 아름다워 가네. 갠 빛은 비로소 버들을 머금었는데 남은 추위는 아직 꽃에 인색하구나. 가벼운 바람은 산들산들 불어오고 숲속의 새는 저마다 지저귀네. 홀로 기쁘지 않은 이 있으니 누가 한탄스러운 이 늙음 알아주리.〔新年變物華, 春意日堪嘉. 霽色初含柳, 餘寒尙勒花. 風絲飛蕩漾, 林鳥哢交加. 獨有無悰者, 誰知老可嗟?〕"라고 하였다. 《文忠集 卷56》

인일[220]에 도성에서 온 편지를 보고 지난해 선달 야대에서 어제가 있었음을 알고서 삼가 차운하다

人日見京書 知有去臘夜對御製 謹伏次韻

종이 가득 진한 향내에 먹이 마르지 않았는데	滿紙濃香墨未晞
밤늦도록 앞에서 모시다 절 올리고 돌아갔네	夜闌前席拜恩歸
성상 말씀엔 크게 나라 흥성시킬 뜻 담겼으니	王言大有興邦意
하늘조차 어기지 않는데 이 신이 감히 어기랴	天且不違臣敢違

두 번째 其二

외로운 신하 흐르는 눈물[221] 어찌 마른 적 있으랴	孤臣危涕豈曾晞
맑은 조정 떠난 뒤로 오랜 세월 못 돌아갔구나	一別淸朝久未歸
성상 문장 읊조리고 몹시도 감개하노라니	誦罷宸章偏感慨
이 생애는 내 마음과 어긋남을 깊이 깨닫네	此生深覺寸心違

220 인일(人日) : 음력 1월 7일로, 옛 풍속에 이날 일곱 가지 나물을 넣고 끓인 국을 먹고, 채색 천 또는 금박(金箔)으로 사람의 모양을 만들어 병풍에 붙이거나 머리에 꽂고, 높은 곳에 올라가 술을 마셨다 한다.

221 외로운……눈물 : 원문은 '고신위체(孤臣危涕)'로, 강엄(江淹)의 〈한부(恨賦)〉에 "혹 외로운 신하는 서글피 눈물 흘리고 서자(庶子)는 위태로이 조심한다네.〔或有孤臣危涕, 孽子墜心.〕"라고 한 데서 나온 말이다.《文選 卷16》 이에 대한 이선(李善)의 주에, "눈물은 '떨구어야〔墜〕'하고 마음은 '위태로이 조심해야〔危〕' 하는데 강엄이 기이함〔奇〕을 대호하여 호문(互文)으로 뜻을 드러낸 것이다."라고 하였다.

버들 못에 노니는 물고기
柳塘游魚

짙은 그늘 버들가지 물에 스쳐 드리우니	楊柳陰陰拂水垂
푸른 못엔 비 내린 뒤 봄물이 불어났구나	綠池春漲雨餘時
노니는 물고기 절로 한가로운 즐거움 있거니	游魚自有從容樂
호량에 있는 이가 알든 말든 상관하지 않네[222]	不管濠梁知不知

222 노니는……않네 : '호량(濠梁)'은 호수(濠水) 위의 다리로, 장자(莊子)와 혜자(惠子)가 여기에서 한가로이 노니는 물고기를 보며 물고기의 즐거움을 보는 이가 알 수 있는지에 관해 논쟁을 한 곳이다. 장자가 말하기를 "피라미가 나와서 한가로이 놀고 있으니, 이것이 바로 물고기의 즐거움일세.〔鯈魚出游從容, 是魚樂也.〕" 하자, 혜자가 말하기를 "그대는 물고기가 아닌데 어떻게 물고기의 즐거움을 알겠는가.〔子非魚, 安知魚之樂也?〕" 하였다. 이에 장자가 "그대는 내가 아닌데 내가 물고기의 즐거움을 모르는 줄 어찌 아는가."라고 하니, 혜자가 "나는 그대가 아니므로 진실로 그대를 알지 못하니, 그대는 물고기가 아니므로 그대가 물고기의 즐거움을 모르는 것은 분명하네."라고 하였다.《莊子 秋水》 여기서는 못 속의 물고기가 장자와 혜자의 논쟁 따위에 상관없이 한가로이 노닐고 있음을 말한 것이다.

덕치를 지나며 말 위에서 입으로 읊조리다[223]

德峙馬上口占

석양 아래 밝은 모래 푸른 물 깨끗해라 明沙碧水夕陽邊
또 다른 인간 세상 작은 동천이로구나 別是人間小洞天
집과 밭 구하느라 마음 이미 지쳤는데[224] 問舍求田心已倦
아름다운 곳 우연히 만나니 또한 흔쾌해지네 偶逢佳處亦欣然

223 덕치(德峙)에서……읊조리다 : 덕치는 전라도 임실현(任實縣)에 있는 고개로, 현치(縣治)에서 서남쪽으로 35리에서 60리에 걸쳐 있다. 《新增東國輿地勝覽 卷39 全羅道 任實縣》 〈연보〉에 의하면, 1688년(숙종14) 2월에 창계는 진안(鎭安)에서 고향 회진(會津)으로 이주하는데, 임실은 가는 길목에 있는 고을로, 이 시는 이때 지은 듯하다.

224 집과……지쳤는데 : 고향에서 은거하려고 분주하게 준비하느라 마음이 피곤해졌다는 말이다. '집과 밭을 구한다'는 말은, 삼국 시대 위나라 허사(許汜)가 일찍이 유비(劉備)와 함께 이야기를 나누던 중 자기가 한번은 진등(陳登)을 찾아갔더니, 진등이 손님 대접을 제대로 하지 않아서 주인인 진등은 높은 와상으로 올라가 눕고 손님인 자기는 아래 와상에 눕게 하더라고 말하자, 유비가 말하기를 "그대는 전답이나 집을 구하려고 다니는 사람이라, 그대의 말이 채택할 만한 것이 없었기 때문이다.〔君求田問舍, 言無可采.〕"라고 한 데서 온 말로, 본래 뜻은 자기 일신상의 계책만 생각할 뿐, 국가의 대사에는 관심이 없음을 말한다. 《三國志 卷7 魏書 陳登傳》

고향에 돌아와 운자를 부르다
還鄕呼韻

삼월의 연화가 금수 가에 아름다워라[225]	三月煙花錦水頭
고향에 돌아와 누운 게 바로 풍류고말고	故園歸臥是風流
봄 강에는 또한 은어회가 있으니	春江亦有銀鱗膾
괴로이 가을 기다렸던 장군을 되레 비웃네[226]	還笑張君苦待秋

225 삼월의……아름다워라 : '연화(煙花)'는 아름다운 봄 경치를 말하는 것으로, 원문의 '삼월연화(三月煙花)'는 이백(李白)의 〈황학루송맹호연지광릉(黃鶴樓送孟浩然之廣陵)〉에 "벗은 서쪽으로 황학루를 작별하고 삼월의 연화 속에 양주로 내려가네.〔故人西辭黃鶴樓, 煙花三月下揚州.〕"라고 한 데서 온 말이다. '금수(錦水)'는 영산강(榮山江)으로, 나주(羅州)의 고호(古號)가 금성(錦城)이기에, 영산강을 금천(錦川) 또는 금강(錦江)이라고도 부른다. 여기서는 창계의 고향 나주 회진(會津)을 흐르는 영산강의 봄 풍광이 아름다움을 말한 것이다.

226 봄……비웃네 : '장군(張君)'은 진(晉)나라 때 문인(文人) 장한(張翰)으로, 그가 일찍이 낙양(洛陽)에 들어가 동조연(東曹掾)으로 있다가, 어느 날 갑자기 가을바람이 일어나는 것을 보고는 자기 고향인 강동(江東) 오중(吳中)의 순챗국〔蓴羹〕과 농어회〔鱸膾〕를 생각하면서 "인생은 자기 뜻에 맞게 사는 것이 중요한데, 어찌 수천 리 타관에서 벼슬하여 명작(名爵)을 구할 수 있겠는가."라고 하고, 마침내 수레를 명하여 고향으로 돌아갔던 데서 온 말이다.《晉書 卷92 文苑列傳 張翰》 여기서는 가을이 올 때까지 내려가지 못하고 고향을 그리며 괴로워했던 장한과 달리 창계는 벌써 은어회가 있는 고향 회진에 내려왔다는 말이다.

제주 목사 이군서[227] 희룡 를 전송하다
送濟州牧李君瑞 喜龍

전송한 뒤 이별의 정 나 혼자 알 뿐이기에　送後離情秪自知
강루에서 슬피 바라보며 다시 한참을 있노라　江樓悵望復移時
지난밤 등불 다하도록 나눈 얘기 미진하여　前宵不盡挑燈話
다시금 새벽바람에 실어 짧은 시 보내어라　更托晨風寄小詩

두 번째 其二

여관에서 남쪽 바라보매 바다 구름 걷히니　館頭南望海雲收
하늘 끝에 한라봉이 누운 소와 비슷하구나　天際挐峯似臥牛
돛 바람 타고 하루에 구백 리를 떠갈 터　一日帆風九百里
그대는 담소하면서 영주[228]에 당도하리라　知君談笑到瀛洲

227 이군서(李君瑞) : 군서는 이희룡(李喜龍, 1639~1697)의 자이며, 본관은 덕수(德水)이다. 아버지는 이륙(李稑)이다. 1672년(현종13) 별시 문과에 급제하여 사헌부의 지평·장령, 사간원의 사간 등을 지냈다. 조정에서 재국(才局)이 있다고 평가되어 1687년(숙종13) 12월 제주 목사(濟州牧使)에 제수되어 1688년 3월에 하직하고 부임하였다. 《承政院日記 肅宗 13年 12月 3日·25日, 14年 1月 10日, 3月 17日》

228 영주(瀛洲) : 본래는 봉래(蓬萊), 방장(方丈)과 함께 동해 가운데 선인(仙人)이 산다는 삼신산(三神山)의 하나인데, 제주(濟州)의 한라산(漢拏山)을 옛날에 영주라고도 불렀기에 비유하여 말한 것이다.

창랑정[229]에 배를 대다

滄浪亭泊舟

한바탕 비에 청량해진 오월의 하늘 아래	一雨涼生五月天
창랑의 물가에 고기잡이배를 대노라	滄浪洲畔繫漁船
신선옹 떠나간 뒤 풍류는 다하였건만	仙翁去後風流盡
사장의 물새는 예전 모습 그대로구나[230]	猶有沙禽似去年

229 창랑정(滄浪亭) : 창계의 고향 회진(會津)의 앙암(仰巖)이 보이는 영산강 가에 있던 정자로, 종증조(從曾祖) 임탁(林恮, 1566~1610)이 지은 것이다. 임탁의 자는 자정(子定), 호는 해옹(海翁)·죽오당(竹梧堂)이다. 임제(林悌)의 막냇동생으로, 회진에 죽오당과 창랑정을 짓고 은거하였다. 창계의 벗이던 이이명(李頤命)의 〈증별이생무숙(贈別李生茂叔)〉 시의 원주(原註)에 "창랑정은 바로 임덕함이 거처하는 곳으로, 나주 회진 강가에 있다.〔滄浪亭卽林德涵所居, 羅州會津江上.〕"라고 하였다. 《疎齋集 卷1 贈別李生茂叔, 韓國文集叢刊 175輯》 덕함은 창계의 자(字)이다.

230 신선옹……그대로구나 : 창랑정에서 노닐던 족증조 임탁의 신선 같은 풍류는 찾을 길 없고 물새만이 한가로이 노닐고 있다는 말이다.

능주 목사에 제수되어 도성으로 가 사은하려 할 제 비에 막혀 잠시 머무르며 여러 아우와 운자를 불러 함께 짓다

除綾州 將赴京祇謝 闕雨少留 與諸弟呼韻同賦

산비가 사람 만류하려 짐짓 오래 내리니	山雨留人故久來
문 앞의 오마를 재촉할 것 없으리[231]	門前五馬不須催
가는 길 황혼이 가까워서야 떠나려 함은	行時欲近黃昏去
이곳 창랑에 낚시터가 있어서라네	此地滄浪有釣臺

231 산비가……없으리 : 비가 내려 길을 나설 수 없으므로 능주 목사(綾州牧使)에 제수되어 사은하러 가는 길을 재촉하여 갈 것 없다는 말이다. '오마(五馬)'는 한(漢)나라 때 태수가 다섯 필의 말이 끄는 수레를 타고 다녔던 데에서 유래하여 지방 수령을 가리키는 말로 쓰이는데, 창계가 능주 목사에 제수되어 이렇게 말한 것이다.

밤에 앉아 분운하여 '백' 자를 얻다

夜坐分韻得百字

친척들의 정담(情談)에 마음을 열고	開心親戚言
강산의 풍광은 눈에 가득하여라	滿目江山色
이곳을 버리고 어디를 가려는지	捨此欲何之
내 나이 반백이 되어 가는데	吾年且半百

여러 아우를 남겨 두고 이별하다

留別諸弟

비 온 뒤 산바람이 나무 스치며 시원한데	雨後山風拂樹涼
달빛 아래 강물 빛이 마을 두르며 뻗어 있네	月邊江色繞村長
그대들은 몇 밤이나 오늘밤 일 생각할는지	君當幾夜思今夜
나는 타향에 가서 고향을 이야기할 텐데	我到他鄉說故鄉

출발하는 날에 느낌을 적다

發行日記感

금수에서 떠나는 배 백마강 때와 다름없으니	錦水船如白馬時
십 년 동안의 일들에 슬픔을 금치 못하여라[232]	十年人事不勝悲
서풍 맞는 이내 행차 함산[233] 길에 섰노라니	西風皁蓋咸山路
눈물이 옷을 적심은 나 혼자 알 뿐이네	淚濕征衫只自知

232 금수(錦水)에서……못하여라 : 금수는 나주(羅州)의 영산강(榮山江)이고 백마강(白馬江)은 부여(扶餘)를 흐르는 강이다. 〈연보〉에 의하면, 창계는 10년 전인 1678년(숙종4)에 강원도 통천(通川)에서 부여의 조계촌(藻溪村)으로 이주하였다. 이곳에서 은거하다가 조정에 출사(出仕)하기도 하였고, 또 연이어 부모상을 당하기도 하였다. 이후 그는 다시 전라도 진안(鎭安)으로 내려갔다가 이 시를 지을 무렵에는 고향인 나주의 회진(會津)에 살고 있었는데 마침 능주 목사(綾州牧使)에 제수되어 도성으로 올라가게 되자 지난 10년의 일들을 돌아보며 감개에 젖은 것이다.

233 함산(咸山) : 전라도 무안(務安)과 접해 있는 함평(咸平)으로, 창계의 고향 회진에서 도성으로 올라갈 때 물길을 따라 서북쪽으로 올라가는 길에 만나는 고을이다.

동교에서 최효백 창대 에게 써서 주다[234]

東郊書贈崔君孝伯 昌大

저물녘 노을 진 들 구름 아래 그대 돌아가고	歸騎野雲夕
가을에 둘든 산 나뭇잎 속에 매미 우는구나	噪蟬山葉秋
교외 사립에서 괜스레 멀리 바라보고	郊扉空極目
시내 길에서 얼마나 고개 돌려 보는지	溪路幾回頭
말세에 인재는 얻기 어렵거니와	末世才難得
쇠잔한 인생은 병들어 쉬고 싶네	殘生病欲休
앞으로 우리 남북으로 격조할 것이니	他時隔南北
서찰 통해 이별의 수심 달래 보세나	書札慰離愁

234 동교(東郊)에서……주다 : 효백(孝伯)은 최창대(崔昌大, 1669~1720)의 자이다. 본관은 전주(全州), 호는 곤륜(昆侖)·창괴(蒼槐)이다. 최석정(崔錫鼎)의 아들이다. 저서로 《곤륜집(昆侖集)》이 있다. 〈연보〉에 의하면, 창계는 1688년(숙종14) 4월 능주 목사(綾州牧使)에 제수되어 사은하러 도성에 올라왔다가 대사성에 제수되자 사임하였는데, 다시 이조 참의, 승문원 부제조에 제수되었지만 패초를 어겨 파직되어 그날로 도성을 나갔다. 그런데 마침 자의대비(慈懿大妃) 조씨(趙氏)가 병환이 있어 시약청(侍藥廳)을 열었기에 곧장 돌아가지 못하고 근교(近郊)에 머무르고 있었다. 한편 이 시에 차운한 최창대의 시가 그의 문집에 수록되어 있는데, 그 원주(原註)에 "임공이 이때 남쪽 고향으로 돌아갔다.〔林公時還南鄕.〕"라고 하였다. 《昆侖集 卷1 和滄溪林副學韻, 韓國文集叢刊 183輯》 따라서 이 시는 창계가 도성을 나와 근교에 머무르면서 최창대를 단나고 이별하면서 지은 것으로 보인다.

도성을 나온 다음 날 과천 여관에서 우레를 만나다

出城翌日 果川逆旅遇雷

호젓한 마을의 저녁 해가 짧은데	短日孤村夕
황량한 강가에 시월 우레가 치누나	荒江十月雷
하늘의 마음 진정 누가 헤아리겠나	天心定誰測
나그네 뜻 하염없이 가누기 어려워라	客意杳難裁
고개 돌려 북극성을 바라보고	北極回頭望
동강으로 한가로이 돌아가노라[235]	東岡袖手回
평소 세상 근심하던 뜻이 걸려	平生憂世志
돌아가는 말을 재촉할 수 없구나	歸馬不能催

235 고개……돌아가노라 : 임금과 나라를 걱정하는 마음에 고개 돌려 임금 계신 곳을 바라보다가 이내 고향으로 한가로이 돌아가겠다는 말이다. '북극성(北極星)'은 제왕(帝王) 혹은 조정을 가리킨다. '동강(東岡)'은 동쪽 산비탈로, 벼슬에 나가지 않고 물러나 있는 곳을 뜻한다. 후한 때 주섭(周燮)의 종족(宗族)이 주섭에게 "선세(先世) 이래로 공훈과 총애가 줄을 이었는데, 그대만 어찌 유독 동쪽의 언덕〔東岡〕을 지키려 하는가." 라고 한 데서 온 말이다. 《後漢書 卷53 周燮列傳》

호계의 벽에 제하다

題虎溪壁上

그대 집은 한 골짜기 좋은 산수 속에 자리하여	君家一壑好風煙
가을걷이 마치고는 평소의 학업 이어 가누나	秋事登場素業傳
남쪽 길손은 이미 귀향 늦었음을 알겠으니	南客自知歸已晚
응당 호수 가까운 밭이 묵어 버렸을 것이라오	只應荒盡近湖田

차운하여 종제 현기[236] 성 에게 답하다 기사년(1689, 숙종15)

次韻酬從弟玄紀 渻 己巳

보내온 좋은 시구 족히 사람을 놀래키니　　寄來佳句足驚人
그대 해낭[237] 본디 가난하지 않음을 알겠네　　知爾奚囊本不貧
애달픈 노래는 다시 〈백석가〉 부르는 듯하고[238]　　苦調還同歌白石

236 종제 현기(玄紀) : 현기는 임성(林渻, 1649~?)의 자이다. 임성의 부친은 창계의 막내 숙부인 임장유(林長儒)이다. 창계와 동갑인데 《사마방목》을 살펴보면 이 시를 지을 당시 임성은 아직 사마시에도 입격하지 못하고 있었고 다음 해인 1690년(숙종16)에야 생원시에 입격하였다.

237 해낭(奚囊) : 이하(李賀)의 어린 종자(從者) 해노(奚奴)가 가지고 다녔던, 시고(詩稿)를 넣는 주머니란 뜻으로, 당(唐)나라 이상은(李商隱)이 지은 이하의 소전(小傳)에 "이장길(李長吉)은 매일 아침에 해가 뜨면 제공(諸公)들과 노닐었는데 항상 어린 종자를 데리고 절뚝이는 나귀를 타고 다니며 오래되어 해진 비단 주머니〔錦囊〕를 등에 지게 하고서 좋은 시구를 얻으면 즉시 써서 그 주머니에 넣었다."라고 한 데서 온 말이다. 《昌谷集 李長吉小傳》

238 애달픈……듯하고 : 종제 임성의 시가 춘추 시대 영척(甯戚)이 제 환공(齊桓公)의 지우를 입고자 불렀던 노래와 같은 뜻이 있다는 말이다. 영척이 제 환공에게 벼슬을 구하고자 했는데 가난하여 만날 방법이 없었다. 이에 장사치가 되어 짐수레를 끌고 제나라에 가서 장사를 하며 저녁에 성문 밖에서 묵는데, 환공이 교외에서 손님을 맞이하러 밤에 성문을 열고 나왔다. 그러자 영척이 수레 아래에서 소를 먹이다가 멀리 환공을 바라보고 서글퍼져 쇠뿔을 두드리며 상가(商歌) 두 수를 노래하였다. 그 첫 수에 "남산에 깨끗한 돌이여, 흰 돌이 찬란하구나. 살아서 선양하는 요순 같은 임금 만나지 못하였으니, 짧은 베 홑옷은 정강이도 가리지 못하네. 어둔 때부터 깊은 밤까지 소를 먹이노니 긴긴 밤은 어느 때나 밝아 올는지.〔南山矸, 白石爛. 生不遭堯與舜禪, 短布單衣不掩骭. 從昏飯牛薄夜半, 長夜漫漫何時旦?〕"라고 하였고, 그 둘째 수에 "창랑의 물에 흰 돌이

떠나는 얼굴은 또 봄날에 못 만날 표정이어라	離顔更耐阻青春
새해 들어 풀빛은 금릉 길을 비추고	新年草色金陵路
어젯밤에 매화는 금수 가에 피었구나	昨夜梅花錦水濱
이제 고향에 돌아가면 나를 생각할는지	今到故園相憶否
이내 종적 다시 유랑함을 측은해하리	應憐浪跡又漂淪

찬란한데, 그 안에 팔뚝만 한 잉어가 노니는구나. 해진 베 홑옷은 겨우 정강이에 닿는데, 맑은 아침 소를 먹이다 한밤이 되네. 누런 소는 비탈 오르다 쉬기도 하는데, 나는 너를 버리고 제나라를 도우련다.〔滄浪之水白石粲, 中有鯉魚長尺半. 弊布單衣裁至骭, 淸朝飯牛至夜半. 黃犢上坂且休息, 吾將捨汝相齊國.〕"라고 하였다. 환공이 이 노래를 듣고 영척을 평범한 사람이 아니라고 여기고 수레에 태우고 가서 등용하였다고 한다.《樂府詩集 卷83 雜歌謠辭1》이 노래를 후대에 〈백석가(白石歌)〉, 〈반우가(飯牛歌)〉, 〈남산가(南山歌)〉 등으로 불렀다.

정암이 유배 생활하던 유허를 지나면서 느낌이 있어[239]
過靜庵謫居遺墟 有感

정성 지극하면 절로 감동시킬 수 있는데	誠至自能動
임금께 어찌 끝까지 지우 입지 못했는지	得君何不終
천추에 밝은 저 하늘의 태양이	千秋一天日
지금도 남아 붉은 충정 비추어 주네	留與照丹衷

239 정암(靜庵)이……있어 : 정암은 조광조(趙光祖, 1482~1519)의 호이다. 조광조의 본관은 한양(漢陽), 자는 효직(孝直), 시호는 문정(文正)이다. 김굉필(金宏弼)의 문인이다. 조광조는 중종(中宗)의 지우를 입어 정치를 일신하려고 노력했으나 기묘년(1519, 중종14)에 남곤(南袞), 심정(沈貞) 등의 훈구 세력의 견제로 9월에 능주(綾州)에 유배되고 12월에 사사(賜死)되어 38세의 젊은 나이에 뜻을 다 펴지 못하고 생을 마감하였다. 이때 창계는 능주로 가서 조광조가 잠시 머물던 적거지(謫居地)를 돌아보고 이 시를 지은 것으로 보인다.

늦봄에 재거에서 우연히 쓰다

春晩齋居偶書

이때 능주에 있었다.

담장 위로 산은 대색으로 둘려 있고	墻上山圍竹色
처마 앞에 새는 꽃가지에서 지저귄다	簷前鳥語花枝
온종일 한가로이 도질[240] 펼쳐 보다	盡日閑披道帙
바람 맞으며 문득 새 시를 읊조리네	臨風忽詠新詩

두 번째 其二

뜰 앞에 풀빛 벌써 완연히 푸른 이때	庭前草綠已多時
누각 너머 꽃은 다시 몇 가지에 피었나	樓外花開復幾枝
열두 굽이 난간의 가득한 봄빛 속에	十二曲欄春色裏
관자 동자 데리고 가 시 읊기 좋아라[241]	好携童冠去吟詩

240 도질(道帙) : 본래 도가(道家)의 서책이란 뜻으로, 남조(南朝) 제(齊)나라의 공치규(孔稚珪)가 지은 〈북산이문(北山移文)〉에 "도가의 책이 영원히 배척되고 불법을 강론하는 자리가 오래도록 매몰되었다.〔道帙長擯, 法筵久埋.〕"라고 한 것과 이백(李白)의 〈증청장명부질율(贈清漳明府姪聿)〉에 "송사 없어 섬돌에는 새 내려앉고, 높이 누워 도서(道書)를 펼쳐 보네.〔訟息鳥下階, 高臥披道帙.〕"라고 한 데서 온 말이다. 《李太白集注 卷9》 여기서는 성현(聖賢)의 도가 담긴 책을 뜻하는 듯하다.

241 관자……좋아라 : 생명이 약동하는 봄을 즐기면서 사계절을 순환하며 생명을 낳는 천지자연의 뜻을 감득(感得)하고 읊조리기 좋다는 말이다. '관자(冠者)'와 '동자(童子)'는 426쪽 주173 참조.

서족 임주에 대한 만사
庶族林柱挽

가난하고 자식 어리니 모친은 누가 모실꼬	家貧子弱母誰將
돌아간 뒤 부질없이 《주후방》이 남았구나[242]	身後空留肘後方
온 친족들의 비참한 뜻은 다 똑같지만	同是一門悲慘意
병이 많았던 이유로 나는 더욱 잊기 어렵네[243]	我緣多病益難忘

242 돌아간……남았구나 : 임주(林柱)가 의술을 생업으로 삼다가 죽었는데 자식이 어려 가업을 잇지 못하고 의서만이 부질없이 남아 있다는 말이다. 《주후방(肘後方)》은 진(晉)나라 때 선인(仙人) 갈홍(葛洪)이 찬(撰)한 의서(醫書)인 《주후비급방(肘後備急方)》의 약칭으로, 팔뚝 아래와 같이 가까운 곳에 두고 구급(救急)을 요할 때 참고할 수 있도록 만든 책이다.

243 온……어렵네 : 친족을 잃은 마음은 일가의 친족들이 모두 같지만 창계는 여러 병에 시달려 임주에게 치료를 받은 일로 인해 더욱 잊을 수 없다는 말이다.

우연히 읊조리다
偶占

마침 미음의 절기에 속한 이때　正屬微陰節
근독의 글을 깊이 저버렸어라[244]　深孤謹獨書
한 터럭 차이도 일찍 분별해야 하니　毫釐宜辨早
목욕재계함이 여기서 시작되리　齋沐此爲初

244 마침……저버렸어라 : '미음(微陰)의 절기'는 음기(陰氣)가 처음 생겨나는 계절인 음력 5월 하지(夏至)를 가리킨다. '근독(謹篤)'은 신독(愼獨)과 같은 말로, 혼자 있을 때를 경계하는 것인데, 남이 모르고 자신만 알 수 있는 마음의 움직임을 살펴 검속(檢束)한다는 뜻이다. 이 말은 《대학장구(大學章句)》와 《중용장구(中庸章句)》에 보이는데 주희와 정이(程頤)·정호(程顥)가 본래 《예기(禮記)》에 수록된 두 편이던 것을 뽑아 사서(四書)로서 중시한 이후 성리학자들에게 심성 수양의 기본서가 되었다. 여기서는 음력 11월 동지(冬至)에 양기(陽氣)가 처음 생겨나는 것[䷗]과 반대로 하지에는 음기가 처음 생겨나 점점 왕성해지는데[䷫], 음기가 자라나는 것은 군자가 경계해야 할 일이므로 하지가 되자 창계가 자신을 돌아보며 말한 것이다.

황룡의 김 지광 · 박 태구 두 숙부[245]가 찾아왔다가 돌아가려 할 때 운자를 불러 입으로 읊조려 드리다
黃龍金 知光 朴 台耉 兩叔來訪將歸 呼韻口占以贈

젊은 숙부들 나란하게 백리 길을 찾아오니　二妙聯鑣百里程
마주 보며 세 밤 동안 그윽한 정 얘기했네　對床三夜話幽情
아침에 다시 돌아가는 옷소매 잡고 싶음은　朝來更欲攀歸袂
가을 강에 달빛 점점 밝아 오기 때문이라오　爲有秋江月漸明

두 번째 其二

천추에 끊어진 학문 정주(程朱)가 창도하니　千秋絶學倡朱程
운곡의 풍류가 만고에 길이 전하리로다[246]　雲谷風流萬古情

245 황룡(黃龍)의……숙부 : '황룡'은 전라도 장성(長城)의 황룡천(黃龍川)을 가리킨다. 김지광(金知光, 1663~?)은 본관은 광산(光山), 자는 미회(美晦), 부친은 김여석(金汝錫)이다. 1705년(숙종31) 생원시에 입격하였다. 박태구(朴台耉, 1659~?)는 본관은 밀양(密陽), 자는 삼로(三老), 부친은 박세정(朴世瑱)이다. 1699년 생원시에 입격하였다. 두 사람 모두 장성에 살고 있었고 창계보다 10여 년 남짓 연하이다.

246 천추(千秋)에……전하리로다 : 정이(程頤) · 정호(程顥)와 주희(朱熹)가 창도한 유학(儒學)의 심법(心法)이 송대(宋代) 이후로 이어져 왔고 앞으로도 영원할 것이라는 말이다. '천추에 끊어진 학문'은 상고(上古) 시대부터 성인들이 전해 온 심법을 말하는데, 요(堯) · 순(舜) · 우(禹)에 이르러 비로소 문헌에 등장하고 이후로 이들이 전수한 심법이 군주로는 성탕(成湯) · 문무(文武), 신하로는 고요(皐陶) · 이윤(伊尹) · 부열(傅說) · 주공(周公) · 소공(蘇公) 등으로 전해졌다가 오랜 세월이 흘러 공자

옛 서책 대하여 적막함을 탄식하지 마오	莫向塵編歎寥落
두 분과 함께 성명에 진취하기를 힘쓰겠네[247]	共君相勖進誠明

(孔子)・안자(顔子)・증자(曾子)・자사(子思)를 통해 전해진 뒤 맹자(孟子)를 마지막으로 끊어져 버린 것을 말한다. 주희는 〈중용장구서(中庸章句序)〉에서 정자가 맹자 이래 끊어진 이 심법을 이었다고 보았다. '운곡(雲谷)'은 복건성(福建省) 건양현(建陽縣) 서북 70리에 있는 노산(蘆山)의 정상에 주희가 회암(晦菴)이라고 명명한 초당(草堂)을 지은 곳으로, 여기서는 주희를 가리킨다. 이곳은 여러 봉우리가 둘러 있고 가운데가 패인 분지로, 맑은 낮에도 흰 구름이 몰려들면 지척도 분간할 수 없다가 갑자기 일기가 바뀌면 구름이 어디로 사라졌는지 알 수 없는 곳이라서 운곡이라 불리었다. 《晦菴集 卷78 雲谷記》 원문의 '운곡풍류만고정(雲谷風流萬古情)'은 두보(杜甫)의 〈강릉절도사양성군……(江陵節度使陽城郡……)〉에 "퇴청한 여가에는 막료들을 맞아 즐기니, 강한의 풍류가 만고에 길이 전하리로다.〔自公多暇延參佐, 江漢風流萬古情.〕"라고 한 데서 온 말이다. 《杜詩詳註 卷21》

247 옛……힘쓰겠네 : 옛 성현(聖賢)들이 세상을 떠나 서책으로밖에 대할 수 없는 현실을 탄식하지 말고 두 숙부와 함께 노력하여 스스로 성인(聖人)이 되기를 기약하자는 말이다. '성명(誠明)'은 천성이 진실하여 자연히 선에 밝은 경우를 말하는 것으로 성인(聖人)의 덕을 말한다. 《중용장구(中庸章句)》 제21장에 "진실함에서 말미암아 밝아짐을 성(性)대로 한 것이라 이르고, 밝음에서 말미암아 진실해지는 것을 가르침으로 이룬 것이라 하니, 진실하면 밝아지는 것이고 밝으면 진실해지는 것이다.〔自誠明, 謂之性, 自明誠, 謂之教, 誠則明矣, 明則誠矣.〕"라고 한 데서 온 말이다. 명성(明誠)은 가르침을 통해 선에 밝아진 뒤에 그 선을 실천하여 진실함에 이른다는 성리학의 공부를 말하는 것으로, 현인(賢人)의 학문하는 방법을 이른다. 그래서 '성명'을 천도(天道)라고 하고 '명성'을 인도(人道)라고 한다.

차운하여 김숙[248] 극광 에게 답하다

次韻謝金叔 克光

누항에서 곤궁하게 지냄은 우연일 뿐이니	陋巷窮居只偶然
이내 행장 어진 옛사람에게 몹시 부끄럽구나[249]	行藏深愧昔人賢
성명을 고상히 떠든 건 다 빈말일 뿐이었으니	高談性命皆虛語
풍진세상 잘못 휩쓸린 게 벌써 몇 년이던가	誤落風塵曾幾年
갈림길에서 반생 보내다 머리 벌써 세었는데	歧路半生頭已白
도서 가득한 방 안에서 생각이 막 현묘해지네	圖書一室思方玄
남은 생 조용히 즐기는 데 뜻이 없지 않지만	餘光把玩非無意

248 김숙(金叔) : 창계의 외숙 김극광(金克光, 1653~1724)이다. 본관은 광산(光山), 자는 현보(顯甫), 호는 원관(遠觀)이다. 부친은 김여석(金汝錫)으로, 482쪽 〈황룡의 김・박 두 숙부가 찾아왔다가 돌아가려 할 때……〔黃龍金朴兩叔來訪將歸……〕〉 시에 나오는 김지광(金知光)의 형이다.

249 누항(陋巷)에서……부끄럽구나 : 누추한 골목에서 곤궁하게 물러나 사는 창계 자신의 출처가 공자(孔子)의 제자 안회(顔回)를 배웠다고 감히 말할 수 없고 부끄러울 뿐이라는 말이다. 《논어》 〈옹야(雍也)〉에, 공자가 "한 그릇 밥과 한 바가지의 물로 누추한 골목에서 사는 것을 다른 사람들은 견디지 못하는데, 안회는 그 즐거움을 한결같이 변치 않으니 참으로 어질다.〔一簞食一瓢飮, 在陋巷, 人不堪其憂, 回也不改其樂, 賢哉回也!〕"라고 한 데서 온 말로, 안회는 한평생 곤궁함을 잊고 도를 즐거워했는데 창계 자신은 출사와 은거를 반복하다 지금 다시 물러나 있는 것일 뿐이기에 안회에게 부끄럽다는 말이다. '행장(行藏)'은 출처(出處)와 같은 말로, 공자가 안회에게 "등용되면 나가 행하고 버려지면 물러나 숨는 일을 오직 나와 그대만이 할 수 있다.〔用之則行, 舍之則藏, 惟我與爾有是夫.〕"라고 한 데서 온 말로, 역시 안회의 출처와 창계 자신의 출처를 대비하여 말한 것이다. 《論語 述而》

다시 예전처럼 살아갈까 오히려 염려된다오　　尙恐因循又似前

두 번째 其二

오래 끄는 그대 병환 언제나 나을는지　　君病支離幾日瘳
지난번 만난 뒤로 해가 지금 바뀌었구려　　憶曾相見歲今周
어떤 이가 다시 유마의 석실 방문할는지　　何人更問維摩室
지난달에 응당 송옥의 수심 깊어졌으리[250]　　前月應添宋玉愁
여러 번 보내온 서찰 상자에 남아 있으니　　書枉數番留几篋
각각의 체에 능란한 시는 기구임을 알겠네[251]　　詩工各體認箕裘

250 어떤……깊어졌으리 : 작은 방에 들어앉아 거처하던 유마(維摩)와 가을을 서글퍼하던 송옥(宋玉)에 김극광(金克光)을 빗대어 그가 호젓한 방에 홀로 앉아 깊어 가는 가을에 찾아오는 이가 없어 쓸쓸한 마음이 깊어졌을 것이라는 말이다. '유마'는 석가모니의 속제자(俗弟子)라고 일컬어지는 유마힐거사(維摩詰居士)로, 《수당가화(隋唐嘉話)》에 "유마거사의 석실은 수판을 가지고 종횡으로 헤아린 결과 10홀을 용납할 정도였다.〔有維摩居士石室, 以手板縱橫量之, 得十笏.〕"라고 하여, 그는 10홀 즉 수판(手板) 10개를 용납할 정도의 아주 작은 방에 들어앉아 거처하였다고 한다. '송옥'은 전국 시대 초(楚)나라의 문인으로, 굴원(屈原)의 제자이기도 한데, 그가 지은 〈구변(九辯)〉의 서두에 "슬프다, 가을의 기후여. 쓸쓸하여라, 초목은 낙엽이 져서 쇠하였도다. 처창하여라, 흡사 타향에 있는 듯하도다. 산에 올라 물을 굽어봄이여, 돌아가는 이를 보내도다.〔悲哉秋之爲氣也! 蕭瑟兮草木搖落而變衰, 憭慄兮若在遠行. 登山臨水兮送將歸.〕"라고 하여, 가을을 서글퍼하는 사(辭)를 지었다. 《楚辭 卷6》

251 각각의……알겠네 : 김극광이 시체(詩體)에 상관없이 시를 잘 짓는 것이 가문의 전통을 잘 배운 것이라는 말이다. '기구(箕裘)'는 《예기(禮記)》 〈학기(學記)〉에 "훌륭한 대장장이의 아들은 가죽옷 꿰매는 것을 익히고, 활 잘 만드는 장인의 아들은 반드시 키 만드는 법을 익힌다.〔良冶之子, 必學爲裘, 良弓之子, 必學爲箕.〕"라고 한 데서 온 말로, 자손이 부조(父祖)의 가업을 잘 계승하는 것을 비유하는 말이다.

시골에 묻혀 나 또한 오래 병을 앓고 있어 林居我亦沈綿久
조용한 만남 정하지 못하고 또 가을을 보내네 未卜幽期又盡秋

세 번째 其三

병중에도 책 읽는 과정 따로 세워 두었다니 病裏看書自立程
이 소식 들으매 그대 더욱 그리워지누나 令人聞此更馳情
《십편》[252]의 오묘한 이치 모두 긴요한 뜻이니 十編妙蘊皆要義
어이하면 우리 만나 강명(講明)할 수 있을는지 安得相從講得明

김숙이 이때 막 《주자서절요(朱子書節要)》를 읽고 있었다.

252 십편 : 퇴계(退溪) 이황(李滉)이 남송(南宋)의 회암(晦菴) 주희(朱熹, 1130~1200)의 서찰을 간추려 편찬한 《주자서절요(朱子書節要)》 10책(冊)을 말한다. 주희가 공경(公卿), 대부(大夫), 문인(門人), 벗들과 주고받은 서찰이 《주자문집대전(朱子文集大全)》의 48권에 걸쳐 수록되어 있는데, 이황이 이 가운데 긴요한 글들을 간추려 14권 7책으로 선사(繕寫)해 두었다. 뒤에 편질(編秩)이 너무 크다고 여겨 《주자문집대전》의 편차에 의거하여 다시 20권 10책으로 만들었는데, 1561년(명종16) 성주(星州)에서 처음 각인(刻印)하면서 《회암서절요(晦菴書節要)》라고 명명했다가, 그 뒤 1572년(선조5) 재인(再印)할 때에는 《주자서절요》로 명칭을 고쳤다. 이후로 우암(尤菴) 송시열(宋時烈), 동춘당(同春堂) 송준길(宋浚吉), 우복(愚伏) 정경세(鄭經世) 등을 비롯한 우리나라의 여러 성리학자들은 《주자서절요》를 '절요십책(節要十冊)', '십편(十編)' 등으로 간칭(簡稱)하기도 하였다. 《退溪集 卷42 朱子書節要序, 韓國文集叢刊 30輯》 《退溪集 退溪先生文集考證 卷7 朱子書節要序, 韓國文集叢刊 31輯》 《錦溪集 卷4 晦菴書節要跋, 韓國文集叢刊 37輯》 《高峯集 卷3 朱子書節要序跋, 韓國文集叢刊 40輯》

겨울 우레

冬雷

시월의 마지막 날 강 마을에	江村十月末
천둥 번개가 또 사람을 놀래키네	雷電又驚人
세상일이야 본래 이와 같거니와	世事固如許
천재는 왜 이리도 빈번한 건지	天災何太頻
이내 충정 성상을 걱정하여	寸心憂聖主
한밤중에 외로운 신하 흐느끼노라	中夜泣孤臣
만감(萬感)에 젖어 잠들지 못해	百感不能寐
등불 밝히고 앉아 새벽을 맞네	呼燈坐向晨

정로[253] 시무 의 초당에 차운하여 제하다

次題鄭老 時武 草堂

난간 앞에 푸른 산 빛 흡족하게 짙으니	山色當軒滿意濃
초당 주인 그윽한 일 날마다 한가하구나	主人幽事日從容
서리 오이 푸른 김치로 때로 손님 만류하고	霜瓜菹綠時留客
봄 술 맑은 동이는 스스로 밀봉 뜯기도 했지	春酒尊淸自發封
다시 매화꽃 아래 함께 결사를 하였으니	復有梅花同結社
버들잎으로 일찍 공훈 이룸보다 훨씬 낫구나[254]	全勝楊葉早成功

253 정로(鄭老) : 정시무(鄭時武)로, 본관은 광주(光州)이고, 박세당(朴世堂)의 장인이다. 나머지는 자세하지 않다.

254 다시……낫구나 : 출사하지 않고 매화시 읊는 고아(高雅)한 모임을 즐기며 지내고 있으니 일찍 급제하여 현달하는 것보다 낫다는 말이다. '결사(結社)'는 모임을 맺는 것으로, 예를 들면 동진 때 여산(廬山) 동림사(東林寺)의 고승 혜원 법사(慧遠法師)가 일찍이 당대의 명유(名儒)인 도잠(陶潛)·육수정(陸修靜) 등을 초청하여 승속(僧俗)이 함께 염불 수행을 할 목적으로 백련사(白蓮社)를 결성하고 서로 왕래하며 친밀하게 지냈던 일과 당나라의 시인 백거이(白居易)가 만년에 형부 상서(刑部尙書)로 치사(致仕)하고 나서는 향산(香山)의 승려 여만(如滿)과 함께 향화사(香火社)를 결성하고 서로 종유했던 등의 고사가 있다. '버들잎〔楊葉〕'은, 두보(杜甫)가 과거에 낙방하고 돌아가는 종질과 이별하며 지은 〈취가행(醉歌行)〉에 "예전에 버들잎 맞힌 걸 진정 스스로 알거니, 잠시 헛디딘 준마 발굽은 과실이 아니란다.〔舊穿楊葉眞自知, 暫蹶霜蹄未爲失.〕"라고 하였다. 《杜詩詳註 卷3》 또 《사기(史記)》 권4 〈주본기(周本紀)〉에 "초(楚)나라에 양유기(養由基)란 사람이 있는데, 활을 잘 쏘아 100보 밖에 있는 버들잎〔柳葉〕을 쏘면 백발백중이었다."라고 하였다. 즉 재주가 뛰어나 과거에 급제하고 벼슬길에 나아가는 것을 비유한 것이다.

남녘 고을 고사[255] 중에 지금 누가 이르렀나	南州高士今誰到
서울의 옥처럼 윤택한 옹을 길이 추억하네[256]	長憶西京玉潤翁

255 남녘 고을 고사(高士) : 박세당(朴世堂)의 친족을 가리키는 듯하다. 박세당은 본관이 반남(潘南)으로, 반남은 나주(羅州)의 고호이다. 당시 나주에는 박세당의 가까운 친족들이 세거하고 있었으므로 이렇게 말한 듯하다.

256 서울의……추억하네 : 도성에 있는 정시무(鄭時武)의 사위 박세당(朴世堂)을 추억한다는 말이다. '옥처럼 윤택한 옹'은 박세당을 가리키는 말로, 진(晉)나라 때 위개(衛玠)가 악광(樂廣)의 딸에게 장가들었는데, 풍채가 준수하고 재덕이 있어 옥인(玉人)이라 불렸다. 장인인 악광 역시 명망이 높아서 당시에 논하는 이가 "장인은 얼음처럼 깨끗하고, 사위는 옥처럼 윤택하다.〔婦翁氷淸, 女壻玉潤.〕"라고 했던 데서 온 말이다. 《晉書 卷36 衛玠列傳》

백운동에서 차운시를 읊고 이장 담로 의 산거에 부쳐 제하다
白雲洞詠次韻 寄題李丈 聃老 山居

푸른 산 깊은 곳에 문을 닫고 門掩碧山深
주인은 절로 대를 바라보누나 主人自看竹
이따금 맑은 바람 불어오거든 時有淸風來
이것으로 호젓한 마음 달래리 持此慰幽獨

두 번째 其二

남국에 사는 소인의 마음은 騷人南國意
본래 가을 난초를 사랑하였네[257] 本自愛秋蘭
빼어난 향기 늦게 핀 게 안타까워 應惜孤芳晩
서릿바람 속 홀로 난간에 기대리[258] 霜風獨倚欄

257 남국(南國)에……사랑하였네 : '남국에 사는 소인(騷人)'은 전국 시대 남방(南方)에 있었던 초(楚)나라의 대부 굴원(屈原)이 〈이소(離騷)〉를 지은 데서 온 말이고, '가을 난초를 사랑한다'는 것은 〈이소〉에 "강리와 벽지를 몸에 걸쳐 입고, 가을 난초를 꼬아서 허리에 찬다.〔扈江離與辟芷兮, 紉秋蘭以爲佩.〕"라고 한 데서 온 말이다. 《楚辭 卷1》 여기서는 강진(康津)에 살았던 이담로(李聃老)를 굴원에 비유하여 말한 것이다.

258 빼어난……기대리 : 이담로가 난초가 시들어 갈 무렵 안타까운 마음에 찬 바람을 무릅쓰고 난간에 기대 그 향기를 즐길 것이라는 말이다.

세 번째 其三

산골에서 한 해 저무는 무렵에 山間歲暮時
서리 맞은 국화 따고 따누나 采采凌霜菊
가을 구름 깊은 곳에 취하였으니 一醉秋雲深
누가 고상한 그 자취 함께할는지 誰人共高躅

네 번째 其四

청컨대 소산조[259]를 가지고 請以小山操
그대 예스러운 거문고 가락에 올려 주오 被君古調琴
바람 불고 이슬 내리는 서재의 밤에 書堂風露夜
혹여 다시 지음[260] 만날지 모르니 儻復遇知音

259 소산조(小山操) : 한나라 때 회남왕(淮南王) 유안(劉安)에게 의탁한 팔공(八公) 가운데 한 무리인 소산(小山)이 지은 〈초은사(招隱士)〉를 가리킨다. 자세한 내용은 420쪽 주159 참조.

260 지음(知音) : 본래 자신의 음악을 이해해 주는 이를 뜻하는 말로, 전하여 서로 마음을 알아주는 절친한 벗을 뜻하기도 한다. 춘추 시대에 백아(伯牙)가 거문고를 잘 탔는데, 그의 벗 종자기(鍾子期)가 그 소리를 들으면 그의 마음을 알았던 데에서 유래하였다. 백아가 거문고를 타면서 고산(高山)에 뜻을 두면 종자기가 "높디높기가 마치 태산과 같도다.〔峨峨兮若泰山!〕"라고 하고, 또 유수(流水)에 뜻을 두면 "넓디넓기가 마치 강하와 같도다.〔洋洋兮若江河!〕"라고 하였는데, 종자기가 죽자 백아는 자신의 거문고 소리를 들을 사람이 없다고 하면서 줄을 모두 끊고 다시는 거문고를 타지 않았다고 한다. 《列子 湯問》

다섯 번째 其五

눈에 가득 다 기이한 화초지만	滿目皆仙卉
마음 여는 건 깨끗한 연꽃이라네	開心爲淨蓮
글 속에서 다하지 못한 뜻을	圖書不盡意
절반은 이 가운데서 전하노라	半是此中傳

서간으로 유장 진 에게 답하다

簡謝柳丈 軫

이별하고 그리워하며 또 한 해가 지나니	一別依依又一年
그립던 편지 납매 피기 전에 당도했구려	相思書到臘梅前
강남의 역사가 봄 오기 전 길을 나서니	江南驛使先春發
찬 가지에 홀로 기대 북녘 하늘 바라보네[261]	獨倚寒枝望北天

261 강남(江南)의……바라보네 : 상대에게 내 소식을 전할 인편을 보내면서 매화나무에 기대어 떠나가는 곳을 바라본다는 말이다. '강남의 역사(驛使)'는 397쪽 주132 참조.

박형[262] 태형 에 대한 만사

朴兄 泰衡 挽

조개를 삼춘에 작별하였더니	皁蓋三春別
단정이 시월 추위에 펄럭이누나[263]	丹旌十月寒
그대 임기 얼마 남지 않았었는데[264]	瓜期方屈指
〈해로가(薤露歌)〉[265] 소리 천만뜻밖에 들리네	薤曲已無端

262 박형(朴兄) : 박태형(朴泰衡, 1642~1689)으로, 자는 군평(君平), 본관은 반남(潘南)이다. 조부는 박호(朴濠), 부친은 박세해(朴世楷)이다. 장악원 주부, 공조 좌랑, 함열 현감(咸悅縣監) 등을 지냈다. 창계의 부친 임일유(林一儒)의 첫째 부인이 박호의 딸로, 창계는 둘째 부인 임천 조씨(林川趙氏)의 아들이므로, 박태형은 창계의 외사촌이다. 《黎湖集 卷28 咸悅縣監朴公墓誌銘, 韓國文集叢刊 197輯》

263 조개(皁蓋)를……펄럭이누나 : 1689년(숙종15) 봄에 만났었는데 10월에 박태형(朴泰衡)의 상여(喪輿)가 내려왔다는 말이다. 박태형은 그해 5월 9일에 졸하여 나주(羅州)의 호산(虎山) 기슭 선산에 묻혔는데 창계가 이때 나주의 회진(會津)에 있었으므로 상여를 맞은 것으로 보인다. 《黎湖集 卷28 咸悅縣監朴公墓誌銘, 韓國文集叢刊 197輯》 '조개'는 옛날 관원들이 행차에 썼던 수레 위에 치는 검은 일산으로, 전하여 지방관을 뜻하는데 박태형이 함열 현감을 지냈으므로 비유하여 말한 것이다. '단정(丹旌)'은 상여가 나갈 때 쓰는 붉은색의 명정(銘旌)을 말한다.

264 그대……않았었는데 : 박태형은 1684년 12월부터 1689년 5월까지 함열 현감을 지내고 있었다. 《黎湖集 卷28 咸悅縣監朴公墓誌銘, 韓國文集叢刊 197輯》《咸悅縣邑誌 先生案》

265 해로가(薤露歌) : 사람의 생명은 마치 부추 잎에 내린 이슬처럼 덧없다는 뜻으로, 상여가 나갈 때에 부르는 만가(輓歌)를 가리킨다. 한 고조(漢高祖)에게 반기를 들다 패망한 전횡(田橫)의 죽음을 두고 그 무리가 지은 만가 2장 중 1장에 "부추 위의 아침 이슬 어찌 그리 쉬이 마르는가. 이슬은 말라도 내일 아침 다시 내리지만, 사람은 죽어 한번 가면 언제 다시 돌아오나.〔薤上朝露何易晞? 露晞明朝更復落. 人死一去何時歸?〕" 라고 하였다. 《古今注 音樂》

호해의 풍류 이제 끝나 버렸으니　湖海風流盡
남아의 의기 다시 얻기 어려우리[266]　男兒意氣難
외로운 내 마음 어디다 쏟아 낼거나　孤襟何處瀉
두 뺨에 흐르는 눈물 막을 수 없네　雙淚不禁汍
채복의 효도 애초에 어그러졌으니[267]　彩服行初缺
그대 집안 복이 온전치 못하구려　高門福未完
생각하노라면 항상 슬프기만 한데　念來常惻惻
차마 어이 다시 수척한 상주[268] 대하리　忍復對欒欒

266 호해(湖海)의……어려우리 : 호해의 기상이 있던 박태형(朴泰衡)이 세상을 떠나니 남아(男兒)의 의기(意氣)를 가진 이를 만나기 어렵게 되었다는 말이다. 박필주(朴弼周)가 지은 박태형에 대한 묘지명(墓誌銘)에 "공은 대범하게 호해의 기상이 있었는데 젊어서 창계 임영과 함께 북쪽으로 유학하여 족부인 현석 선생에게 배워 《대학》, 주자의 《가례》 등의 책을 수업하고는 위기지학(爲己之學)에 진중하게 뜻을 두게 되었다.〔公倜儻有湖海氣，少與林滄溪泳同北學，學於族父玄石先生，受大學家禮等書，斂然有意於爲己.〕"라고 하여, 호해기(湖海氣)가 있던 그의 성품을 엿볼 수가 있다. 《黎湖集 卷28 咸悅縣監朴公墓誌銘, 韓國文集叢刊 197輯》 현석(玄石) 선생은 박세채(朴世采)를 가리킨다. 호해기는 호방하고 소탈하여 세속의 예법에 구속받지 않는 호협(豪俠)의 기상을 가리키는 말로, 삼국 시대 허사(許汜)가 형주 목사(荊州牧使) 유표(劉表)와 천하의 인물을 논하면서 "진원룡(陳元龍)은 호해의 선비라 호기(豪氣)가 없어지지 않았다.〔陳元龍湖海之士，豪氣不除.〕"라고 한 데서 온 말이다. 《三國志 卷7 魏書 陳登傳》

267 채복(彩服)의……어그러졌으니 : '채복'은 채의(彩衣)와 같은 말로, 알록달록한 색동옷을 말한다. 춘추 시대 초(楚)나라의 효자인 노래자(老萊子)가 나이 일흔에 어린애처럼 오색(五色)이 찬란한 색동옷을 입고 부모 앞에서 어린애 같은 재롱을 부려 부모를 즐겁게 했던 일을 가리킨다. 《小學 卷4 稽古》 여기서는 박태형이 48세에 작고하였기에 노래자처럼 일흔이 되어 부모님 앞에 색동옷 입고 춤을 추며 즐겁게 해 드릴 수 없게 되었다는 말이다.

268 수척한 상주 : 원문은 '난란(欒欒)'으로, 수척한 모양을 뜻하는 말이다. 《시경》 〈회풍(檜風) 소관(素冠)〉에 "행여 흰 관을 쓴, 극인의 수척함을 볼 수 있을까?〔庶見素

신후(身後)의 일들은 여경[269]으로 남겼거니와	萬事留餘慶
많은 재주는 한 관직에 바쳤구나	多才效一官
높은 지위에 우뚝이 올라야 마땅한데	雲霄宜駿步
주현에 또한 곤궁하게 매였어라[270]	州縣亦泥蟠
옛 현철(賢哲)들도 이러하셨던 걸 보면	古哲猶如此
이 마음 조금 누그러지기도 하이	玆懷儻小寬
두 집안 혈육처럼 가까이 지냈기에	兩家敦骨肉
반평생 서로 깊은 마음 터놓았었지	半世照心肝
충고의 말 가슴 깊이 새겨 두었고	箴警銘深悃
즐거이 만났던 옛일을 추억한다오	逢迎憶舊歡
슬픈 노래 다 쏟아 내기 어려운 것은	悲辭難寫盡
이정에서 보게 되실까 염려해서라네[271]	恐入鯉庭看

冠兮, 棘人欒欒兮?〕"라고 한 데서 온 말이다. 극인(棘人)은 상주를 뜻하는 말로, 주희의 주(註)에 "극(棘)은 급하다는 뜻으로 상주는 급하여 경황이 없기 때문에 상주를 극인이라 한다."라고 하였다.

269 여경(餘慶) : 《주역》 〈곤괘(坤卦) 문언(文言)〉에 "선을 쌓은 집에는 반드시 남은 경사가 있고, 불선을 쌓은 집에는 반드시 남은 재앙이 있다.〔積善之家, 必有餘慶, 積不善之家, 必有餘殃.〕"라고 한 데서 온 말이다.

270 높은……매였어라 : 박태형(朴泰衡)이 현달(顯達)하여 포부를 폈어야 하는데 함열 현감(咸悅縣監)으로 있다가 생을 마감했다는 말이다.

271 이정(鯉庭)에서……염려해서라네 : 박태형의 부친 박세해(朴世楷)가 보게 될까 염려해서라는 말이다. '이정'은 아버지가 서 계신 뜰로, 공자의 아들인 공리(孔鯉)가 종종걸음으로 뜰에 있는 공자의 앞을 지나다가 시(詩)와 예(禮)에 관한 가르침을 받은 데서 온 말이다. 《論語 季氏》 여기서는 박태형의 부친 박세해를 가리킨다. 공리의 자는 백어(伯魚)이다.

윤생 적 에 대한 만사 경오년(1690, 숙종16)

尹生 績 挽 庚午

지나가는 길이라 자주 방문했고	見爲經過數
중표[272]이기에 정이 깊었다오	情因中表深
이웃에 함께 살자 약속하였고	卜隣曾有約
배우러 방문함을 허락하였네	負笈許相尋
그대 인생 만사에 눈물 어찌 견디리	萬事那堪涕
양친의 마음 위로할 길 없구나	雙親莫慰心
지난번 그대 조문하고 온 뒤로	向來相弔後
애통한 마음 지금껏 사무치누나	悽惻到如今

272 중표(中表) : 고모(姑母)나 대고모(大姑母)의 자녀 혹은 조모(祖母)나 모친(母親) 형제의 자녀를 이르는 말인데, 윤적(尹績)이 창계와 어떤 관계인지는 자세하지 않다.

김생 여침 에 대한 만사

金生 汝琛 挽

인생 만사 적막하고 자취 이미 묵었어라	萬事蕭條跡已陳
그대 시명은 가난한 삶 구제하지 못했구려	詩名未救一生貧
외로운 배 내일 서호[273]의 물가에 닿게 되면	孤舟明日西湖岸
그 시절 글 묻던 이를 흐느껴 울리라	泣盡當時問字人

273 서호(西湖) : 전라도 영암군(靈巖郡) 서쪽에 있는 지명으로, 회진(會津)에서 배를 타고 물길을 따라 내려가면 이르게 되는데, 아마 김여침(金汝琛)이 이곳에 살았던 듯하다.

풍영정[274]에서 죽음 선생[275]의 시에 공손히 차운하다
風詠亭 敬次竹陰先生韻

나그네 아직 길을 나서지 못함은	客行未可發
강 비가 오늘 저녁 다시 내림일세	江雨復今夕
이름난 정자 아름다운 풍광 속에	名亭佳麗地
약속이나 한 듯 한번 취해 보노라	一醉如有約
창 앞으로 백옥수[276]가 서 있는데	窓前白玉樹
나무는 늙고 꽃은 적막하여라	樹老花寂歷
술잔 들고 꽃에게 말을 거노니	持杯向花言
너와 함께 주인과 손님 되었구나	與爾成主客

274 풍영정(風詠亭) : 광주(光州) 서쪽 20리에 있는 정자이다. 《新增東國輿地勝覽 卷35 全羅道 光山縣》 1560년(명종15) 벼슬에서 물러나 고향으로 돌아온 김언거(金彦据, 1503~1584)가 지은 정자이다. 정자 안에는 당대의 명필 석봉(石峯) 한호(韓濩)가 쓴 '제일호산(第一湖山)'이라는 커다란 편액이 걸려 있으며 송순, 이황, 김인후, 기대승, 고경명, 이덕형 등 여러 문인들의 시가 남아 있다.

275 죽음(竹陰) 선생 : 죽음은 조희일(趙希逸, 1575~1638)의 호이다. 조희일의 본관은 임천(林川), 자는 이숙(怡叔)이며, 창계의 외조부 조석형(趙錫馨)의 부친이다. 광주 목사(光州牧使), 예조와 형조의 참판, 승문원 제조, 경상 감사 등을 역임하였다. 저서에 《죽음집(竹陰集)》, 《경사질의(經史質疑)》 10여 책이 있다.

276 백옥수(白玉樹) : 천제(天帝) 혹은 신선이 사는 곳에 있다는 선수(仙樹)로, 풍영정 곁에 서 있는 나무를 미화하여 말한 것이다.

월출산[277]을 유람하는 이경장 한좌 을 전송하다

送李景張 漢佐 遊月出山

새해도 어느덧 한 달이 지나　開歲忽移月
봄기운이 날로 따스해지는데　春氣日和柔
병든 나는 아직도 방에 틀어박혀　我病尙閉戶
명산 유람하는 그대를 전송하네　送子名山遊
명산으로 가는 백 리 사이에　名山百里間
푸른 봉우리 하늘에 떠 있으리　蒼翠半天浮
고개 들어 산 빛을 바라보고　擧頭望山色
손을 맞잡으니 이별 근심 더하네　執手增離憂
나는 그윽한 약속을 저버렸으니　以我負幽期
그대는 승경을 두루 찾기 바라노라　勉子窮冥搜
아름다운 언덕과 골짝 밟아 보고　踏盡丘壑美
노력하여 정상에도 올라 보시게　努力到上頭
만고에 내려오는 신령스러운 바위는　神靈萬古石
지금까지 여전히 움직이고 있는지[278]　至今猶動不

277 월출산(月出山) : 전라도 영암군(靈巖郡) 동쪽 5리에 있는 산이다. 천황봉(天皇峯), 구정봉(九井峯), 사자봉(獅子峯), 도갑봉(道岬峯), 주지봉(朱芝峯) 등이 벌여 있고 구정봉 아래에는 동석(動石)이 있으며 사찰로는 도갑사(道岬寺), 무위사(無爲寺) 등이 있다. 《新增東國輿地勝覽 卷35 全羅道 靈巖郡》

278 신령스러운……있는지 : 월출산 구정봉 아래에 있는 동석을 가리켜 말한 것이다. 동석은 움직이는 바위라는 뜻으로, 본래 3개가 있었는데 중국 사람이 이 바위들을 산

목마르면 구정의 물을 마시고　渴飮九井水
한껏 휘파람 불며 남주를 굽어보게　高嘯俯南州
그대 이번 유람하는 뜻 듣자 하니　仍聞子行意
명승을 찾고픈 생각만이 아니로세　不獨濟勝謀
봄 산에 술 싣고 다니는 흥취 속에　春山載酒興
스승과 벗들 또한 찾아다닌다지　師友亦相求
서호에 사는 내 오랜 벗은[279]　西湖吾故人
선현(先賢) 뒤따름이 마음의 지향이니　心事追前脩
그대 가서 문답을 나눠 보시게　子其往問之
답해 주는 말 자상할 것일세　告語當綢繆
빼어나고 빼어난 옥천자[280]는　英英玉川子
큰 재주가 참으로 짝이 없다네　大才諒無儔
새 벗 아는 즐거움이 제일이니　新知樂莫樂
어서 떠나 수레 멈추지 마시게　行矣莫停輈
높은 곳 오르면 반드시 글 짓고　登高必有作
도를 강론하면 응당 수작할 터　講道應相酬
돌아올 때 부디 기록해 가져와　歸時煩錄取
내게 보여 혼매한 눈 씻어 주시게　示我刮昏眸

아래로 떨어뜨리자 그 가운데 하나가 스스로 올라왔다고 한다. 그래서 이 바위를 영암(靈巖)이라 일컬었는데 영암군(靈巖郡)이라는 이름도 여기에서 나온 것이다.《新增東國輿地勝覽 卷35 全羅道 靈巖郡》

279 서호(西湖)에……벗은 : 서호는 영암군 서쪽에 있는 지명인데, 창계가 어떤 벗을 말하였는지는 자세하지 않다.

280 옥천자(玉川子) : 누구를 가리키는지는 자세하지 않다.

탑동에서 운자를 부르다

塔洞呼韻

속세 밖의 강산에서 꽃들 속에 술 마시니	物外江山花裏尊
시끄러운 풍진세상이야 아랑곳하지 않네	不知人世有塵喧
술에 취해 읊조리며 늦게야 돌아오는데	微吟帶醉歸來晩
무한한 봄바람이 곳곳의 마을에 불어오누나	無限春風處處村

이성의 한마디 말씀에 외로운 신하 슬퍼하였네[281]

二聖一語孤臣哀

281 이성(二聖)의……슬퍼하였네 : 명대(明代)의 문인 서애(西涯) 이동양(李東陽, 1447~1516)이 중국 역사상의 여러 일들을 소재로 지은 일련의 연작 고악부(古樂府) 가운데 〈기재탄(奇才歎)〉에 나오는 시구이다. 그 시에 "기재로다 참으로 기재로다. 이성의 이 한마디 말씀에 외로운 신하 슬퍼하였네. 외로운 신하 서글픈 눈물 비처럼 흐르니, 소인배들 신을 죽이려 했지만 신에게는 성주(聖主)가 있었다오. 그렇지 않다면 어찌 꿈속의 몸으로 천상의 말 들을 수 있었으리.〔奇才復奇才, 二聖一語孤臣哀. 孤臣哀淚如雨, 衆欲殺臣臣有主. 不然安得夢中身天上語?〕"라고 하였다. 《懷麓堂集 卷2 古樂府》《西涯擬古樂府 卷下》 이 시는 북송의 문인 동파(東坡) 소식(蘇軾, 1037~1101)의 삶을 노래한 것으로, 이에 얽힌 일화는 《송사(宋史)》 권338 〈소식열전(蘇軾列傳)〉에 자세하다. 신종(神宗) 희령(熙寧) 연간(1068~1077)에 신법(新法)을 주장하던 왕안석(王安石)은 자신과 의견이 다른 소식을 미워하였는데, 소식은 진사책문(進士策文)의 시제(試題)를 통해 왕안석이 신종을 보좌하면서 독단(獨斷)과 전횡(專橫)을 일삼는다고 비판하였다. 이로 인해 항주 통판(杭州通判)으로 폄적(貶謫)되었다. 원풍(元豐) 3년(1080) 호주(湖州)로 옮기게 되자 표문(表文)을 올려 사직하고 직설적으로 말할 수 없는 백성들에게 불편한 일들을 시로 풍자하여 국가에 도움을 주려 하였다. 이에 어사(御史) 이정(李定)·서단(舒亶)·하정신(何正臣)이 표문의 구절을 발췌하여 황제를 모만(侮慢)했다 하고, 소식이 지은 시들을 가지고 옥사(獄事)를 일으켜 사형에 처하려 했는데, 신종이 소식을 가엾게 여겨 사면하면서 황주 단련부사(黃州團練副使)로 안치하였다. 이후 신종은 소식을 다시 서용하려고 하였지만 재상 왕규(王珪)와 채확(蔡確)의 반대로 여주(汝州)로 옮기게 되었는데 소식이 글을 올려 상주 단련부사(常州團練副使)로 가게 되었다. 신종이 붕어하고 철종(哲宗)이 즉위하여 정국이 바뀌자, 다시 등주 지사(登州知事)가 되었고 이윽고 조정에 들어와 예부 낭중(禮部郎中) 등을 거쳐 한림학사(翰林學士)에 시독(侍讀)을 겸하게 되었다. 철종 원우(元祐) 2년(1087) 소식이 금중(禁中)에서 숙직할 때 영종(英宗)의 후(后)이자 신종의 모후(母后)인 선인후(宣仁后)가 불러 편전(便殿)에 입대(入對)하게 하고 묻기를 "경은 지난해 무슨 관직을 지내셨소?" 하자, 소식이 대답하기를 "신은 상주 단련부사였습니다." 하였다. 선인후가 다시 묻기를 "어떻게 대번에 여기에 이르게 된 것이오?" 하자, 소식이 답하기를 "태황태후(太皇太后)와 황제 폐하를 조우(遭遇)해서입니다." 하였다. 선인후가 "아니

창오의 눈물 다하고 축신이 돌아오니[282] 蒼梧淚盡逐臣廻
선실에서 은총 깊어 이성을 모시었네[283] 宣室恩深二聖陪

라오."라고 말하자, 소식이 "그렇다면 대신들이 천거한 것입니까?"라고 하였다. 선인후가 "그것도 아니라오."라고 말하자, 소식이 놀라 말하기를 "신이 비록 보잘것없지만 감히 다른 방법으로 나아오지 못합니다."라고 하였다. 선인후가 "이는 선제(先帝)의 뜻이라오. 선제께서 매번 경의 문장을 송독(誦讀)하실 때면 반드시 '기재로다, 기재로다.〔奇才奇才.〕'라고 감탄하셨는데, 경을 등용하지 못하셨을 뿐이었소."라고 하였다. 이 말을 듣고 소식은 자기도 모르게 곡을 하다 목이 쉬었는데 선인후와 철종 역시 울었고 좌우에 있던 이들 모두 감동하여 눈물을 흘렸다. 이윽고 선인후는 소식에게 명하여 앉게 한 뒤 차를 하사하였고 어전(御前)에 있던 금련촉(金蓮燭)을 빼어 주며 한림원(翰林院)으로 돌아가게 하였다. 창계가 지은 이 시는 이동양의 〈기재탄〉을 읽고, 오랜 정치적 시련을 받았던 한편으로 신종의 깊은 지우를 입었던 소식의 파란만장했던 인생을 추억하며 소식의 입장에서 지은 것이다. '이성'은 본래 당(唐)나라 때 풍질(風疾)이 있는 고종(高宗)을 보좌해 수렴청정(垂簾聽政)하여 위세가 황제와 다름이 없었던 측천무후(則天武后)를 당시 사람들이 풍자하여 말한 것이다.《舊唐書 卷6 則天皇后本紀》 여기서는 어린 철종을 보좌하여 태황태후로 수렴청정하였던 선인후를 가리킨다.

282 창오(蒼梧)의……돌아오니 : 신종(神宗)이 붕어(崩御)한 데 대해 애곡(哀哭)의 눈물을 다 흘리고 정국이 바뀐 뒤에야 적관(謫官)으로 떠돌던 소식(蘇軾)이 조정으로 돌아오게 되었다는 말이다. '창오'는 중국 호남성(湖南省)에 있는 산으로, 순(舜) 임금이 남쪽 지방을 순행하다가 죽어 이곳 기슭에 묻히자, 두 비(妃)인 아황(娥皇)과 여영이 소상강(瀟湘江)에 막혀 건너가지 못하고 피눈물을 대나무 숲에 뿌리며 통곡하다가 강가에서 죽었다는 고사가 전하는 곳이다. 여기서 비롯하여 창오는 돌아간 임금의 능소(陵所) 혹은 돌아간 임금을 가리키게 되었는데, 여기서는 붕어한 신종을 가리킨다. '축신(逐臣)'은 조정에서 쫓겨나 귀양 간 신하로, 본래 충성을 다해 임금을 섬겼지만 간사한 자의 참소를 당해 쫓겨나 타향에서 떠돌았던 초(楚)나라의 대부 굴원(屈原)을 가리키는데, 여기서는 소식을 굴원에 비유한 것이다.

283 선실(宣室)에서……모시었네 : 소식(蘇軾)이 금중(禁中)에서 숙직하다가 선인후(宣仁后)의 부름을 받고 입대(入對)하여 대화를 나눈 일을 말한다. 503쪽 주281 참조. '선실'은 한(漢)나라 때 미앙궁(未央宮) 정전(正殿)의 정실(正室) 이름으로, 여기

세상만사 다 겪고 몸은 이미 늙었는데 萬事閱來身已老
쇠잔한 삶 가는 곳마다 마음 가눌 수 없구나 殘生到底意難裁
전대에 없는 이 영화 누가 알아주신 힘인지 榮超曠代誰知力
선제(先帝)에 대해 말씀하시니 다시 슬픔 밀려오네[284] 語及先朝更覺哀
희령 연간 시종하던 일을 아직 기억하노니 尙憶熙寧叨侍從
어찌 조금이나마 선제께 보탬이 되었으랴 何曾袞職補涓埃
재주는 본래 조정의 쓰임에 부족하거니와 論才本乏朝廷用
간언은 다시 집정자에게 시기를 받았지[285] 言事還爲當路猜
시 지은 일 되레 죄안(罪案) 될 줄 어찌 알았으랴[286] 豈謂詩成飜作案

서는 선인후가 있는 곳을 가리킨다. 한나라 때 가의(賈誼)가 일찍이 태중대부(太中大夫)에 발탁되었다가 뒤에 참소를 입어 장사왕(長沙王)의 태부(太傅)로 폄척되어 나갔다. 그로부터 수년 뒤에 문제(文帝)가 가의를 몹시 그리워하여 그를 불러들여서 마침내 한밤중에 선실로 불러 놓고 귀신의 근본에 대하여 물으므로, 가의가 귀신의 유래와 변화 등을 자세히 이야기하다가 한밤에 이르러 문제가 그 이야기에 빠져서 자기도 모르게 자리를 앞으로 당겨 가의 가까이 다가갔다고 한다.《史記 卷84 賈生列傳》 여기서는 소식이 조정으로 돌아와 편전(便殿)에서 선인후를 알현한 일을 가의가 선실에서 문제를 알현한 일에 비유한 것이다.

284 전대(前代)에……밀려오네 : 선인후가 소식에게, 그가 다시 조정으로 돌아오게 된 것이 신종(神宗)의 은총이라고 말하자, 소식이 애곡(哀哭)한 일을 가리킨다. 503쪽 주281 참조.

285 희령(熙寧)……받았지 : 소식은 치평(治平) 2년(1065)에 사관(史館)에 들어갔다가 부친 소순(蘇洵)의 상을 마치고 희령 2년(1069)에 다시 조정에 돌아왔다. 희령 연간의 일은 503쪽 주281 참조.

286 시(詩)……알았으랴 : 원풍(元豐) 3년(1080) 신법(新法)이 백성들에게 불편한 점들을 소식(蘇軾)이 시로 풍자한 일로, 이 사건을 오대구안(烏臺舊案) 또는 오대시안

복이 지나치면 재앙이 쉽게 생기기 마련이라네	應緣福過易生災
목숨 살려 주시고 녹봉 받아 깊은 은혜 받았는데	全生尸祿殊恩浹
죽지 않고 호궁하며 마음 다 타 버렸어라[287]	未死號弓百慮灰
만리 길 소환하심은 진정 분수에 넘치는데	萬里召還眞不分
한때의 영화로운 어명이 다시 재촉하누나	一時榮命又相催
누가 백일이 빛을 돌려 비추게 하였는지	誰敎白日回光照
청운이 길에 가득 펼쳐 있음이 괴이하구나[288]	自怪靑雲滿路開
한밤중에 문득 전석[289]의 하문 받고 나서	半夜忽蒙前席問
마음 깊이 드넓은 성상의 은혜 감축하였네	寸心唯祝上恩恢
간곡한 선제의 유지 처음 듣고 놀라	丁寧遺志驚初聽

(烏臺詩案)이라고 한다. 소식이 지은 풍자시라는 것 중에는, 특히 그가 회(檜)나무를 읊은 시에 "뿌리가 구천에 이르도록 굽은 곳이 없으니, 세간에선 오직 땅속에 숨은 용만이 알리라.〔根到九泉無曲處, 世間唯有蟄龍知.〕"라고 한 것이 유명한데, 이 시를 가지고 왕안석(王安石)의 당여(黨與)들은 심지어 소식이 불신(不臣)의 마음을 품었다고까지 모진 탄핵을 가했다.

287 죽지……버렸어라 : 신종(神宗)을 따라 죽지 못한 채 애곡(哀哭)하며 마음 아파한다는 말이다. '호궁(號弓)'은 붕어한 임금을 애도하는 것을 가리킨다. 황제(黃帝)가 수산(首山)의 구리를 채굴하여 형산(荊山) 아래서 솥을 다 주조하고 나서 용(龍)을 타고 승천할 적에 군신(群臣)과 후궁(後宮) 70여 인이 함께 올라갔는데, 여기에 포함되지 못한 소신(小臣)들은 용의 수염을 잡고 있었다. 그러나 용의 수염이 빠지는 바람에 모두 떨어졌는데, 이때 황제의 활도 떨어졌다. 이에 백성들이 '그 활과 수염을 안고 울부짖었다〔抱弓鬚號泣〕'고 한 데서 온 말이다. 《史記 卷28 封禪書》

288 누가……괴이하구나 : 신종이 붕어한 뒤 철종(哲宗)이 어려 선인후(宣仁后)가 섭정(攝政)하게 되자, 신법을 폐기하고 소식을 비롯한 구신(舊臣)들을 다시 조정에 불러들인 일을 말한다.

289 전석(前席) : 504쪽 주283 참조.

홀연 깊은 충정에 눈물이 뺨에 흘러내리네　　倉卒危衷涕滿腮
어찌 보잘것없는 이 사람을 간택하시어　　奚取疎慵垂睿簡
한가로이 계실 때마다 기재라고 말씀하신 건지[290]　　每當閑燕說奇才
돌이켜 보매 용렬한 신은 다른 기예 없으니　　深思薄劣無他技
이내 문명 예전부터 조금 있어서인 듯하네　　似爲文名在向來
쌓인 비방도 선제의 총명 가릴 수 없었거니　　積謗未容天鑑蔽
외로운 뿌리 성상께서 심도록 남겨 주셨네[291]　　孤根留與聖朝栽
이제야 알겠어라 영해에서 허물 뉘우치던 시절　　方知嶺海追愆日
운소에서 윤색하는 재주 이미 허여하셨음을[292]　　已許雲霄潤色材

290 한밤중에……건지 : 소식(蘇軾)이 금중(禁中)에서 숙직하다가 선인후(宣仁后)의 부름을 받고 입대(入對)하여 대화를 나눈 일을 말한다. 503쪽 주281 참조.

291 쌓인……주셨네 : 왕안석(王安石)과 그의 당여(黨與)들이 소식을 여러 차례 비방하며 죽이려 하였지만 신종(神宗)은 그를 아끼는 마음에 사면을 베풀어 뒤에 철종(哲宗)이 등용할 수 있도록 해 주었다는 말이다. 503쪽 주281 참조.

292 이제야……허여하셨음을 : 소식이 왕안석의 미움을 사 중앙에 붙어 있지 못하고 오랜 세월 항주(杭州)·밀주(密州)·서주(徐州)·호주(湖州)·황주(黃州) 등 먼 지방을 전전하였는데, 신종은 여러 차례 소식을 다시 서용하려고 했지만 번번이 집정자들에게 저지당하였다. 한번은 신종이 재상 왕규(王珪)와 채확(蔡確)에게 "국사가 지중하니 소식에게 명하여 돌보게 해야겠소."라고 말하자, 왕규가 난색을 표하기에, 증공(曾鞏)을 대신 등용하고, 소식은 여주(汝州)로 옮겨 주면서 "소식이 폄적되어 허물을 뉘우치며 보낸 세월이 매우 오래되었다. 인재는 참으로 얻기 어려우니, 차마 끝내 버리지 못하겠다."라고 하였다.《宋史 卷338 蘇軾列傳》'운소(雲霄)'는 본래 하늘가, 높은 하늘을 뜻하는 말로, 전하여 조정의 높은 지위를 가리킨다. '윤색하는 재주'는 공자(孔子)가 "사명(辭命)을 만드는 데 있어 비심이 이를 초하여 짓고, 세숙이 이를 토론하고, 행인 자우가 이를 수식하고, 동리 자산이 이를 윤색하였다.〔爲命, 裨諶草創之, 世叔討論之, 行人子羽脩飾之, 東里子産潤色之.〕"라고 한 데서 온 말로, 나라에 문장(文章)으로 이바지하는 재주를 가리킨다.《論語 憲問》

한밤중에 어슴푸레 마치 꿈에서 깬 듯해라	儻怳中宵如夢覺
지난 일들이 분명하게 마음 다그쳐 오누나	分明往事只心催
화로의 연기 속에 외로운 충심 배나 격발되고	孤忠倍激爐煙裏
전각의 구석에서 맑은 피눈물 자주 적시누나	淸血頻沾寶閣隈
보좌 위 성상의 용안 다시 슬픔 띠시고	榻上威顔還帶慘
주렴 속 태후의 말씀 또한 탄식 일으키네	簾中慈旨亦興欸
옥 찻잔에 내리신 차 자리에서 받아 마시고	茶分玉椀當筵拜
금련 촉 거두어 들고 한림원으로 돌아가네	燭撤金蓮向院回
우주 속 백 년간의 지우에 대한 감격을	宇宙百年知遇感
늦게나마 바치고자 노년에 힘쓰려 하노라	唯將後效勉衰頹

인간 세상 유배 와도 봉래산에 살고 있구나[293]

謫居猶得住蓬萊

감호(鑑湖)[294]는 깨끗하게 성곽 끼고 돌아가고　　鑑水澄明繞郭回

293 인간……있구나 : 원진(元稹)의 〈이주택과어낙천(以州宅誇於樂天)〉에 나오는 시구이다. 그 시에 "주성이 멀리 두르며 뭉게구름 스치는데, 경호(鏡湖)와 계산이 눈에 가득히 들어오네. 사면으로 언제나 병풍 마주하고 있으니, 한 채의 집 온종일 누대에 있는 것 같구나. 은하수는 처마 끝으로 떨어지는 듯하고, 고각 소리 땅 밑에서 돌아 나오나 놀라라. 나는 옥황상제의 향안 맡았던 아전이라, 인간 세상 유배 와도 봉래산에 살고 있구나.〔州城迥遶拂雲堆, 鏡水稽山滿目來. 四面常時對屛幛, 一家終日在樓臺. 星河似向簷前落, 鼓角驚從地底回. 我是玉皇香案吏, 謫居猶得住蓬萊.〕"라고 하였다.《元氏長慶集 卷22》《瀛奎律髓 卷4 庭宇類》 원진은 자신이 지은 시가(詩歌)를 통해 목종(穆宗)이 동궁(東宮)에 있을 때 지우(知遇)를 입어 목종의 즉위 이후 지제고(知制誥)로 발탁되었고 뒤에는 평장사(平章事)까지 올랐다. 하지만 배도(裴度)와의 불화로 인해 평장사에서 파직되어 동주 자사(同州刺史)가 되었고 재상에서도 파직되었다. 얼마 뒤 월주 자사(越州刺史)로 자리를 옮겨 어사대부(御史大夫)와 절동 관찰사(浙東觀察使)를 겸하였다. 이 시절 원진은 회계(會稽) 고을의 산수가 매우 빼어난 데다 그의 막료들이 모두 당시의 문사(文士)였기에, 그들과 함께 경호, 진망(秦望) 지역을 매월 서너 차례씩 유람하면서 많은 시를 지었다. 이 시 역시 이 시절에 지은 것이다.《舊唐書 卷166 元稹列傳》 주택(州宅)은 자사(刺史)가 사는 관사를 가리키고, 봉래(蓬萊)는 영주(瀛洲)·방장(方丈)과 함께 동해 가운데 선인(仙人)이 산다는 삼신산(三神山)의 하나이다. 원진이 지은 시는 월주(越州)로 폄적되어서도 아름다운 산수 속에서 잘 지내고 있다고 백거이(白居易)에게 자랑하기 위해 지은 것인데, 이에 대해 백거이는 〈답미지과월주주택(答微之誇越州州宅)〉 시를 지어 화답하기도 하였다.《白氏長慶集 卷23》 창계는 원진이 조정에서 월주로 폄적된 것을 천상에서 상제를 모시다가 봉래에 적강(謫降)한 것이라고 비유한 원시를 부연하여 원진을 신선으로 상정하고 그의 입장에서 이 시를 지은 것이다.

294 감호(鑑湖) : 경호(鏡湖)를 가리킨다. 후한 순제(後漢順帝) 때 마진(馬臻)이 회

계산은 문 앞으로 다시 우뚝 솟아 있네	稽山當戶更崔嵬
이름난 승경(勝景) 본래 인간 세상과 구별되나니	名區自與人間別
높은 누각 참으로 속세 밖에 열린 듯하구나	飛閣眞如象外開
신선 연분으로 지난날 일월을 의지하였더니	仙分向來依日月
적관으로 사는 거처 또한 봉래산이로세[295]	謫官居處亦蓬萊
옥황께서 일찍이 천상 관적(官籍)에 올려 주시어	玉皇早許昇天籍
향안 받잡고 특별히 시종(侍從)하고 다녔었네	香案曾經特地陪
십이루가 황도 위에 높이 자리하고 있는데[296]	十二樓高黃道上
예사로이 이 몸은 자신전[297]에 이르곤 했지	尋常身到紫宸隈

계 태수(會稽太守)가 되어 절강(浙江) 소흥(紹興)에 관개를 위해 만든 호수가 경호인데, 후대에 감호라고 부르기도 하였다. 《通典 卷2 食貨2 水利田》

295 신선(神仙)……봉래산(蓬萊山)이로세 : 옥황상제(玉皇上帝)를 시종하던 신선이었기에 인간 세상에 적강(謫降)해서도 삼신산(三神山)의 하나인 봉래산에 산다는 말이다. '일월(日月)'은 임금을 상징하는 것으로, 원진(元稹)이 처음에 목종(穆宗)을 모시며 조정에 있다가 월주(越州)로 적관(謫官)되어 온 것을 옥황상제를 모시다 봉래로 적강한 것에 비유한 것이다. 이하 천상 세계와 신선을 들어 말한 것은 모두 원진의 인생을 비유한 것이다. 509쪽 주293 참조.

296 십이루(十二樓)가……있는데 : '십이루'는 전설에 선인(仙人)이 산다는 곳으로, 곤륜산(崑崙山) 정상의 현포(玄圃)에 있다고도 하고 천상의 옥경(玉京)에 있다고도 하는데, 여기서는 천상의 태양이 지나가는 길인 황도(黃道)에 자리하고 있다고 본 것이다. 이백(李白)의 〈경난리후천은류야랑억구유서회증강하위태수양재(經亂離後天恩流夜郎憶舊遊書懷贈江夏韋太守良宰)〉 시에 "천상에는 백옥경이 있어 오성에 십이루가 있네.〔天上白玉京, 十二樓五城.〕"라고 한 데서 온 말이다. 《李太白集 卷9》

297 자신전(紫宸殿) : 상제(上帝)가 거처하는 궁전인데, 당송(唐宋) 시대에 황제가 조정 백관과 외국 사신들을 접견하던 정전(正殿)의 이름으로 쓰여, 제왕이 사는 궁궐을 가리키게 되었다.

《단경》을 배웠으되 삼생의 일을 그르쳤고[298] 丹經却誤三生事
묵수를 찼으되 애초 백 리의 재주 아니라네[299] 墨綬初非百里才
구름 속 상제(上帝)의 성 부질없이 꿈에 들어오니 雲裏帝城空入夢
하늘 끝 나그네 길에서 얼마나 뺨을 적셨는지 天涯客路幾沾腮
누가 이 고을이 도리어 선계(仙界)일 줄 알았으랴 誰知下邑還淸界
외려 고상히 지내며 속세와 단절할 수 있구나 猶得高居絶俗埃
관사는 온통 명경 같은 굽이 기대고 있고 官舍摠依明鏡曲
주성은 절로 화병 같은 언덕 두르고 있네[300] 州城自繞畫屛堆

298 단경(丹經)을……그르쳤고 : 신선이 되었지만 잘못을 저질러 도리어 천상에서 적강(謫降)하게 되었다는 말이다. 《단경》은 신선이 되는 단약(丹藥)을 제조하는 연단술(煉丹術)을 서술한 책이고, 삼생(三生)은 불교에서 전생(前生)·금생(今生)·후생(後生)을 가리키는 말로, 전생에 신선이었던 자신이 잘못하여 금생에 인간 세상으로 내려왔다는 말이다. 모두 원진(元稹)이 조정에 있다가 월주(越州)로 귀양 온 일을 비유한 것이다.

299 묵수(墨綬)를……아니라네 : 원진이 폄적(貶謫)되어 자사(刺史)가 되었는데 작은 고을을 다스리기에도 능력이 부족하다고 겸사로 한 말이다. '묵수'는 지방관이 차는 검은 색의 인끈이고, '백 리의 재주'는 증자(曾子)가 "육 척의 고아를 기탁할 만하고, 사방 백 리 되는 나라의 운명을 맡길 만하며, 큰 절개에 임하여 지조를 빼앗을 수 없다면 군자다운 사람일까? 군자다운 사람이니라.〔可以託六尺之孤, 可以寄百里之命, 臨大節而不可奪也, 君子人與? 君子人也.〕"라고 한 데서 온 말로, 본래 제후국의 운명을 책임지며 정사를 담당하는 것을 말한다.《論語 泰伯》 뒤에 한 현(縣)의 관할이 대략 100리쯤 되었던 데서 100리를 현의 대칭으로 쓰게 되어 한 지방〔縣〕을 맡아 다스리는 재주를 가리키게 되었다.

300 관사(官舍)는……있네 : 월주(越州)의 맑은 거울처럼 깨끗한 경호(鏡湖) 그리고 회계산(會稽山)을 두르며 수축(修築)되어 있는 성곽을 묘사한 것이다. 509쪽 주293 참조.

운하[301]가 아스라이 서려 있으니 참으로 경도[302]이고	雲霞縹緲眞瓊島
봉학이 들쑥날쑥 펼쳐 있으니 바로 옥대[303]로다	峯壑參差是玉臺
제일 선산이 자리 차지하고 벌여 있으니	第一仙山成坐占
삼천 리 약수가 날아 들어온 듯하구나[304]	三千弱水似飛來
사람들 적강이라 말하지만 은혜 외려 두터워	人稱謫降恩猶厚
천제께서 맘껏 노닐게 하니 법망 또한 너그럽네	天借遨遊網亦恢
호중[305]이라고 한들 이곳보다 낫지는 못하니	未必壺中能勝此

301 운하(雲霞) : 구름과 노을로, 속세에서 멀리 벗어난 신선 세계를 비유한다.

302 경도(瓊島) : 신선이 산다는 선도(仙島)와 같은 뜻으로, 선경(仙境)을 가리킨다.

303 옥대(玉臺) : 전설 속에 나오는 천제(天帝)가 사는 곳이다.

304 제일……듯하구나 : 봉래산(蓬萊山)처럼 신선이 살 듯한 회계산(會稽山)이 있어 약수(弱水) 같은 경호(鏡湖)가 따라와서 회계산 앞에 펼쳐져 있다는 말이다. 사자연(謝自然)이 바다에서 배를 타고 봉래로 가서 스승을 찾고자 하였는데 바람에 떠밀려 어떤 산에 이르러 한 도인을 보았다. 도인은 사자연에게 천태산(天台山)에 있는 사마승정(司馬承禎)이 훌륭한 스승이라고 말한 뒤 봉래는 약수가 30만 리나 가로막고 있어 배를 타고 갈 수 없고 날아다니는 신선이 아니면 당도할 수 없다고 하였다. 《太平廣記 卷21 神仙》 소식(蘇軾)은 〈금산묘고대(金山妙高臺)〉 시에서 "봉래산은 이르러 갈 수 없으니 약수가 3만 리나 펼쳐져 있어서라네.〔蓬萊不可到, 弱水三萬里.〕"라고 하여, 이미 3만 리라고 잘못 노래하였는데 후대에는 심지어 3천 리라고 말하는 이들도 있었다. 《施註蘇詩 卷26》 여기서 '삼천 리'라고 한 것 역시 잘못 알고 말한 것이지만 인간이 건너갈 수 없는 먼 거리인 것은 차이가 없다. '약수'는 신화 속에 나오는 하해(河海)의 이름으로, 홍모(鴻毛)조차도 뜨지 않아 건너갈 수가 없다고 한다. 《海內十洲記 鳳麟洲》

305 호중(壺中) : 호중천(壺中天)이라 하여 별천지, 신선의 세계를 뜻한다. 동한(東漢)의 비장방(費長房)이 저자의 아전이었을 때, 어떤 노인이 저잣거리에서 약을 팔면서 호리병 하나를 가게 머리에다 걸어 놓았다가 저자가 파하면 호리병 속으로 뛰어 들어갔다. 저자 사람들은 이를 보지 못했는데 비장방은 누대에서 그 광경을 내려다보고는 비상한 사람이라 여기고 그 노인에게 가서 재배(再拜)하고 술과 안주를 올렸다. 노인이

어찌 꼭 바다 건너 선경만이 신비롭다 하랴 何須海外獨奇哉
진동은 헛되이 창진을 건너 찾았거니와[306] 秦童枉涉滄津覓
허연은 온전히 도기를 가지고 돌아갔지[307] 許掾全携道氣廻
온 가족들 선약(仙藥) 훔치러 이를 것 없으니[308] 盡室不煩偸藥到

비장방에게 다음 날 찾아오라고 하여 다음 날 다시 찾아가니 노인이 비장방을 데리고 같이 병 속으로 들어갔는데, 장엄한 옥당(玉堂) 안에 안주와 술이 가득 놓여 있었으므로 함께 술을 실컷 마시고 돌아왔다고 한다. 《後漢書 卷82 方術列傳下 費長房》

306 진동(秦童)은……찾았거니와 : 진 시황(秦始皇) 때의 동남동녀(童男童女)들이 헛되이 바다 건너 삼신산(三神山)을 찾아다녔다는 말이다. 제(齊)나라 사람 서불(徐市) 등이 진 시황에게 글을 올려 말하기를 "바다 가운데에 삼신산이 있습니다. 그 이름은 봉래(蓬萊), 방장(方丈), 영주(瀛洲)인데 그곳에 선인(仙人)이 살고 있습니다." 하자, 진 시황이 서불을 보내 동남과 동녀 수천 명을 동원하여 바다에 들어가 선인을 찾도록 하였다. 《史記 卷6 秦始皇本紀》 '창진(滄津)'은 바다를 말하는 것으로, 이백(李白)의 〈고풍(古風)〉 제48수에 "해를 좇아 서쪽 바닷가를 순행하여, 바위 몰아 바다에 다리를 놓았네.〔逐日巡海右, 驅石駕滄津.〕"라고 하였는데, 진 시황이 돌을 바다에 던져 다리를 만들어 해가 뜨는 곳까지 이르고자 했던 데서 온 말이다. 《李太白集分類補註 卷2》

307 허연(許掾)은……돌아갔지 : '허연'은 허홰(許翽)로, 그가 자신의 조상인 허염(許琰)·허숙(許肅)·허손(許孫)·허목(許穆) 등이 선도(仙道)를 경모한 가문의 내력을 따라 본인도 신선이 되어 돌아갔다는 말이다. 자세한 내용은 438쪽 주197 참조.

308 온……없으니 : 자신은 선약(仙藥)을 먹고 가족들과 함께 승천했던 유안(劉安)이 아니므로 가족들이 찾아올 것 없다는 말이다. 한 무제(漢武帝) 때 고제(高帝)의 손자인 회남왕(淮南王) 유안은 신선(神仙)의 도를 좋아하여 팔공(八公)을 비롯한 천하의 방사(方士)들이 종유하였다. 어느 날 오피(伍被)라는 자가 왕에게 죄를 짓고 주벌당할 것을 두려워하여 무제에게 회남왕이 반란을 도모하고 있다고 하였다. 이에 팔공이 회남왕에게 인간 세상을 버리고 하늘로 가자고 하면서 솥에다 단약(丹藥)을 달여 회남왕에게 복용하게 하고 300여 명에 이르는 가족들도 같은 날 승천(昇天)하게 하였다. 이때 집에 있던 닭과 개들도 솥 속에 남아 있던 단약을 핥아 먹고 모두 함께 날아갔다고 한다. 《神仙傳 卷6 淮南王》

행음하며 보허사(步虛詞)나 본받아 지으련다[309]	行吟却倣步虛裁
오마[310]를 끌고 오니 하늘 가운데 울어 대고	牽來五馬嘶天半
쌍정[311]을 바라보니 북두 빛에 반짝이누나	看把雙旌閃斗魁
청명[312]의 지경에 들어와 신선이 된 듯하고	境入青冥身似化
상서로운 채운(彩雲)인가 하여 머리 다시 드노라	雲疑彩靄首還擡
되레 구루[313]에서도 일이 많았던 것 저어하여	翻嫌句漏猶多事

309 행음(行吟)하며……지으련다 : 적강(謫降)하여 울울한 마음을 풀기 위해 신선 노래나 부르며 지내겠다는 말이다. '행음'은 전국 시대 초 회왕(楚懷王) 때 삼려대부(三閭大夫) 굴원(屈原)이 간신(奸臣)들에게 참소를 입고 쫓겨나 〈어부사(漁父辭)〉를 지었는데, 그 첫머리에 "굴원이 쫓겨나 강가에서 노닐고 못가를 거닐면서 시를 읊조리매 안색이 초췌하고 형용에 생기가 없었다.〔屈原旣放, 游於江潭, 行吟澤畔, 顏色憔悴, 形容枯槁.〕"라고 한 데서 온 말로, 쫓겨난 신하가 울울한 마음을 푸느라 거닐며 읊조리는 것을 말한다. '보허사(步虛詞)'는 본래 도교(道教)에서 경을 외우며 예찬(禮讚)하는 사(詞)를 말하는데, 뒤에 세속을 초월한 신선의 아름다움을 노래한 악부(樂府) 잡곡(雜曲)의 명칭이 되었다. 북주(北周)의 유신(庾信), 수 양제(隋煬帝), 당(唐)의 고황(顧況)·유우석(劉禹錫) 등의 의작(擬作)이 유명하다.

310 오마(五馬) : 한(漢)나라 때 태수가 다섯 필의 말이 끄는 수레를 타고 다녔던 데에서 유래하여 지방 수령을 가리키는 말로 쓰이는데, 원진(元稹)이 월주 자사(越州刺史)로 폄적(貶謫)되어 가는 길이기에 이렇게 말한 것이다.

311 쌍정(雙旌) : 당(唐)나라 때 절도사(節度使)로 자사(刺史)를 겸한 이가 출행할 때의 의장(儀仗)으로, 절동 관찰사(浙東觀察使)를 겸한 월주 자사 원진의 행차를 말한 것이다.

312 청명(青冥) : 푸르고 그윽한 하늘로 신선 세계를 가리키는데, 여기서는 원진이 폄적되어 간 월주가 천상 세계처럼 아름다움을 비유한 것이다.

313 구루(句漏) : 중국 광서(廣西) 북류현(北流縣)에 있는 산으로, 도가(道家)에서 인간 세상에 내려온 신선들이 거처한다는 36개 동천(洞天) 가운데 22번째 동천 이름이기도 하고, 일찍이 갈홍(葛洪)이 수련하던 곳이라 전하기도 한다. 갈홍은 신선(神仙) 도양(導養)의 법을 좋아했는데 나이 들어 연단(鍊丹)을 통해 장수하고자 하였다. 마침

안기생[314] 불러 술 한잔 함께 마시고 싶어라	欲喚安期共一杯
이곳 관아 바로 도원[315]이라 일컬을 만하니	公署便堪稱道院
신선 유람 어찌 꼭 천태산[316]을 찾아야만 하랴	眞遊何用訪天台
쌍부가 훗날 원단(元旦)에 조회하러 나서는 길에[317]	雙鳧他日朝元路
돌이켜 선향 바라보며 가는 길 재촉하지 않으리	却望仙鄕去不催

교지(交趾)에서 선약(仙藥)의 재료인 단사(丹砂)가 난다는 말을 듣고 그곳의 구루 영(句漏令)을 자청하여 나갔다가 뒤에 자질(子姪)들을 거느리고 나부산(羅浮山)에 머무르며 연단(煉丹)하다가 81세에 죽어 신선이 되었다고 한다. 《晉書 卷72 葛洪列傳》

314 안기생(安期生) : 전국 시대 제(齊)나라 사람으로 하상장인(河上丈人)에게 황제(黃帝)와 노자(老子)의 설을 배우고 세속을 떠나 동해의 해변에서 약을 팔며 살았다고 한다. 이소군(李少君)이 한 무제(漢武帝)에게 말하기를 "신이 일찍이 동해의 해변에서 안기생을 브았는데 그는 오이만 한 큰 대추를 먹고 있었습니다. 안기생은 신선으로, 봉래(蓬萊)를 왕래하는데 뜻이 맞으면 모습을 나타내고 뜻이 맞지 않으면 숨는다고 합니다."라고 하였다. 《史記 卷28 封禪書》

315 도원(道院) : 도교(道教)의 도사(道士)가 사는 곳으로, 속세를 벗어난 청정한 곳이라는 말이다.

316 천태산(天台山) : 중국 절강성(浙江省) 천태현(天台縣) 북쪽 3리에 있는 산으로, 두우(斗牛)의 분야에 해당하고 위로 태수(台宿)에 응하므로 천태(天台)라 이름하였다고 한다. 신령한 선인(仙人)이 사는 곳이라고 하는데 사마승정(司馬承禎), 선녀 마고(麻姑) 등이 살았다고 한다. 후한 명제(後漢明帝) 영평(永平) 연간에 섬현(剡縣)의 유신(劉晨)이 완조(阮肇)와 함께 천태산에 들어가서 약을 캐다가 길을 잃어 헤매던 중에 아름다운 두 여인을 만나 함께 살며 정을 통하고 반년을 머물다가 집으로 돌아와 보니, 아는 사람이 없었다. 알고 보니 이미 수백 년 세월이 흘러 자기의 7대손(代孫)이 살고 있었기에 다시 천태산으로 돌아갔다는 고사가 유명하다. 《太平御覽 卷41 地部》

317 쌍부(雙鳧)가……길에 : 월주 자사(越州刺史)로 있는 원진(元稹)이 훗날 황제의 부름을 받아 다시 조정으로 돌아가게 될 때라는 말이다. '쌍부'는 신선이 타는 한 쌍의 오리로, 전하여 지방관을 가리킨다. 자세한 내용은 376쪽 주98 참조.

강행 10수. 당나라 사람의 〈고숙제영〉에 차운하다[318]

江行十首 次唐人姑熟諸詠

열 식구 강물 가운데 있으니	十口在中流
외로운 배 먼 남쪽으로 내려가네	孤舟下南極
버들 곁에서 고향을 작별하고	柳邊別故里
여울 속에서 아침밥을 먹노라	灘上爲朝食
물가 사이 느릿느릿 흘러가며	延緣洲渚間
강산의 풍광 한가득 담아 간다네	滿載江山色

318 강행(江行)……차운하다 : 창계가 차운한 시는 이백(李白)의 〈고숙십영(姑熟十詠)〉으로, 〈고숙계(姑熟溪)〉·〈단양호(丹陽湖)〉·〈사공댁(謝公宅)〉·〈능효대(陵歊臺)〉·〈환공정(桓公井)〉·〈자모죽(慈姥竹)〉·〈망부산(望夫山)〉·〈우저기(牛渚磯)〉·〈영허산(靈墟山)〉·〈천문산(天門山)〉 등 모두 10수이다. 고숙(姑熟)은 계수(溪水)의 이름으로, 고숙(姑孰)·고포(姑浦)라고도 하는데 강남(江南) 태평부(太平府) 즉 지금의 안휘성(安徽省) 당도현(當塗縣) 남쪽 2리에 있으며 단양(丹陽) 동남쪽의 다른 강물들과 합하여 보적산(寶積山)을 지나 장강(長江)으로 흘러든다. 한편 북송(北宋)의 소식(蘇軾)은 이백의 시집에 왕왕 위작(僞作)이 섞여 있다고 의심하였는데, 그가 뱃길로 고숙에 가서 머물 적에 〈고숙십영〉을 읽고는 그 시어가 너무 천근(淺近)하므로 이백의 작품이 아닐 것이라 생각하였다. 왕안석(王安石)의 아우 왕안국(王安國)은 심지어 이 시가 이적(李赤)이라는 사람이 지은 것이라고 주장하였다. 이적은 당나라 오군(吳郡) 사람으로 자신을 이백에게 견주어 적(赤)이라고 이름하였는데, 뒤에 측간의 귀신에게 홀려서 죽었다고도 한다. 《李太白集注 卷22》《詩林廣記 卷3 李太白》〈연보〉에 의하면, 창계는 1690년(숙종16) 42세 때 두역(痘疫)을 피하여 둘째 형 임정(林淀)이 있는 사교(沙橋)로 거처를 옮겼다고 하는데, 회진(會津)에서 영산강(榮山江) 물길을 따라 무안(務安) 쪽으로 내려가면 지금의 일로읍(一老邑) 복룡리(伏龍里)에 사교가 있다. 이 시는 바로 이때의 여정을 읊은 것이다.

언덕에서 몇 사람이나 바라보는지　林皐幾人望
이별하는 마음 말없이 알겠구나　離心默相識

두 번째 其二

조류 돌아들면 닻줄 또한 풀었다가　潮回纜亦解
바람 잦아들면 배 다시 멈추누나　風定舟還止
물가 수초는 봄빛이 막 한창인데　汀草春正深
강 물결은 저녁에 다시 일어나네　江波晩復起
언덕 너머 저곳은 어느 마을인지　隔岸是何村
수많은 집들 대숲 사이로 비치누나　千家映竹裏
무릉 사는 사람들인가 의심하여　還疑武陵人
복사꽃 흐르는 강물 다시 따라가네[319]　更逐桃花水

세 번째 其三

나는 사랑하노라 현진자[320]가　吾愛玄眞子

319 무릉(武陵)……따라가네 : '무릉'은 전설상에 존재하는 선경(仙境)인 무릉도원(武陵桃源)을 말하는 것으로, 도잠(陶潛)의 〈도화원기(桃花源記)〉에서 비롯되었다. 자세한 내용은 427쪽 주175 참조. 여기서는 뱃길을 따라 마주치는 아름다운 풍광을 무릉도원에 비유하여 말한 것이다.

320 현진자(玄眞子) : 당(唐)나라 때의 은사(隱士) 장지화(張志和)의 호이다. 장지화는, 자가 자동(子同)으로, 무주(婺州) 금화(金華) 사람이다. 16세에 명경과(明經科)에 급제하여 숙종(肅宗)의 지우(知遇)를 입어 한림(翰林)에 대조(待詔)하면서 좌금오

신세를 물에 띄운 집에 부친 일을[321] 身世一泛宅
노래할 땐 푸른 수운 펼쳐 있었고 歌時水雲碧
머문 곳엔 하얀 갈대꽃 우거졌었네 宿處蘆花白
다 끝난 일이라 그 풍류 아득하지만 事往風流遠
마음으로 교감한 세월은 오래라네 神交歲年積
이번 길 마침 그와 같은 처지이니 玆行可同調
천고에 금석의 사귐[322] 가탁하노라 千載托金石

네 번째 其四

배를 멈추자 해가 막 저물어 가니 停橈日向夕

위녹사참군(左金吾衛錄事參軍)에 제수되었는데 뒤에 어떤 일에 연루되어 남포위(南浦尉)로 좌천되었다가 사면되었으나 다시 벼슬하지 않고 강호(江湖)에 지내면서 연파조도(煙波釣徒)라고 자칭하는 한편, 《현진자(玄眞子)》라는 책을 짓고 이를 따라 자호(自號)하였다. 《新唐書 卷196 隱逸列傳 張志和》

321 신세를……일을 : 장지화(張志和)가 물에 띄운 집을 만들어 다니고 싶다고 말했던 일을 말한다. 안진경(顏眞卿)이 호주 자사(湖州刺史)로 있을 때 장지화가 찾아보자 안진경이 그의 배가 낡아서 물이 새는 것을 보고 바꾸어 주고자 했다. 이에 장지화가 "원컨대 물에 띄운 집을 만들어 초삽(苕霅) 지역에 왕래하고자 합니다.〔願爲浮家泛宅, 往來苕霅間.〕" 하며, 즉석에서 재치 있게 응수하였다. 《新唐書 卷196 隱逸列傳 張志和》 초삽은 초계(苕溪)와 삽계(霅溪) 두 시내의 병칭으로, 지금의 절강성(浙江省) 호주시(湖州市) 지역이다.

322 금석(金石)의 사귐 : 금석처럼 변치 않는 사귐을 말하는 것으로, 당(唐)나라 맹교(孟郊)의 〈심교(審交)〉에 "오직 금석처럼 굳은 교분이 있어야 지혜롭다 말할 수 있으리.〔唯當金石交, 可以賢達論.〕"라고 한 데서 온 말이다. 《孟東野詩集 卷2 樂府下》《詩林廣記 卷7 孟東野》

안개 서린 강물 시름겹게 바라보노라　　煙水愁極目
생애는 집에 경쇠를 걸어 놓은 듯하고[323]　　生涯室懸罄
세사는 평지에 일어나는 풍파(風波) 같네　　世事波起陸
마음 쏟는 건 천고의 서책이요　　關心千古書
뜻에 맞는 건 낚대 하나뿐이로구나　　適意一竿竹
휘파람 불고 나도 듣는 이 없어　　嘯罷無人聽
시 짓고는 또 나 홀로 읽어 보네　　詩成且自讀

다섯 번째 其五

강바람은 쉬지 않고 불어오고　　江風吹未休
강 물결은 마르지 않고 흐르는데　　江水流不竭
가만히 있음은 또한 무슨 일인가　　淹留亦何事
노에 기대어 새 달을 기다린다오　　倚棹候新月
달이 뜨면 그대 노래 불러 주시게　　月出君且歌
조수 잔잔해지면 나는 출발할 테니　　潮平我當發
가고 머묾은 자연의 이치에 따르니　　去留機自爾
외로운 흉금 절로 깨끗해지누나　　孤襟坐洞澈

323 생애(生涯)는……듯하고 : 한평생 가난하게 살았다는 말이다. '집에 경쇠를 걸어 놓은 듯하다'는 말은 집에 경쇠〔磬〕만 걸어 놓고 아무 것도 없다는 말로, 매우 가난하게 사는 것을 뜻한다. 제(齊)나라가 노(魯)나라를 침범하였을 때 제후(齊侯)가 말하기를 "집에는 경쇠를 걸어 놓은 듯하고 들판에는 푸성귀 하나 없는데, 무엇을 믿고 두려워하지 않는다는 말인가.〔室如懸磬, 野無青草, 何恃而不恐.〕"라고 한 데서 온 말이다.《春秋左氏傳 僖公26年》 원문의 '경(罄)'은 '경(磬)'과 같다.

여섯 번째 其六

배는 두 모래섬을 지나가고	舟過二水洲
달은 외로운 풀 섬을 비추누나	月照孤草島
풍광이 사람을 기다려 온 듯하니	風光如有待
유람하러 온 것이 몹시 늦었구나	客遊苦不早
정자 이름은 가는 곳마다 아름답고	亭名到處佳
강물 빛깔은 밤들자 좋기도 해라	江色入夜好
흰 갈매기 마주하여 잠을 청하면서	對眠白鷗鳥
한가로운 정취 함께 지키자 다짐하네	閑情誓共保

일곱 번째 其七

앞 여울을 이제 지나려 하는데	將欲過前灘
갈매기는 작별이 아쉬운 듯하구나	白鷗如惜別
나그네의 마음 또한 서글퍼져	客意亦悵然
외로운 배 머무르며 떠나지 않네	孤帆宿不發
밤 깊었는데 달빛 아직 비추이고	夜久月猶在
출렁이는 물소리에 바람 그치지 않네	水鳴風不絶
봉창[324] 아래 홀로 뒤척이노라니	篷窓獨輾轉
울적한 생각 언제나 그치려는지	幽思何時歇

324 봉창(篷窓) : 거룻배처럼 작은 배에 대오리 · 띠 · 부들 따위로 거적처럼 엮은 뜸을 걸어 놓은 창문, 즉 선창(船窓)과 같은 뜻이다.

여덟 번째 其八

달 저물고 강이 이미 밝아 오니	月轉江已曉
배를 저어 다시 어디로 향하는지	船開復何向
머문 구름은 빈 물가에 흩어지고	宿雲散空渚
산들바람은 작은 물결 일으키누나	微風起細浪
물새 우는 소리 이따금 들리고	時聞水鳥響
웅장한 바위 절벽 점점 보이네	漸見巖崖壯
아침 햇살 밝은 거울처럼 맑으니	朝光澹明鏡
참으로 천상에 앉은 듯하구나	眞似坐天上

아홉 번째 其九

물길 하나 굽이굽이 돌아 흐르니	一水累縈回
바로 이호를 향해 가는 길이라네	是向梨湖路
어여쁜 산봉 길손 맞으러 다가오고	好峯迎客來
한가한 물결 사람 따르며 흘러가네	閑流逐人去
운림[325]은 가장 아름다운 곳이요	雲林最勝地
누관은 그윽한 곳에 자리하였구나	樓觀當深處
오가는 길 이제부터 익숙하리니	還往自今熟
이제 다시 얼마나 지나다닐는지	經過復幾度

325 운림(雲林) : 구름이 끼어 있는 숲으로, 보통 처사(處士)가 은거(隱居)하는 곳을 가리킨다.

열 번째 其十

뱃길 따라 회산을 지나가니　　舟行過回山
삽교의 문이 바로 마주하고 있네[326]　　霅橋門正對
돛은 아스라한 물가 따라 돌아가고　　帆隨極浦轉
노는 가벼운 파도 헤쳐 부서뜨리네　　棹拂輕波碎
형제간에 서로 왕래하노라니　　朅來伯仲間
호산을 절로 즐기게 되었구나　　自得湖山外
세인들 눈으로 만약 바라본다면　　世人若相望
창창한 운무만이 있을 뿐이리　　蒼蒼但煙靄

326 뱃길……있네 : 물길 따라 내려가다 둘째 형 임정(林淀)이 있는 사교(沙橋)의 집에 당도하였다는 말이다. 사교는 지금의 무안군(務安郡) 일로읍(一老邑) 복룡리(伏龍里)에 속한 마을로, 복룡리에는 영산강을 건너 영암(靈巖)으로 가려면 마을 전체를 돌아가야 한다 해서 회산(回山)이라 명명한 곳이 있다. '삽교(霅橋)'는 사교를 대칭(代稱)하여 말한 것으로 당(唐)나라 때의 은사(隱士) 장지화(張志和)가 은거하였던 삽계(霅溪)를 가리킨다. 518쪽 주321 참조.

보흥사에서 벽에 제하다

寶興寺題壁

험한 길 오르니 심사가 흡족하고	躋險心期愜
높은 곳 기대니 시야가 탁 트였네	憑高眼界寬
인가의 연기는 바다에서 끝나고	人煙臨海盡
푸른 산색은 강 너머로 보이누나	山翠隔江看
운옥[327]은 갠 날씨에도 함치르르하고	雲屋晴猶潤
괴정은 여름인데도 서늘하구나	槐亭夏亦寒
다시 호수에 뜬 달빛 사랑하여	更憐湖月色
깊은 밤 난간에 기대어 있네	深夜倚欄干

두 번째 其二

섬은 아스라이 부평초 떠 있는 듯하고	島逈疑萍泛
호수는 잔잔히 거울이 열린 듯하여라	湖平似鑑開
봉우리 음지 쪽엔 아홉 우물[328] 나오고	峯陰九井出
돛 그림자 아래 두 강물[329] 흘러오누나	帆影二江來

327 운옥(雲屋) : 은자(隱者)나 출가인이 사는 곳으로, 여기서는 보흥사(寶興寺)를 가리킨다.

328 아홉 우물 : 지금의 무안군(務安郡) 일로읍(一老邑) 구정리(九井里)를 말하는 것으로, 마을에 9개의 우물이 있었다 하여 붙여진 이름이다.

329 두 강물 : 지금의 영산강(榮山江)과 영암천(靈巖川)으로, 보흥사 부근에서 두 강이 합류하는 것을 묘사한 듯한데 자세하지 않다.

해와 달은 앞 포구에 떠오르고　　日月浮前浦
구름과 놀은 가까운 누대에 가득하네　　雲霞滿近臺
평소 청아(淸雅)한 뜻을 품어 왔기에　　平生瀟灑意
한가로이 누워 돌아갈 줄 모르네　　高臥不知回

세 번째 其三

오래된 절엔 중들이 막 모여들고　　古寺僧初集
앞마을엔 나그네 잠시 머무르네　　前村客暫居
조섭하려고 우연히 찾아와서는　　偶來緣養疾
외로이 앉아 이따금 책을 읽노라　　孤坐或看書
수면의 달처럼 마음 고요해지고　　水月心同靜
풍진세상에 자취 이미 멀어졌네　　風塵跡已疎
지체하여도 마음의 집착은 없으니　　淹留亦無著
다시 진여[330]를 배우는 듯하구나　　還似學眞如

330 진여(眞如) : 불교 용어로, 영원히 존재하는 실체(實體)나 실성(實性)을 말하며, 또한 우주 만유의 본체(本體)를 가리키기도 한다. 진은 '진실하여 허망하지 않다〔眞實不虛妄〕'는 뜻이고 여(如)는 '체성(體性)이 변하지 않는다〔不變其性〕'는 뜻을 지니고 있다 한다. 실상(實相), 법계(法界), 법성(法性), 여여(如如), 여실(如實) 등과 같은 뜻의 말이다.

강행기사. 간재의 시에 차운하다[331]

江行紀事 次簡齋韻

세상만사 걱정하다 이제야 어제 근심 잊고서	萬事今忘昨日憂
돛배 타고 가을에 조각구름과 함께 떠가노라	一帆秋與片雲浮
맑게 갠 날 겹겹의 파도는 하늘 말며 내려가고	新晴疊浪飜天去
저녁 풍경 속 수많은 산봉은 벼랑 끼고 흐르네	晩景千峯夾岸流
천지간에 한평생은 체악이 이어진 듯하고[332]	四海平生連棣萼
인생 백 년에 나의 도를 창주에 부치리라[333]	百年吾道付滄洲

331 간재(簡齋)의 시에 차운하다 : '간재'는 남송(南宋)의 시인 진여의(陳與義, 1090~1138)의 호로, 창계가 차운한 시는 《간재집(簡齋集)》 권11에 수록된 〈관강창(觀江漲)〉이다. 그 시에 "불어난 물 조망하니 이내 시름 풀 만한데, 강가에 지팡이 짚고 서니 땅이 뜨는 듯하구나. 겹겹의 파도는 외로운 햇살 함께 뒤집으며 내려가고, 양쪽의 물가는 높은 하늘 말아 가며 흘러가누나. 자라와 악어 뒤엉켜 성내며 새 굴을 다투고, 갈매기와 백로 놀라 날며 옛 모래섬을 잃었네. 벼슬살이하며 마음 통쾌한 데 방해되는 것은, 눈앞에 일엽편주 없음을 깨닫는 것일세.〔漲江臨眺足消憂, 倚杖江邊地欲浮. 疊浪併翻孤日去, 兩津橫卷半天流. 黿鼉雜怒爭新穴, 鷗鷺驚飛失故洲. 可爲一官妨快意, 眼中唯覺欠扁舟.〕"라고 하였다. 이 시는 《영규율수(瀛奎律髓)》 권17 〈청우류(晴雨類)〉에도 수록되어 있다.

332 천지간에……듯하고 : 세상을 살면서 항상 형제들과 함께한다는 말이다. '체악(棣萼)'은 형제를 비유하는 말로, 《시경》 〈소아(小雅) 상체(常棣)〉에 "아가위의 꽃이여, 환하게 선명하지 않은가. 무릇 지금 사람들은, 형제만 한 이가 없느니라.〔常棣之華, 鄂不韡韡? 凡今之人, 莫如兄弟.〕"라고 한 데서 온 말이다. '악불(鄂不)'에 대해 정현(鄭玄)은 주희(朱熹)와 달리 '꽃받침〔萼跗〕'으로 해석하였다.

333 인생……부치리라 : 유가(儒家)의 도를 배우고 지키면서 산수(山水)에 은거하여 산다는 말이다. 두보(杜甫)가 촉(蜀)의 성도(成都) 서곽(西郭)에 있는 완화계(浣花

청명한 밤 닻줄 묶고 모래톱에 묵노라니	淸宵繫纜沙邊宿
갈대꽃 우거진 곳에 달빛이 배에 가득하여라	也有蘆花月滿舟

두 번째 其二

풍광이 이러한데 나그네 무엇을 근심하는지	風光如此客何憂
무한한 가을 물결에 일엽편주로 떠가노라	無限秋波一葉浮
남해사 앞에는 구름 모두 걷히어 있고	南海祠前雲盡捲
회산포 밖에는 강물 모여 흘러가누나	回山浦外水交流
낚시터에서 지팡이 짚고 푸른 절벽 바라보고	磯頭策杖臨靑壁
강어귀에서 돛 걸고 저녁 물가로 들어가네	江口懸帆入晚洲
서쪽 방죽 밑 작은 전지(田地) 손으로 가리키며	指點小莊西堰裏
독송정 아래서 돌아가는 배를 매노라	獨松亭下繫歸舟

溪)에 초당(草堂)을 짓고 지내던 상원(上元) 2년(761)에 지은 〈강창(江漲)〉에 "가벼운 돛배로 좋이 감이 편하나니, 나의 도를 창주에 부치리라.〔輕帆好去便, 吾道付滄洲.〕"라고 한 것과 주희(朱熹)가 무이산(武夷山) 창주정사(滄洲精舍)에서 지은 악부시(樂府詩) 〈수조가두(水調歌頭)〉에 "영원히 인간 세상 일을 버리고, 나의 도를 창주에 부치리라.〔永棄人間事, 吾道付滄洲.〕"라고 한 데서 온 말이다. 《晦菴集 卷10 樂府》 '창주(滄洲)'는 물가에 위치한 땅으로, 신선(神仙)이 사는 곳을 비유하기도 하고 은사(隱士)의 거처를 뜻하기도 한다.

이 상국[334] 상진 에 대한 만사

李相國 尙眞 挽

세운이 쇠락하여 천주[335]가 부러지니	世運逶迤天柱摧
사림의 서글픔이 무지렁이에게까지 미치네	士林傷痛及輿儓
산하의 걸출한 정기(精氣)는 남국에 비어 버렸고	山河間氣空南國
문무를 겸비한 재주는 상태[336]에 사라졌네	文武全才失上台
곧은 도리는 간언이 있어 사책(史策)에 남았건만	直道有言留簡策
맑은 풍도는 계시던 누대 찾을 곳이 없구나	淸風無地覓樓臺
평생 만나 뵙고픈 소원 이루지 못한 채	平生未遂登門願
조정 걱정하며 뺨에 가득 눈물 흘릴 뿐이네	只爲公朝淚滿腮

334 이 상국(李相國) : 이상진(李尙眞, 1614~1690)으로, 본관은 전의(全義), 자는 천득(天得), 호는 만암(晩庵), 시호는 충정(忠貞)이다. 1645년(인조23) 별시 문과에 병과로 급제하고 이조 판서, 우의정, 판중추부사 등을 역임하였다. 지평과 정언으로 있을 때 국사(國事)와 시사(時事)에 대해 직언하였고, 1689년(숙종15) 인현왕후(仁顯王后) 민씨(閔氏)의 폐위가 부당함을 간하다가 숙종의 진노를 사 종성(鐘城), 북청(北靑), 철원(鐵原) 등지로 귀양 갔다. 이후 풀려나 부여에서 살다가 세상을 떠났다. 1695년에 청백리(淸白吏)에 뽑혔다.

335 천주(天柱) : 고대 신화에 나오는 하늘을 괴는 기둥을 뜻하는데, 전하여 국가의 중임을 진 사람을 비유하는 말로, 여기서는 이상진을 가리킨다.

336 상태(上台) : 중태(中台), 하태(下台)와 함께 삼태성(三台星)을 이루는 별로, 정승을 상징하는데 이상진이 판중추부사를 지냈으므로 이렇게 말한 것이다.

배우는 자에게 보이다
示學者

문로는 먼저 사자[337]에서 구할 것이요	門路先從四子求
이후에 시서와 예역 및 《춘추》[338]를 배울 것이네	詩書禮易及春秋
염락관민 선철들이 모두 조술(祖述)하였으니[339]	濂洛關閩俱有述
지금부터 쉬지 말고 탐구해 나가야 하리	自今探討不宜休

337 사자(四子) : 사자서(四子書)의 약칭으로 사서(四書)라고도 하는데, 유가(儒家)의 네 성현 즉 공자(孔子), 증자(曾子), 자사(子思), 맹자(孟子)의 언행록(言行錄)인 《논어》·《대학》·《중용》·《맹자》 등 4종의 유가 경전을 말한다. 남송(南宋)의 주희(朱熹)가 《논어》를 주석하고, 《예기》에서 《대학》과 《중용》을 떼어 내 장구(章句)를 나누어 주석을 가하고, 또 여기에 《맹자》를 더하여 《사서장구집주(四書章句集注)》라고 명명한 데서 사서라는 명칭이 처음 만들어졌는데 후대에 유가의 입문서로 쓰였다.

338 시서(詩書)와……춘추(春秋) : 《시경》·《서경》·《예기》·《주역》·《춘추》 등 유가의 다섯 경전인 오경(五經)을 말한다. 이 명칭은 한 무제(漢武帝) 건원(建元) 5년(136)에 비롯된 것으로, 그 가운데 《예(禮)》는 한나라 때 《의례(儀禮)》를 가리켰다가 후대에는 《예기》를 가리키게 되었고 《춘추》는 후세에 《춘추좌씨전(春秋左氏傳)》을 합하여 말하게 되었다.

339 염락관민(濂洛關閩)……조술(祖述)하였으니 : '염락관민'에서 '염(濂)'은 염계(濂溪)로 송학(宋學)의 비조(鼻祖)인 주돈이(周敦頤)가 거주하던 곳이고, '낙(洛)'은 낙양(洛陽)으로 정호(程顥)·정이(程頤)가, '관(關)'은 관중(關中)으로 장재(張載)가, '민(閩)'은 민중(閩中)으로 주희(朱熹)가 거주하던 곳으로, 염락관민은 송대 성리학을 개창하고 발전시킨 주요 학자들을 대칭(代稱)하는 말이다. 이들은 유가의 경전인 사서와 오경에 대하여 각종의 주석을 남겼고 학인(學人)들과의 문답 및 언행을 통해 유가 사상을 확장 발전시켰다.

두 번째 其二

천지가 개벽하고 얼마나 세월이 흘러왔던가	天開地闢幾經年
이제와 삼왕[340]의 덕업이 온전히 전해 오네	二帝三王德業全
곧장 지금에 이르기까지 치란의 자취를	直到于今治亂蹟
사가의 기전에서 다 자세히 연구하였네	史家記傳摠詳硏

세 번째 其三

앞으로 봐도 가없고 뒤로도 끝이 없으니	前瞻無際後無終
상하 사방 온 우주가 어찌 다함 있으리	上下四傍寧有窮
이 가운데 사물들을 모두 잘 살펴야 하니	其間物物皆當察
온갖 이치 모두 다 마음속에 녹아 있다네	萬理都融方寸中

340 이제(二帝)와 삼왕(三王) : 중국 고대의 성왕(聖王)들로, 이제는 당요(唐堯)와 우순(虞舜)이고, 삼왕은 하(夏)나라의 우왕(禹王)과 상(商)나라의 탕왕(湯王)과 주(周)나라의 문왕(文王)과 무왕(武王)인데, 유가에서 이상적인 정치를 실현했던 제왕으로 일컬어진다.

이른 봄에 겸 상인을 보내다

早春送謙上人

겸 상인은 나와 동성이다. 영남에서 찾아왔는데 돌아가는 날에 시를 요구하기에 그런대로 이렇게 써서 주었다.

그대 후한 뜻은 동성이기 때문이라	厚意緣同姓
추운 날씨 헤치고 타향에 찾아왔구려	寒天到異鄕
매화 핀 창가에서 온종일 담소하니	梅窓終日話
그대 보낼 제 옷이 온통 향기롭구나	送爾滿衣香

윤 용안[341] 제민 에 대한 만사
尹龍安 濟民 挽

계수화는 언제나 떨어지려나	桂子幾時落
나생에게는 천고의 통한이로세[342]	羅生千古冤
그대도 지금 급제하지 못했으니	君今亦不第
운명이로다 다시 무슨 말을 하리	命也更何言
벼슬 물러나 이웃 고을에 살았기에	官罷依隣境

341 윤 용안(尹龍安) : 윤제민(尹濟民, 1634~1690)이다. 용안(龍安)은 전라도의 현 이름으로, 윤제민은 1686년(숙종12) 6월에 용안에 부임하여 1688년 10월에 재상(災傷)으로 체차(遞差)되었다. 본관은 파평(坡平), 자는 민첨(民瞻), 호는 잠정자(岑鼎子)·공공자(悾悾子)이다. 송시열(宋時烈)에게 배웠는데, 경술(經術)과 문장(文章) 모두 뛰어나 1657년(효종8) 식년시에서 진사 2등 3위로 입격하였으나 산림에 은거하기를 좋아하여 대과(大科)는 치르지 않았다. 성균관 선비들의 추천으로 공릉 참봉(恭陵參奉), 경기전 참봉(慶基殿參奉), 광흥 주부(廣興主簿), 사헌부 감찰, 양성 현감(陽城縣監) 등을 역임하였다. 저서로 《잠정자시집(岑鼎子詩集)》이 있다. 《松沙集 卷18 三賢亭記, 韓國文集叢刊 345輯》

342 계수화(桂樹花)는……통한(痛恨)이로세 : 대과에 급제하지 못하는 것이 나생(羅生)에게 오랜 통한이라는 말이다. 계수나무 가지를 꺾거나, 그로 인해 계수화가 떨어지는 것은 과거 급제를 의미한다. 진 무제(晉武帝) 때 극선(郤詵)이 현량 대책(賢良對策)에서 천하제일로 뽑혔는데, 무제가 극선에게 이르기를 "경(卿)은 스스로 어떻게 생각하는가?" 하자, 극선이 대답하기를 "신의 현량 대책이 천하제일로 뽑힌 것은 마치 계림의 계수나무 한 가지나, 곤륜산의 한 조각 구슬과 같은 것입니다.〔臣擧賢良對策, 爲天下第一, 猶桂林之一枝, 崑山之片玉.〕"라고 했던 데서 온 말이다. 《晉書 卷52 郤詵列傳》 '나생'은 나주(羅州)의 어느 서생(書生)이거나 윤제민과 창계가 함께 알고 있는 나씨(羅氏)인 서생을 가리키는 듯한데 자세하지 않다.

넋을 불러도 고향은 멀리 있구려	魂招隔故園
강남에 봄풀이 푸른빛 띠고 있어	江南春草綠
아직도 왕손을 기다리는 듯한데[343]	猶似待王孫

343 강남(江南)에……듯한데 : 한(漢)나라 때 회남왕(淮南王) 유안(劉安)에게 의탁한 팔공(八公) 가운데 한 무리인 소산(小山)이 지은 〈초은사(招隱士)〉에 "왕손은 출유(出遊)하여 돌아오지 않는데, 봄풀은 자라나 무성해졌구나.〔王孫遊兮不歸, 春草生兮萋萋.〕"라고 한 데서 온 말이다.《楚辭 卷8》 여기서는 그 옛날 봄풀이 났는데도 돌아오지 않았던 왕손을 그리워했던 것처럼 지금 역시 봄풀이 돋아나 이제는 돌아오지 못하는 윤제민(尹濟民)을 그리워한다는 말이다.

2월 10일에 《남헌집》에 있는 시에 차운하다[344]

二月十日 次南軒集中韻

사촌에 봄이 한창 깊어 가니 沙村春欲半
새소리 매화 핀 창가에 들리누나 鳥語到梅窓
수려한 경색은 갠 산에 떠오르고 秀色浮晴岳
잔잔한 파도는 푸른 강에 일어나네 微波起綠江
마음 탁 트여 처한 곳을 즐기거니와 心開爲樂處
몸은 멀리 있어도 나라를 걱정한다오 身遠亦憂邦
하루 종일 찾아오는 이 없으니 盡日無人問
마주하는 건 백로 한 쌍뿐이라네 相看鷺一雙

344 2월……차운하다 : 창계가 차운한 시는 남헌(南軒) 장식(張栻)이 2월 10일에 봄날의 풍광을 읊은 〈2월 10일에 성 남쪽의 들길을 걷다가 저물녘에 오백승 등 여러 벗과 함께 배대에서 술을 마시며 분운하여 '강' 자를 얻다〔二月十日野步城南晚與吳伯承諸友飮裴臺分韻得江字〕〉로, 창계 역시 장식을 따라 같은 날 이 시를 지은 것이다. 《南軒集 卷4 律詩》

3월 26일에 형제들이 응시[345] 주 의 초당에 단출하게 모여 운자를 불러 저마다 읊조리다

三月二十六日 諸兄弟小集應時 澍 草堂 呼韻各占

다른 손님 아닌 우리 형제들이	兄弟非他客
봄바람 속에 이곳으로 찾아왔다네	春風杖屨來
못가에서 함께 바위에 둘러앉고	池邊同坐石
꽃밭에서 다시 술잔을 돌린다오	花裏更傳杯
강은 수천 집의 대나무를 비추고	江映千家竹
산은 한 골짝의 매화를 숨겼구나	山藏一壑梅
그윽한 집 산수로 넉넉히 꾸몄으니	幽居足粧點
재촉하여 벽에 시 쓸 일 없으리	題壁未須催

345 응시(應時) : 창계의 종제(從弟) 임주(林澍)로, 창계의 부친 임일유(林一儒)의 막냇동생 임장유(林長儒)의 아들이다.

4월 6일에 응시 초당의 시운을 사용하여 중형의 집 벽에 제하다

四月六日 用應時草堂韻 題仲氏屋壁

산의 경색은 솔 사이로 보이고	山色松間見
강물 소리는 대 너머에 들리네	江聲竹外來
무더운 때에는 빙루회[346]가 있고	炎天氷縷膾
가을날에는 국화주가 있다네	秋日菊花杯
섬돌에는 장춘의 잣나무[347] 벌여 있고	階列長春柏
화분에는 말랍의 매화[348] 피었구나	盆開末臘梅
해를 보내며 즐거이 지내는 이곳에	經年湛樂地
이별할 때 다가옴이 두려울 뿐이네	惟恐別期催

346 빙루회(氷縷膾) : '빙루'는 얼음처럼 차갑고 실처럼 보드라운 것을 형용하는 말이기도 하고, 살얼음이라는 뜻도 있는데, 여기서는 은어회(銀魚膾)를 가리키는 듯하다. 창계가 나주(羅州)의 회진(會津)으로 돌아와 지은 〈고향에 돌아와 운자를 부르다〔還鄕呼韻〕〉 시에서 "봄 강에는 또한 은어회가 있으니, 괴로이 가을 기다렸던 장군을 되레 비웃네.〔春江亦有銀鱗膾, 還笑張君苦待秋.〕"라고 하여, 당시 영산강(榮山江)에 은어가 많이 서식하고 있었음을 알 수 있다. 시는 466쪽에 보인다.

347 장춘(長春)의 잣나무 : '장춘'은 화창한 봄날의 모습을 길이 간직한다는 뜻으로 사시사철 푸른빛을 띠고 오랜 세월 서 있어 온 잣나무를 말하는 것이다.

348 말랍(末臘)의 매화 : '말랍'은 음력 12월을 가리키므로, 한겨울에 피는 납매(臘梅)를 말한다.

4월 20일에 술 마시고 붓을 놀려 작은 병풍 뒤에 제하다
四月二十日 酒後走筆 題小屛後

물가에 산들바람 부는 저녁이요 水岸微風夕
사촌에 보슬비 내리는 풍광이로다 沙村細雨天
강산이 나를 놓아주지 않아 江山不相放
올해도 나그네로 떠도는구나 旅泊又今年

두 번째 其二

짙은 푸름은 초여름에 알맞고 濃綠宜初夏
옅은 그늘은 한낮이 가까워졌네 輕陰近午天
한가로우니 가난해도 즐겁고 閑知貧亦好
고요하니 하루가 한 해 같구나 靜覺日如年

세 번째 其三

속세 밖의 마음 열리는 곳이요 物外開心地
강가의 시야 탁 트인 하늘이로세 江干極目天
연파 속에 떠 있는 집 있으니[349] 煙波有泛宅
여기서 남은 생을 보내고 싶네 於此送殘年

349 연파……있으니 : 518쪽 주321 참조.

윤 부학[350] 경교 에 대한 만사

尹副學 敬教 挽

대신하여 지은 것이다.

공께서 옛날 금강 가에서 풍속 관찰하실 때	公昔觀風錦水湄
하관이 현을 다스린 것 또한 같은 때였네[351]	下官爲縣亦同時
쇠약하여 정사 졸렬한데도 깊이 장려하셨고	衰慵政拙猶深奬
집안 대대로 정의(情誼) 두터워 오랜 벗과 같았지	家世情親若舊知
십 년 동안 출입하며 몇 번이나 뵈었던가	出入十年曾幾見
한 시대 떨친 그 명성 이제 찾을 수 없구나	聲光一代已難追
애도의 글 어찌 이내 사사로운 애통이기만 하랴	緘辭豈獨吾私痛
뜻을 함께했던 선류들의 슬픔 묵묵히 상상하노라	默想當年善類悲

350 윤 부학(尹副學) : 윤경교(尹敬教, 1632~1691)로, 부학은 윤경교가 지낸 관직이다. 본관은 파평(坡平), 자는 양일(養一), 호는 장호(長湖)이다. 조부는 윤훈거(尹勳擧)이고, 부친은 윤변(尹抃)이며, 윤선거(尹宣擧)에게 배웠다. 1663년(현종4) 식년시 문과에 을과로 급제하였다. 지평, 헌납, 충청도 관찰사, 홍주 목사(洪州牧使), 부제학, 대사간, 좌승지, 철원 부사(鐵原府使) 등을 역임하였다. 저서로《장호봉사(長湖封事)》가 있다.《素谷遺稿 卷11 族祖副學公行狀, 韓國文集叢刊 223輯》

351 공께서……때였네 : 윤경교는 1681년(숙종7)에 충청도 관찰사에 제수되어 내려갔는데, 창계에게 만사를 대술(代述)하게 한 사람 역시 현감(縣監)을 지내고 있었던 듯하다.《素谷遺稿 卷11 族祖副學公行狀, 韓國文集叢刊 223輯》

조카 시[352]의 산거에 부치다

寄蓍姪山棲

중이 찾아와 부지런히 글 읽는다 말해 주니	僧來說汝讀書勤
이 말 들으매 내 마음 벌써 흔쾌해진다	聞此令人意已欣
다시 정밀히 생각하고 행동으로 실천하여야	更得精思仍實踐
허송세월하지 않는 것임을 비로소 알리라	方知不枉度朝曛

352 조카 시(蓍) : 임시(林蓍)로, 창계의 둘째 형 임정(林渟)의 셋째 아들이다.

김 회령 여흠 에 대한 만사
金會寧 汝欽 挽

가벼운 갖옷 입은 몸 두당양과 같으니[353]	輕裘身似杜當陽
공명을 쉽게 이뤄 황금대[354]가 빛나는구나	唾手功名金帶黃
바다 가르는 누선 타고 절제를 지냈고[355]	橫海樓船經節制

353 가벼운……같으니 : 김여흠(金汝欽)이 변방의 군진(軍陣)에서 한가하고 여유로운 모습을 보여 주는 장수의 풍도(風度)가 있다는 말이다. 진(晉)나라의 장군 양호(羊祜)가 양양(襄陽)에서 도독형주제군사(都督荊州諸軍事)로 군정을 잘 펼쳐 오(吳)나라를 방비하여 변환(邊患)을 없애고는 군중에서 항상 가벼운 갖옷[輕裘]에 느슨한 띠[緩帶]를 두르고 몸에는 갑옷을 입지 않았으며 영각(鈴閣) 아래에 시위(侍衛)하는 자들이 10여 명에 지나지 않았다고 한다. 《晉書 卷34 羊祜列傳》 '두당양(杜當陽)'은 진나라의 두예(杜預)이다. 진나라 경조(京兆) 두릉(杜陵) 사람으로 자는 원개(元凱)인데, 하남윤(河南尹)과 탁지 상서(度支尙書)를 역임하였다. 오나라 정벌을 도와 양호의 뒤를 이어 양양에서 도독형주제군사로 있었다. 태강(太康) 1년(280)에는 군대를 이끌고 오나라를 평정하고 그 공로로 당양현후(當陽縣侯)에 봉해졌다. 《晉書 卷34 杜預列傳》 여기서 창계는 양호의 고사를 말한 것인데, 두예가 양호의 뒤를 이어 양양을 다스렸으므로 전용한 것으로 보인다.

354 황금대(黃金帶) : 옛날에 문무백관이 허리에 띠었던 황금으로 장식한 요대(腰帶)를 말하는데, 금(金)·은(銀)·옥(玉) 등의 구별이 있었다고 한다.

355 바다……지냈고 : 김여흠이 회령 부사(會寧府使)를 지냈다는 말이다. '누선(樓船)'은 다락이 있는 큰 전선(戰船)을 가리키는 말로, 진(晉)나라 때 용양장군(龍驤將軍) 왕준(王濬)이 촉(蜀)에서 누선을 만들어 장강(長江)을 따라 내려가 오나라를 평정한 고사가 있다. 《晉書 卷42 王濬列傳》《瀛奎律髓 卷3 西塞山懷古》 '절제(節制)'는 첨절제사(僉節制使)의 준말로, 각 진영에 속했던 종3품의 무관 벼슬이다. 절도사(節度使)의 아래로 병영에는 병마첨절제사(兵馬僉節制使)가 있고 수영(水營)에는 수군첨절

북문에서 아독 휘날리며 변방을 맡았네[356] 北門牙纛任關防
환로에 승승장구함은 이십 년간의 일이요 飛騰二十年間事
마음 참담해짐은 삼천 리 밖의 상이로다 慘惔三千里外喪
고향의 갈바람 속에 그대 장지로 돌아갈 제 舊國秋風歸葬地
한때의 친애하던 이들 함께 옷깃 적시누나 一時親愛共沾裳

제사(水軍僉節制使)가 있는데, 목(牧)・부(府)의 소재지에서는 수령이 이를 겸직하였다. 김여흠이 회령 부사로 첨절제사를 겸직하였으므로 절제라고 말한 것이다.

356 북문(北門)에서……맡았네 : 김여흠이 두만강에 접한 국경 지대 회령(會寧)에서 국토를 수호했다는 말이다. '북문'은 북쪽의 중요한 관문을 뜻하는 말로, 여기서는 함경도 회령을 가리킨다. 춘추 시대 정(鄭)나라에 있던 기자(杞子)가 은밀히 사람을 보내어 진(秦)나라에 보고하기를 "정나라 사람이 나에게 북문의 자물쇠를 맡겼으니, 군대를 출동하여 쳐들어오면 내가 북문을 열어 주겠다."라고 한 데서 온 말로, 후대에 중요한 관문을 뜻하게 되었다. 《春秋左氏傳 僖公32年》 '아독(牙纛)'은 깃대 끝을 상아로 장식한 큰 깃발로, 아기(牙旗)라고도 하는데, 주장(主將)이나 주수(主帥)가 있는 곳에 세우는 깃발이다.

다시 다른 사람을 대신하여 짓다
又代人作

영기(英氣)는 명가의 후예로 뛰어났고	穎脫名家後
재주는 장수들 사이에 높았습니다	才高列將間
소년 시절에 붓을 던졌던 뜻[357]으로	少年投筆意
태평 세상에 군대 지휘하고 돌아왔네요	平世擁旄還
북방의 한기 외로운 영구(靈柩)를 따르고	朔氣隨孤櫬
가을의 바람 고향 산천을 흔듭니다	秋風動舊山
중표[358]인 이내 마음 몹시 슬퍼져	悽悽中表感
해로가 소리에 눈물 흐른답니다	淚逐薤歌潸

357 붓을 던졌던 뜻 : 문(文)을 버리고 무(武)의 길에 들어서 혼란한 세상을 바로잡고자 하는 뜻을 말한다. 후한(後漢)의 명장(名將) 반초(班超)가 젊었을 때 집이 가난하여 관청의 고용인으로 서사(書寫) 품을 팔아 부모를 봉양하고 살며 매우 고생하였는데, 한번은 붓을 던지면서〔投筆〕 말하기를 "대장부(大丈夫)가 별다른 지략(志略)이 없을진대 의당 부개자(傅介子), 장건(張騫)이라도 본받아 이역(異域)에서 공(功)을 세워 봉후(封侯)를 취해야지. 어찌 오래도록 필연(筆硯) 사이에 종사할 수 있겠느냐." 하더니, 뒤에 과연 서역(西域)에서 공을 세워 정원후(定遠侯)에 봉해졌던 데서 온 말이다. 《後漢書 卷47 班超列傳》

358 중표(中表) : 고모(姑母)나 대고모(大姑母)의 자녀 혹은 조모(祖母)나 모친(母親) 형제의 자녀를 이르는 말인데, 여기서 창계에게 김여흠(金汝欽)의 만사를 부탁한 이가 김여흠과 어떤 관계인지는 자세하지 않다.

박산에서 조씨 조카를 송별하다

朴山送別趙甥兒

산비 속에 너와 함께 묵었더니	山雨與汝宿
산 개자 떠나는 너 전송하네	山晴送汝行
강 마을 홀로 돌아가는 곳에	江村獨歸處
네가 글 읽는 소리 생각하리라	思汝讀書聲

9월 13일에 여러 종형제와 세산에서 헤어지고 송림에서 묵으며 달밤에 감회가 일어

九月十三日 與諸從分路細山 宿松林 月夜有懷

갈림길에서 헤어지는 마음 다들 못 가누더니	歧路離情摠不禁
홀로 떠나가는 시름겨움은 나만 몹시 깊구나	獨行愁緖我偏深
석천암 속에서 함께 달을 바라보았는데	石泉庵裏同看月
송림에서 묵는 이 밤의 마음을 누가 알아줄는지	誰想松林此夜心

며칠 뒤에 종형제 집과 나룻가에서 헤어질 때 앞 시의 운을 써서 주다

數日後 與準從分路津邊 用前韻相贈

덧없는 세상 어떻게 백발 막을 수 있으리	浮世如何白髮禁
길손의 여정 가는 곳마다 온통 시름겹구나	客程隨處摠愁深
아침 들어 강가에서 이별 마주한 한스러움은	朝來江上臨岐恨
다리 남쪽에서 헤어지던 지난날 마음과 같네	恰是橋南昨日心

맏형의 〈야좌〉 시에 받들어 차운하다
奉和伯氏夜坐韻

그윽한 회포 한 해의 끝에 더욱 처량하니	幽懷歲晏轉悽其
차가운 밤엔 늘 잠 못 이룰 때가 많다네	寒夜常多不寐時
늙어 갈수록 세월은 진정 빠르기도 하여라	老去光陰眞倏忽
근년 들어 근력은 점점 쇠약해져 가누나	年來筋力漸衰疲
강호에서 선우의 뜻 아직껏 펴지 못하고[359]	江湖未展先憂志
풍우 속에 대비의 시 부질없이 생각하네[360]	風雨空思大庇詩

359 강호(江湖)에서……못하고 : 초야에서 백성과 임금을 천하 사람들보다 먼저 걱정하지 못했다고 창계가 겸사로 한 말이다. 송(宋)나라의 범중엄(范仲淹)이 지은 〈악양루기(岳陽樓記)〉에 "아, 내 일찍이 옛 어진 사람의 마음을 찾아보니, 혹 이 두 가지의 행위와 다른 것은 어째서인가. 남의 일로 기뻐하지 않고 자기 일로 슬퍼하지 않아, 높이 묘당에 있을 때에는 백성을 걱정하고, 멀리 강호에 있을 때에는 임금을 걱정하니, 이는 조정에 나아가서도 걱정하고 물러나서도 걱정하는 것이다. 그렇다면 어느 때에나 즐거워할 수 있는가. 그는 필시 천하 사람들이 걱정하기에 앞서 걱정하고 천하 사람들이 즐거워한 뒤에 즐거워한다고 할 것이다.〔嗟夫! 予嘗求古仁人之心, 或異二者之爲何哉? 不以物喜, 不以己悲, 居廟堂之高, 則憂其民, 處江湖之遠, 則憂其君. 是進亦憂, 退亦憂, 然則何時而樂耶? 其必曰: 先天下之憂而憂, 後天下之樂而樂歟!〕"라고 한 데서 온 말이다. 《古文眞寶後集 卷5》

360 풍우(風雨)……생각하네 : 두보(杜甫)가 세찬 가을바람에 초가의 지붕을 덮은 이엉이 날아가 곤경을 당한 일을 읊은 〈모옥위추풍소파가(茅屋爲秋風所破歌)〉에 "어찌하면 천만 칸의 넓은 집을 얻어서, 천하의 한사들을 크게 감싸 주어 다들 기쁜 얼굴로, 풍우에도 끄떡없이 산처럼 편안히 살게 할 수 있을까.〔安得廣厦千萬間, 大庇天下寒士俱歡顔, 風雨不動安如山?〕"라고 한 데서 온 말이다. 《杜詩詳註 卷10》

만감에 젖어 전혀 마음 갈피 잡지 못하니	百感摠無歸宿處
내일은 다시 동생의 휘장을 내려야겠지[361]	明朝更下董生帷

361 내일은……내려야겠지 : 독서에 전념하며 착잡한 마음을 다잡겠다는 말이다. '동생(董生)'은 한(漢)나라 때의 대유(大儒)인 동중서(董仲舒)로, '동생의 휘장'은 그가 일찍이 '휘장을 깊이 내려 치고 방 안에 들어앉아 글을 강독하면서〔下帷講誦〕' 제자들을 가르칠 적에 3년 동안이나 밖을 나가지 않고 학문에 정진(精進)했던 데서 온 말로, 전하여 깊이 들어앉아 독서에 전념하는 것을 비유한다.

섣달에 사촌에서 만나 이야기하면서 종형제 집이 당시[362]의 운을 써 지은 시에 차운하다

臘月沙村會話 次潗從用唐詩韻

바람 따스해 쌓인 눈 녹아내리고　風暄消積雪
구름 엷어 싱그러운 햇살 새어 나오네　雲薄漏新暉
집 안에서 책 보기가 좋기도 해라　屋裏看書穩
대문 앞에 말 매는 이 드물구나　門前繫馬稀
시옹은 청옥안을 지어 주고[363]　詩翁青玉案
강객은 녹사의를 입고 있네[364]　江客綠蓑衣
한참 동안을 서글피 바라보노니　悵望經時久
내 돌아가기 전에 다시 찾아 주오　相尋及未歸

362 당시(唐詩) : 당(唐)나라 때 시불(詩佛)로 일컬어지고 전원시(田園詩)로 유명한 왕유(王維)의 〈산거즉사(山居卽事)〉를 말한다. 《王右丞集箋注 卷7》《唐詩品彙 卷61》

363 시옹(詩翁)은……주고 : 종형제 임집(林潗)이 창계에게 훌륭한 시를 지어 주었다는 말이다. '청옥안(青玉案)'은 본래 푸른 옥으로 만든 다리가 짧은 귀한 그릇인데, 전하여 고시(古詩)를 가리킨다. 한(漢)나라 장형(張衡)이 지은 〈사수(四愁)〉에 "미인이 나에게 금수단을 주었으니, 어찌하면 청옥안으로 갚을 수 있을꼬?〔美人贈我錦繡段, 何以報之青玉案?〕"라고 한 데서 온 말로, 여기서는 단지 '훌륭한 시'라는 뜻으로 쓰였다.

364 강객(江客)은……있네 : 창계가 강가에서 나그네 신세로 옛날의 은사(隱士)처럼 낚시질하고 있다는 말이다. '녹사의(綠蓑衣)'는 푸른 도롱이로, 은사를 상징한다. 당(唐)나라 때 은사 장지화(張志和)가 지은 〈어부사(漁父詞)〉에 "서녘 변방 산 앞에 흰 새가 날고, 복사꽃 떠가는 시내에 쏘가리가 살졌구나. 푸른 대삿갓 쓰고 푸른 도롱이 걸쳤으니, 비낀 바람 가랑비에 돌아갈 것 없어라.〔西塞山前白鳥飛, 桃花流水鱖魚肥. 青箬笠綠蓑衣, 斜風細雨不須歸.〕"라고 한 데서 온 말이다. 《詩人玉屑 卷20 方外》

다시 당나라 사람의 시[365]에 차운하다

又次唐人韻

바다 가까이라 어시가 많고	近海多漁市
외진 시골이라 손님이 적네	窮村少客車
경전은 한가할 때 벗이 되고	遺經閑作伴
장검(長劍)은 좋이 가족을 건사하지[366]	長鋏好爲家

365 당(唐)나라 사람의 시 : 당나라 때 왕유(王維)의 〈늦봄에 엄소윤이 여러 공과 함께 방문하다〔晩春嚴少尹與諸公見過〕〉를 말한다. 《王右丞集箋注 卷7》《唐詩品彙 卷61》

366 장검(長劍)은……건사하지 : 전국 시대 제(齊)나라 풍환(馮驩)이 맹상군(孟嘗君)의 문객(門客)이 되어 전사(傳舍)에 있었는데 좌우로부터 천시를 받아 보잘것없는 음식을 제공받았다. 열흘이 지나자 그가 가지고 있던 장검을 두드리면서 노래하기를 "장협아, 돌아가야겠다. 먹자 해도 물고기가 없구나.〔長鋏歸來乎! 食無魚.〕"라고 하므로 맹상군이 행사(幸舍)로 옮겨 주니 반찬에 물고기를 제공받게 되었다. 행사로 옮기고 닷새가 지나자 그가 또 장검을 두드리면서 노래하기를 "장협아, 돌아가야겠다. 나가려 해도 수레가 없구나.〔長鋏歸來乎! 出無輿.〕"라고 하므로 맹상군이 대사(代舍)로 옮겨 주니 출입할 때에 수레를 제공받게 되었다. 또 닷새가 지나자 그가 또 장검을 두드리면서 노래하기를 "장협아, 돌아가야겠다. 가족을 건사할 수 없구나.〔長鋏歸來乎! 無以爲家.〕" 하니, 맹상군이 기뻐하지 않았다고 한다. 《史記 卷75 孟嘗君列傳》 한편 이 고사의 마지막에서 맹상군이 기뻐하지 않았다고 한 부분은 《전국책(戰國策)》 권4 〈제책(齊策)〉에는 다음과 같이 수록되어 있다. "좌우의 사람들이 풍원(馮諼)을 다 싫어하면서 그가 탐욕을 부리며 만족할 줄 모른다고 여겼다. 그런데 맹상군은 풍공(馮公)에게 부모가 계시냐고 물으니, 풍원이 노모(老母)가 있다고 대답하였다. 그러자 맹상군은 사람을 시켜 봉양하는 데 부족함이 없도록 음식을 제공하게 해 주었다. 이에 풍원은 다시 노래를 부르지 않았다." 풍원(馮諼)은 바로 풍환(馮驩)이다. 여기서는 창계가 가족들과

하루라도 어찌 대가 없을쏜가[367]	一日寧無竹
호젓한 산엔 절로 꽃도 있다네	孤山自有花
겨울 하늘에 고운 경치 넉넉하나	寒天饒物色
남은 흥취로 화사한 봄 기다리노라	餘興待春華

함께 두역(痘疫)을 피해 사교(沙橋)로 거처를 옮겨 둘째 형 임정(林淀)의 집에 의탁하여 지내고 있는 일을 말한 것이다.

367 하루라도……없을쏜가 : 진(晉)나라 때 왕휘지(王徽之)가 빈집에 우거(寓居)하면서 대나무를 심게 하므로 혹자가 그 까닭을 묻자, 왕휘지는 대를 가리키며 읊조리면서 "어찌 하루라도 차군이 없어서야 되겠는가.〔何可一日無此君耶?〕"라고 했다고 한다.《晉書 卷80 王徽之列傳》 또 후대 북송(北宋)의 소식(蘇軾)은 〈어잠승녹균헌(於潛僧綠筠軒)〉이라는 시를 지어 "밥에 고기가 없는 건 괜찮지만, 사는 곳에 대가 없게 해서는 안 되고말고. 고기가 없으면 사람을 파리하게 할 뿐이지만, 대가 없으면 사람을 속되게 한다네. 사람의 파리함은 살찌울 수 있지만, 선비의 속됨은 고칠 수가 없다네.〔可使食無肉, 不可使居無竹. 無肉令人瘦, 無竹令人俗. 人瘦尙可肥, 士俗不可醫.〕"라고 노래하기도 했다.《蘇詩補註 卷9》 창계는 이 두 고사를 가지고 자신도 사군자(士君子)의 아취(雅趣)로 대나무를 곁에 두고 완상하고 있음을 말한 것이다.

차운하여 총 대선에게 도로 보내다[368]

次韻却寄聽大禪

시산 객관 손님 연회에서 인사 나누고	詩山館裏揖賓筵
이별한 뒤로는 소식이 서로 묘연했더랬지	別後音塵兩杳然
제자가 지금 새 게송 가지고 찾아오니	弟子今將新偈到
선사가 다시 옛 정에 연연함이 있구려	禪師還有舊情懸
인간 세상 늦게야 홀로 요금 안았거니와[369]	人間獨抱瑤琴晚
속세 밖에서 누가 먼저 법고를 두드리리[370]	象外誰爭法鼓先

368 차운하여……보내다 : '총 대선(聽大禪)'은 348쪽의 〈태인의 산정에서 성총 상인을 만나 운자를 써서 화답하여 주다〔泰仁山亭 遇聖聰上人 用韻和贈〕〉라는 시에 나오는 성총 상인을 가리킨다. 창계는 1681년(숙종7)에 태인(泰仁)의 시산(詩山)에 있는 정자에서 성총 상인을 만났다.

369 인간……안았거니와 : '요금(瑤琴)'은 구슬로 장식한 거문고 또는 음색이 구슬처럼 아름다운 거문고로, 누군가 알아주기를 바라는 마음을 비유한다. 주희(朱熹)가 〈이빈로의 옥간시를 읽고 우연히 읊다〔讀李賓老玉澗詩偶吟〕〉에서 "홀로 요금을 안고 옥계를 지나니, 환하게 맑은 밤 달 밝은 때라네. 지금은 이미 무심해진 지 오래건만, 산 앞의 삼태기 멘 이가 알까 두렵구나.〔獨抱瑤琴過玉溪, 朗然淸夜月明時. 秪今已是無心久, 却怕山前荷蕢知.〕"라고 하여 세상에 뜻을 펼칠 마음을 접고 세상을 떠나 은거하려는 마음을 부친 데서 온 말로, 창계도 늦게야 세상에 뜻을 펼칠 마음을 접고 은거하고 있다는 말이다.

370 속세……두드리리 : 불가(佛家)의 세계에서 총 대선만큼 이치를 깨우쳐 줄 이가 없다는 말이다. '법고(法鼓)'는 선종(禪宗)의 사원에서 사용하는 대고(大鼓)의 한 종류로, 법당(法堂)의 동북쪽 모퉁이에 법고를, 서북쪽 모퉁이에 다고(茶鼓)를 설치하는데, 법고는 대중들에게 법회(法會)의 시작을 알리는 용도로 사용하였다. 또 마치 북을 두드

화엄의 법회[371]를 봄에 연다고 하는데	聞說華嚴春設會
한번 점쳐 여생 지키는 이 가련해하리[372]	應憐一卦守殘年

려 군대를 경계시켜 전진하게 하는 것처럼 대중들을 경계시켜 선으로 인도함을 비유하는 말로 쓰여, 부처나 고승의 설법을 가리킨다.

371 화엄(華嚴)의 법회(法會) : 부처가 처음 성도(成道)하고서 보리수 아래서 무상(無上)의 진리를 설법하던 화엄 시기의 불설(佛說)을 담고 있는 《화엄경(華嚴經)》을 강찬(講讚)하는 법회를 가리킨다. 불교가 중국으로 전파된 이래로 고승들은 이 《화엄경》이 담고 있는 진리를 설하는 법회를 열곤 하였다.

372 한번……가련해하리 : 《주역》으로 점을 쳐서 말년에 숨어 지내는 삶을 살고 있는 창계 자신을 총 대선이 가련해할 것이라는 말이다. 남송(南宋) 영종(寧宗) 경원(慶元) 1년(1195) 5월, 간신인 한탁주(韓侂胄)가 승상(丞相) 조여우(趙汝愚)를 모함하여 축출하고 주희(朱熹) 등의 도학파를 위학(僞學)이라 하여 배척하였다. 대부시 승(大府寺丞)으로 있던 여조검(呂祖儉)이 조여우를 변호하다가 소주(韶州)로 유배 가자, 주희는 자신이 여러 조정의 은혜를 받은 데다 아직도 신하의 반열에 있으므로 침묵할 수 없다 하여, 수만 자에 이르는 장문(長文)의 상소문을 초(草)하여 간신들이 군주의 총명을 가리는 병폐를 극언하였다. 이에 자제와 문생들이 화를 부를 것이라며 번갈아 만류하였으나 듣지 않았는데, 마침 채원정(蔡元定)이 들어와 《주역》으로 점을 쳐서 결정할 것을 청하였다. 그리하여 괘(卦)를 뽑으니 둔지가인괘(遯之家人卦)를 만나 '둔의 꼬리이다. 좋아하지만 은둔한다.〔遯尾. 好遯.〕'라는 점사(占辭)가 되었다. 이에 주희는 상소문을 불태우고 스스로 둔옹(遯翁)이라 호하여 세상에 깊이 은둔할 뜻을 나타내었다. 《朱子大全 附錄 卷6 年譜別本》

입춘이 지난 뒤 고향에 돌아가려고 떠나는 길에 종형제 집의 시에 차운하다 임신년(1692, 숙종18)

立春後還故里臨行 次準從韻 壬申

아침 들어 강물에 자맥질하는 새 대하노라니	朝來江鳥對浮沈
수향(水鄕)의 봄날은 개었다 흐렸다 하누나	水國春天晴復陰
잔풀들 돋으려는지 바람 언뜻 따뜻하고	細草欲生風乍暖
찬 매화 막 피었는데 눈은 아직 쌓여 있네	寒梅初發雪猶深
보내 줄 시들 며칠이나 사포에 묵혀 있는지	詩筒幾日淹沙浦
경전에 묻혀 겨우내 석림에 홀로 있었구려	經卷三冬阻石林
이제 오늘밤이면 고향에서 만나게 될 터	故里逢迎今夕事
바다 마을 구름에도 이내 마음 끌리는구나	海鄕雲物亦關心

차운하여 이생 경장 에게 주다
次韻贈李生 景張

강안(江岸) 너머에서 그리워하다 또 석양이 지니	隔岸相思又夕曛
밤 창 아래 누구와 함께 은근하게 얘기하리	夜窓誰共話慇懃
천 강의 갠 경색은 외로운 둥근 달 비추고	千江霽色孤輪月
만고의 덧없는 영화는 한 점의 구름과 같구나	萬古浮榮一點雲
대의[373]는 언뜻 엿보아도 다시 놓치기 쉽나니	大意乍窺還易失
경전을 담론하지 않는다면 어떻게 들으리오	遺編不語若爲聞

373 대의(大意) : 유가(儒家)의 도(道)가 추구하는 급무(急務)와 이상(理想)을 말하는 것으로, 자신의 몸을 바루는 것을 바탕으로 주위로 미루어 나가 천하 만물이 저마다 자기의 본성을 이루도록 하는 요순(堯舜)의 기상(氣象)이 바로 그것이다. 정자(程子)는 칠조개(漆雕開)와 증점(曾點)이 유가의 도의 대의를 보았다고 평가하였다. 《논어》 〈공야장(公冶長)〉에 "공자께서 칠조개에게 벼슬을 하라고 권하자, 그가 대답하기를 '저는 이 벼슬하는 도리에 대해 아직 자신할 수 없습니다.' 하니, 공자께서 기뻐하셨다.〔子使漆雕開仕, 對曰: 吾斯之未能信. 子說.〕"라고 한 데 대해, 정자는 칠조개가 '이미 대의를 보았기에〔已見大意〕' 공자께서 기뻐하신 것이라고 풀었고, 《논어》 〈선진(先進)〉에, 공자가 제자들에게 자신의 포부를 말해 보라고 했을 때 증점이 "늦봄에 봄옷이 이루어지거든 어른 대여섯 사람, 동자 예닐곱 사람과 함께 기수(沂水)에서 목욕하고 무우(舞雩)에서 바람 쐬고 시를 읊으면서 돌아오겠습니다."라고 하였는데, 공자가 그의 기상에 감탄하며 "나는 점을 허여하노라.〔吾與點也.〕"라고 한 데 대해, 정자는 "공자의 뜻은 늙은이를 편안하게 해 주고 벗들을 신의로 대해 주며 젊은이를 은혜로 감싸 주어 만물이 저마다 자신의 본성을 이룰 수 있게 해 주는 데 있었는데 증점이 이를 알았으므로 공자께서 탄식하시면서 나는 점을 허여한다고 하신 것이다.〔孔子之志, 在於老者安之, 朋友信之, 少者懷之, 使萬物莫不遂其性. 曾點知之, 故孔子喟然歎曰: 吾與點也.〕"라고 하고서 또 "증점과 칠조개는 이미 대의를 보았다.〔已見大意.〕"라고 풀었다.

그대는 오묘한 이치로 자주 깨우쳐 주시게	煩君妙諦頻提警
내 마침 근래 늙어 갈수록 혼란스러워지노니[374]	我正年來白漸紛

374 늙어 갈수록 혼란스러워지노니 : 원문은 '백점분(白漸紛)'으로, 한(漢)나라 때 양웅(揚雄)의 《법언(法言)》 〈오자(吾子)〉에 "아이 때부터 학문을 익혔지만 늙어서도 분란스럽기만 하다.〔童而習之, 白紛如也.〕"라고 한 데서 온 말이다. 어려서부터 백발이 되도록 학문을 했어도 성취한 것이 없음을 의미하는데, 여기서는 학문을 익혀 왔지만 나이가 들수록 이치에 어두워진다고 창계가 겸사로 한 말이다.

이경장의 선유 시축에 제하다

題李景張船遊詩軸

지난밤 어떤 이가 달빛 아래 배를 탔는지	昨夜誰乘月下舟
오늘 저녁 보내온 시에서 그 풍류 상상하노라	詩來今夕想風流
연수 사이로 수많은 집들 그림 안에 보이고	千家煙樹圖中見
강산에 싸인 외로운 배는 거울 속에 노니누나	一棹江山鏡裏遊
난실[375]을 그리워하다 다시 서글피 바라보노니	蘭室有懷還悵望
방주[376]의 어느 굽이가 머무르기 좋으려나	芳洲幾曲好淹留
좋은 이때 봄날의 술 약속 홀로 어기고서	佳辰獨負春天飮
갖은 병 속에서 읊조림은 만국의 수심이로다[377]	百病吟邊萬國愁

375 난실(蘭室) : 지란지실(芝蘭之室), 즉 지초(芝草)와 난초(蘭草)가 있는 방이란 뜻으로, 《공자가어(孔子家語)》 권4 〈육본(六本)〉에 "선인과 함께 지내는 것은 지란 향기 그윽한 방에 들어가는 것과 같으니, 오래 있으매 그 향기가 나지 않는 것은 바로 자기 자신이 그 향기와 동화되었기 때문이다. 악인과 함께 지내는 것은 생선 악취 가득한 가게에 들어가는 것과 같으니, 오래 있으매 그 악취가 나지 않는 것은 또한 자기 자신이 그 악취와 동화되었기 때문이다.〔與善人居, 如入芝蘭之室, 久而不聞其香, 卽與之化矣. 與不善人居, 如入鮑魚之肆, 久而不聞其臭, 亦與之化矣.〕"라고 한 데서 온 말인데, 여기서는 이경장(李景張)을 훌륭한 사람으로 비유하여 한 말이다.

376 방주(芳洲) : 향초(香草)가 많이 돋아 있는 작은 모래톱을 말한다.

377 갖은……수심이로다 : 병을 앓으며 읊조리는 것은 나라를 걱정하는 마음이 깊어서라는 말이다. 북송(北宋)의 황정견(黃庭堅)이 두보(杜甫)가 초당(草堂)을 짓고 살았던 성도(成都)의 완화계(浣花溪)를 그린 그림을 보고 지은 〈노두완화계도인(老杜浣花谿圖引)〉에 "중원이 평안하다는 소식 접하지 못해, 취중에 눈썹 찡그리니 만국의 수심이라네.〔中原未得平安報, 醉裏眉攢萬國愁.〕"라고 하였다. 《山谷外集 卷4》《杜詩補註 卷上 題杜子美浣花醉圖》

허대원 부 의 시에 차운하다

次許生大源 溥 韻

밝디밝은 한 이치는 예와 지금이 똑같으니	昭昭一理古猶今
성인들께서 내리 전한 것은 이 마음뿐이라네	千聖相傳只此心
나는 성취 없이 헛되이 노쇠함을 탄식하거니와	歎我無成空老病
그대는 힘써 정심한 경지에 이르기를 바라노라	冀君著力到精深

강가 거처에 다시 찾아가면서 배에 앉아 입으로 읊조리다

再往江居 舟中口占

강가 안개 낀 버들이 저물녘에 하늘거리는데	江頭煙柳晩依依
돌아가는 배에 홀로 오르니 비가 옷을 적시누나	獨上歸舟雨滿衣
첩첩의 청산 속을 노 저으며 지나가니	數疊靑山鳴棹過
갈매기가 낚시터에서 나를 기다리는 듯하네	白鷗相待在漁磯

조 금구[378] 헌주 의 부인에 대한 만사
曺金溝 憲周 內室挽

선생은 나의 평생의 벗인데	夫子平生舊
오랜 병환은 근래 어떠하신지[379]	沈綿近若何
어찌 견디겠소 몸져누운 이때	那堪臥床日
다시 고분하며 노래 부르는 일을[380]	復此叩盆歌
진몽[381]은 세월 지나면 진정되겠지만	眞夢經時定
애환은 세상 살수록 많아지누나	悲歡閱世多

378 조 금구(曺金溝) : 금구 현령(金溝縣令)을 지낸 조헌주(曺憲周, 1645~1693)이다. 본관은 창녕(昌寧), 자는 만구(萬求), 봉호(封號)는 하은군(夏恩君)이다. 선공감역(繕工監役), 종부시 주부, 호조 좌랑, 금구 현령 등을 역임하였다. 문숙공(文肅公) 이일상(李一相)의 둘째 딸 연안 이씨(延安李氏)에게 장가들었다.《歸鹿集 卷14 夏恩君曺公墓碣銘, 韓國文集叢刊 212輯》

379 선생은……어떠하신지 : 조현명(趙顯命)이 지은 〈하은군조공묘갈명(夏恩君曺公墓碣銘)〉에 따르면, 조헌주는 오랫동안 병을 앓았는데 부인 연안 이씨가 극진하게 간호하다가 심신(心身)을 상한 나머지, 1692년(숙종18) 남편보다 1년 먼저 세상을 떠났다.《歸鹿集 卷14 夏恩君曺公墓碣銘, 韓國文集叢刊 212輯》

380 어찌……일을 : 병석에 있는 처지로 아내의 상까지 당하여 조헌주가 견디기 힘들 것이라는 말이다. '고분(叩盆)하며 노래 부른다'는 것은 아내의 죽음을 비유하는 것으로,《장자(莊子)》〈지락(至樂)〉에 "장자의 아내가 죽어 혜자가 조문하러 가니, 장자가 다리를 뻗고 앉아 동이를 두드리며 노래를 부르고 있었다.〔莊子妻死, 惠子弔之, 莊子則箕踞, 鼓盆而歌.〕"라고 한 데서 온 말이다.

381 진몽(眞夢) : 현실과 꿈을 말하는 것으로, 아내의 죽음이 현실인지 꿈인지 실감나지 않는다는 의미로 한 말이다.

영구(靈柩)가 돌아가는 여강[382] 땅에	驪江歸櫬地
만사 부치려니 눈물이 물결에 더하네	欲寄淚添波

382 여강(驪江) : 여주(驪州)이다. 조현명(趙顯命)이 지은 〈하은군조공묘갈명(夏恩君曺公墓碣銘)〉에 조헌주(曺憲周)가 말년에 여강에 칩거하였고 부인 연안 이씨(延安李氏)가 졸하자 여주 주읍산(注邑山)에 합부(合祔)하였다고 한 점으로 보아, 아마도 선영(先塋)이 있던 곳인 듯하다.《歸鹿集 卷14 夏恩君曺公墓碣銘, 韓國文集叢刊 212輯》

어떤 이에게 주다

贈人

울타리 적막하여 낮에도 사립을 닫으니	籬落蕭疎晝掩扉
강 마을에는 온종일 찾는 손님 드물구나	江村盡日客來稀
우는 새소리 즐겨 들으며 책을 펼치고	愛聽啼鳥開書幌
조는 갈매기 한가히 벗하며 낚시터에 앉네	閑伴眠鷗坐釣磯
세상에 처신하매 뭐가 옳은지 모르겠거니와	處世未知何計是
시대를 아파하매 마음 어긋남 더욱 깨닫네	傷時轉覺此心違
그대 만나 한가로이 사는 뜻 말하고 싶지만	逢君欲說端居意
형용하기만 하면 이미 참뜻이 아니라오	纔著形容便已非

창랑정[383]에서 여러 종형제가 지은 옛 시에 차운하다
滄浪亭 次諸從舊題韻

창랑 물가 선옹의 외로운 초당에	滄浪仙翁孤草堂
선옹은 이미 떠나 창랑만이 남았어라	仙翁已去空滄浪
산머리 연수에는 달이 아직 비치건만	山頭煙樹月猶照
강가 낚시터에는 이끼가 무성해져 간다	江畔石磯苔欲荒
구름 나무 그대로인데 풍도는 아득해져	雲樹依然風槪遠
천지간에 향기로운 성명만이 남았구나	乾坤留得姓名香
봉황 노래하던 뜻 천추에 적막해라	寥寥歌鳳千秋意
고금 이래 갈수록 절로 상심해한다오[384]	古往今來轉自傷

383 창랑정(滄浪亭) : 468쪽 주229 참조.

384 봉황(鳳凰)……상심해한다오 : 춘추 시대 초(楚)나라의 광인(狂人) 접여(接輿)가 난세(亂世)에 도(道)를 행하려고 각국을 돌아다니며 애쓰는 공자(孔子)를 못마땅하게 여겨, 공자의 곁을 지나면서 노래하기를 "봉이여, 봉이여. 어찌 그리도 덕이 쇠했느뇨. 지나간 일은 탓할 수 없거니와 앞으로의 일은 고칠 수 있으니, 그만둘지어다, 그만둘지어다. 지금 정치하는 사람들은 위태로우니라.〔鳳兮鳳兮! 何德之衰? 往者不可諫, 來者猶可追, 已而已而. 今之從政者殆而.〕"라고 한 데서 온 말이다.《論語 微子》'봉황'은 본래 태평한 세상에만 나타나고 무도한 세상에는 숨는 것이므로, 접여가 공자를 봉황에 비유하여 무도한 세상에 숨지 않음이 덕이 쇠한 것이라고 기롱한 것인데, 여기서는 그 옛날 도가 행해지지 않는 세상에서 동분서주했던 공자처럼, 많은 이들이 오늘날에도 여전히 도가 행해지지 않는 현실을 상심하고 있다는 말이다.

약속했는데 오지 않아

期不至

송계의 말 탄 이는 왜 이리도 늦으시나	松溪匹馬到何遲
풍포의 외로운 배도 기약이 있었건만	楓浦孤舟亦有期
적막한 오솔길에 산 해가 저물어 가니	巖徑寂寥山日暮
강가의 달 밝은 때 다시 어이 견디랴	更堪江上月明時

7월에 다시 앞 시의 운을 쓰다
七月又用前韻

무슨 일을 생각한들 이별의 시름 위로되랴	思量何事慰離憂
두 곳의 문 앞으로 강물은 흘러가는데	兩處門前江水流
가을 풍광 속 안개 물결에 노를 저어라	一棹煙波秋色裏
외로운 배만 아침저녁으로 오고 가누나	朝來暮往有孤舟

동촌에 받들어 올리다

奉呈東村

두 배를 함께 붙이고 닻줄을 잡아당기니	幷著雙橈一纜牽
맑은 모래톱 가을 강물 푸른 벼랑 가라네	白沙秋水翠崖邊
강가 풍광이 마침 풍류 어린 담화 자아내니	江干定惹風流話
연잎 배 속에 앉은 늙지 않는 신선이로세[385]	蓮葉舟中不老仙

385 연잎……신선이로세 : 창계와 동촌(東村)의 뱃놀이가 마치 연잎 배를 타고 노닐던 태을진인(太乙眞人)의 그것과 같다는 말이다. 송대(宋代)의 명화가(名畫家) 이공린(李公麟)이 일찍이 〈태을진인연엽도(太乙眞人蓮葉圖)〉를 그렸는데, 그 내용은 대략 태을진인이 하나의 큰 연잎 위에 누운 채로 서책을 펼쳐 들고 읽으며 물외(物外)에서 초연하게 노니는 모습이었다. 한구(韓駒)가 이 그림에 제(題)한 〈제이백시화태을진인도(題李伯時畫太乙眞人圖)〉에 의하면 "태을진인이 연잎 배를 탔는데, 두건 벗고 머리털 내놓아 찬바람에 날리네. 가벼운 바람을 돛으로 삼고 물결을 노로 삼아, 누워서 '옥' 자를 보며 중류에 둥둥 떠 있구나.〔太乙眞人蓮葉舟, 脫巾露髮寒颼颼. 輕風爲帆浪爲楫, 臥看玉字浮中流.〕"라고 하였다. 《宋詩紀事 卷33 韓駒》 태을진인은 천신(天神)의 이름이다.

병석에서 일어나 비로소 내실에 들어가 병을 앓은 자식을 보다

病起 始入內寓 看病兒

몸져누운 게 얼마나 되었는지	臥病幾何時
봄물 푸르러진 것도 몰랐었구나	不知春水綠
아침 들어 지팡이 짚고 나서니	朝來扶杖出
강물 빛이 초가에 비치고 있네	江色映茅屋
부자가 다행히 아무 일이 없어	父子幸無事
예전 그 얼굴을 서로 바라보누나	相對舊面目
흔연히 풀들의 뜻과 마찬가지로	欣同衆草意
봄바람의 힘에 감사하고 싶어라[386]	欲謝東風力

386 흔연히……싶어라 : 따뜻한 봄바람을 맞고 풀들이 계절을 느껴 싹이 돋고 자라나는 것처럼 창계와 아들 임동(林董) 역시 따뜻한 봄바람을 통해 병이 나은 듯하다는 말이다.

이별한 뒤 서간으로 송계에 부치다

別後簡寄松溪

시냇가에서 말에 올라 우리 집을 찾아와서	溪邊匹馬問吾家
강가에서 밤새도록 환한 달빛 마주하였지	江上連宵對月華
취한 채로 말 타는 곳에서 그대 보내고는	醉裏送君騎馬處
그리움에 갈매기 노는 사장에 자주 간다오	相思頻到白鷗沙

최 영장 이구 에 대한 만사
崔營將 以球 挽

백마강 가 살던 거처 옛날엔 멀지 않았는데　白馬江居舊不賒
남쪽에 온 뒤 당신께서 몇 번이나 방문했던가　南來旌旆幾相過
슬픈 바람이 장군의 나무[387]에 홀연 일어나니　悲風忽起將軍樹
먼 내 마음은 상복 입은 효자 몹시 상심하노라　遠意偏傷孝子麻

387 장군의 나무 : 후한(後漢)의 대수장군(大樹將軍) 풍이(馮異)에 관한 고사로, 보통 장수(將帥)를 지낸 이를 추모할 때 사용하는 비유이다. 후한 광무제(後漢光武帝) 때 편장군(偏將軍) 풍이는 위인이 겸손하고 과시하지 않아 길을 가다가 다른 장군을 만나면 항상 한쪽으로 피하였으며, 다른 장수들은 머물러 있을 때마다 모여 앉아 전공(戰功)에 대해 떠들었지만 풍이는 평소 전공을 남보다 많이 세우고도 항상 홀로 큰 나무 밑으로 물러가 있었으므로, 군중(軍中)에서 그를 대수장군이라 호칭했던 데서 온 말이다. 《後漢書 卷17 馮異列傳》 여기서는 전공이 많아도 자랑하지 않았던 대수장군 풍이에 영장(營將) 최이구(崔以球)를 비유한 것이다.

김 천총 상현 에 대한 만사

金千摠 尙鉉 挽

대신하여 지은 것이다.

공명 이루지 못한 채 검은 머리 세었으니	未就功名壯髮衰
초야에서 헛되이 호신[388]의 의표 묻혔구나	草間空沒虎臣姿
벽류 가의 정사 수양버들 드리운 곳을	碧流亭舍垂楊裏
이제부터 길손들이 가리키며 슬퍼하리라	從此行人指點悲

388 호신(虎臣) : 무신(武臣)을 가리키는 말로, 용맹하게 나라를 수호하는 신하를 범에 비유하는 말이다. 《시경》 〈노송(魯頌) 반수(泮水)〉에 "용맹한 범 같은 무신이 반궁(泮宮)에서 베어 온 적의 귀를 바치네.〔矯矯虎臣, 在泮獻馘.〕"라는 구절이 있다.

8월 18일에 감회를 적다[389]

八月十八日志感

선왕 때의 진사[390]는 이미 머리카락 세었는데	先朝進士已華顚
미관으로 법연에서 모시던 일 아직껏 기억하네[391]	尙記微官近法筵
그때의 은총 보답도 못 하고 이제 늙어 버렸으니	未報當時今老矣
성상의 덕 추억하매 눈물만이 흘러내리는구나	追思聖德只潸然
산림에서 풍상 내리고 올해도 저물어 가는데	山林歲晏風霜後
호해에서 이 마음은 임금 계신 곳에 걸려 있네	湖海心懸日月邊
해마다 이날이 되면 무한한 감회에 젖어	每歲玆辰無限感
열문편을 거듭하여 슬피 노래하노라[392]	悲歌三復烈文篇

389 8월……적다 : 현종(顯宗)이 1674년(현종15) 8월 18일에 승하하였기에 이날이 돌아오자 감회에 젖어 지은 것이다.

390 선왕(先王) 때의 진사(進士) : 창계는 1666년에 사마시(司馬試)에 입격하여 진사가 되었다.

391 미관(微官)으로……기억하네 : 창계는 1671년 겨울에 치러진 정시(廷試)에 2등으로 급제하여 1672년 가을 가주서(假注書)를 잠시 지내다가 겨울에 부친을 따라 나주(羅州)의 그향으로 내려갔다. '법연(法筵)'은 본래 불가(佛家)에서 고승(高僧)이 불법(佛法)을 강설(講說)하는 자리를 말하는데, 전하여 임금이 예식을 갖추고 신하를 접견하던 자리, 즉 조정이나 경연을 가리킨다.

392 열문(烈文)편을……노래하노라 : 〈열문〉은 《시경》 〈주송(周頌)〉의 편명으로, 문왕(文王)과 무왕(武王)의 은혜를 그리워하는 시이다. 그 시에 "이보다 더 강함이 없는 사람을 사방 백성들이 교훈으로 삼으며, 이보다 더 드러남이 없는 덕을 수많은 제후들이 본받으니, 아아, 전왕을 잊지 못하겠도다.〔無競維人, 四方其訓之, 不顯維德, 百辟其刑之, 於乎前王不忘.〕"라고 하였다. 여기서는 창계가 현종을 그리워하며 이 시를 읊조린다는 말이다.

19일 밤에 송강의 〈하당추야〉 시에 차운하다[393]

十九夜 次松江霞堂秋夜韻

강가의 산 위로 달이 떠올라	月出江上山
이내 집 동쪽 기둥을 비추는구나	照我堂東楹
창을 열어 한번 바라보노라니	開窓一以望
물빛이 하늘에 닿아 맑기도 하고	水色連天淸
바람이 대나무를 흔들기도 하여	亦有風動竹
처량하게 가을 소리 일으키누나	蕭瑟作秋聲
높이 오르고픈 흥취 하염없었는데	悠然登高興
말하려니 이미 그 마음 잊었다오	欲語已忘情
꼿꼿이 앉아 의관을 정제하니	兀坐整冠襟
양심이 바로 이때에 생겨나네[394]	良心此時生

393 19일……차운하다 : 송강(松江)은 정철(鄭澈, 1536～1593)의 호이다. 창계가 차운한 정철의 원시는 〈하당량야(霞堂涼夜)〉라는 제목으로 《송강집(松江集)》 원집 권1에 수록되어 있는데, 가을밤 밝은 달빛 아래 쓸쓸히 거니는 정경을 묘사하였다.

394 꼿꼿이……생겨나네 : 밤부터 새벽까지 사람이 아직 사물과 접촉하지 아니하였을 때 본래 간직하고 있던 마음속의 청명(淸明)한 기(氣), 즉 야기(夜氣)가 드러나는데 이것이 바로 양심(良心)의 발현으로, 맹자(孟子)는 우산장(牛山章)에서 이를 해치지 말고 잘 길러야 한다고 말하였다. 《孟子 告子上》 여기서는 창계 역시 밤에 단정히 앉아 있으니 이러한 양심이 발로된다는 말이다.

20일 밤에

廿日夜

강학 마친 산재에 달빛이 싱그러우니	講罷山齋月色新
우는 새 노는 고기는 사람을 가까이하는 듯[395]	鳥啼魚躍似親人
종래로 한 일에 전념하고 다른 일 없었는데	從來一事無他事
한번 지리멸렬해지자 문득 속진(俗塵)에 떨어지네	纔涉支離便墮塵

395 우는……듯 : 속세를 벗어나 자연 속에 좀 더 다가간 듯한 느낌이 든다는 뜻으로, 진(晉)나라 간문제(簡文帝)가 화림원(華林園)에 들어가서 좌우 사람들을 돌아보며 말하기를 "마음에 맞는 곳이 반드시 멀리 있는 것은 아니다. 이곳의 그윽한 숲과 물에서 절로 호복에 있는 듯한 생각이 드니 새와 짐승, 물고기가 절로 다가와 사람을 가까이함을 느끼겠다.〔會心處不必在遠. 翳然林水, 便自有濠濮間想也, 覺鳥獸禽魚自來親人.〕" 라고 한 데서 온 말이다. 《世說新語 卷1 言語》 '호(濠)'와 '복(濮)'은 두 물의 이름으로, 《장자》에 보이는 고사를 차용한 것인데, 모두 자연 속에 한가롭게 소요하는 즐거움을 비유하는 것이다. 장자가 복수(濮水)에서 낚시질을 하고 있었는데, 초 위왕(楚威王)이 대부(大夫) 두 사람을 파견하여 말하기를 "선생에게 국정(國政)을 위임하고 싶다."라고 하자, 장자가 낚싯대를 들고 돌아보지도 않고 말하기를 "내가 들은 바에 의하면 초나라에 신령스러운 거북이 있어 죽은 지가 3천 년이나 되었는데, 초왕이 이것을 천에 싸서 상자에 넣어 묘당(廟堂)에 간직하고 있다고 한다. 그런데 이 거북은 죽어서 뼈를 남기어 귀중하게 되기를 바라겠는가, 살아서 진흙탕에서 꼬리를 끌고 다니기를 바라겠는가?" 하니, 대부들이 대답하기를 "차라리 살아서 진흙탕에서 꼬리를 끌고 다니기를 바랄 것이다."라고 하므로, 장자가 말하기를 "그대들은 그냥 가 보게나. 나는 장차 진흙탕에서 꼬리를 끌고 다니며 살겠다."라고 하였다. 《莊子 秋水》 호수(濠水)에 관련한 내용은 464쪽 주222 참조.

23일에 광사의 승려 영휘가 찾아왔기에 차운하여 주다
廿三日 光寺僧靈輝來見 次韻贈之

성긴 대밭 뜰 한 곁이 바로 창랑인데	疎篁庭畔卽滄浪
솔숲 사이 긴 돌길로 승려가 찾아오누나	松際僧來石路長
현담[396] 늘어놓으며 색상[397] 논할 것 없어라	不用玄談評色相
온 산 물들인 단풍잎에 가을 서리 앉았으니	滿山黃葉一秋霜

396 현담(玄談) : 본래 위진(魏晉) 시대에 노장(老莊)의 학설과 《주역》에 의거하여 명리(名理)를 변석(辨析)하던 현학(玄學)의 담론을 가리키는데, 현학과 불학(佛學)이 모두 현묘(玄妙)한 이치를 탐구한다는 공통점으로 인하여 불교의 의리(義理)에 대한 담론이라는 뜻으로 전용하기도 한다.

397 색상(色相) : 불교 용어로, 형체가 갖추어져서 눈으로 볼 수 있는 일체의 외물(外物)을 말한다.

26일에 기러기 소리를 듣다

廿六日 聞鴈

어제도 기러기가 지나가더니 昨日一鴈過
오늘도 기러기가 지나가누나 今日一鴈過
들판에는 아직도 벼가 푸른데 野有青青禾
서리 이슬 내리니 어이하리오 霜露其如何
밝은 달은 언제나 나오려나 明月幾時出
뜬구름 괜스레 절로 자욱하구나 浮雲空自多
가을 구름 만리에 덮여 있으니 秋陰閉萬里
홀로 서서 상가[398]를 불러 본다오 獨立歌商歌

398 상가(商歌) : 상성(商聲)이 처량하고 서글픈 데서 비롯되어 슬픈 노래를 뜻한다. 춘추 시대 제(齊)나라의 영척(甯戚)이 제 환공(齊桓公)에게 벼슬을 구하고자 불렀던 노래를 가리키기도 하고, 공자의 제자 증자(曾子)가 곤궁한 처지에서도 의연하게 지내며 불렀던 노래를 가리키기도 하는데, 여기서 무엇을 가리키는지는 자세하지 않다. '영척'에 대해서는 476쪽 주238 참조. 증자가 위(衛)나라에 살면서 3일 동안 밥을 짓지 못하고, 10년 동안 새 옷을 만들어 입지 못하여 옷깃을 잡으면 팔꿈치가 드러나고 짚신을 신으면 발뒤꿈치가 터졌는데도, 발을 끌면서 상송을 부르면 그 소리가 천지에 가득 차 마치 금석(金石)에서 나오는 것 같았다 한다. 《莊子 讓王》

27일에 산에 머물고 계신 둘째 형님께 서찰을 올리다

廿七日 簡上仲氏山棲

집안일이 마음 휘감아 기운 편안치 않기에	家務關人氣不舒
가을 산사 홀로 찾아 열흘 넘게 누우셨네	獨尋秋寺臥旬餘
정양(靜養)하는 가운데 마음 쏟으시는 것은	遙知靜裏潛心處
당시 아니라 공자의 글임을 멀리서 알겠네	不是唐詩是孔書

심용경[399]에 대한 만사

沈龍卿挽

그대 내 벗 이제 천고의 객이지만	執友今千古
슬픈 노래 한 번만 들어주시려나	悲歌儻一聽
어려서부터 그대를 알고 지냈는데	相知從少日
새벽별처럼 오랫동안 이별했었지[400]	久別若晨星
어찌 대번에 황량은 익어 버리고	何遽黃粱熟
그대로 옥수도 함께 떨어진 건지[401]	仍兼玉樹零

399 심용경(沈龍卿) : 용경은 심수량(沈壽亮, 1644~1692)의 자로, 본관은 청송(青松)이다. 부친은 심황(沈榥)이고, 모친은 조위한(趙緯韓)의 딸 한양 조씨(漢陽趙氏)이다. 1672년 별시(別試) 문과에 급제하였다. 시강원 설서를 시작으로 홍문관·이조·사간원 등의 관직을 두루 역임하였다. 1689년(숙종15) 기사환국(己巳換局)으로 인현왕후(仁顯王后) 민씨(閔氏)가 폐위되자 오두인(吳斗寅)·박태보(朴泰輔) 등이 상소를 올릴 때 함께 이름을 올렸다. 이후 여주 목사(驪州牧使)에 제수되어 나갔다가 이내 물러나 경기도 양근(楊根) 선산(先山)에 거처하다가 병이 악화되어 49세의 나이로 세상을 떠났다.《西堂私載 卷8 吏曹參議贈吏曹判書沈公墓碣銘, 韓國文集叢刊 186輯》

400 새벽별처럼 오랫동안 이별했었지 : 새벽 무렵 별들이 빛을 잃어 가면서 서로 멀리 떨어져서 반짝이다 사라지는 것처럼 창계가 심수량과 서로 멀리 떨어져 있었다는 뜻으로, 당나라 시인 유우석(劉禹錫)의 〈송장관부거시서(送張盥赴擧詩序)〉에 "나는 불행하게도 지난날 이른바 함께 급제했던 벗들과 한창 시절에 어울려 노닐 적에는 말고삐를 나란히 하고서 마치 병풍처럼 큰길을 막을 정도로 휩쓸고 돌아다녔는데, 요즘 들어 외로워지게 된 것은 마치 새벽별들이 서로 멀리서 바라보는 것 같기만 하다.〔吾不幸向所謂同年友當其盛時, 連轡擧鑣, 亘絶九衢若屛風然, 今來落落, 如晨星之相望.〕"라고 한 데서 온 말이다.《古今事文類聚 前集 卷29》

401 어찌……건지 : 꿈처럼 덧없는 인생을 살다가 일찍 세상을 떠난 심수량이 안타깝

전해 온 말 거짓일 거라 의심했더니	人傳疑或妄
하늘 형벌 유독 가혹함이 참담하구려	天椓慘偏丁
예전부터 그대 명성 무거웠더니	夙昔聲名重
중간에는 그대 지취(志趣) 향기로웠네	中間臭味馨
낭관으로 함께 붓을 잡았었고	郎官同秉筆
금직 서며 얼마나 경전 펼쳤던가[402]	禁直幾橫經
하얀 호운 아래 전송하였고	送餞湖雲白
푸른 산 빛 속으로 찾아다녔네	招尋岳色青
이내 교우 겨우 몇 사람뿐인데	論交唯數子
살다 보니 다들 노쇠해졌구려	閱世各殘齡

다는 말이다. '황량(黃粱)'은 노란 메조로, 인생의 부귀영화가 꿈처럼 덧없다는 황량일취몽(黃粱一炊夢)의 고사를 가리킨다. 당(唐)나라 개원(開元) 연간에 도사(道士) 여옹(呂翁)이 한단(邯鄲)의 객점에서 노생(盧生)이라는 한 소년을 만났다. 마침 객점 주인이 황량을 한창 찌고 있어 두 사람은 익기를 기다렸는데, 이때 노생이 자신의 궁곤한 신세를 한탄하였다. 그러자 여옹은 주머니 속에서 베개 하나를 꺼내 주면서 "이 베개를 베면 소원대로 영달(榮達)할 수 있다." 하였다. 노생은 이 베개를 베고 잠이 들어 5, 6십 년 동안 대각(臺閣)의 관직을 역임하고 장수와 재상으로 출입하였으며 자손들은 다 현달하여 영화가 비할 데 없었다. 졸하던 날 밤에 노생이 하품을 하고 기지개를 켜면서 꿈에서 깨어나니 여옹은 그대로 옆에 있었고 주인이 삶고 있던 황량은 채 익지 않았다고 한다.《類說 卷28 異聞集 枕中記》'옥수(玉樹)'는 뛰어난 인재(人才)를 비유하여 그 죽음을 슬퍼하는 표현으로, 진(晉)나라의 유량(庾亮)이 죽어 장사 지낼 때 하충(何充)이 "옥수를 땅속에 묻으니, 사람의 슬픈 정을 어찌 억제할 수 있으리오.〔埋玉樹於土中, 使人情何能已?〕"라고 한 데서 온 말이다.《晉書 卷73 庾亮列傳》

402 낭관(郎官)으로……펼쳤던가 : 창계는 1671년(현종12) 정시(庭試)에 급제하고 1672년 가주서가 되었고, 심수량 역시 1672년 별시 문과에 급제하고 시강원 설서에 제수되어 창계와 함께 대궐을 출입하였다.《西堂私載 卷8 吏曹參議贈吏曹判書沈公墓碣銘, 韓國文集叢刊 186輯》

오래 이별한 채 소식 뜸할 적엔	契闊疎音墨
점잖은 그대 위의(威儀) 추억하곤 했지	雍容憶典刑
그대는 풍상 견디는 대나무 같고	風霜君似竹
나는 강해 떠도는 부평초 신세라네	江海我爲萍
아직 만날 기약 정하지도 못했는데	未卜前期在
외려 온 가족들 상중(喪中)이라 들었네	猶聞渾舍寧
덧없는 인생 도리어 꿈을 깨었고	浮生翻喚夢
옛 벗은 아득히 육신을 잊었구려	舊好杳忘形
쌓은 덕행으로 받을 복록 남았을 터	積行須餘祉
높이 오를 날갯짓 어찌 다했으랴만[403]	高翔豈盡翎
어이하여 그대 당실의 부음을	胡然當室訃
다시 이 한때에 듣는단 말인가[404]	又此一時聆
골짝 길로 가을에 영구(靈柩)가 돌아가	峽路秋歸櫬
장지의 묘문(墓門)에 밤 되어 당도하였네	泉臺夜迫扃
만사가 늦게 이를까 염려할 뿐이니	緘辭猶恐後
무엇으로 그대 영혼 위로하리오	何以慰精靈

403 쌓은……다했으랴만 : 전대(前代)에 선행(善行)을 쌓았기에 심수량이 지금 세상을 떠나지 않았다면 앞으로 그 복록을 받아 현달할 것이라는 말이다.

404 어이하여……말인가 : 심수량의 모친을 비롯한 집안사람이나 심수량과 창계가 함께 아는 주변의 어떤 이가 이즈음에 세상을 떠났기에 이렇게 말한 것으로 보이는데 자세하지 않다. 심수량의 부친 심황(沈榥, 1606~1666)과 심수량에 대한 묘도문자(墓道文字)에는 모친 한양 조씨(漢陽趙氏)가 언제 세상을 떠났는지 나오지 않는다. 《西堂私載 卷8 吏曹參議贈吏曹判書沈公墓碣銘·卷11 全州府尹贈吏曹判書沈公墓表, 韓國文集叢刊 186輯》 '당실(當室)'은 적자(適子)로서 아버지의 뒤를 이어받아 가사(家事)를 주관하는 것으로, 심수량이 1남 2녀 가운데 장자(長子)이므로 이렇게 말한 것이다.

윤 군 간 에 대한 만사

尹君 柬 挽

그대 선친을 나도 뵐 수 있어서 先契吾猶及
어린 시절에 이미 모실 수 있었네 童年已獲陪
여생을 각기 풍수의 슬픔에 젖었더니[405] 餘生各風樹
이번 이별엔 그대도 저승에 가는구려 此別又泉臺
삼신과 함께 자취가 떨어졌더니[406] 跡與參辰隔
체악에 이어져 슬픔이 사무치누나[407] 悲連棣萼摧
늦가을이라 한창 시들어 쓸쓸한데 窮秋正搖落
천리 멀리 애사(哀詞)를 봉해 보내오 千里一緘哀

405 여생(餘生)을……젖었더니 : 윤간(尹柬)과 창계 모두 부모를 여읜 슬픔 속에 살아 왔다는 말이다. '풍수(風樹)의 슬픔'은 이미 돌아가신 부모에 대하여 효양(孝養)을 다하지 못한 슬픔을 말한다. 442쪽 주203 참조.

406 삼신(參辰)과……떨어졌더니 : 윤간과 창계가 서로 멀리 떨어져 지내며 만나지 못했다는 말이다. '삼신'은 서방의 삼성(參星)과 동방의 신성(辰星)을 말하는데, 동서로 등지고 있어 동시에 볼 수 없기 때문에 오래도록 만나지 못하거나 형제가 화목하지 못한 경우를 의미한다. 《춘추좌씨전》 소공(昭公) 1년에 "자산(子產)이 숙향(叔向)에게 말하기를 '옛날 고신씨(高辛氏)에게 아들 둘이 있었다. 맏아들은 알백(閼伯), 둘째 아들은 실침(實沈)으로 광림(曠林)에 살았는데 서로 의가 좋지 않았다. 그들이 날마다 간과(干戈)로 싸움을 벌이니, 후제(后帝)가 좋게 여기지 아니하여 알백은 상구(商丘)로 옮겨 신성의 제사를 주관하게 하였으므로 신성이 상성(商星)이 되었고, 실침은 대하(大夏)로 옮겨 삼성의 제사를 주관하게 하였다.' 하였다."라는 내용이 보인다.

407 체악(棣萼)에……사무치누나 : 형제 같았던 윤간이 세상을 떠나 몹시 슬프다는 말이다. '체악'은 형제를 비유하는 말로, 525쪽 주332 참조.

손님을 맞아 운자를 부르다

迎客呼韻

호산의 가을 흥취 누구와 함께 얘기할꼬	湖山秋興共誰論
동문으로 들어오는 고깃배 얼핏 보이누나	忽見漁舟入洞門
흡사 오는 손님 도원에서 맞이하는 듯하니	恰似桃源迎客至
국화 만개한 이곳 또한 신선 마을이라네	菊花深處亦仙村

입춘날에 도부[408]에 제하다 갑술년(1694, 숙종20)

立春日題桃符 甲戌

어린 자식은 학문에 부지런하고	稚子能勤學
집안사람은 가난을 싫어하지 않네	家人不厭貧
선생은 무슨 일을 즐거워하는지	先生樂何事
화기가 언제나 봄 같은 거라오	和氣每如春

408 도부(桃符) : 본래 고대에 새해를 맞이하여 '복숭아나무 판자〔桃木板〕' 두 개에다 신도(神荼), 울루(鬱壘)라는 두 신명(神名)을 써서 문 양쪽에 걸어 사귀(邪鬼)를 물리치던 부적(符籍)을 가리킨다. 오대(五代) 시대에는 복숭아나무 판자에 상서로운 일을 바라는 대구(對句)의 글을 써 걸었는데, 그 뒤로 종이에다 쓰고 춘련(春聯)이라고 불렀다.

유자주 보 에 대한 만사

柳子周 普 挽

명성은 소싯적부터 진동하였는데	聲名傾自少
친족은 본래 많지 않았었구려	親黨在無多
매번 그대 종유하고자 하였는데	每欲相從者
같은 병 앓고 있으니 어이하리오	其如同病何
이곳에 가성[409]이 자리 잡으니	是處佳城啓
앞 강에 소만[410]이 지나는구나	前江素幔過
상심되어라 부의 전하지 못하고	傷哉不能賻
눈물만 강 물결에 떨구는 것이	唯有淚添波

409 가성(佳城) : 묘지를 일컫는 말로, 한(漢)나라 등공(滕公)이 말을 타고 가다가 동도문(東都門) 밖에 이르자 말이 울면서 앞으로 나가지 않은 채 발로 오랫동안 땅을 구르기에, 사졸(士卒)을 시켜 땅을 파 보니 깊이가 3자쯤 되는 곳에 석곽(石槨)이 있었는데, 거기에 "가성이 울울(鬱鬱)하니, 3천 년 뒤에 밝은 해를 보리라. 아, 등공이여, 이곳에 묻히리라.〔佳城鬱鬱, 三千年後見白日. 吁嗟滕公居此室.〕"라고 새겨져 있는 돌이 있었으므로, 등공이 죽은 후 그곳에 장사 지냈다고 한 고사에서 온 말이다. 《西京雜記 卷4》

410 소만(素幔) : 장례 지낼 때 쓰는 흰 장막으로, 유보(柳普)의 상여를 가리킨다. 두보(杜甫)의 〈곡엄복야귀츤(哭嚴僕射歸櫬)〉에 "흰 장막은 흐르는 물을 따르고, 가는 배는 옛 서울로 돌아가누나.〔素幔隨流水, 歸舟返舊京.〕"라고 하였다. 《杜詩詳註 卷14》

창랑가
滄浪歌

정월이라 강남에 얼음이 물결처럼 떠다니니 　　正月江南氷作波
강 머리에서 이따금 노 젓는 소리 들리네 　　江頭時聽棹聲過
동풍 부는 물가에 봄기운을 느끼겠으니 　　東風洲渚知春氣
모래사장에 노니는 새 날로 많아지누나 　　沙上遊禽日日多

다시 앞 시에 차운하다

又次前韻

달은 나를 아는 듯 누추한 집에 이르고	月如相識到窮廬
구름 또한 사람 따라 걷혔다 펴졌다 하누나	雲亦隨人卷復舒
금강에 봄이 들어 물결 점점 따뜻해지니	錦水春來波漸暖
갈매기도 나와 함께 이 강에서 살아가네	白鷗同我一江居

두 번째 其二

버드나무는 푸르게 초가를 둘러 있고	楊柳青青繞草廬
산꽃은 여기저기 수놓아 작은 꽃을 틔웠네	山花點綴小紅舒
봄 깊어 낮 길어져도 찾는 손님 없으니	春深晝永無來客
선생이 조용한 거처 좋아함을 알리라	應識先生好靜居

홍구언[411] 수주 에게 차운하여 답하다

次答洪九言 受疇

봄 풍광은 나그네 시름과 어울리지 않으니	春光不與客愁宜
강가에 꽃들 피어나도 느끼지 못한다오	江上花開亦未知
세상만사 다 게을러져 숨어 지낼 뿐이고	萬事盡慵從屛蟄
십 년 동안 병치레하다 어느새 노쇠해졌구려	十年多病頓衰遲
시절 태평해도 은거한 산림 얕을까 염려되어라	時平尙恐山林淺
학업 퇴보하니 흘러가는 세월에 자주 놀라네	業退頻驚歲月移
두서없는 쓴소리 그대 괴이쩍어 하지 마소	苦語無端君莫怪
이내 시정은 다시 그 옛날 노닐던 때 아니라오	詩情非復舊遊時

411 홍구언(洪九言) : 구언은 홍수주(洪受疇, 1642~1704)의 자이다. 홍수주의 본관은 남양(南陽), 호는 호은(壺隱)·호곡(壺谷)이다. 1682년(숙종8) 문과에 급제하고, 승지·충청도 관찰사·대사간·예조 참의 등을 역임하였다. 문인 화가로 그림과 글씨에 뛰어났는데, 그림은 매화·대나무·포도를 주로 그렸고 글씨는 전서(篆書)를 잘 썼다. 저서로 《호은집(壺隱集)》이 있다.

이생 태악 에 대한 만사

李生 泰岳 挽

그 옛날 고산옹께서는　宿昔孤山翁
나에게 벽요의 열매[412] 주시었지　贈我碧瑤實
하거[413]의 정수(精髓)라고 말씀하시며　云是河車精
눈서리 시절까지 보중하자[414] 기약하셨네　相期保霜雪
내 늙도록 아직 써 보지 못했는데　我衰尙未試
그대 끝내 어이 이리 빨리 가는지　君去竟何疾
평생 동안 돈독히 지내던 뜻을　平生相厚意
서글퍼져 차마 말할 수 없구려　惻愴不忍說

412 벽요(碧瑤)의 열매 : 벽요는 아름다운 푸른 옥이라는 뜻으로, 천상(天上) 혹은 신선 세계를 상징하는 말이다. 여기서는 천상의 귀한 열매라는 뜻이다.

413 하거(河車) : 본래 도가(道家)에서 도사(道士)들이 연단(煉丹)할 때 쓰는 원료인 납을 가리키는데, 여기서는 자하거(紫河車)의 준말로, 복용하면 장생불사하는 선약(仙藥)을 가리킨다. 이백(李白)의 〈고풍(古風)〉 제4수에 "나는 자하거를 만들어서, 천재에 풍진을 떨쳐 버렸네.〔吾營紫河車, 千載落風塵.〕"라고 한 데서 온 말이다. 《李太白集分類補註 卷2》

414 눈서리 시절까지 보중(保重)하자 : 이백(李白)의 〈고풍(古風)〉 제20수에 "그대는 푸른 솔의 마음을 힘쓰며, 눈서리 시절까지 보중하도록 노력하게나.〔勖君青松心, 努力保霜雪.〕"라고 한 데서 온 말로, 눈서리 내리는 겨울까지 청송(青松)이 푸르게 서 있는 것처럼 오래도록 살아가자는 말이다. 《李太白集分類補註 卷2》

뱃길로 가다

舟行

산수 사이를 뱃길로 가노라니	舟行山水間
지금이 바로 늦은 봄이로구나	正是暮春者
한가로이 오며 가며 하는 것은	閑去復閑來
나와 흰 갈매기 둘뿐이로세	吾與白鷗也

서간을 대신하여 남자문에게 답하다. 서권 속의 운을 사용하다

代簡謝南子聞 用卷中韻

중이 찾아와 문득 벗의 편지를 보노라니	僧來忽見故人書
천리 멀리서 마음 열고 얼굴 대하는 듯하네	千里開心對面如
상상하노라 오늘 새벽 바람 좋은 날 그대가	想得今晨好風日
못가에서 비파 뜯으며 노니는 고기 바라봄을	琵琶潭上看游魚

사 辭

착빙사[415]

斮氷辭

족제 득지(得之)가 천대(天臺)에 있는 거처로 나를 방문하여 열흘 동안 머무르면서 〈이소〉와 〈구가〉[416]를 읽고 돌아가니, 그가 돌아가

415 착빙사(斮氷辭) : 족제인 득지(得之) 임세양(林世讓)이 창계와 함께 《초사(楚辭)》를 읽고 돌아가므로, 《초사》 〈구가(九歌) 상군(湘君)〉에서 "계목의 노와 난목의 뱃전으로 얼음을 깨고 저어 가니 눈이 쌓이누나.〔桂櫂兮蘭枻, 斮氷兮積雪.〕"라고 한 말을 차용하여 제목으로 삼은 것이다.

416 이소(離騷)와 구가(九歌) : 모두 초(楚)나라의 충신 굴원(屈原)이 지은 것으로, 《초사》의 편명이다. 〈이소〉는 본래 '근심을 만나다'라는 뜻인데, 굴원이 초 회왕(楚懷王)의 조정에서 좌도(左徒) 벼슬을 하면서 왕에게 신임을 얻었다가 뒤에 상관대부(上官大夫) 근상(靳尙)의 참소로 조정에서 쫓겨나자 우수 유사(憂愁幽思)의 정을 다하여 회왕이 간신의 유혹에 빠져 충신을 몰라보는 데 대한 원망과 아울러 임금이 잘못을 깨닫고 정도(正道)로 돌아와 자기를 다시 불러 주기를 바라는 뜻을 노래한 것으로, 후세에 사부(辭賦)의 원조(遠祖)로 일컬어질 정도로 명문(名文)으로 알려지며 〈이소경(離騷經)〉이라고까지 불렸다. 〈구가〉는 왕일(王逸)의 《초사장구(楚辭章句)》에서, 굴원이 조정에서 쫓겨나 나날이 울분과 근심 속에 지내면서, 속인(俗人)들이 제사(祭祀)에 쓰는 의례와 가무(歌舞)에 쓰는 음악의 가사(歌詞)가 너무 비루(鄙陋)함을 보고 이 〈구가〉를 지어, 위로는 귀신 섬기는 공경을 펴고 아래로는 자신의 맺힌 원한을 표현

는 길에 장난삼아 초어(楚語)[417]를 지어 전송한다.

얼음을 깨며 배가 떠나가니 　 斲氷兮船開
강물에 임해 돌아가는 그대 전송하네 　 臨江水兮送君歸
빈산에 한 해가 저물어 가는데 　 歲晏兮空山
구름 자욱이 깔려 눈발이 날리누나 　 雲容容兮雪霏霏
서글피 난초 언덕에 홀로 서서 　 悄獨立兮蘭之皐
멍하니 이별하는 마음에 배회하노라 　 窅離心兮徘徊
물가를 떠나 들판을 지나노라니 　 出潊浦兮涉平原
그대 아련하게 나를 돌아보는구려 　 君顧我兮依依
이내 집은 구름 사이에 있고 　 我屋兮雲間
강 물결에 둘러싸여 있다오 　 繚之兮江波
깊은 숲이 고요하고도 그윽하여 　 深林闃其窈冥

해서 임금에게 풍간(風諫)한 것이라고 하였다. 〈동황태일(東皇太一)〉·〈운중군(雲中君)〉·〈상군(湘君)〉·〈상부인(湘夫人)〉·〈대사명(大司命)〉·〈소사명(少司命)〉·〈동군(東君)〉·〈하백(河伯)〉·〈산귀(山鬼)〉·〈국상(國殤)〉·〈예혼(禮魂)〉 등 모두 11편인데, 임운명(林雲銘)은 〈산귀〉·〈국상〉·〈예혼〉을 합쳐서 1편이 되어야 한다고 주장하였고, 장기(蔣驥)는 〈상군〉·〈상부인〉을 합쳐서 1편, 〈대사명〉·〈소사명〉을 합쳐서 1편이 되어야 한다고 주장하였다. 또 9라는 숫자는 아무 의미 없는 글자이고, 11편이 원래부터 있는 편수라는 주장 등이 있는 등 〈구가〉라는 명칭의 유래는 여러 설들이 있어 자세하지 않다.

417 초어(楚語) : 본래는 초(楚)나라의 방언을 가리키는데, 주(周)나라 때 북방에서 4글자를 시구(詩句)의 기본 단위로 사용한 《시경》의 시체(詩體)와 달리 남방의 초나라에서 '혜(兮)'나 '기(其)' 등의 어조사를 사용하여 5글자, 6글자, 7글자를 시구의 기본 단위로 하여 장단(長短)을 다양하게 구사한 《초사(楚辭)》의 시체를 가리키면서, 아울러 굴원이 지은 〈이소(離騷)〉와 〈구가(九歌)〉에 쓰인 가사(歌辭)를 가리킨다.

새도 울지 않고 사람도 찾지 않누나 鳥不鳴兮人不過
그대가 찾아온 지 며칠이나 지났나 君之來兮幾日
강월 바라보니 아직도 기울지 않았구려 瞻江月其猶未缺
뭇 바위들 고요하고 내 방은 싸늘한데 千巖靜兮一室寒
저녁 안개 걷히자 밤 학이 우는구나 夕煙斂兮夜鶴叫
서글퍼라 그대 그리워도 볼 수 없으니 悵思君兮不可見
〈이소(離騷)〉를 읊조리며 우두커니 서 있노라 吟楚騷而延佇

지은이 **임영(林泳)**

1649년(인조27)~1696년(숙종22). 조선 후기의 문신, 학자이다. 본관은 나주(羅州), 자는 덕함(德涵), 호는 창계(滄溪)이다. 이단상(李端相), 박세채(朴世采)의 문인이다. 1666년(현종7) 사마시에 급제하였고, 1671년 문과에 급제하였다. 호당(湖堂)에 선발되어 사가독서(賜暇讀書)하였다. 이후 이조 정랑·홍문관 부제학·사헌부 대사헌·전라도 관찰사 등을 역임하고 공조 참판에까지 이르렀다. 천인성명설(天人性命說)을 깊이 연구하였고 경사(經史)에 정통하였다. 기호학파의 일원이지만 이기론(理氣論)에 있어서는 이황(李滉)과 이이(李珥)의 학설을 절충하여 독자적인 이기심성설(理氣心性說)을 전개하였다. 나주의 창계서원(滄溪書院), 함평의 수산사(水山祠)에 제향되었다.

옮긴이

전백찬(全百燦)

1965년 경북 영천에서 태어났다. 경북대학교 대학원에서 한문학과 박사 과정을 수료하였다. 계명대학교·경북대학교·영남대학교 등에서 강의하였다. 현재 한국고전번역원에 재직 중이다. 《성호전서》, 《경당일기》, 《노암문집》, 《성암문집》, 《영모당통강제자록》, 《일성록》 등의 번역에 참여하였고, 〈태재 유방선의 시세계〉, 〈송목관 이언진의 작가의식〉, 〈정제두 경학의 철학적 기저〉 등의 논문을 발표하였다.

변구일(邊球鎰)

1979년 서울에서 태어났다. 고려대학교 국어국문학과를 졸업하고, 동대학원에서 문학석사 학위를 취득하였으며, 민족문화추진회 국역연수원 연수부와 한국고전번역원 부설 고전번역교육원 전문과정을 졸업하였다. 현재 한국고전번역원에 재직 중이다. 번역서로 《일성록》, 《동천유고》 등이 있다.

창계집 1
임영 지음 | 전백찬 · 변구일 옮김

2015년 12월 30일 초판 1쇄 발행

발행인 이명학 | 발행처 한국고전번역원
등록 2008. 3. 12. 제300-2008-22호
주소 (03000) 서울시 종로구 비봉길 1
전화 02-6263-0464 | 팩스 02-6339-0724 | 홈페이지 www.itkc.or.kr

번역 전백찬(47~180쪽) · 변구일(181~590쪽)
자문 임정기 | 연구총괄 박재영 | 연구기획 장희성

책임편집 강옥순 | 편집진행 서인숙 · 박현애
편집교정 김상순 · 유정님 | 조판 정효진 | 제작 김형석
디자인 씨디자인 | 인쇄 ㈜삼우아트

값 20,000원
ISBN 978-89-284-0341-7 94810
978-89-284-0338-7 (세트)
* 이 책은 2015년도 교육부 고전번역사업비로 출간한 것임.